Busche

Waffenrecht

Ausgewählte Titel des Autors (im Buchhandel erhältlich):

- Handbuch zum Waffengesetz 2020
- Vorbereitung Waffensachkundeprüfung
- Waffensachkunde kompakt Gesamtausgabe
- Waffenrecht Einführung
- Handbuch zum Waffenrecht für Jäger
- Waffenbesitzkarte und Waffenschein
- Basiswissen Bewachungsgewerbe
- Fachkundeprüfung Waffenhandel
- Behördenhandbuch Schießanlagen
- Das Waffenrecht im Polizeidienst

André Busche

Waffenrecht

Praxiswissen für Waffenbesitzer, Handel, Verwaltung und Justiz

Ergänzungsband (Band 2):
Aufbewahrung und Transport
Herstellung und Handel
Waffen- und Munitionskunde
Ballistik
Seenotsignalmittel
Sichere Handhabung

Bibliografische Information der Deutschen Nationalbibliothek
Die Deutsche Nationalbibliothek verzeichnet diese Publikation in der Deutschen Nationalbibliografie; detaillierte bibliografische Daten sind im Internet über http://dnb.d-nb.de abrufbar. 15:18 2020-11-23

Verlag: Juristischer Fachverlag Busche, Kiel

Redaktioneller Rechtsstand:

WaffG: 1. September 2020 (nach 3. WaffRÄndG)
AWaffV: 1. September 2020 (nach WaffRÄndV 2020)

Textredaktion: Oktober 2020

11. Auflage

ISBN-13: 978-3-96394-021-7 (Hardcover)

ISBN-13: 978-3-96394-011-8 (Softcover)

Bitte beachten: Im Internet erhalten Sie unter der Adresse

http://www.bookupdate.de

bei Bedarf umfassende Aktualisierungen zu diesem Buch!

Inhaltsverzeichnis

Die Abbildungen erfolgen mit freundlicher Genehmigung nachfolgend genannter Firmen. Für unkomplizierte Unterstützung und Abwicklung danke ich (auch stellvertretend für die Mitarbeiter dieser Unternehmen):

Brenneke GmbH, Langenhagen, **BRÜGGER + THOMET**, Thun

C.G.HAENEL GmbH, Suhl, **C. J. Herbertz GmbH**, Solingen

CARL WALTHER, Arnsberg, **Carl Wittkopp GmbH**, Velbert

Carl Zeiss Sports Optics, Wetzlar

Chemring Defence Germany, Bremerhaven

COP Vertriebs-GmbH, Oberweilenbach

fischer Befestigungssysteme, Waldachtal

Haendler & Natermann Sport GmbH, Hann. Münden

HECKLER & KOCH, Oberndorf am Neckar, **IGB Austria**, Ebenthal

KABA Mauer GmbH, Heiligenhaus, **Müller Safe GmbH**, Herborn

RUAG AMMOTEC, Fürth, **SIG SAUER**, Eckernförde

Technisches Büro Conrad, Jellenbek, **TELCOM GERMANY**, Hamburg

Dank gilt darüber hinaus der **Bundesdruckerei** und dem **Bundesministerium des Innern** für die Genehmigung zum Abdruck der Dokumente sowie der **id pool GmbH**, Stuttgart.

Hinweise und Anregungen zu diesem Buch werden unter der eMail-Adresse ab@abmc.de gern angenommen.

Vorwort zur elften Auflage der Reihe

Die Beschleunigung des Lebens scheint sich in Zahl und Umfang der Gesetze abzubilden. Auch das Waffenrecht hat sich im Laufe der Jahrzehnte rasant entwickelt. Während die Waffengesetze von 1928 und 1938 mit etwas mehr als 30 Paragraphen den Umgang mit Waffen im Grunde umfassend regelten und letztlich bis 1968 in Kraft waren, stellt das heutige Waffenrecht, das in der großen Form an die damaligen Regelungen anknüpft, die Betroffenen vor oftmals kaum zu lösende Aufgaben.

Soweit erforderlich, ist die einer Aussage zugrundeliegende Norm im Text oder als Fußnote angegeben, um diese im Gesetz nachlesen zu können. Es gilt die seit Generationen weitergegebene Weisheit der juristischen Ausbildung: „Ein Blick in das Gesetz erleichtert die Rechtsfindung."

Das Buch erscheint mit Inkrafttreten der umfassendsten Änderungen des Waffengesetzes seit 2003. Es wird darum auch an vielen Stellen auf die unterschiedlichen Rechtslagen hingewiesen.

Danken möchte ich, stellvertretend für viele weitere Begleiter, die mich in Praxis und Lehre tatkräftig unterstützen, meinen Kollegen PHK a.D. **Gerhard Schorner**, EPHK **Olaf Weddern** und KHK **Olaf März** sowie PD a.D. **Eberhard Becker** für den intensiven und, trotz Härte in der Sache, stets konstruktiven Austausch über waffenrechtliche Fragestellungen.

Dank gilt **Peter Eggers**, Waffenbehörde der Stadt Neumünster, dessen umfassendes Wissen aus mehreren Jahrzehnten Befassung mit dem Waffenrecht aus waffenbehördlicher Sicht eine kaum verzichtbare Hilfe bei der Einordnung neuer gesetzlicher Regelungen darstellt, PHM **Karl-Heinz Schneeberger**, VPI Weiden in der Oberpfalz, und **Lothar Becker**, BGSU, für ihre Unterstützung im Themenbereich Gefahrguttransporte, OStA **Bernd Winterfeldt**, StA Kiel, für den angenehmen Austausch über das Recht und Waffensachverständiger Dipl.-Ing. **Matthias Conrad** für Unterstützung bei Ausbildung und Begutachtung sowie die Herstellung von Illustrationen.

Ihnen, liebe Leser, sei dieses Handbuch bei Ihrer Beschäftigung mit dem Waffenrecht ein guter Ratgeber für eine maßvolle Anwendung des Rechts.

André Busche, im Oktober 2020

Zur Thematik der korrekten Terminologie

Wie in jedem Fachgebiet ist die Verwendung der korrekten Bezeichnung sowohl Hinweis auf die Expertise als auch Stolperstein für den Fall, dass ein Terminus fehlerhaft angewandt wird und dies dem Zuhörer oder Leser auffällt – ein Beispiel ist der von einem Redner durchaus ernst gemeinte Ausspruch „Das gleicht einer Syphilisarbeit!", eigentlich den unermüdlich schuftenden Sysiphos der griechischen Mythologie meinend, bei den Zuhörern aber eher befremdende Gedanken und Belustigung auslösend.

Dieses wissenschaftlich als *Malapropismus* bezeichnete und gut erforschte *Fehlverwenden bekannter Worte* ist insbesondere in Diskussionen oder Schriftsätzen, die sich mit Waffen oder Munition befassen, möglichst zu vermeiden. Ebenso sind durch gesetzliche Änderungen einige einstmals zutreffende Bezeichnungen heute nicht mehr geläufig oder sollten auch nicht mehr verwendet werden.

Nachfolgend eine Auswahl der wichtigsten Begriffe, die lediglich als Handreichung verstanden werden soll – sie erhebt keinen Anspruch auf Vollständigkeit und darf durch Mitteilung eigener Erfahrungen mit „Fehlverwendungen" an die eMail-Adresse *ab@abmc.de* des Autors gern ergänzt werden.

Waffenrechtlich sind **Feuerwaffen** Schusswaffen, die zum Antrieb der Geschosse heiße Gase verwenden. Darum sollten auch nur solche Waffen als Feuerwaffen bezeichnet werden, die durch chemische Umsetzung von Pulver oder Gas, die zur Ausdehnung heißer Gase in der Waffe führen, den zum Antrieb der Geschosse erforderlichen Gasdruck erzeugen. Sonstige Schusswaffen sollten dagegen nur als Schusswaffe bezeichnet werden.

Der regelmäßig in Presseveröffentlichungen lesbare Begriff „**Handfeuerwaffe**" bezeichnet jegliche Feuerwaffen, unabhängig von der Länge. Er ist aber beschränkt auf solche Feuerwaffen, die „aus der Hand", also nicht erst nach Befestigung auf einer Halterung, verwendet werden sollen.

Der Begriff „**Gewehr**" sollte durch den meist zutreffenden Begriff „Langwaffe" ersetzt werden, wobei darauf zu achten ist, dass dieser Begriff waffenrechtlich an zwei Voraussetzungen geknüpft ist, nämlich die kürzeste bestimmungsgemäß verwendbare Gesamtlänge (bei Waffen mit klappbarer Schulterstütze beispielsweise die Länge bei eingeklappter Schulterstütze) und die Länge von Lauf und Verschluss in geschlossener Stellung.

In Abgrenzung zum Gesamtbegriff der Handfeuerwaffen und insbesondere zu Langwaffen ist eine **Faustfeuerwaffe** zur Bedienung und Verwendung mit einer Hand bestimmt. Der Begriff entspricht in der Regel dem waffenrechtlichen Begriff der Kurzwaffe und sollte durch die weniger martialisch klingenden Begriffe „Kurzwaffe", „Pistole" oder „Revolver" ersetzt werden, wobei stets die Art der Waffe den gewählten Begriff vorgeben wird – Dialoge aus Krimiserien, bei denen „der Kommissar" mit Blick auf den Revolver in der Hand des Täters beschwörend sagt „Legen Sie die Pistole hin…", sind Anlass zur Erheiterung im Fachpublikum und zerstören schlagartig die Illusion guter Unterhaltung.

Eine **Pistole** ist eine Faustfeuerwaffe, die keine Trommel hat. Sie ist zu unterscheiden von einem Revolver.

Ein **Revolver** verfügt, anders als eine Pistole, über eine rotierende Walze, die Trommel, in der sich die Patronen befinden und vor dem Schuss die abzuschießende Patrone durch Drehung vor den Lauf gebracht werden.

Stichwort Trommelrevolver - da die Bezeichnung als Revolver besagt, dass es sich um eine Schusswaffe mit einer Trommel handelt, entspricht diese Bezeichnung ähnlichen Konstrukten wie „weißer Schimmel" oder „glänzende Sauberkeit". Die Bezeichnung „Revolver" reicht somit vollkommen.

Mit Inkrafttreten des WaffG 2003 war, durch Auflistung in Anlage 2 Abschnitt 1 des neuen Waffengesetzes, der Begriff des „**verbotenen Gegenstandes**" überflüssig geworden, da alle in der Liste genannten Gegenstände auch Waffen oder Munition bzw. Geschosse im Sinne des WaffG sind. Darum sollte bei der Bezeichnung der Terminus „verbotene Gegenstände" nicht mehr verwendet werden und ist nach Art des Gegenstandes als Waffe, Munition oder Geschoss zu bezeichnen.

Von **Munition** kann gesprochen werden, wenn eine Hülse mindestens entweder ein Geschoss enthält oder eine Ladung, sprich Pulver. **Patronenmunition** enthält immer mindestens ein Geschoss, **Kartuschenmuntion** dagegen kein Geschoss. Zudem werden in den Opfern von Attentaten nicht Patronen, sondern Geschosse gefunden. Schusswaffen verschießen keine Patronen, sondern Geschosse.

Anstelle des landläufig verwendeten Begriffs der **Platzpatrone** sollte fachsprachlich stets der Begriff „Kartuschenmunition" verwendet werden. Kartuschenmunition wird nicht ver-, sondern abgeschossen.

Stets durchzuckt es den Leser, der davon hört oder liest, dass etwa die Zahl der Sportschützen mit **Waffenschein** sich erhöht habe oder ein

„verhafteter“ Sammler einen Waffenschein für seine Waffen besessen habe. Selbst unter Schützen und Jägern erlebt man diesen Ausrutscher, darum: Der Waffenschein erlaubt das zugriffsbereite Führen einer schussbereiten Waffe und wird in der Regel Bewachungsunternehmen oder gefährdeten Personen ausgestellt. Die weitaus häufiger anzutreffenden Dokumentenart ist die Waffenbesitzkarte, kurz WBK, die als Nachweis der Erlaubnis für den Erwerb und Besitz von Waffen oder Munition dient.

Das **Luftdruckgewehr** teilt das Schicksal sprachlicher Ungenauigkeit mit dem Gästeschießen oder einem Produkt eines Süßwarenherstellers – während beim Gästeschießen nicht auf Gäste geschossen werden soll und Kinderschokolade nicht aus selbigen hergestellt wird, anders als beispielsweise Erdbeermarmelade, beruht das Prinzip der Druckluftwaffe auf Druckluft und nicht auf dem Luftdruck. Es sollte darum stets darauf geachtet werden, ausschließlich den Terminus Druckluftwaffe zu verwenden.

Mit Änderung des WaffG im Jahre 2020 wurden die Regelungen zur Aufbewahrung von unbrauchbar gemachten Schusswaffen dahingehend geändert, dass dazu stets ein verschlossenes Behältnis zu verwenden ist. Sollte also nicht ein gläserner Behälter die dekorative Präsentation über dem Kamin ermöglichen, werden die vormals als „**Deko**“ oder „**Dekorationswaffe**“ bezeichneten Gegenstände ihrem Namen nicht gerecht, wenn der Besitzer die waffenrechtlichen Vorgaben einhält. Darum sollte nur noch von „unbrauchbar gemachten Schusswaffen“ gesprochen werden.

1 Aufbewahrung von Waffen und Munition

1.1 Einführung

Die Aufgabe, Waffen und Munition vor dem unbefugten Zugriff Dritter zu schützen, obliegt dem befugten Besitzer. Im Falle einer Personenmehrheit, also mehrere Personen, die gemeinschaftlich eine Erlaubnis zum Umgang mit dieser Waffe besitzen, obliegt auch die sichere Aufbewahrung allen Berechtigten, so dass im Falle eines Verstoßes gegen Aufbewahrungspflichten grundsätzlich auch alle Berechtigten haften. Das Waffengesetz formuliert **Mindestanforderungen**, so dass die Aufwendungen des Betroffenen als ausreichend anzusehen sind, wenn er die gesetzlichen Forderungen erfüllt. Die Überwachung der Aufbewahrung obliegt der zuständigen Behörde. Für **verdachtsunabhängige Kontrollen** sollen grundsätzlich **keine Gebühren** erhoben werden, da diese im öffentlichen Interesse liegen.[1]

Der Amoklauf von Winnenden 2009 und die seitdem andauernde Diskussion um die sichere Aufbewahrung von Waffen und Munition unterstreichen die Brisanz des Themas. Aber weder eine zentrale Aufbewahrung außerhalb privater Räume noch die Sicherung von Waffen durch Blockiersysteme hätten eine solche Tat verhindern können – auch die Einbruchssicherheit von Behältnissen wird einen geplanten Zugriff auf Waffen, etwa durch Erpressung bei biometrischer Sicherung, nicht verhindern.

Die zuständige Behörde hat das Recht, die sichere Aufbewahrung von Waffen und Munition vor Ort zu kontrollieren, auch gegen den Willen des Hausrechtsinhabers, soweit eine dringende Gefahr für die öffentliche Sicherheit vorliegt – der Schutz der Wohnung nach Artikel 13 des Grundgesetzes wird durch das Waffengesetz eingeschränkt.[2]

Mit dem Inkrafttreten der Änderung des Waffengesetzes im Jahre 2009 wurde die bis dahin im Gesetz vorgesehene Möglichkeit, dass die Erlaubnisbehörde das Recht hat, einen Nachweis über die sichere Aufbewahrung von erlaubnispflichtigen Waffen und Munition zu verlangen, zu einem

---

[1] *WaffVwV 36.7, Absatz 3*

[2] *Zur **Aufbewahrungskontrolle** ausführlich Kapitel 1.17; beachten Sie auch die Ausführungen zu **behördlichen Kontrollbefugnissen** in Band 1 der Reihe „Waffenrecht: Praxiswissen“*

verpflichtenden Element für das Handeln der Waffenbehörde. Eine **Kontrolle** ist danach auch **verdachtsunabhängig** möglich.

Verweigert der Inhaber einer waffenrechtlichen Erlaubnis den Mitarbeitern der zuständigen Behörde den **Zutritt** zu seinen Räumlichkeiten, in denen er Waffen oder Munition aufbewahrt, verstößt er damit gegen seine **Mitwirkungspflicht**, soweit die Weigerung **nicht nachvollziehbar** begründet wurde. Geschieht dies **wiederholt** oder **vorsätzlich**, gilt der Erlaubnisinhaber als **nicht zuverlässig** im Sinne des § 5 Abs. 2 WaffG und muss mit dem **Widerruf** seiner Erlaubnisse gemäß § 45 Abs. 2 WaffG rechnen. Das Grundrecht auf Unverletzlichkeit der Wohnung nach Art. 13 Grundgesetz wird dadurch nicht verletzt.[3] Eine sofortige Sicherstellung der Waffen ist in diesem Falle aber nicht zulässig.[4]

Aufbewahrung ist das Aufheben einer beweglichen Sache an einem Ort, ohne dass der Besitzer unmittelbaren Zugriff auf die Sache hat und damit im Falle einer **beabsichtigten sicheren Aufbewahrung** keine Abwehrfähigkeit durch sein persönliches Eingreifen besitzt. Das kann durch örtliche Abwesenheit gegeben sein, aber auch durch einen Zustand, in dem der Besitzer die Kontrolle über den Gegenstand nicht bewusst ausüben kann, etwa im Schlaf.[5] Insofern wären der Nachttisch oder „unter dem Kopfkissen" zwar Orte der Aufbewahrung, aber keine sichere Art der Aufbewahrung, wie sie das WaffG grundsätzlich vorschreibt.

Das **erlaubnisfreie Führen von Schusswaffen in einem verschlossenen Behältnis** sowie der **Transport von Munition gelten nicht als Aufbewahrung**, da sich hier die Sache im direkten Zugriff des Besitzers befindet. Die nach §§ 36 WaffG, 13 AWaffV vorgeschriebenen Sicherheitsbehälter müssen darum in diesen Fällen nicht verwendet werden, ebenso ist eine räumliche Trennung von Schusswaffe und Munition nicht erforderlich. § 13 Abs. 9 AWaffV regelt lebensnah Ausnahmen im Falle einer Reise, da hier nicht ständig (etwa zur Essenszeit) der unmittelbare Zugriff auf die Schusswaffe

---

[3] *VG Freiburg, Beschluss vom 14. Juni 2012, 4 K 914/12*

[4] *§ 46 Abs. 4 WaffG stellt höhere Anforderungen an die Qualität des Delikts als § 46 Abs. 2 WaffG; VG Freiburg, Beschluss vom 14. Juni 2012, 4 K 914/12*

[5] *VG Braunschweig, 5 A 46/08, Urteil vom 23. Oktober 2008*

oder Munition möglich ist und zugleich eine Aufbewahrung in einem Sicherheitsbehälter in diesen Momenten meist nicht erfolgen kann.

Durch die Schaffung des § 52a WaffG im Jahre 2009 betonte der Gesetzgeber die besondere Schwere von Verstößen gegen die Aufbewahrungsvorschriften. War ein solcher Verstoß bislang nur **bußgeldbewehrt**, handelte es sich nun um eine **Straftat**. Im Gegenzug war im Rahmen der Beratungen über die Änderungen des WaffG deutlich herausgestellt worden, dass sich die neue Strafregelung nur bezog auf **vorsätzliches Handeln**, also willentliches und wissentliches Verstoßen gegen die Vorschriften, und auf den Fall einer **konkreten Gefahr** des Abhandenkommens oder Missbrauchs von Waffen oder Munition. Dazu zählte auch die Möglichkeit, dass unbefugte Dritte Zugriff erlangen können. Im Jahre 2017 wurde im Zuge der erneuten Änderungen des WaffG der § 52a gestrichen und in § 52 Abs. 3 Nr. 7a WaffG bei gleichem Strafrahmen ein neuer Tatbestand geschaffen, der unter Strafe stellt, dass ein nach den Vorgaben des Gesetzes oder seiner Verordnung Verpflichteter eine Sicherungsmaßnahme nicht, nicht richtig oder nicht rechtzeitig trifft und dadurch die Gefahr verursacht, dass Waffen oder Munition abhanden kommen oder Dritte unbefugt auf sie zugreifen.

Nicht von den vorgenannten Verschärfungen erfasst sind Verstöße gegen Vorschriften zur vorübergehenden Aufbewahrung im Rahmen der Jagd oder des sportlichen Schießens, etwa beim **Transport**. Auch versehentliche Verstöße sind als nicht vorsätzliches Handeln keine Straftat im Sinne des § 52 Abs. 3 Nr. 7a WaffG, da nur besonders gravierende Aufbewahrungsverstöße nach dieser Norm bestraft werden sollen. Hier kommt eine Ahndung aufgrund von § 53 WaffG oder § 34 AWaffV als Ordnungswidrigkeit in Betracht.

1.2 Definitionen

Aufbewahrung ist das Aufheben einer beweglichen Sache an einem Ort, ohne dass der Besitzer unmittelbaren Zugriff auf die Sache hat und somit durch sein persönliches Eingreifen den Zugriff Dritter nicht verhindern kann. Somit handelt es sich immer dann um eine Aufbewahrung, wenn der Besitzer seine unmittelbare Sachherrschaft aufgibt und eine Einwirkung Dritter weder bemerken noch unmittelbar verhindern kann.

Als **sichere Aufbewahrung** ist der Schutz vor Wegnahme eines Gegenstandes in einem Behältnis, Raum oder unter Nutzung einer alternativen

Sicherungseinrichtung[6] im Sinne von § 13 Abs. 1 AWaffV anzusehen, wobei es sich um eine geeignete, insbesondere durch gesetzliche Vorschriften als ausreichend akzeptierte mechanische Maßnahme handeln muss, die eine unbefugte Wegnahme vom Ort der Aufbewahrung verhindert.

Ein **Behältnis** ist ein zur Aufnahme von Sachen dienendes und sie umschließendes Raumgebilde, das nicht dazu bestimmt ist, von Menschen betreten zu werden. Verschlossene Räume sind keine Behältnisse.[7] Behältnisse verfügen in der Regel über mindestens eine Öffnung, durch die in das Raumgebilde hineingegriffen werden kann. Diese Öffnung kann durch ein bewegliches Element geschlossen werden.

Räume sind zum Betreten durch Menschen bestimmte Raumgebilde, die über mindestens einen Zugang verfügen. Dieser Zugang kann durch ein bewegliches Element geschlossen werden. Weitere Öffnungen, die nicht dem Zugang dienen, können vorhanden sein.

Die sichere Aufbewahrung von Waffen oder Munition kann in einem verschlossenen Behältnis oder Raum erfolgen. Die Rechtsprechung definiert das **„verschlossene Behältnis"** im Zusammenhang mit Delikten nach §§ 202, 243 StGB[8] als ein verschließbares Behältnis, das über eine **besondere Vorrichtung** verfügt, die **geeignet und bestimmt** ist, die **Wegnahme** einer Sache zu **erschweren**, in der Regel eine **verschließbare Tür**. Bedingung ist die Sicherung durch ein **Schloss**, eine sonstige **technische Schließeinrichtung** oder auf andere Weise. Als technische Schließeinrichtung sind insbesondere mechanische und elektronische Zahlenschlösser anzusehen sowie biometrische Schlösser. Dies gilt auch für Räume.

---

[6] *Zu alternativen Sicherungseinrichtungen siehe Kapitel 1.6.7*

[7] *siehe Fischer „Strafgesetzbuch und Nebengesetze", 63. Auflage 2016, Rn. 14 zu § 243 StGB, Rn. 6 zu § 202 StGB; mangels einer waffengesetzlichen Definition des Begriffs „Behältnis" ist der Rückgriff auf Begriffsbestimmungen des Strafrechts erforderlich; § 243 StGB nennt als Tatbestandsmerkmal eines besonders schweren Falls des Diebstahls die Wegnahme eines Gegenstandes, der durch ein verschlossenes Behältnis besonders gesichert ist.*

[8] *siehe Fischer „Strafgesetzbuch und Nebengesetze", 63. Auflage 2016, Rn. 14 ff. zu § 243 StGB*

Die **verschlossene** Tür des Behältnisses oder Raumes darf nur durch Einsatz des dafür vorgesehenen Schlüssels, Eingabe oder Einstellung des dafür erforderlichen Geheimnisses (alphanumerischer Code) oder Erbringens des Berechtigungsnachweises in Form einer Übereinstimmung biometrischer Merkmale des Bedieners mit den in der Freigabevorrichtung gespeicherten Merkmalen geöffnet werden können. Ist die Tür geschlossen und das Riegelwerk ausgefahren, ist die Tür zwar gegen ein Öffnen im Sinne eines Ausschwenkens, Aufschiebens o.ä. scheinbar gesichert. Um wirklich verschlossen zu sein, muss aber die eigentliche Verriegelungsblockierung aktiviert sein, sonst könnte durch bloße Betätigung des Verriegelungsmechanismus, etwa durch Betätigung des Drehhebels oder Klappgriffs, die Verriegelung freigegeben werden. In diesem Falle wäre die Tür lediglich geschlossen, was nicht ausreichend ist, um den nach Sinn und Zweck der Norm angestrebten Schutzzweck zu erreichen, der einen verschlossenen Zustand erfordert. Das ist nur durch ein Verschließen mit Sicherung der Tür gegen unbefugtes Öffnen mittels der Verschlusseinrichtung zu erreichen.

Eine lediglich geschlossene Tür, bei der die Riegelbolzen in die dafür vorgesehenen Aufnahmen des Behälters greifen, aber ohne Einsatz eines Schlüssels etc. wieder eingefahren werden können, ist nicht verschlossen im Sinne des WaffG. In diesem Zustand handelt es sich nicht um ein verschlossenes Behältnis. Gleiches gilt für eine Tür, die durch Drückerbetätigung, Ziehen oder Schieben den Zugriff auf den Behälterinhalt freigibt.

1.3 Abgrenzung Aufbewahrung und Transport

Beim Transport in einem Waffenkoffer außerhalb der Wohnung oder seines befriedeten Besitztums übt der befugte Besitzer die tatsächliche Gewalt über die Waffe aus, er **führt** die Waffe. Zuhause **besitzt** er die Waffe, auch das ist das Ausüben der tatsächlichen Gewalt. Gibt er diese tatsächliche Gewalt auf, indem er beispielsweise die Wohnung (auch nur für einen kurzen Moment) verlässt und befinden sich die schon zum Transport im Waffenkoffer bereitstehenden Waffen außerhalb eines gesetzlich geforderten Waffenschranks, ist das eine **Aufbewahrung**, aber keine sichere Aufbewahrung in einem besonders qualifizierten Waffenschrank, wie sie das WaffG zwingend vorschreibt. Die Entnahme der Waffe aus dem Waffenschrank sollte darum immer erst unmittelbar vor dem Transport erfolgen, es sei denn, der Besitzer übt durchgehend die tatsächliche Gewalt aus.

1.4 Die Altbesitzregelung nach WaffG 2017

Schon bei Inkrafttreten des WaffG 2003 waren Stimmen laut geworden, die auf eine Ungeeignetheit der im Gesetz vorgesehen Waffenschränke hinwiesen. Die den älteren Behältnissen zugrundeliegende Bauvorschrift VDMA 24992 sei nicht mehr zeitgemäß und würde zum Ende des Jahres 2003 ersatzlos zurückgezogen, hieß es – und so kam es auch. Was bei Schaffung des Waffengesetzes im Jahre 2002 aber seitens des Gesetzgebers vermutet worden war, trat nicht ein – denn anders als erwartet beendete die Industrie nicht die Herstellung der Behälter, sondern produzierte nach den Vorgaben der zurückgezogenen Norm weiterhin Behälter, die nach den Buchstaben des Gesetzes für eine rechtskonforme Aufbewahrung von Schusswaffen als ausreichend angesehen wurden. Während eine Art „Altbesitzregelung" für Nutzer solche Waffenschränke im Jahre 2003 nicht den Weg in den entsprechenden Abschnitt am Ende des Gesetzestextes schaffte, manifestierte der Gesetzgeber unwillentlich aufgrund der vermuteten geringen Bedeutung alter Behälter beim Inkrafttreten des neuen Gesetzes den Fortbestand der Aufbewahrung von Lang- und Kurzwaffen in den sogenannten A- und B-Schränken.

Über die Jahre verstummten die mahnenden Stimmen nicht, gleichzeitig war aber auch keine signifikante Häufung von Waffendiebstählen aus solchen „schwächeren" Stahlblechbehältern zu verzeichnen, die nicht auch aus Behältern nach der aktuell geforderten Norm DIN EN 1143-1 gelungen wären, etwa durch unter Gewaltandrohung erzwungenes Öffnen. Schwachpunkt der damaligen Regelung ist die auch aktuell gesetzlich nicht geforderte Verankerung der Behälter bei Unterschreitung eines Eigengewichts, das einen Abtransport durch den Täter wirklich erschweren würde.

Die zuvor angesprochene Altbesitzregelung stellte einen der inhaltlichen Schwerpunkte der Waffengesetzänderung 2017 dar. Denn trotz der geäußerten Zweifel an der Sicherheit der bislang genutzten Behältnisse dürfen solche Behälter, die **bis zum 6. Juli 2017** bereits von einem Waffenbesitzer zur Aufbewahrung erlaubnispflichtiger Waffen genutzt wurden, auch weiterhin von diesem genutzt werden. Dies gilt auch für die Aufbewahrung von Gegenständen, die erst nach diesem Datum dem WaffG unterworfen wurden oder einem Verbot unterfielen, etwa Magazine großer Kapazität oder Schusswaffen mit fest eingebautem Magazin großer Kapazität.[9]

Dies gilt auch im Falle der **gemeinschaftlichen Aufbewahrung**[10] und kann auch bei Weiternutzung durch den Mitaufbewahrenden nach Ableben des ursprünglichen Benutzers fortgesetzt werden. Die gemeinschaftliche Aufbewahrung muss dabei nicht vor dem 6. Juli 2017 begonnen haben, da sich die Altbesitzregelung nach dem Wortlaut des § 36 Abs. 4 Satz 1 WaffG nicht allein auf die Aufrechterhaltung einer bis zum 6. Juli 2017 erfolgten Nutzung bezieht. Voraussetzung ist aber, dass diese gemeinschaftliche Aufbewahrung **in häuslicher Gemeinschaft** erfolgt. So kann etwa ein Jungjäger, dessen erste waffenrechtliche Erlaubnis nach dem 5. Juli 2017 erteilt wurde, seine Waffen gemeinschaftlich mit seinem ebenfalls jagenden Vater aufbewahren, der den betreffenden Waffenschrank bereits vor dem 6. Juli 2017 genutzt hat.

---

[9] *In einem Behältnis der Stufe B nach VDMA 24992 durften verbotene Waffen aufbewahrt werden, lediglich für die Waffen nach Anlage 2 A1 Nr. 1.1 bis 1.2.3 waren zahlenmäßige, nicht aber gegenstandsbezogene Einschränkungen durch § 13 AWaffV; dadurch waren die „sonstigen Vorrichtungen" nach Nr. 1.2.4 nicht anzurechnen (was auch durch die Neufassung der AWaffV 2017 übernommen wurde), durften aber in einem „B-Schrank" aufbewahrt werden; die nach Nr. 1.2.5 verbotene PSM-Pistole bedurfte keiner Regelung, da diese als Kurzwaffe ohnehin auf das aufbewahrte Quantum anzurechnen war;*

durch die Ergänzung des WaffG 2020 ergibt sich nun (sofern nicht nach Redaktionsschluss eine Änderung des § 13 AWaffV erfolgt) eine paradoxe Situation: Während § 13 Abs. 2 Nr. 5 Buchst. b AWaffV die Aufbewahrung von Magazinen nach Anlage 2 A1 Nr. 1.2.4.3 bis 1.2.4.5 WaffG sowie von Waffen nach Nrn. 1.2.6 bis 1.2.8 WaffG in einem Behältnis des Widerstandsgrades (WG) I nach EN 1143-1 bestimmt, dürften im Falle der fortgesetzten Nutzung eines Behälters der Stufe B die vorgenannten Gegenstände in diesem Behälter ohne zahlenmäßige Beschränkung aufbewahrt werden, ausgenommen sind nur Waffen nach Nr. 1.2.6, da diese nach Altbesitzregelung als Kurzwaffen einer zahlenmäßigen Beschränkung je nach Behältereigengewicht oder Abrisslast des Behälters unterfallen.

[10] *Vertiefend zur gemeinschaftlichen Aufbewahrung Kapitel 1.9.7*

Die Altbesitzregelung gilt dagegen nicht im Falle eines **Erben** nach § 20 WaffG, der nicht nur in ein Blockiersystem, sondern auch in einen Waffenschrank neuer Bauart investieren muss. Zu beachten ist, dass im Falle einer Erbschaft zugunsten der Person, die bislang mit dem Erblasser Waffen gemeinschaftlich und mit diesem in häuslicher Gemeinschaft aufbewahrt hat, das Behältnis durch diesen Erben weiterhin verwendet werden darf, im Falle des Ablebens des Erben aber eine erneute Berufung auf die Besitzstandsregelung im Falle der Vererbung aber nicht mehr möglich ist.

Bisheriger Besitzer im Sinne von § 36 Abs. 4 WaffG („Altbesitzer") eines Behältnisses ist, wer bis zum 6. Juli 2017 in diesem Behältnis eine erlaubnispflichtige Waffe aufbewahrt hat.[11] Vorherige, bis zu diesem Datum nicht aufrechterhaltene Nutzungen sind somit nicht als Altbesitz anzuerkennen.

Zu beachten ist die Regelung nach § 36 Abs. 4 Satz 4 WaffG, wonach bei fortgesetzter Nutzung auch die durch Änderung des Waffengesetzes aufgehobenen Regelungen der §§ 53 Abs. 1 Nr. 19 und 52a WaffG sowie des § 34 Nr. 12 AWaffV in der vor dem 6. Juli 2017 gültigen Fassung weiterhin anzuwenden sind.[12]

Durch die Altbesitzregelung ist dem Alt-Nutzer die Aufbewahrung von Schusswaffen oder Munition nach den Vorschriften erlaubt, die vor Inkrafttreten der Gesetzesänderung galten. Diese werden darum nachfolgend ebenfalls erläutert – die in den nachfolgenden Kapiteln enthaltenen Ausführungen beziehen sich dagegen immer, wenn nicht ausdrücklich darauf hingewiesen wird, auf die aktuelle Rechtslage.

Vor dem 6. Juli 2017 gesetzlich zulässige Behälterarten und Nebenbedingungen werden in den nachfolgenden Kapiteln erläutert. Aufgrund der Altbesitzregelung werden die noch über Jahrzehnte nutzbaren Behältnisse im behördlichen Alltag noch lange Gegenstand von Verwaltungshandeln sein.

1.5 Übersicht

An Behälter für die Aufbewahrung von erlaubnispflichtigen Waffen und Munition stellt § 36 WaffG iVm § 13 AWaffV besondere Anforderungen.

---

[11] *OVG Lüneburg 11 ME 193/19, Beschluss vom 26. Juni 2019*

[12] *Die genannten Paragraphen des WaffG und der AWaffV sind in der vor dem 6. Juli 2017 gültigen Fassung ab Seite 383 abgedruckt.*

Erlaubnisfreie Waffen, etwa Kampfmesser, Schlagstöcke oder Reizstoffsprühgeräte, müssen gegen unbefugte Wegnahme gesichert werden, etwa gegen den Zugriff durch Minderjährige.

Waffen, die von der Erlaubnispflicht freigestellt sind, etwa SRS-Waffen mit Kennzeichnung „PTB im Kreis" oder Druckluftwaffen mit „F im Fünfeck", sind in einem verschlossenen Behältnis aufzubewahren. Gleiches gilt für **Salutwaffen und unbrauchbar gemachte Schusswaffen**. Eine besonders qualifizierte Sicherheitsstufe ist nicht vorgeschrieben.

Für **erlaubnispflichtige Waffen** und **verbotene Waffen** (etwa in der Hand von Gutachtern) sieht § 36 WaffG in Verbindung mit § 13 AWaffV die Aufbewahrung in besonders klassifizierten Behältnissen, sogenannten **Waffenschränken**, oder in **Waffenräumen** vor.

Waffen, die gemäß Anlage 2 A3 WaffG **von den Vorschriften des Waffengesetzes** zur Aufbewahrung **freigestellt** sind, etwa zum Spiel bestimmte Schusswaffen, Spielzeug-Waffen oder Gegenstände, die keine Waffen im Sinne des WaffG sind, sondern nur einzelnen Vorschriften unterliegen wie Küchenmesser und Einhandmesser, bedürfen keiner besonderen Sicherung.

Vier Qualitäten von Sicherheitsbehältnissen werden als Mindestvoraussetzung für die Aufbewahrung erlaubnispflichtiger Waffen oder Munition genannt. Dabei wird im Falle des Widerstandsgrades 0 nach DIN EN 1143-1 zwischen zwei Gewichtsklassen, nämlich unter 200 kg und ab 200 kg Eigengewicht ohne Anrechnungen von Abrisslasten durch Verankerungen oder Einbringung von Waffen, Munition oder Material (etwa Bleiplatten im Innenraum) unterschieden. Anerkannt werden Behältnisse, die nach **DIN EN 1143-1 Stand Mai 1997 oder aktueller** zertifiziert sind.

Zur **sicheren Aufbewahrung von erlaubnispflichtigen und verbotenen Waffen** dürfen grundsätzlich verwendet werden Behälter folgender Qualitäten unter Berücksichtigung einschränkender Eigenschaften:

- DIN EN 1143-1 **Widerstandsgrad 0 (Null)**, mit einem Eigengewicht[13] **unter 200 kg**: Bis zu fünf Kurzwaffen und verbotene Waffen,

---

[13] *Beachten Sie, dass für Behälter nach DIN EN 1143-1, die vor dem 6. Juli 2017 genutzt wurden, nun eine Gewichtserhöhung durch Verankerung gesetzlich nicht mehr vorgesehen ist; auch gilt für diese Behälterart <u>kein</u> Bestandsschutz durch die Altbesitzregelung.*

Langwaffen ohne zahlenmäßige Begrenzung; Munition darf gemeinsam mit den Waffen aufbewahrt werden;

- DIN EN 1143-1 **Widerstandsgrad 0 (Null)**, mit einem Eigengewicht **von mindestens 200 kg**: Bis zu zehn Kurzwaffen und verbotene Waffen, Langwaffen ohne zahlenmäßige Begrenzung; Munition darf gemeinsam mit den Waffen aufbewahrt werden;

- DIN EN 1143-1 **Widerstandsgrad I (römisch 1)**, Eigengewicht gesetzlich nicht festgelegt: Aufbewahrung einer unbegrenzten Zahl von Lang- und Kurzwaffen sowie verbotener Waffen und Munition.

Für die **sichere Aufbewahrung von Munition** ist keine Sicherheitsstufe vorgeschrieben. Sie muss in der Wohnung gegen unbefugten Zugriff qualifiziert aufbewahrt werden, mindestens in einem **Stahlblechbehältnis** mit **Schwenkriegelschloss**, zB in einer Geldkassette oder einem gleichwertigen Behältnis. Ein **Schwenkriegelschloss** ist ein Metallriegel oder Haken, der am Schließzylinder befestigt ist und um dessen Achse gedreht wird.

Inhaber einer waffenrechtlichen Erlaubnis, die vor Inkrafttreten der Waffengesetzänderung 2017 erteilt wurde, dürfen Waffenschränke älterer Bauart auch weiterhin nutzen, wenn diese zum Zeitpunkt des Inkrafttretens des Gesetzes am 6. Juli 2017 bereits von ihnen genutzt wurden.[14] Fortsetzung

---

[14] *Ergänzende Information; es handelt sich dabei vornehmlich um Behältnisse der Stufen A und B nach VDMA 24992 Stand Mai 1995; beachten Sie: grundsätzlich dürfen nur Altbesitzer Schränke dieser Sicherheitsstufen verwenden (Ausnahme: gemeinschaftliche Aufbewahrung).*

*Der **„A-Schrank“** – Behältnis der Sicherheitsstufe A nach VDMA 24992 – darf zur Aufbewahrung von **bis zu zehn Langwaffen** eingesetzt werden. Der **„B-Schrank“** – Behältnis der Sicherheitsstufe B nach VDMA 24992 – darf zur Aufbewahrung einer **unbegrenzten Zahl von Langwaffen** und **bis zu zehn Kurzwaffen** (Schrank-Eigengewicht oder Abrisslast durch Verankerung unter 200 kg: bis zu fünf **Kurzwaffen**) eingesetzt werden.*

***Für A- und B-Schrank gilt: Munition**, die aus den darin aufbewahrten Waffen verschossen werden kann, darf in diesem Schrank **nur in einem verschließbaren Fach** aufbewahrt werden. Ein zur Munitionsaufbewahrung zugelassenes Behältnis darf im Schrank deponiert sein.*

oder Beginn einer **gemeinschaftlichen Aufbewahrung** von Waffen mit solchen Erlaubnisinhabern, die selbst einen solchen Behälter nicht verwenden dürften, **ist zulässig.**[15]

In „**nicht dauernd bewohnten Gebäuden**", unter diesen Begriff fallen auch **Jagdhütten**, dürfen **höchstens drei Langwaffen** aufbewahrt werden, aber **keine Kurzwaffen oder Munition**. Dabei ist zwingend ein Behältnis des Widerstandsgrades I nach DIN EN 1143-1 zu verwenden.

Die Literatur[16] geht davon aus, dass die Regeln zur Aufbewahrung von **Munition** in nicht dauernd bewohnten Gebäuden nicht anwendbar sind. Dieser Einschätzung ist wegen der besonderen Gefahr zu folgen, da der Täter in den Besitz von Munition kommen und, nach Öffnung des Waffenschranks, unmittelbar die Waffe schussbereit machen könnte. Es gilt darum: Keine Munition im nicht dauernd bewohnten Gebäude.

Durch die ausdrückliche Beschränkung auf Langwaffen ist eine Aufbewahrung von **Schalldämpfern** in einem nicht dauernd bewohnten Gebäude nicht gestattet. Das gilt auch bei Nutzung eines Behälters des Widerstandsgrades I nach DIN EN 1143-1.

Die **Aufbewahrung geladener Schusswaffen** ist unzulässig. Das gilt auch für die Aufbewahrung von **SRS-Waffen** und **Druckluftwaffen**. Die gemeinsame Aufbewahrung von Waffen und Munition ist nur dann unzulässig, wenn erlaubnispflichtige Schusswaffen mit Munition in einem A- oder B-Schrank aufgrund der Altbesitzregelung aufbewahrt werden.

Während des Aufenthalts, also im **Zeitraum zwischen An- und Abreise** des Hüttennutzers, ist die Jagdhütte für diesen Zeitraum als **dauernd bewohntes Gebäude** anzusehen. Damit würden während der Dauer des gesamten Aufenthalts die allgemeinen Vorschriften zur Aufbewahrung von Schusswaffen

---

***Munition**, die nicht aus den aufbewahrten Waffen verschossen werden kann, darf zusammen mit den Waffen aufbewahrt werden.*

*In einem A-Schrank mit Innen**schrank** der Sicherheitsstufe B (sog. „**Jägerschrank**") ist die Lagerung von bis zu zehn Langwaffen sowie von **bis zu fünf Kurzwaffen im Innenschrank** gestattet sowie passender Munition für die Lang- und Kurzwaffen im Innenschrank.*

[15] Zur Altbesitzregelung für Erben siehe Abschnitt 1.4

[16] Steindorf, Kommentar zum WaffG 9. Aufl., Rz. 7 zu § 13 AWaffV

und Munition gelten, selbst wenn der Jäger die Hütte zur Jagdausübung oder zu einer Besorgung vorübergehend verlässt.

Wenn **Schlüssel** zur Absicherung der Behältnisse benutzt werden, dürfen in einem Schrank die Schlüssel anderer Behältnisse aufbewahrt werden. Das ist zulässig, solange die Zahl der Waffen in jenen Behältnissen zusammen nicht größer ist als die Zahl von Waffen, die in diesem einen Behältnis aufbewahrt werden darf. Zahlenschlösser sind Schlüsselschlössern unter praktischen Gesichtspunkten immer vorzuziehen.

Wesentliche Teile von Schusswaffen und Schalldämpfer sind aufzubewahren wie die Schusswaffen, für die sie bestimmt sind. Dabei werden sie allerdings nicht angerechnet auf die Anzahl der Waffen, die in einem Behälter oder Raum aufbewahrt werden.

Verbotene Waffen, etwa ein Faustmesser im Besitz eines Jägers, sind wie Kurzwaffen zu lagern. Sie werden auf die Zahl der maximal möglichen Kurzwaffen angerechnet.

Werden Waffen und Munition im **Bewachungsgewerbe** aufbewahrt, ist § 22 der DGUV Vorschrift 23 zu beachten – danach sind Waffe und Munition grundsätzlich getrennt voneinander aufzubewahren, also nicht gemeinsam in einem Schließfach. Die Vorschriften des Waffengesetzes gelten aber grundsätzlich auch hier, unabhängig davon, dass § 22 der DGUV Vorschrift 23 nur Stahlblechbehältnisse fordert.

Eine ausdrückliche **Pflicht zur Verankerung** eines Behältnisses zur Aufbewahrung von Waffen oder Munition ergibt sich nicht aus den speziellen Vorschriften des § 13 AWaffV. Auch enthält die Norm DIN EN 1143-1 keine ausdrückliche Pflicht zur Verankerung des zertifizierten Behältnisses, wonach die Zertifizierung des Behälters erst nach Verankerung gültig wäre – lediglich eine Verankerungsmöglichkeit, etwa eine Bohrung zur Aufnahme eines Schwerlastankers, muss konstruktiv vorgesehen und am Behälter vorhanden sein, die mit einer Zuglast von bis zu fünf Tonnen belastet werden kann. Allerdings ist die generelle Vorgabe in § 36 Abs. 1 WaffG zu beachten, wonach die **erforderlichen Vorkehrungen** zu treffen sind, um **zu verhindern**, dass diese Gegenstände **abhanden**kommen oder Dritte sie **unbefugt an sich nehmen**.

Im Falle eines Behälters, dessen Gewicht einschließlich Füllung unter 30 kg liegt, kann dieser ohne größeren Aufwand aus der Wohnung getragen werden. Darum ist bei der **behördlichen Überprüfung der sicheren Aufbewahrung** zu beachten, dass Behältnisse, deren Gesamtgewicht (Behältnis plus Inhalt) unter 100 kg (Richtwert) liegt, gegen Wegnahme zu sichern sind, etwa durch Verankerung in der Wand oder im Boden, um die Wegnahme zu verhindern. In einem solchen Falle ist unter Würdigung der Gesamtsituation die Erteilung eine **Anordnung nach § 36 Abs. 6 WaffG** zu prüfen, die den Waffenbesitzer zur Verankerung des Behälters mit einer ausreichenden und festzusetzenden Abrisslast verpflichtet.

Ebenfalls zulässig sind weitergehende **Anordnungen**, um konkrete Gefahren abzuwenden, die sich etwa aus der Wohnsituation des Waffenbesitzers ergeben. Beachten Sie zu diesem Thema und der Möglichkeit der Erteilung von **Auflagen** die Ausführungen in Band 1 der Reihe „Waffenrecht: Praxiswissen".

Möbeltresore, in der Norm VDMA 24992 Stand Mai 1995 bezeichnet als „**Einsatzschrank**, nicht zur freien Aufstellung", sind **in Möbel oder hinter Wandverkleidungen einzubauen**, ansonsten gelten sie nicht als A- oder B-Behältnis. Die Vorgaben des Herstellers zur Verankerung, die in den meisten Fällen dem gelieferten Behältnis beiliegen, sind einzuhalten.

Einmauertresore sind nach den Vorgaben des Herstellers und den einschlägigen Richtlinien der VdS in ein Mauerwerk oder eine Betonwand einzulassen und mit Beton von mindestens 100 mm Stärke zu umgeben.

Grundsätzlich wird bei der waffenrechtlichen Einstufung nur das **Eigengewicht** des einzelnen Schrankes gewertet, nicht etwa ein Verbund mehrerer Schränke, die etwa durch Metallschienen verbunden sind. Beachten Sie, dass ein Waffenschrank eine Punktlast darstellt – Wohngebäude sind statisch auf eine Regelbelastung von 150 kg, bezogen auf eine gleichmäßige Verteilung über einen Quadratmeter, ausgelegt.

Waffenhändlern, Herstellern, **Museen** oder **Sammlern** können auf Antrag Ausnahmen für die Aufbewahrung und Ausstellung genehmigt werden; hier kann etwa bei besonderer Sicherung des Lagerortes (beispielsweise Sicherheitstür als einziger Zugang zu einem unterflurig belegenen Kellerraum) von der Aufbewahrungspflicht in einem Schrank abgesehen werden.

1.6 Konstruktionen und Bauelemente

Aufgrund des seit dem 1. April 2003 geltenden Waffengesetzes und der am 30. Oktober 2003 im Bundesgesetzblatt veröffentlichten Allgemeinen Waffengesetz-Verordnung (AWaffV) in der jeweils gültigen Fassung sind an die Aufbewahrung von Waffen allgemein, insbesondere aber von erlaubnispflichtigen Waffen bestimmte Anforderungen gestellt, die der Inhaber der waffenrechtlichen Erlaubnis zu erfüllen hat. Das bedeutet für jeden Waffenbesitzer, dass er zu prüfen hat, ob die Art und Weise, wie er seine

Waffen derzeit aufbewahrt, den gesetzlichen Vorgaben entspricht, oder welches Behältnis er erwerben muss, um die Anzahl der Waffen oder der Munition, die er bereits besitzt, nach den gesetzlichen Vorgaben aufzubewahren.

Sichere Aufbewahrung bedeutet, dass nicht nur die gesetzlichen Vorschriften hinsichtlich der geforderten Behältnisse eingehalten werden müssen, sondern dass außer dem waffenrechtlichen Berechtigten niemand Zugang zu seinem Waffenschrank haben darf. Insbesondere darf der Schlüssel zu seinem Waffenschrank weder für Unbefugte zugänglich (z.B. einem sichtbar angebrachten Schlüsselschrank) verwahrt werden, noch darf die Zahlenkombination seines Waffenschrankes anderen, nicht berechtigten Personen mitgeteilt oder auf andere Weise bekannt werden. Dies gilt in besonderer Weise auch gegenüber Personen, die mit dem Berechtigten in häuslicher Gemeinschaft leben, selbst aber keine waffenrechtliche Erlaubnis ähnlichen oder gleichen Umfangs besitzen.

Zur Beurteilung der **Gleichwertigkeit** einer Aufbewahrung mit den im Gesetz genannten Behältnissen bestimmter Widerstandsgrade und Sicherheitsstufen ist es erforderlich, sich mit den technischen Grundlagen zu beschäftigen, die sich aus den beiden vom Gesetzgeber herangezogenen und im Gesetz genannten technischen Normen, nämlich der VDMA 24992 (Stand Mai 1995, ersatzlos zurückgezogen am 31. Dezember 2003) und der neuen (europäischen) Norm DIN EN 1143-1 (Stand Mai 1997) ergeben. Dabei stellt man fest, dass sich bei der Qualität der beiden technischen Normen zwei wesentliche Unterschiede zeigen.

Während bei der VDMA-Norm der Hersteller nach seinem betrieblichen Leistungsvermögen beurteilt und zertifiziert wurde, einen den Richtlinien entsprechenden Aufbewahrungsschrank zu bauen, der auch immer ein Einzelstück sein konnte, wird bei der neuen DIN/EN-Norm ein Serien-Tresormodell geprüft. Da es sich bei dieser Prüfung um eine zerstörende Baumusterprüfung handelt, wird ein nach dem Muster des geprüften Behälters hergestellter Waffenschrank in der Serienfertigung mit einem Metallschild versehen, durch das der Hersteller bestätigt, dass es sich um einen Schrank handelt, der dem geprüften Baumuster entspricht.

Während die Richtlinien der VDMA-Norm 24992 in den jeweiligen Sicherheitsstufen A und B entsprechende technische Vorgaben wie z.B. Wandstärken, Materialhärte und Konstruktionsmerkmale von Schloss, Scharnier und Zuhaltung festlegen, verlangt die DIN EN 1143-1, dass der Waffenschrank einem Aufbruchsversuch mit den in dieser Norm aufgeführten Werkzeugen eine festgelegte Zeit widerstehen muss. Die DIN EN 1143-1 spricht in diesem Zusammenhang nicht mehr von **Sicherheitsstufen**, sondern von **Widerstandsgraden**, kurz **WG**.

Diese beiden wesentlichen Unterschiede sind u. a. der Grund, warum es nicht ohne weiteres möglich ist, die Gleichwertigkeit festzustellen. Beispielhaft kann hier festgestellt werden, dass ein Waffenschrank der Sicherheitsstufe B nach VDMA 24992 immer aus doppelwandigem Stahl bestehen muss, während ein Schrank mit dem Widerstandsgrad 0(N) durchaus auch aus Kunststoff, Glas und Stahl oder aus einer Mischung verschiedener Materialien hergestellt sein kann, vorausgesetzt, er hält einem Aufbruchsversuch genügend lange Zeit stand.

Zu beachten ist, dass unter Verwendung von gebräuchlichen Elektro-Werkzeugen wie etwa einem Winkelschleifer ein Behältnis des Widerstandsgrades 0 oder auch I gerade einmal vier Minuten Widerstand leisten muss, bevor ein ca. 10 cm mal 10 cm Durchgriffsloch in die Behälterwand geschnitten ist, um diese Durchbruchsprüfung zu bestehen.

Die **Gleichwertigkeit** eines Behälters der Stufe B nach VDMA 24992 mit einem Behälter des Widerstandsgrades (WG) 0 nach DIN EN 1143-1 wurde durch die Bestimmung in § 36 Abs. 2 WaffG aF gesetzlich festgelegt. Praktisch übertrifft der Widerstandszeitwert des WG-0-Behälters den eines B-Schranks.[17] Da bei anderen Prüfnormen, die nicht explizit im Gesetz

---

[17] *Der Verband Deutscher Maschinen- und Anlagenbau e.V. (VDMA) weist in einer Information vom 30. Juni 2003 ausdrücklich darauf hin, dass der Widerstandswert von B-Schränken „je nach Konstruktion erheblich unter dem von Produkten des Widerstandsgrades 0" liegt. Wie aus der Bundesrats-Drucksache 596/01 vom 17. August 2001, dem „Entwurf eines Gesetzes zur Neuregelung des Waffengesetzes" hervorgeht (S. 141), ging der Gesetzgeber seinerzeit davon aus, dass die VDMA 24992 Ende 2002 ersatzlos gestrichen würde und dass damit auch die bis dato als ausreichender Schutz anerkannten B-Schränke nicht mehr erhältlich gewesen wären. Zudem ging der Entwurf davon aus, dass die Schutzwirkung eines B-Schrankes „ungefähr ... gleichwertig" sei gegenüber einem Behälter des Widerstandsgrades 0. Diese nur gesetzlich fixierte, in der Praxis aber fehlende Gleichwertigkeit entspricht in ihrer Absicht eher einer Übergangsvorschrift, um denen, die bereits ohne gesetzliche Pflicht Waffenschränke angeschafft hatten, keine zusätzlichen Belastungen aufzuerlegen. Dass Industrie und Handel weiterhin Behälter mit derartig geringem Schutzwert*

erwähnt werden, durch § 36 WaffG aF eine Gleichwertigkeit mit einem Behälter des WG 0 gefordert wird, können andere Behälter als B-Schränke nur dann als gleichwertig anerkannt werden, wenn sie den Widerstandszeitwert eines WG-0-Behälters erreichen.[18] Damit sind etwa Behälter der Sicherheitsstufen S1 und S2 nach EN 14450 ohne ein qualifiziertes ergänzendes Gutachten nicht als gleichwertig anerkennbar.[19]

1.6.1 Sicherheitsstufe B nach VDMA 24992[20]

Als Waffenschränke nach der Sicherheitsstufe B gelten mehrwandige Behältnisse aus Stahlblech, die neben Schutz gegen mechanische Einbruchwerkzeuge auch einen leichten Brandschutz bieten. Einwandige Behältnisse der Stufe B (Einmauerschrank) erreichen erst durch Einbetonierung in eine Wand die Schutzwirkung eines mehrwandigen Behälters.

Für die Einstufung in die Sicherheitsstufe B muss der Waffenschrank einen Korpus mit einem Außenmantel von 3 mm sowie einen Innenmantel von 1,5 mm oder einen Außenmantel von 2,5 mm sowie einen Innenmantel von 2,0 mm aus Stahlblech aufweisen.

---

anbieten würden, erwartete der Gesetzgeber irrig nicht. Bei den noch schwächeren A-Schränken spricht der Entwurf dagegen von der Beibehaltung „zu Gunsten der Betroffenen", womit ausgedrückt sein könnte, dass die Aufbewahrung in A- und B-Schränken nur als Übergangsregelung für jene Waffenbesitzer ausreichend sein sollte, die bei Inkrafttreten des Gesetzes bereits diese Behälter benutzten. Auch erlaubnisfreie Schusswaffen sollten in einem A-Schrank aufbewahrt werden; diese Regelung gelangte allerdings nicht in den Gesetzestext.

[18] Für die Feststellung dieser Gleichwertigkeit ist ein Gutachten eines qualifizierten, in der Regel öffentlichen bestellten und vereidigten Sachverständigen unerlässlich.

[19] Dies wäre lediglich nach Begutachtung und Gutachtenerstellung durch einen qualifizierten Sachverständigen und die Bestätigung einer Gleichwertigkeit der Schutzwirkung des Behälters mit einem B-Schrank nach VDMA 24992 Stand Mai 1995 möglich.

[20] Beachten Sie, dass Behälter der Sicherheitsstufen A und B nach VDMA 24992 seit dem 6. Juli 2017 nur im Falle eines Altbesitzes oder bei gemeinschaftlicher Aufbewahrung mit einem Altbesitzer zur Aufbewahrung von Waffen genutzt werden dürfen.

Handelt es sich um einen **Einmauerschrank**, muss die Wandstärke des Außenmantels an den von der Mauer umgebenen Flächen mindestens 1,5 mm betragen. Die umgebende Mauer muss an den Flächen des Schranks, die nicht doppelwandig sind, mindestens 100 mm Beton (oder Mauerwerk vergleichbaren Widerstandes) stark sein.

Die **Tür** eines **frei aufstellbaren Tresors** muss bei der Sicherheitsstufe B eine Gesamtstärke von 60 mm aufweisen. Ist der Waffenschrank in ein Möbelstück eingebaut (**Möbeltresor**) oder eingemauert (Einmauerschrank), ist eine Tür mit einer Gesamtstärke von 30 mm ausreichend. Für diese Sicherheitsstufe ist neben der umlaufenden Türverstärkung auch ein umlaufender Feuerfalz gefordert.

Der Raum zwischen Außen- und Innenmantel kann mit hitzebeständigem Isolierstoff ausgefüllt sein, wenn das Behältnis zum Schutz vor Feuer dienen soll. Das gilt sowohl für den Korpus als auch für die Tür.

1.6.2 Schließ- und Verschlusssysteme

Für die Sicherheitsstufen A und B gelten **Mindestanforderungen** an die Schließsysteme. Schließvorrichtungen sind Bauteile oder -gruppen, durch die der Verriegelungszustand hergestellt wird. Dabei ist es für das Systemmerkmal unerheblich, wie viele Verriegelungselemente bei einer Vorrichtung zum Eingriff kommen.

Zu diesen Verriegelungsvorrichtungen gehören u. a.:

- das **Schwenkriegelschloss**, das den Verriegelungszustand durch Schwenken (Drehen) eines Sperrriegels herstellt, oder
- das **Stangenriegelschloss**, das den Verriegelungszustand durch Verschieben einer Sperrstange oder eines Sperrriegels herstellt.

Dabei sind hier auch Kombinationen verschiedener Verriegelungsvorrichtungen bekannt.

Die Riegel müssen nach vorne, d.h. gegenüber den Bändern schließen. Ab einer Schrankhöhe von 1000 mm muss zusätzlich ein Riegel nach oben und unten zwangsläufig wirken. An der Bandseite sind Hinterriegel, Bolzen oder Hintergreifbänder erforderlich - Türen, die auf ganzer Höhe hinter den Korpus greifen, erfüllen diese Forderung ebenfalls.

Bei dem in der Verordnung aufgeführten Schwenkriegelschloss handelt es sich um einen bauartbedingt innenliegenden, somit nicht direkt angreifbaren Schwenkriegel, der unmittelbar mit einem Schließzylinder oder einem Zylinderschloss verbunden ist und um dessen Achse gedreht wird.

Für die Bewertung der Gleichwertigkeit einer Schließvorrichtung ist es unerheblich, welches System zum Einsatz kommt. Ausschlaggebend ist vielmehr das verwendete Schloss (Schließsystem), durch das der eigentliche Schließvorgang erfolgt. In der Regel handelt es sich um ein Sicherheitsschloss nach der Schlossliste VdS 2323 (Schließzylinder oder ein Zuhaltungsschloss), was in diesem Fall Doppelbartschloss oder gleichwertig bedeutet.

Als gleichwertig kann ein Schließsystem dann angesehen werden, wenn es sich um ein innenliegendes System handelt, bei dem ein Doppelbart- oder Zahlenschloss verwendet wird, das dem allgemeinen Sicherheitsstandard entsprechend eingebaut ist. Von diesem Sicherheitsstandard ist auszugehen, wenn der Schlosskasten neben der Türwandung durch eine zusätzliche Platte geschützt ist, die das Schloss insgesamt gegen Angriffe von außen schützt, etwa durch eine Manganstahlplatte. Auch darf es sich nicht um einen von außen zugänglichen und damit angreifbaren Profilzylinder handeln, sondern die Öffnung im Türblatt darf lediglich für den Schlüsselhalm und den bei Schlüsseln erforderlichen Doppelbart geschaffen sein.

1.6.3 Sicherheitsbehältnisse – Übersicht

Bei der Frage nach der Erfüllung der gesetzlichen Vorschriften bei der Verwendung dieses Behältnisses ist es entscheidend, dass die wesentlichen Forderungen der Norm erfüllt werden und der Schutz vor unbefugter Wegnahme gewährleistet werden kann, der von einem anderen Schrank der entsprechenden Sicherheitsstufe gewährt wird. Auch wenn man diesen Gedanken der Vergleichbarkeit zugrunde legt, wird die **Anerkennung** eines älteren Tresors als gleichwertig zu einem modernen Behältnis des Widerstandsgrades I nach DIN EN 1143-1 Stand Mai 1997 nicht möglich sein. Da es sich um eine zerstörende Prüfung handeln würde, um die erforderliche Zeit für Teil- und Vollzugriff zu ermitteln, ist auch bei schweren Panzerschränken ohne Typenschild nur eine Einstufung nach den Bauvorschriften der VDMA 24992 oder eine Anerkennung des gleichwertigen Schutzes möglich.

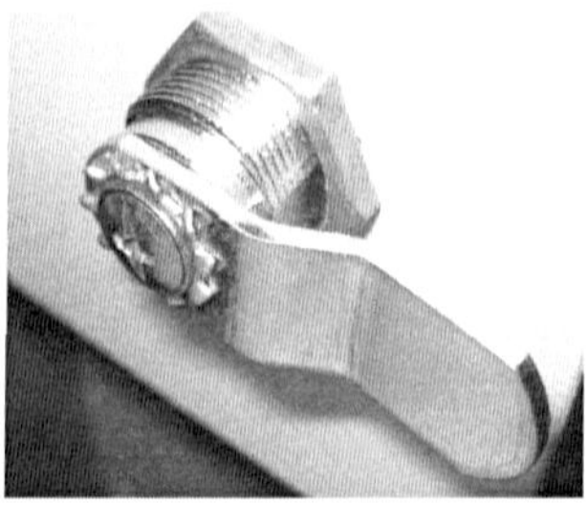

Schwenkriegel

Drei-Bolzen-Schloss mit Schlüsseln

1.6.3.1 Waffenschrank Sicherheitsstufe A

Ein Sicherheitsbehältnis nach VDMA 24992 Stufe A erlaubte vor dem 6. Juli 2017 die Aufbewahrung von bis zu zehn erlaubnispflichtigen Langwaffen. Es bietet lediglich leichten Schutz gegen Aufbruchsversuche – die Aufbewahrung von Munition, die aus diesen Waffen verschossen werden kann, muss getrennt erfolgen, beispielsweise im verschlossenen Innenfach (Bestandteil der meisten Modelle).

Der Korpus ist **einwandig** und besteht aus Stahlblech von 3 mm Stärke. Das Türblatt ist mindestens 3 mm stark und mit einem umlaufenden Stahlprofil verstärkt, das so bemessen ist, dass die Tür eine hohe Biegefestigkeit erhält. Die Öffnung des Behälters, in der die Tür verriegelt, muss ebenso durch einen umlaufenden Rahmen so versteift sein, dass ein Aufbiegen mittels eines Hebelwerkzeuges ohne maschinelle Unterstützung ausreichend erschwert wird und die Riegel der Tür sicheren Halt finden. Durch ein Hintergreifen des Türblatts oder hintergreifende Bolzen ist auf der Bandseite (Scharnierseite) sicherzustellen, dass auch nach einem Entfernen der Türscharniere das Türblatt noch sicheren Halt findet. Das Riegelwerk wird durch einen Hebel bewegt, eine direkte Schließung durch die Schlüsseldrehung ist bei freistehenden A-Schränken nicht zulässig.

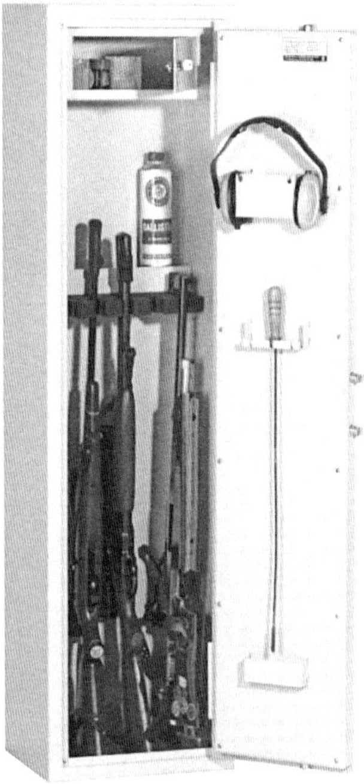

Ab einer Schrankhöhe von 1000 mm müssen zusätzlich zu den Riegeln der Schlossseite auch oben und unten Riegel die Tür verschließen. Auf der Bandseite (Scharnierseite) ist die Tür mit Hintergreifbolzen oder Riegeln ausgestattet, die ein unbefugtes Öffnen der Tür selbst dann unmöglich machen, wenn außen angebrachte Scharniere entfernt werden.

Ein Hochsicherheitsschloss, in der Regel ein **Doppelbart-Sicherheitsschloss**, verhindert ein Öffnen ohne den passenden Schlüssel – das Schloss selbst ist durch geeignete Maßnahmen (Panzerung, zusätzliche Metallplatte) gegen ein Durchbohren zu schützen.

1.6.3.2 Waffenschrank Sicherheitsstufe B

Ein Sicherheitsbehältnis nach VDMA 24992 Stufe B erlaubte vor dem 6. Juli 2017 die Aufbewahrung von bis zu zehn erlaubnispflichtigen Kurzwaffen und einer unbegrenzten Zahl von Langwaffen. Es bietet einen begrenzten Schutz gegen Aufbruchsversuche – die Aufbewahrung von Munition, die aus den aufbewahrten Waffen verschossen werden kann, muss getrennt erfolgen, beispielsweise im verschlossenen Innenfach (Bestandteil der meisten Modelle).

Der Korpus ist **doppelwandig** und besteht aus Stahlblech von 3 (2,5) mm (Außenmantel) und 1,5 (2) mm (Innenmantel) Stärke bei einer Gesamtdicke des Korpus von 60 mm, in der Öffnung mit einem umlaufenden Rahmen so versteift, dass die Riegel der Tür ausreichend Halt finden. Für die Tür gelten die Vorgaben entsprechend. Sie ist mit einem umlaufenden Stahlprofil verstärkt, das so bemessen ist, dass die Tür eine hohe Biegefestigkeit erhält. Das Riegelwerk wird durch einen Hebel bewegt, eine direkte Schließung durch die Schlüsseldrehung ist bei freistehenden B-Schränken nicht zulässig.

Trotz der Doppelwandigkeit stellen Behälter dieser Sicherheitsstufe keinen bemerkenswert höheren Schutz im Vergleich zur Stufe A dar, da der Hohlraum zwischen Außen- und Innenwand nicht gefüllt sein muss. So wurde zur Erhöhung der Schutzwirkung anfänglich dieser Hohlraum mit Beton ausgegossen („hartgefüllter B-Schrank“), um die Masse des Behälters zu erhöhen und einen Durchbruch durch die Wand zu erschweren.

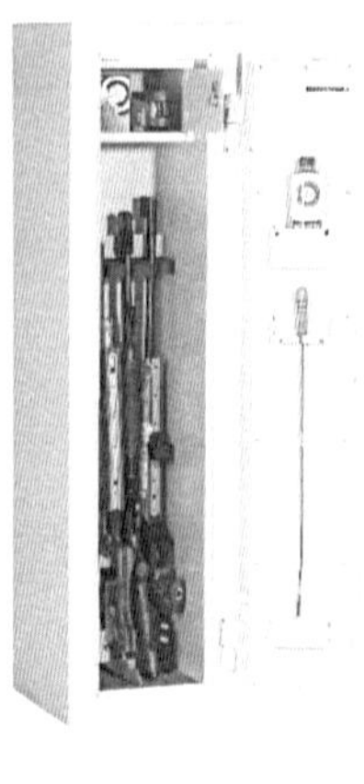

Ab einer Schrankhöhe von 1000 mm müssen zusätzlich zu den Riegeln der Schlossseite auch oben und unten Riegel die Tür verschließen. Auf der Bandseite (Scharnierseite) ist die Tür mit Hintergreifbolzen oder Riegeln ausgestattet, die ein unbefugtes Öffnen der Tür selbst dann unmöglich machen, wenn außen angebrachte Scharniere entfernt werden.

Ein Hochsicherheitsschloss, in der Regel ein Doppelbartsicherheitsschloss, verhindert ein Öffnen ohne den passenden Schlüssel – das Schloss selbst ist durch geeignete Maßnahmen wie eine Panzerung oder zusätzliche Metallplatten gegen Durchbohren zu schützen.

1.6.3.3 Waffenschrank Sicherheitsstufe A/B

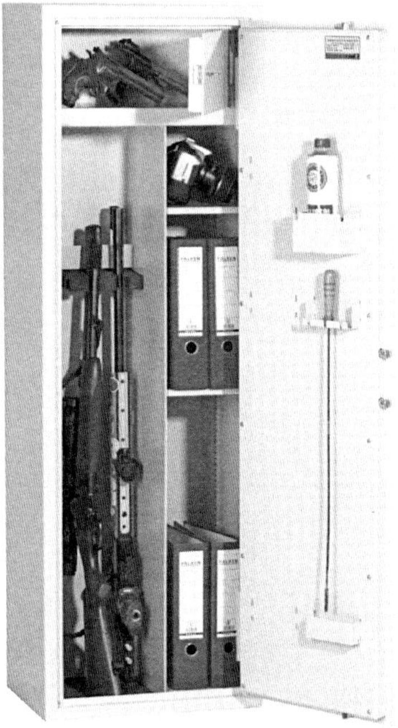

Dieses Behältnis wurde in § 13 Abs. 4 AWaffV aF als **Sonderfall** eines Behältnisses zur Aufbewahrung von Waffen und Munition genannt. In ihm dürfen bis zu zehn Langwaffen aufbewahrt werden sowie im Innenschrank bis zu fünf Kurzwaffen. Die **Besonderheit** ist, dass im Innenschrank **Kurzwaffen und passende Munition gemeinsam** aufbewahrt werden dürfen. Da diese Kombination besonders die Bedürfnisse der Jägerschaft bedient, wird das Behältnis auch oftmals „**Jägerschrank**" genannt. Es handelt sich um ein Sicherheitsbehältnis der Stufe A mit Innenschrank der Stufe B nach VDMA 24992 Stand Mai 1995.

Der Innenschrank ist dabei als „Möbeltresor" ausgeführt, Tür und Mantel doppelwandig, mit Doppelbart-Sicherheitsschloss.

Obwohl der Innenschrank als Möbeltresor ausgeführt ist, ist ein Verankern nicht notwendig, da der Innenschrank Teil des Außenschranks ist.

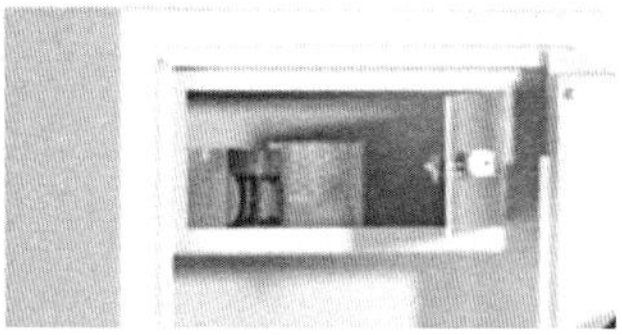

Innenfach ohne Klassifizierung, üblicherweise Munitionsfach in A- oder B-Schrank

Tür einwandig aus Stahlblech

Zuhaltung durch Schwenkriegelschloss, Freigabe durch „Briefkastenschlüssel"

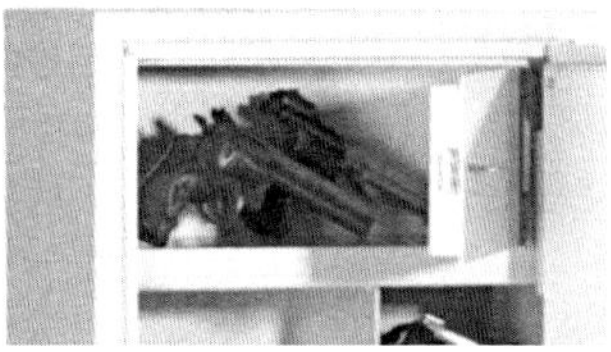

Waffenschrank Stufe A mit Innenschrank Stufe B („Jägerschrank")

Tür mehrwandig aus Stahlblech

Zuhaltung durch Drei-Bolzen-Schloss, Freigabe durch Doppelbartschlüssel

1.6.3.4 Behälter Widerstandsgrad 0 (N) / I

Während Behältnisse der Stufe A oder B Bauvorschriften einhalten müssen, geht die Norm DIN EN 1143-1 einen anderen Weg – sie definiert einen Einbruchschutz mit Hilfe von sogenannten **RU-Werten**. RU steht für resistance unit, wobei bestimmten Werkzeugen eine bestimmte Anzahl von RU je Minute Verwendung zugeordnet wird. Der RU-Wert gibt an, mit welchem Aufwand an Zeit und Werkzeug ein Einbrecher Teilzugriff und Vollzugriff auf das Behälterinnere erlangt.

„RU 30/50" bedeutet zum Beispiel, dass nach Einsatz von 30 **Widerstandszeitwerteinheiten** ein Teilzugriff möglich ist (kleine Öffnung von 125 mm Durchmesser mit der Möglichkeit, in das Behältnis hineinzugreifen), während ein Vollzugriff (Öffnung von 350 mm oder geöffnete Tür) durch Einsatz von 50 Widerstandszeitwerteinheiten möglich ist. Behälter werden aufgrund von Versuchen mit Baureihenmustern einem Widerstandsgrad (WG) zugeordnet. Schränke des WG 0 (N) haben einen RU-Wert von 30/30, WG I einen RU-Wert von 30/50.

Da ein Sicherheitsbehältnis nicht zerstörungsfrei auf Einhaltung bestimmter RU-Werte geprüft werden kann, wäre es auch bei besonders massiven Wertschränken nicht möglich, eine Gleichwertigkeit mit Behältnissen nach DIN EN 1143-1 anzuerkennen. Gleichwohl kann die Behörde aufgrund der Beurteilung der Schutzwirkung des Behälters durch einen qualifizierten Sachverständigen nach eigenem Ermessen einer Aufbewahrung in diesem betreffenden Behälter zustimmen.

Die gemeinsame, also nicht durch ein weiteres Hindernis getrennte **Aufbewahrung von Schusswaffen und Munition** ist in diesem Behältnis **zulässig**. Zu beachten ist, dass die **Aufbewahrung geladener Schusswaffen** einen Verstoß gegen die allgemein anerkannten Regeln des sicheren Umgangs mit Schusswaffen darstellt, der zur **Unzuverlässigkeit** gemäß § 5 Abs. 1 Nr. 2 Buchst. b WaffG führt.[21] In einem **Waffen<u>raum</u>** dieses Widerstandsgrades

---

[21] *BVerwG 6 B 36/13 Rn. 4, Beschluss vom 3. März 2014; nach aktuellem Recht ist die Aufbewahrung geladener Waffen gesetzlich untersagt.*

ist die gemeinsame Aufbewahrung von Waffen und dazu gehörender Munition nach aktuellem Waffengesetz **zulässig.**[22]

1.6.4 Ergänzende Hinweise

Bei der Bewertung der sicheren Aufbewahrung können die nachfolgenden allgemeinen Hinweise eine weitere Hilfe sein:

- Bei **Vergitterungen** (Stahlstäbe, Mindestdicke 18 mm, Abstand waagerecht max. 200 mm, senkrecht 100 mm, verschweißt, Stabenden 80 mm tief im Mauerwerk, keine Schraubverbindungen) ist in jedem Fall zu prüfen, ob ein Durchgreifen zur Entnahme von Waffen sicher verhindert wird.
- Bei **Fenstern** können geringere Anforderungen gestellt werden, wenn sie auch mit Hilfsmitteln nicht leicht erreichbar sind. Es sollte grundsätzlich ein **Sichtschutz** vorhanden sein, wenn Einblick möglich ist.
- **Lüftungsöffnungen** sollen grundsätzlich nicht mehr als 120 mm Seitenlänge haben.

1.6.5 Widerstandsklassen nach DIN EN 1627

Die Tür ermöglicht den bequemen Zugang zu einem Raum, ist zugleich aber bei mangelnder Stabilität ein Schwachpunkt bei der Absicherung von Gebäuden und Räumen. Entscheidend ist in der Praxis das **Zusammenspiel** von **Türblatt**, **Türzarge** und den für die Funktion erforderlichen **Beschlägen** – erst dann, wenn diese Komponenten perfekt aufeinander abgestimmt und die Montagearbeiten fachgerecht ausgeführt worden sind, bietet die Tür den angestrebten und angegebenen Schutz.

Dabei ist zwischen verschiedenen Anforderungen zu unterscheiden:

- Einbruchhemmende Tür
- Feuerschutztüren
- Lärmschutztür

---

[22] *Nach altem Recht zu beachten VG Darmstadt 5 K 38/10.DA Rn. 78, Urteil vom 27. August 2010; nur auf „alte Waffenräume“ anwendbar; beachten Sie die Erläuterungen zu Waffenräumen im Kapitel 1.9.1*

Die **einbruchhemmenden Türen** nach **DIN EN 1627** werden nach Widerstandsklassen (**RC**, „**resistance class**", vormals: **WK**) eingeteilt. Die Maßeinheit „kN" steht für Kilo-Newton. 1 kN hat die Gewichtskraft von 100 kg.

Stufe	Beschreibung / Tätertyp / Werkzeuge	Widerstandszeit / statische Belastung
RC 1	**Grundschutz** gegen Aufbruchsversuche mit körperlicher Gewalt wie Gegenspringen, Schulterwurf, Hochschieben, Herausreißen; diese Bauteile weisen nur geringen Schutz gegen den Einsatz von Hebelwerkzeugen auf.	**keine (3 kN)**
RC 2	Der **Gelegenheitstäter** versucht, zusätzlich mit einfachen Werkzeugen wie Schraubendreher, Zange und Keilen das verschlossene und verriegelte Bauteil aufzubrechen.	**3 Minuten (3 kN)**
RC 3	Der **etwas erfahrene Täter** versucht, zusätzlich mit einem zweiten Schraubendreher und einem Kuhfuß das verschlossene und verriegelte Bauwerk aufzubrechen.	**5 Minuten (6 kN)**
RC 4	Schutz für **Gewerbeobjekte** gegen planmäßiges Vorgehen - der erfahrene Täter setzt zusätzlich Sägewerkzeuge und Schlagwerkzeuge wie Schlagaxt, Stemmeisen, Hammer, Meißel sowie eine Akku-Bohrmaschine ein.	**10 Minuten (10 kN)**
RC 5	Schutz für Gewerbeobjekte und öffentliche Objekte mit **mittlerem Risiko** - der erfahrene Täter setzt zusätzlich Elektrowerkzeuge wie z.B. Bohrmaschine, Stich- oder Säbelsäge und Winkelschleifer mit einem maximalen Scheibendurchmesser von 125 mm ein.	**15 Minuten (15 kN)**
RC 6	Schutz für Gewerbeobjekte und öffentliche Objekte mit **hohem Risiko** - der erfahrene Täter setzt zusätzlich leistungsfähige Elektrowerkzeuge wie Bohrmaschine, Stich- oder Säbelsäge und Winkelschleifer mit einem max. Scheibendurchmesser von 230 mm ein.	**20 Minuten (20 kN)**

1.6.6 Gleichwertigkeit anderer Normen

Bei Sicherheitsbehältern älterer Baujahre ist es grundsätzlich durch sachverständige Begutachtung möglich, eine Gleichwertigkeit des Behälters bezüglich seiner Schutzwirkung mit Behältern nach VDMA 24992 Stand Mai 1995 festzustellen, wenn kein Typenschild befestigt ist.

Weist der Behälter ein Typenschild auf, das die Einstufung nach einer anerkannten Norm bestätigt, ist stets zu prüfen, ob die entsprechende Einstufung in ihrer Schutzwirkung aktuell gebräuchlichen Behältern entspricht. Auch ist eine Überprüfung des tatsächlichen Zustandes des Behälters, insbesondere des Verschlusses, durch einen Sachverständigen anzuraten.

1.6.6.1 Sicherheitsgrade PTZ

(Posttechnisches Zentralamt; Einstufung nicht zu verwechseln mit S1/S2)

SG I	VDMA 24992	Stufe A
SG II	VDMA 24992	Stufe B
SG III	DIN EN 1143-1	WG II
SG IIIa	DIN EN 1143-1	WG III
SG IV, IVa	DIN EN 1143-1	WG IV
SG IVb	DIN EN 1143-1	WG V

1.6.6.2 Normen FuP (RAL)

(Forschungs- u. Prüfgemeinschaft Geldschränke u. Tresoranlagen e.V.)

C1 nach RAL-RG 626/2	DIN EN 1143-1	WG I
C2 nach RAL-RG 626/2	DIN EN 1143-1	WG II
GE1 nach RAL-RG 626/3	DIN EN 1143-1	WG II
D1 (D10) nach RAL-RG 626/1 (626/10)	DIN EN 1143-1	WG III
D2 (D20) nach RAL-RG 626/2 (626/20)	DIN EN 1143-1	WG IV
E10 nach RAL-RG 621/10	DIN EN 1143-1	WG VI

1.6.6.3 Klassen VdS

(Verband der Sachversicherer)

Die Norm VdS 2450 ist bezüglich der Klassen 0 bis 5 analog der Einordnung der Widerstandsgrade 0 bis V der DIN EN 1143-1 einzuordnen. Die VdS-Klasse N entspricht der VdS-Klasse 0.

1.6.7 Alternative Sicherungseinrichtungen

Seit Inkrafttreten der Änderungen des Waffengesetzes im Juli 2017 ist es möglich, Schusswaffen auch außerhalb eines Behältnisses oder eines Waffenraumes gesetzeskonform aufzubewahren. Voraussetzung ist die Verwendung einer solchen alternativen Sicherungseinrichtung, die ein den Anforderungen gemäß § 13 Abs. 1 Satz 5 AWaffV mindestens gleichwertiges Schutzniveau aufweist und zum Nachweis über eine Zertifizierung durch eine akkreditierte Stelle gemäß § 13 Abs. 10 AWaffV verfügt.

Damit hat der Gesetzgeber die grundsätzliche Forderung nach einer Einhausung der Waffe als Anforderung für die sichere Aufbewahrung von erlaubnispflichtigen oder verbotenen Waffen aufgegeben. Auf welche Art der Hersteller der Vorrichtung den Zugriff auf die Waffe verhindert, bleibt ihm überlassen. Die Prüfung durch die akkreditierte Stelle wird sich insbesondere auf die Trennung der Waffe von der Sicherungseinrichtung konzentrieren müssen, um das Verhalten eines Zufallstäters zu simulieren, und auf die Möglichkeit einer Verankerung. Die Verwendung von sogenannten **Widerstandszeitwerten** oder **RU-Werten** (zum Begriff siehe Kapitel 1.6.3.4) bei der Bewertung der Schutzwirkung von Behältern oder Bauelementen durch die DIN EN 1143-1 macht es möglich, durch Messung des Aufwands für eine Überwindung des Schutzes durch die alternative Sicherungseinrichtung deren Wirksamkeit nachvollziehbar zu prüfen.

Bei Verwendung einer alternativen Sicherungseinrichtung im Sinne des § 13 Abs. 1 Satz 5 AWaffV kommt ihrer **Verankerung** eine wesentliche Bedeutung zu – die Möglichkeit einer einfachen Wegnahme aus der Wohnung widerspräche Sinn und Zweck der Norm sowie der generellen Forderung nach Ergreifen der erforderlichen Vorkehrungen. Behältnisse mit einem Gewicht um 30 kg sind keine Herausforderung für Kraft und Kondition eines Diebes. Bei einer alternativen Sicherungseinrichtung wäre es dem Täter möglich, die zwar gegen sofortige Verwendung, aber nicht gegen Entwendung aus der Wohnung gesicherte Waffe mitsamt Schutzvorrichtung unauffällig bei sich zu tragen, zB in einem Beutel. Darum setzt die sichere Aufbewahrung eine effektive Verankerung der alternativen Sicherungseinrichtung voraus, es sei denn, sie kann nicht von einer Person getragen werden, etwa durch ein Eigengewicht ab 100 kg, wie es als Mindestgewicht für ein Waffenbehältnis empfohlen wird. Die durch Verankerung erzeugte **Abrisslast** muss **vielfach höher** sein, da dieser Schutz nur im Moment des Abrisses wirkt, nicht aber beim Abtransport.

Die Anforderung des Widerstandsgrades 0 nach DIN EN 1143-1 Stand Mai 1997, einen Widerstandszeitwert von 30 RU zu erzeugen, muss erfüllt werden. Das ist beispielsweise der Fall, wenn nach einem vierminütigen Einsatz einer elektrischen Trennscheibe, die pro Minute mit einem RU-Wert von 7,5 angerechnet wird, keine Entnahme der Waffe möglich ist. Viermal 7,5 RU sind als Produkt 30 RU, der erforderliche Widerstandszeitwert nach Norm wäre erreicht. Vier Minuten konzentrierte Arbeit mit einer leistungsfähigen Trennscheibe sind im heimischen Bastelkeller des Täters problemlos möglich, nicht aber am Tatort, wo jederzeit die Gefahr einer Entdeckung besteht und meist auch nur lange Schraubendreher und Brecheisen zur Verfügung stehen. Darum ist die Wirksamkeit der Verankerung, die den Täter zur Zerstörung der Sicherungseinrichtung direkt am Tatort zwingt, der wesentliche Schutzfaktor.

Die **Eignung der Verankerung** kann mittels Beurteilung durch einen qualifizierten Sachverständigen festgestellt werden, wenn diese Eignung nicht offensichtlich ist, etwa durch Verankerung mit mehreren Schwerlastankern in einer Betonwand. Im Falle der Entwendung von Sicherungseinrichtung mitsamt Schusswaffe werden die Verankerungsmaßnahmen behördlich zu prüfen sein. Bei **Verletzung der Sorgfaltspflicht**, die sich aus § 36 Abs. 1 WaffG ergibt, ist die erforderliche Zuverlässigkeit nach § 5 Abs. 1 Nr. 2 Buchstabe b WaffG nicht mehr gegeben. Eine fehlende oder unwirksame Verankerung, etwa weil aufgrund der Nichtbeachtung der Montagevorgaben des Herstellers keine ausreichende Abrisslast erzeugt wird, hätte somit den **Entzug der waffenrechtlichen Erlaubnis** zur Folge.

*Gemäß § 36 Abs. 3 Satz 1 WaffG ist der Behörde die Art der Aufbewahrung nachzuweisen (**Nachweispflicht**). Nach teleologischer Auslegung gilt dies auch für eine Änderung der Art der Aufbewahrung. Ob es einer Zustimmung zur Verwendung einer alternativen Sicherungseinrichtung bedarf, geht aus der Verordnung oder den Gesetzesbegründen nicht hervor. Aus der Stellung im Text wie aus der Formulierung von § 13 Abs. 1 Satz 3 AWaffV, wonach die zuständige Behörde „eine andere gleichwertige Aufbewahrung von Waffen oder Munition zulassen" kann, ergibt sich aus Sicht des Verfassers das **Erfordernis der Zustimmung**, die einen Antrag voraussetzt. Der Begriff „zulässig" bedeutet dabei, dass bei Genehmigung einer gleichwertigen Aufbewahrung ein in § 13 Abs. 1 Satz 5 WaffG beschriebenes System anerkannt werden kann. Erst nach der Zustimmung durch die zuständige Behörde dürfte die Waffe außerhalb eines Behältnisses, das der Anforderung aus § 13 Abs. 1 Satz 1 AWaffV entspricht, unter Verwendung dieser alternativen Sicherungseinrichtung aufbewahrt werden. Alternativ wäre nach Änderungsmeldung an die Behörde eine Anordnung nach § 36 Abs. 6 WaffG sinnvoll, um eine sichere Verankerung und deren Nachweis sicherzustellen.*

1.6.8 Verankerung von Sicherheitsbehältnissen

Die Verankerung von Sicherheitsbehältnissen ist im Waffengesetz nicht ausdrücklich vorgeschrieben. Da aber gemäß § 36 WaffG die erforderlichen Maßnahmen getroffen werden müssen, um eine unbefugte Wegnahme von Waffen oder Munition zu verhindern, ist bei Behältnissen mit einem Eigengewicht unter 100 kg, in denen erlaubnispflichtige Waffen aufbewahrt werden, regelmäßig eine Verankerung zu fordern.[23]

Zu beachten ist, dass die Gewichtsgrenze von 200 kg Eigengewicht für einen Behälter der Stufe B nach VDMA 24992 Stand Mai 1995 oder des WG 0 nach DIN EN 1143-1 Stand Mai 1997 nach § 36 WaffG aF nicht durch Summieren von Eigengewicht des Behälters einerseits und durch die Verankerung erreichte Abrisslast andererseits erreicht wird. Somit kann bei einem Gewicht des Behältnisses unter 200 Kilogramm nur dann durch eine Verankerung gegen Abriss die Forderung des § 13 Abs. 1 Satz 1 Halbsatz 2 AWaffV aF erfüllt werden, wenn die Verankerung allein eine Abrisslast von mindestens 200 kg erzeugt.

Möbeltresore (Einsatzschrank) dürfen nur dann für die Aufbewahrung von Waffen verwendet werden, wenn sie in einem Möbelstück eingebaut sind. Die Norm verwendet die Bezeichnung „nicht zur freien Aufstellung“. Das setzt immer voraus, dass der Möbeltresor hinter einer Tür verborgen wird. Eine Verankerung in einer Wand des Raumes, an der das Möbelstück aufgestellt ist, wird empfohlen. Um die Wegnahme des in der Regel sehr leichten Möbeltresors zu erschweren, sollte dabei das Behältnis direkt an der Wand verankert werden, ohne dass sich ein Teil der Rückwand des Möbelstücks dazwischen befindet. Dies ist in der Regel nur möglich, wenn die Rückwand im Bereich des Möbeltresors entfernt wird. In sehr schweren

---

[23] *Dieser Wert ist lediglich eine Empfehlung; zu beachten ist dabei auch die Art und Leistungsfähigkeit der zu wählenden Verankerung, da durch den Einsatz von Hebelwerkzeugen auch Verankerungen mit einer Zugbelastbarkeit von mehreren hundert Kilogramm leicht überwunden werden. können. Dem Eigengewicht des Behälters ist grundsätzlich der Vorzug vor einer Verankerung zu geben, da letztere lediglich im Moment des Lösens der Verankerung, somit am Ort der Entwendung eine Schutzmaßnahme ist, während ein ausreichend schwerer Behälter für den Täter von Beginn an, insbesondere aber bei einem Transport durch eine einzelne Person eine erhebliche logistische und körperliche Herausforderung darstellt.*

Möbelstücken ist eine Verankerung in der Substanz des Möbelstückes als ausreichend anzusehen. Auch eine Befestigung durch Verkleben kann bei Verwendung geeigneter **Klebstoffe** geeignet sein, die Wegnahme des Behälters wirksam zu erschweren.

Zentrales Problem bei der Verankerung von Sicherheitsbehältnissen ist der Untergrund. Bei Wänden oder Böden aus Beton stellt eine Verankerung in der Regel kein Problem dar. Bei einer Montage in gerissenem und ungerissenem Normalbeton C20/25 sind zB mit einem Ankerbolzen FAZ II 10 der Firma „fischer" zentrische Zuglasten bis zu 4,3 kN (Kilo-Newton) zulässig – dies entspricht dem Zug von 430 kg. Als zulässige Querkraft werden in diesem Falle 11,4 kN, also 1,14 Tonnen angegeben. Voraussetzungen für das Erreichen der vorgenannten Belastbarkeiten sind neben Güte und Zustand des Betons die Setztiefe des Ankers, der Abstand der Bolzen zueinander und zum Rand des aufnehmenden Bauteils sowie das Drehmoment beim Verankern. Selbst das verwendete Bohrverfahren, beeinflusst die Zug- und Quertragfähigkeiten des Verankerungselements.

Somit ist bei der Frage nach der Art der Verankerung neben dem verwendeten Verankerungsmaterial immer zu prüfen, in welcher Art von Baumaterial die Verankerung erfolgt ist. Ist das Material nicht zerstörungsfrei zu identifizieren, etwa bei verputzten oder tapezierten Wänden, können nur Vermutungen angestellt werden. Im Zweifel ist von einer einfachen Mauerkonstruktion mit Hochlochziegeln auszugehen, die (siehe nachstehende Tabelle) mit 20 kg kaum auf Zug belastbar und damit für einen wirksamen Schutz gegen Abriss kaum tauglich ist. Sollte hier ein Sicherheitsbehältnis von 100 kg Eigengewicht durch Verankerung „aufgelastet" werden, um bei B-Schränken die zulässige Zahl der aufbewahrten Kurzwaffen zu verdoppeln, müssten die Verankerungen für sich 200 kg Abrissgewicht erzeugen. Dielenböden oder Böden mit Estrich und Bodenheizung können in der Regel nicht als Befestigungsgrund dienen.

Die folgende Tabelle für den weit verbreiteten „fischer-Universaldübel UX 10" nennt empfohlene Zuglasten. Diese Werte werden bei Montage <u>im</u> jeweiligen Baustoff, nicht aber in der Fuge oder in Hohlräumen erreicht.

Baustoff	**Empfohlene Last in kg (kN)**	
Beton (mind. C20/25)	100 kg	(1,0 kN)
Vollziegel (mind. Mz 12)	50 kg	(0,5 kN)
Kalksandlochstein (mind. KSL 12)	60 kg	(0,6 kN)
Hochlochziegel (mind. Hlz 12)	20 kg	(0,2 kN)
Porenbeton P4	40 kg	(0,4 kN)
Gipskarton 2 x 12,5 mm	15 kg	(0,15 kN)

Das nachfolgende Bild verdeutlicht die Problematik – Hochlochziegel können nur dann einem Dübel optimalen Halt bieten, wenn keine Stege in Bohrrichtung zerstört wurden. Das kann aber nicht von außen festgestellt werden. Dübel wirken durch verschiedene Verfahren, unter Umständen auch durch eine Kombination von mehreren Faktoren.[24]

Um hier eventuelle Schäden am Baustoff zu vermeiden, sollte zur Bohrlocherstellung in unbekannten Baustoffen nur das **Drehbohrverfahren** angewendet werden. Dadurch wird die Gefahr eines Bruchs der Ziegelstege verringert. Um die Stegstruktur abzustützen, kann als Befestigung ein Hochleistungsdübelsystem (zum Beispiel FIS V) mit vorgesehener Injektionsankerhülse und Gewindestange eingesetzt werden, um hohe Lasten aufzunehmen. Der Mörtel füllt die Umgebung des Bohrloches aus und verhindert dadurch wirksam ein Herausziehen der Gewindestange.

Zudem werden durch den Einsatz solcher Dübelsysteme *(hier am Beispiel des FIS V mit Ankerstange M 10 und Ankerhülse 16x85 bzw. 16x130, Quelle: fischer)* höhere Belastungen möglich.

Baustoff	**Zulässige Last in kg (kN)**	
Vollziegel (mind. Mz 12)	170 kg	(1,7 kN)
Kalksandlochstein (mind. KSL 12)	140 kg	(1,4 kN)
Hochlochziegel (mind. Hlz 12)	100 kg	(1,0 kN)
Porenbeton P4	170 kg	(1,7 kN)

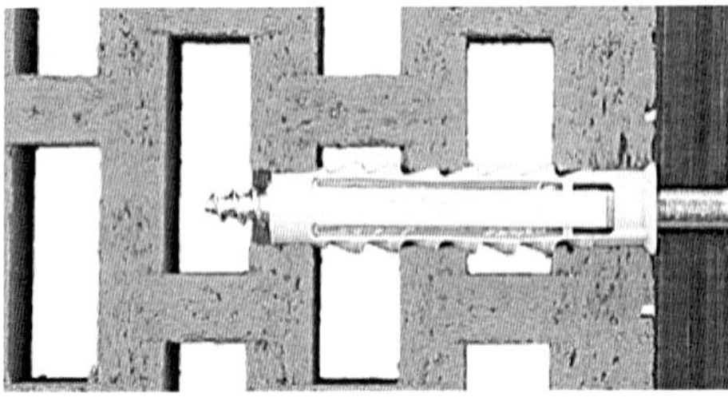

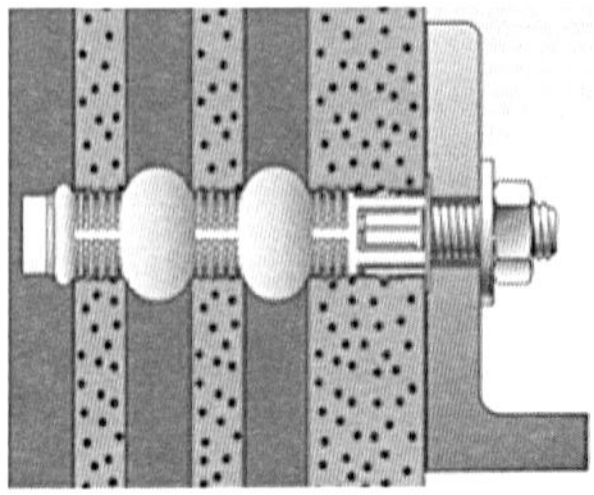

Moderne Klebstoffe widerstehen hohen Abriss- und Abscherkräften, so dass bei korrekter Verarbeitung des Klebstoffes und entsprechender Vorbereitung der Kontaktflächen eine Verklebung Verschraubungen ersetzen kann. Somit kann auch das **Verkleben** eines Behälters ein ausreichender Schutz gegen die Wegnahme von Schusswaffen darstellen.

---

[24] *Siehe Infografik auf Seite 48*

1.6.9 Montage von Einmauerschränken

Bei der Montage von **Einmauerschränken** (Wandtresore) wird ein vergleichsweise hohes Abrissgewicht erreicht. Zu beachten ist, dass der Einmauerschrank erst durch das Einbetonieren die jeweils vom Hersteller erklärte Sicherheitsstufe erreicht. Nach Maßgabe der VdS-Richtlinie 2311 (Stand September 2005) müssen die Seitenwände, Ober- und Unterseite sowie die Rückwand von **Wänden in fester Bauweise** umgeben sein. Der Behälter ist in der Wandöffnung so zu montieren, dass der Korpus allseitig von einer Betonschicht von mindestens 100 mm Stärke umschlossen wird. Die Form der Wandöffnung ist zwischen mindestens zwei gegenüberliegenden Wänden so auszuführen, dass der entstehende Hohlraum sich in der Tiefe zwischen diesen Wänden verbreitert, so dass eine **formschlüssige Befestigung** erfolgt. Darauf kann nur verzichtet werden, wenn die Grenzflächen des Hohlraums so beschaffen sind, dass der eingeschüttete Beton formschlüssig in der Struktur der Grenzfläche aushärten kann und somit ein Ausreißen des Behälters massiv erschwert wird. Voraussetzung dafür ist, dass der Behälter selbst einen Formfaktor aufweist, der eine formschlüssige Montage ermöglicht.

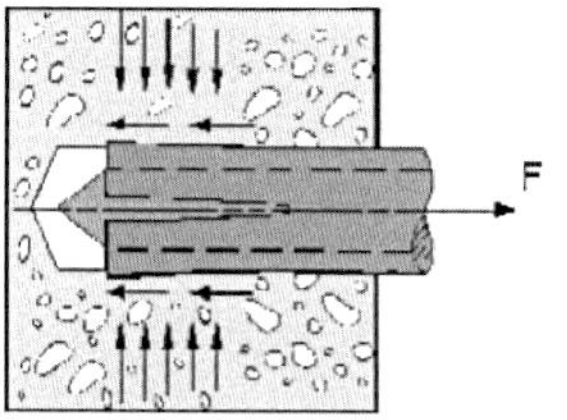

Reibschluss

Wirkungsweise: Spreizung, um die Reibung zwischen den Flächen zu erhöhen („F" steht für die angreifende Kraft, der Pfeil gibt deren Richtung an).

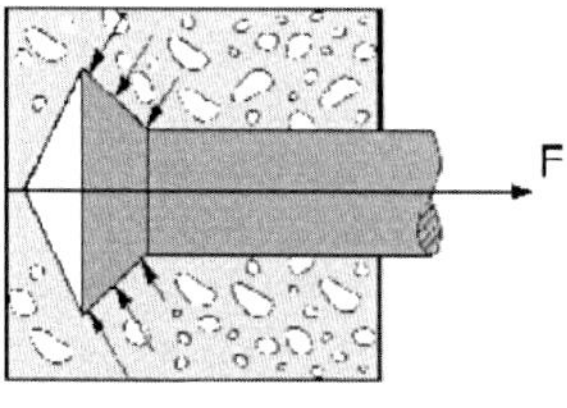

Formschluss

Wirkungsweise: Die Form des Körpers verhindert ein Ziehen durch die zu enge Öffnung.

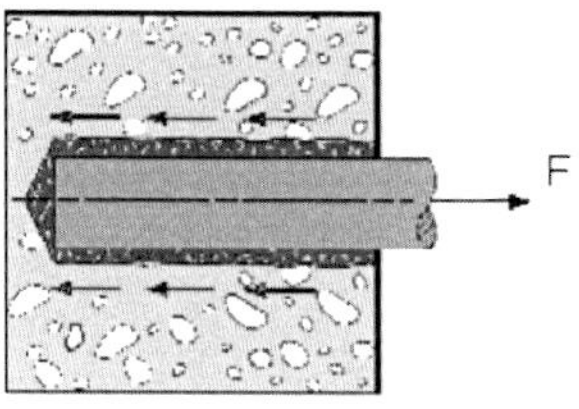

Stoffschluss

Wirkungsweise: Ein Medium dringt in die Grenzflächenstruktur ein und hindert durch Verbindung von Medium und Montageelement.

Gleiches gilt bei der Möglichkeit eines stoffschlüssigen Befestigens des Behälters. Der Beton ist eine Schutzschicht gegen einen Zugriff auf das Behälterinnere, indem er die äußere, stärkere Wandung aus Stahlblech ersetzt, gleichzeitig aber auch das Befestigungsmaterial in der Wand. Einbauanleitungen des Herstellers sind zu beachten.

Bei einem Behältnis der Sicherheitsstufe B nach VDMA 24992 Stand Mai 1995 kann das im WaffG aF geforderte Abrissgewicht von mindestens 200 kg als gegeben angesehen werden, wenn es sich um festes Mauerwerk handelt und der Einmauertresor fest in der Wand einbetoniert ist.

Ist ein Einmauerschrank nicht allseitig von Beton in einer Stärke von 100 mm umschlossen, etwa bei Montage in einer Holzschrankwand, oder in einer gemauerten Zwischenwand, wenn die Rückwand des Behälters vom Nebenraum aus sichtbar und somit direkt angreifbar ist, kann das Behältnis aufgrund mangelhafter Montage allerdings nicht als sichere Aufbewahrung im Sinne von § 36 WaffG anerkannt werden, da die Norm die vorgenannte Betonstärke von 100 mm und Montageart vorschreibt.

1.6.10 Elemente und Begriffe der Verriegelungstechnik

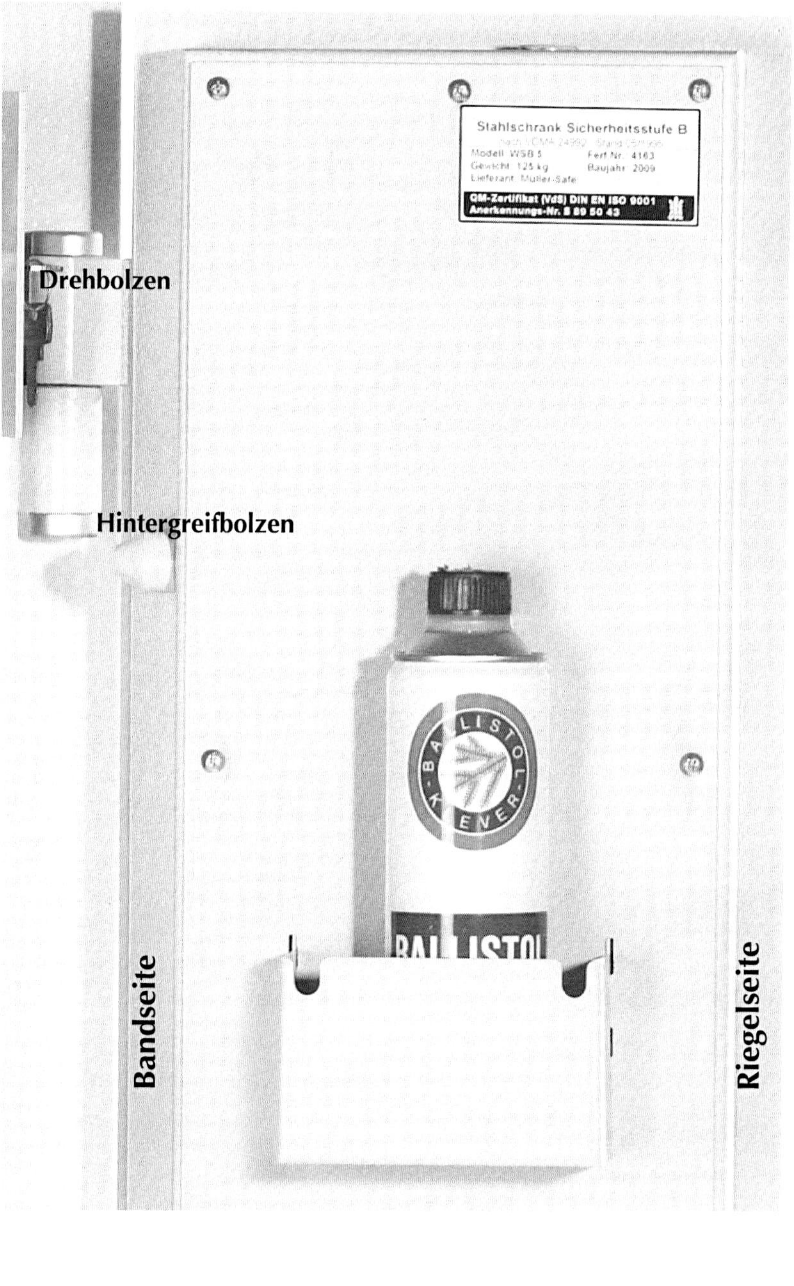

Dreh**hebel**

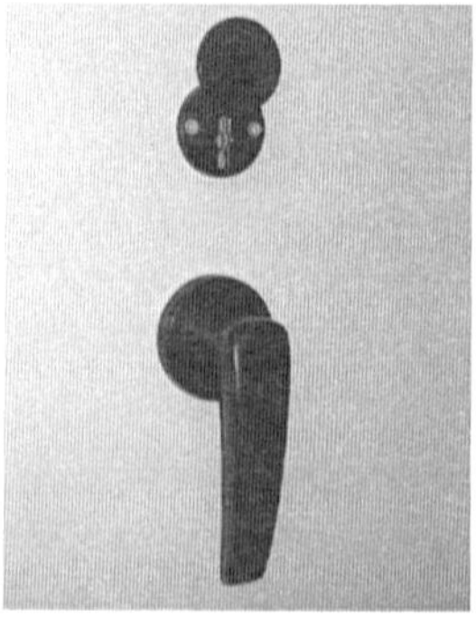

Dreh**knebel**

Klappgriff (mit EZS)

Schieberiegelbolzen

Hakenriegel

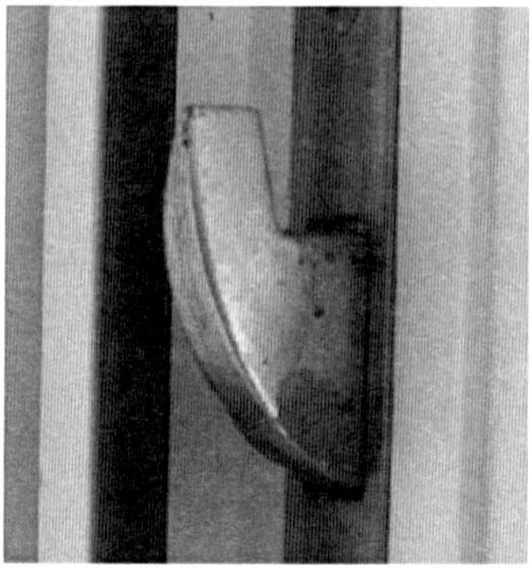

Schwenkriegel

Hintergreifende Schwenkriegel

Pilzkopf (Burg-Wächter)

Zwangsschließung **zwei**flügeliger Türkonstruktionen

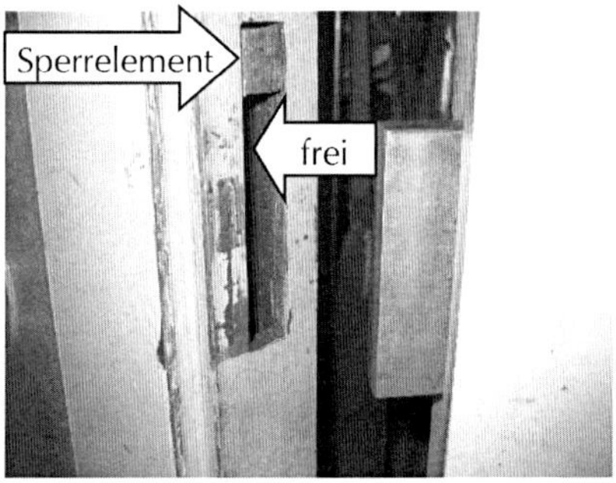

Für die Sicherheit zweiflügeliger Türkonstruktionen ist es notwendig, dass beide Türflügel in den Korpus verriegeln (oben und unten sowie Bandseite), damit die Riegel auf der Schlossseite der Haupttür in stabil gelagerte Aufnahmen geführt werden. Dabei muss die Verriegelung der zuerst zu schließenden Tür zwangsschließend sein – dabei wird in diesem Fall die Riegelaufnahme gesperrt (Sperrelemente siehe Pfeil), bis die Riegel dieser Tür ausgefahren sind, um ein Verriegeln beider Türen sicherzustellen.

1.6.11 Zusammenfassung

Die Darstellung der technischen Merkmale unterschiedlicher Sicherheitsstufen bzw. des Prüfverfahrens der Widerstandsklassen kann dazu dienen abzuschätzen, ob ein nicht klassifiziertes Behältnis oder ein Raum einer entsprechenden Stufe als „gleichwertig" zugeordnet werden kann.

Insgesamt haben die zuständigen Behörden einen Ermessensspielraum, der unter anderem in den unterschiedlichen Grundlagen der Bewertung liegt. Unterschiedliche Fundstellen weisen darauf hin, dass die zuständige Behörde Ausnahmen in Bezug auf die Art und Anzahl der aufbewahrten Waffen oder den Widerstandsgrad des Sicherheitsbehältnisses auf Antrag zulassen können. Das gilt sowohl bei Waffen- und Munitionssammlungen unter Berücksichtigung der Art und Anzahl der Waffen oder der Munition und ihrer Gefährlichkeit für die öffentliche Sicherheit und Ordnung als auch für den Betreiber eines Schützenhauses, einer Schießstätte oder eines Waffengewerbes, wenn der Behörde ein geeignetes Aufbewahrungskonzept vorgelegt wird. Im Zweifelsfall muss hier der Sachverstand von Personen eingeholt werden, die sich aufgrund ihrer Ausbildung, ihrer besonderen Sachkunde oder ihres Aufgabenbereiches intensiv mit dieser Materie beschäftigen. So kann die Beurteilung eines Gesamtkonzeptes eine Lösung ergeben, mit der der betroffene Bürger und die Behörde zu einer einvernehmlichen Lösung gelangen und bei der der finanzielle Aufwand in einem annehmbaren Verhältnis zu dem von den Waffen oder der Munition ausgehenden Gefährdungspotential steht.

Für den Inhaber einer waffenrechtlichen Erlaubnis kann die Nichtbeachtung der Aufbewahrungsvorschriften, für den Fall, dass die Ordnungsbehörde davon Kenntnis erlangt, bedeuten, dass die Erlaubnisbehörde die waffenrechtlich geforderte Zuverlässigkeit in Frage stellt und aufgrund der bestehenden Rechtslage sämtliche Erlaubnisse widerruft. Es sollte deshalb bei nicht zweifelsfrei zu klassifizierenden Behältnissen oder Räumen immer der Konsens mit der Ordnungsbehörde gesucht werden.

1.6.12 Übersichtsgrafik zur Aufbewahrung

Die abgebildete Übersicht erhalten Sie in der jeweils aktuellen Fassung in hoher Auflösung auf der Website **http://www.sv-busche.de** durch Eingabe des Suchbegriffs „Aufbewahrung".

Aufbewahrung von Waffen[6] und Munition[6] nach § 36 WaffG vor und ab dem 6.7.2017 für Alt- und Neubesitzer

	Sicherheitsstufe[4] VDMA 24992 Stufe A / B DIN EN 1143-1 WG 0 / I	Beschreibung der Eigenschaften dieser Behälterklasse/Sicherheitsstufe[4] mit Angaben typischer Materialien und Maße	**Langwaffen**, wesentliche Teile[3] von Langwaffen und Schalldämpfer[3]	**Kurzwaffen**, ihre wesentlichen Teile[3], Schalldämpfer[3] und verbotene Waffen	**Munition** für mit aufbewahrte Waffen: Lagerungsart
	Stahlblechbehälter	Behälter mit Schwenkriegelschloss			**ohne weitere Einschränkung**
Nur bei Nutzung vor dem 6.7.2017 weiterhin zulässig!	**A** **ohne Innenfach**	Einwandiger Behälter, Stahlblech, mind. 3 mm, kein verschließbares Innenfach	10		
	A **mit Innenfach**	Einwandiger Behälter, Stahlblech, mind. 3 mm, mit verschließbarem Innenfach, ca.1,5 mm Stahlblech	10		F[1]
	A/B **Jägerschrank**	Einwand. Behälter, Stahl., mind. 3 mm, mit doppelw, Innenschrank, mind. 30 mm, Doppelbartschlüssel für Innenschrank	10	5 im Innenschrank	J/F[1]
	B **ohne Innenfach**	Mehrwandiger Behälter, Stahlblech, mind. 60 mm (Möbeltresor[5] mind. 30 mm), kein separat verschließbares Innenfach	ohne Begrenzung	10/5[2]	
	B **mit Innenfach**	Einwandiger Behälter, Stahlblech, mind. 60 mm (Möbeltresor[5] mind. 30 mm), mit verschließbarem Innenfach, ca.1,5 mm Stahlbl.	ohne Begrenzung	10/5[2]	F[1]
0	**Vorgeschrieben bei erstmaligem Erwerb erlaubnispflichtiger Schusswaffen oder Neukauf von Behältern ab 6. Juli.2017!**	Mehrwandiger Behälter, in der Regel Stahlblech, aber auch andere Materialen (Holz, Glas) sind zulässig	ohne Begrenzung	10/5[2]	G[1]
I		Mehrwandiger Behälter, in der Regel Stahlblech, aber auch andere Materialen (Holz, Glas) sind zulässig	ohne Begrenzung	ohne Begrenzung	G[1]

Merkblatt © 2017 IHK-Sachverständiger Busche Kiel Tel. 0431 5301000 ab@sv-busche.de

[1] F: **Munition** muss im Innenfach gelagert werden; J: **Munition** darf mit Waffen im Innenschrank gelagert werden; G: **Gemeinsame Lagerung mit Waffen** zulässig; Munition, die nicht aus den aufbewahrten Waffen verschossen werden kann, darf in A- oder B-Schrank mit diesen Waffen in demselben Behältnis gelagert werden.
[2] Behälter unter 200 kg **Gewicht**: bis zu 5 Kurzwaffen, ab 200 kg bis zu 10 Kurzwaffen; bei Altbesitz kann das geforderte Eigengewicht durch **Abrisslast** (Anker) ersetzt werden.
[3] **Wesentliche Teile und Schalldämpfer** werden nicht auf die Zahl der gelagerten Waffen angerechnet; sie sind in der für die Waffe vorgeschriebenen Behälterart zu lagern.
[4] Sicherheitsstufe oder Widerstandsgrad müssen durch ein **Typenschild** im Behälter nachgewiesen sein oder durch **Gutachten** eines Sachverständigen.
[5] **Möbeltresore** müssen in einem Möbelstück befestigt werden; eine zusätzliche Verankerung in einer massiven Wand ist zum Schutz vor Wegnahme dringend angeraten.
[6] Von der **Erlaubnispflicht freigestellte Waffen u. Munition**, zB Schreckschusswaffe, Salutwaffe o. Armbrust, sind in einem verschlossenen Behälter aufzubewahren. Andere Waffen, die nicht der Erlaubnispflicht unterliegen, zB Elektroimpulsgerät, CS-Gas o. Schlagstock, müssen lediglich vor unbefugter Wegnahme gesichert sein.

1.7 Elektronische Überwachung

Neben der mechanischen Grundsicherung ist der Einbau von **Einbruchmeldeanlagen** (EMA) für Gebäude des gewerblichen Bereichs, für Schützenhäuser und Schießstätten eine wesentliche Voraussetzung für eine sichere Aufbewahrung. § 14 AWaffV setzt die Vorlage eines Aufbewahrungskonzeptes voraus, wenn die Behörde eine Abweichung von den Aufbewahrungsvorschriften gemäß §§ 36 WaffG, § 13 AWaffV genehmigen soll. Ein Aufbewahrungskonzept eines qualifizierten Sachverständigen wird immer den Einsatz einer EMA vorsehen.

Bei der Bewertung des Aufbewahrungskonzeptes ist neben den allgemeinen Grundsätzen der Aufbewahrung von Schusswaffen auch die Art und Weise einer elektronischen Absicherung in die Entscheidung einzubeziehen.

In der Regel handelt es sich bei einem Schützenhaus um ein Gebäude außerhalb der Ortslage oder das Gelände ist schlecht einsehbar. Hier ist der Einbau einer zusätzlichen **Fernalarmierung** zu fordern. Bei gewerblichen Objekten wie Büchsenmachereien, in denen eine große Zahl von Kurzwaffen aufbewahrt wird, ist der Einbau einer VdS-zertifizierten und mit einer ständig besetzten Alarmzentrale verbundenen EMA eine unverzichtbare Voraussetzung für eine Genehmigung nach § 14 AWaffV und die Erteilung der Erlaubnis zum Handel mit Schusswaffen oder Munition.

Bei der Planung der EMA können unterschiedliche Ansätze gewählt werden. Grundsätzlich muss aber durch die ergriffenen Maßnahmen ein Einbruch frühzeitig festgestellt und ein Alarm abgesetzt werden. Damit können Maßnahmen zur Intervention eingeleitet werden, bevor der Täter an Behältnissen manipulieren kann.

Einbruchmeldeanlagen müssen so konstruiert und montiert sein, dass eine Sabotage sofort zur Alarmauslösung führt. Eine regelmäßige Überprüfung der EMA einschließlich der Sensoren und Signalanlagen ist notwendig, um den geplanten Schutz in der Praxis dauerhaft und zuverlässig zu erzielen.

Einbruchmeldeanlagen (EMA) sollen bei einem Einbruchsversuch Interventionskräfte alarmieren, um dem Täter möglichst wenig Zeit zu lassen, seine Tat auszuführen. Hier wird das Zusammenspiel von mechanischer Sicherung und elektronischer Überwachung und Alarmierung deutlich – die mechanischen Hindernisse müssen den Täter lang genug aufhalten, um einen Zugriff auf Wertgegenstände bzw. Waffen zu verhindern, bevor die Interventionskräfte eintreffen.

Interventionszeit ist der Zeitraum zwischen dem Entdecken eines Einbruchsversuches und dem Eintreffen von Sicherheitskräften. Die mechanischen Maßnahmen zum Schutz vor Zugriff durch den Täter müssen einem Aufbruchsversuch so lange widerstehen, bis die Interventionskräfte (Polizei) am Tatort eintreffen und den Täter stoppen können. Hier zeigt sich erneut die Notwendigkeit einer ganzheitlichen Betrachtung bei der Sicherung von Objekten – denn nur durch rechtzeitige Alarmierung und somit durch frühzeitige Entdeckung des Angriffs (möglichst vor dem ersten Einsatz eines Werkzeugs) können rechtzeitig Gegenmaßnahmen ergriffen werden. Die Interventionszeit muss kleiner sein als der **Widerstandszeitwert** (Zeitraum, in dem mechanische Maßnahmen den Täter am Taterfolg hindern), um einen Einbruchserfolg zu verhindern.

Die Zentrale einer EMA wird fast ausnahmslos durch **automatisch wirkende Melder** angesteuert. Ausnahme: Ein Alarmknopf, der durch die geschützte Person im Notfall aktiviert werden kann – dieser ist „dauerscharf" geschaltet, um auch bei nicht aktivierter EMA Hilfe herbeizurufen.

Um Fehlalarme durch unverschlossene Türen und Fenster zu vermeiden, wird bei einer EMA die **Zwangsläufigkeit** gefordert. Die Anlage kann nur scharfgeschaltet werden, wenn die Melder betriebsbereit und in nichtalarmauslösendem Schaltzustand sind. Zur Signalisierung kann ein **Blockschloss** dienen, mit dem die EMA geschaltet wird – hier lässt sich der Schlüssel nur drehen, wenn die Zwangsläufigkeit von der EMA bestätigt wurde, also kein Fehlalarm durch offene Melderschleifen oder Zugänge ausgelöst werden kann. Ein Sicherheitsrisiko ist das Schloss selbst – wird der Schließzylinder überwunden, ist die Tür offen und die EMA deaktiviert.

1.8 Videoüberwachung

Betrachten Sie das nebenstehende Bild – was sehen Sie? Einen Totenschädel? Die Auflösung lesen Sie später.

Ein Beispiel für die Fähigkeit unseres Gehirns, Bilder zu interpretieren, ihnen also einen Wert oder eine Bedeutung zu geben. Und es ist zugleich eine Möglichkeit, sich über die Einsatzmöglichkeiten der Videoüberwachung Gedanken zu machen. Denn letztendlich ist es immer ein Mensch, der das von der Kamera eingefangene und von Drähten oder Antennen übertragene Bild bewerten muss.

Grundsätzlich besteht eine Videoüberwachungsanlage (VÜA) aus

- Aufnahmegerät (Kamera)
- Übertragungsweg (Kabel, Funk)
- Wiedergabegerät (Monitor)

sowie in der Regel aus Speichergerät (Videorecorder, PC-System) und Bedieneinheit (Fernsteuerung der Kamera).

Es wäre unökonomisch, vor jedem Monitor einen Mitarbeiter mit der Betrachtung des Bildes zu beschäftigen. Hier schaffen Videowände mit mehreren Bildschirmen oder fest zugeordneten Bildbereichen Abhilfe, bei denen ein einzelner Mitarbeiter auf mehrere Objekte schauen kann. Dabei ist es auch möglich, bei einem automatischen Umschalten zwischen den Kameras im Objekt mehrere Bereiche nacheinander zu betrachten.

Dem Mitarbeiter obliegt es nun, bei Bewegung auf einem der Bildschirme die zuständige Objektstreife zu benachrichtigen und unter Umständen das Bild zu vergrößern oder die Kamera durch eine Fernbedienung zu steuern. Das setzt allerdings voraus, dass der Mitarbeiter den Vorfall bemerkt – hier ist zu unterscheiden zwischen der Videoüberwachung im Sinne einer Beobachtung von Bereichen eines Objektes, in denen auch Publikumsverkehr und somit stets Bewegung herrscht, oder der Überwachung von menschenleeren Objektbereichen, in denen Wertgegenstände aufbewahrt werden. Im letzteren Fall wird in der Regel eine Kombination aus EMA und Videoüberwachung eingesetzt, wobei bei Auslösung eines Melders der betroffene Bereich auf dem Bildschirm der Zentrale besonders hervorgehoben werden kann (Abschaltung/Dimmung anderer Monitore oder Blinkleuchte, auch Vergrößerung der Darstellung bei Beamer-Projektion). Der Vorteil dieser Kombination aus EMA und VÜA liegt in der Möglichkeit, mehrere Objekte oder Bereiche gleichzeitig auf Bewegung zu überwachen und bei Auslösen eines Melders durch den Mitarbeiter entscheiden zu lassen, ob ein Alarm auszulösen ist. Diese Entscheidung kann ein Computer nicht treffen, ohne dass der Bereich oder die in ihm befindlichen Personen auf bestimmte Merkmale überprüft werden – diese Möglichkeit der Prüfung ist derzeit aber noch sehr aufwendig und entsprechend teuer, weshalb vorerst der Faktor „Mensch“ ein wesentliches Element einer VÜA bleiben wird. Kein Zeichen von Künstlicher Intelligenz ist übrigens die Fähigkeit einer VÜA, bei Bewegung in einem Bildbereich die Aufzeichnung oder Alarmierung auszulösen – es handelt sich um eine Reaktion ohne Bewertung. Die Überwachung auf Änderungen in definierten Bildausschnitten macht eine EMA überflüssig.

Neben den unterschiedlichen Arten von Kameras (Festmontage, Nachtsicht, schwenkbar) und Speichermedien (USB-Stick, Festplatten, optische Datenträger DVD und CD) ist die Möglichkeit des ortsfernen Zugriffs auf die Anlage eine interessante Ausstattungsvariante – auf diese Weise kann ein Berechtigter auch unterwegs, etwa auf seinem Laptop, die Anlage bedienen und sich die Bilddaten übertragen lassen. Dabei kann die Anlage auch einen Alarm auslösen, etwa durch einen Anruf bei dem Betreiber der Anlage und Bildübertragung.

Und hier die Auflösung zur Eingangsfrage: Wenn Sie zunächst einen Totenschädel in der Abbildung erkannt haben, ist das kein Grund zur Sorge. Und wenn Sie noch immer dieser Meinung sind, dann schauen Sie noch einmal genau hin, und selbst bei einem zweiten Blick erkennen viele Menschen nicht zwei Personen, die vor dem Bogen einer Brücke sitzen.

1.9 Sonderfälle der Aufbewahrung

1.9.1 Waffenräume

§ 13 Abs. 1 Satz 3 AWaffV erlaubt die Aufbewahrung von Waffen oder Munition in solchen Räumen, deren Schutzwirkung der eines Behälters nach den im Gesetz genannten Normen entspricht. Der Gesetzgeber spricht von einer Gleichwertigkeit bei vergleichbarer Sicherung.

Für einen Waffenraum gelten die Vorschriften für das Behältnis gleicher Sicherheitsstufe und Norm vollumfänglich. Dies gilt bei Aufbewahrung auf Grundlage des geltenden Waffengesetzes **auch für die gemeinsame Aufbewahrung von Waffen und Munition**, die nach § 36 WaffG aF nicht zulässig war.[25] Im Einzelfall erteilte **Auflagen** von Waffenbehörden, dass Waffen und Munition in einem Waffenraum zu trennen seien, bedürfen allerdings eines erneuten Verwaltungsaktes, um den Waffenbesitzer nicht an dieses individuell angeordnete Trennungsgebot zu binden; eine derartige Auflage ist in der Regel Bestandteil der Zustimmung der Waffenbehörde zur Aufbewahrung von Waffen und Munition in einem Waffenraum, wenn der Waffenbesitzer von der Pflicht zur Verwendung eines Behältnisses zur Waffen oder Munitionsaufbewahrung abweichen will.

Die anwendbare[26] DIN EN 1143-1 gilt für Sicherheitsraumtüren. Bei der Beurteilung einer Wertraumtür sind grundsätzlich die gleichen Betrachtungen anzustellen, da sie aus ihrer Funktion heraus unter den gleichen Gesichtspunkten wie die entsprechende Tür eines Behälters und dessen

---

[25] *VG Darmstadt 5 K 38/10.DA, Urteil vom 27. August 2010; es erging aufgrund textlicher Auslegung des § 36 WaffG aF und ist nach geltendem Recht nur noch im Falle einer Fortsetzung wegen Altbesitz von Bedeutung im Falle eines Waffenraums unterhalb des WG 0; bei Auslegung nach Sinn und Zweck der Norm war dieses Urteil zur gemeinsamen Aufbewahrung bei Nutzung eines Raumes anstelle eines Behälters schwerlich nachvollziehbar oder begründbar. Die Entscheidung würde nach aktueller Rechtslage nicht mehr begründbar sein.*

[26] *Die VDMA 24992 Stand Mai 1995 kann nicht auf Türen angewandt werden, da der Text dieser Bauvorschrift sich nur auf Behältnisse bezog. Kennzeichnungen von Sicherheitstüren als „VDMA 24992 Stand Mai 1995 entsprechend“ sind daher nicht möglich und ohne Beweiskraft.*

Sicherheitsstufen zu bewerten ist. Dabei gibt das schwächste Bauelement die maximal annehmbare Schutzwirkung vor.

Wie bei den Ausführungen zur Norm beschrieben, können auch die Fenster und Wände nach DIN EN 1143-1 geprüft werden. Dabei gilt wieder der Hinweis, dass es sich um eine zerstörende Prüfung handelt, die eigentlich nur für ein Baumuster gilt. Bei einem bereits errichteten Waffenraum ist eine derartige Prüfung zwar möglich, aber nicht sinnvoll. Es wird aber wohl zukünftig Vergleichswerte geben, da davon auszugehen ist, dass ein nach statischen Festigkeitswerten gefertigtes Mauerwerk (z.B. Kalksandstein 24 cm und Mörtelgruppe II) immer den gleichen Widerstandswert hat.

In der Allgemeinen Waffengesetzverordnung (AWaffV) ist an dieser Stelle vom „Stand der Technik" die Rede, was impliziert, dass in jedem konkreten Fall eine aktuelle Einzelbewertung erfolgen muss. Dabei sollten neben den konstruktiven Merkmalen der umgebenden Wände und Decken sowie der Tür auch Überlegungen zur Absicherung des Gebäudes mit einer Einbruchmeldeanlage (EMA) angestellt werden. Der Einsatz der EMA im Vorfeld des eigentlichen Waffenraumes kann einen Aufbruchsversuch entdecken und damit dem Einbrecher die Zeit nehmen, die ihm sonst bliebe, um die Wand oder gar die Tür unbemerkt gewaltsam zu öffnen.

Als wirksamer Schutz gelten auch einbruchhemmende Bauteile der Widerstandsklassen ab RC 4[27] – der Begriff „Bauteil" bezeichnet in diesem Zusammenhang vollständige funktionsfähige Elemente. Dabei ist unbedingt zu beachten, dass die zur Widerstandsklasse der Tür passenden Beschläge verwendet werden. Wird dieses Detail vernachlässigt, erfüllt beispielsweise eine Tür nicht die Anforderungen der entsprechenden Widerstandsklasse. Gleiches gilt für den Einbau nach den Anweisungen des Herstellers – ein qualifizierter Errichter hat die vollständige Umsetzung zu bestätigen.

Richtwerte zur Beurteilung von **Waffenräumen im privaten Bereich** können die in der nachfolgend abgedruckten Tabelle genannten Werte sein (nicht ausreichend[28] für Schützenhäuser, Waffenhandel und -herstellung). Sie stellen lediglich Empfehlungen dar und ersetzen nicht eine Begutachtung oder Planung durch einen qualifizierten Sachverständigen.

---

[27] RC 3 und darunter sind nicht ausreichend, da hier lediglich Sicherheitszylinder, nicht aber Hochsicherheitsschlösser verbaut werden.

[28] Errichtung einer EMA immer notwendig

Element	Sicherheitsstufe A[29]	Widerstandsgrad 0	Widerstandsgrad I
Tür	Einbruchhemmende Tür Widerstandsklasse RC 4 ohne Verglasung nach DIN EN 1627	DIN EN 1143-1 WG 0	DIN EN 1143-1 WG I
Wände Decken Böden	Mauerwerk nach DIN 1053–1 mind. 240 mm, Mörtelgruppe III, **oder** Stahlbeton C 20/25 mind. 140 mm	Mauerwerk nach DIN 1053–1 von mind. 240 mm, Mörtelgruppe III, verstärkt[30] **oder** Stahlbeton C 20/25 mind. 140 mm	Mauerwerk nach DIN 1053–1 von mind. 360 mm, Mörtelgruppe III, verstärkt **oder** Stahlbeton C 20/25 mind. 180 mm
Fenster	Einbruchhemmende Gitter RC 3 –oder- Einbruchhemmende Fenster RC 3	Außenfenster nicht zulässig; bei Innenfenstern (Jagdzimmer) WG 0 entsprechender Widerstandszeitwert des Bauelementes	Außenfenster nicht zulässig; bei Innenfenstern (Jagdzimmer) WG I entsprechender Widerstandszeitwert des Bauelementes
Sonstige Öffnung	Kellerlichtschächte m. Gitterkonstruktion RC 4 **oder** Glasstahlkonstruktion	Lüftungskanäle mit max. 100 mm Durchmesser und Durchgriffschutz	Wie bei WG 0

Bei Aufbewahrung von Kurzwaffen in einem Waffenraum der Sicherheitsstufe A ist ein Behältnis zu verwenden, das die erforderliche Qualifikation für die Aufbewahrung von Kurzwaffen hat. Eine Aufbewahrung von Kurzwaffen in freier Aufstellung erfordert einen Waffenraum, dessen Widerstandszeitwert mindestens dem eines Behältnisses des Widerstandsgrades 0 nach DIN EN 1143-1 Stand Mai 1997 entspricht. In Ausnahmefällen ist es möglich, Waffenräume der Stufe B nach VDMA 24992 Stand Mai 1995 anzuerkennen. Dabei ist zu beachten, dass die VDMA 24992 lediglich Behälter, nicht aber Türen oder Fenster klassifizierte. Insofern ist stets die Gleichwertigkeit der Schutzwirkung sachverständig festzustellen.

---

[29] *Die Aufrechterhaltung der Nutzung eines Waffenraumes, dessen Verwendung zur sicheren Aufbewahrung von Waffen nach § 36 WaffG aF behördlich erlaubt wurde, ist ebenso zulässig wie die Einstufung eines solchen Raumes als gleichwertig zu einem Behältnis der Stufe B.*

[30] *Eine lediglich aus Kalksandvollstein gemauerte Wand ist in kurzer Zeit zu überwinden, sobald ein einzelner Stein entfernt wurde; geeignete Verstärkungen, etwa durch Armiereisen, sind vorzunehmen, die Montage zu dokumentieren.*

Bauelemente von **Waffenräumen im nicht privaten Bereich** müssen in der Regel den WG I nach DIN EN 1143-1 Stand Mai 1997 nachweisen; dabei ist durch einen qualifizierten Sachverständigen zu prüfen, ob die Zahl der Schusswaffen und der Grad der Gefährdung eine höherwertige Sicherung erfordern. Wände, Boden und Decke sollen aus Stahlbeton nach EN 206-1 bzw. DIN 1045-2 mit einer Nenndicke von mindestens 280 mm der Festigkeitsklasse C 20/25 (WG II: 340 mm; WG III: 400 mm) errichtet werden.

Bei Ertüchtigung vorhandener Wände kann in Ausnahmefällen auch ein Mauerwerk nach DIN 1053-1 (Druckfestigkeitsklasse mindestens 12, Mörtelgruppe mind. III) mit einer verstärkenden Einlage aus eingemörtelten Betonstahlmatten und einer Nenndicke von 360 mm als ausreichend für einen Schutz entsprechend WG I angesehen werden.

Als einem Mauerwerk gleichwertig anzusehen sind Wände aus Ziegelsteinen (DIN EN 771-1), Kalksandsteinen (DIN EN 771-2) oder Betonsteinen (DIN EN 771-3), die die genannten Nennwerte erreichen.

Waffenräume im nicht privaten Bereich sind immer fensterlos auszuführen. Zudem sollen sie möglichst nicht ebenerdig an einer Außenwand des Gebäudes liegen, die mit einem Kraftfahrzeug oder schwerem Baugerät erreicht werden kann, um die Gefahr eines Einbruchs durch bloßes Eindrücken der Wandkonstruktion zu verhindern.

Grundsätzlich gilt, dass im nicht privaten Bereich, etwa im Waffenhandel oder bei der Aufbewahrung in Schützenhäusern, ein mechanischer Schutz allein nicht geeignet ist, Schusswaffen oder Munition gegen unbefugte Wegnahme zu sichern. Somit soll hier in der Regel eine Überwachung der Wände sowie des Türelements auf Angriff oder Annäherung durch eine besonders qualifizierte Einbruchmeldeanlage erfolgen.

1.9.2 Munitionsräume

Da das Waffengesetz an die Aufbewahrung von Munition lediglich geringere Anforderungen stellt, ist für die Errichtung eines Munitionsraumes kein besonderer Aufwand zu betreiben, wenn es sich um eine Aufbewahrung im nicht gewerblichen Bereich in einem Wohngebäude handelt.

Die gesetzlich geforderte Aufbewahrung in einem Stahlblechbehältnis mit Schwenkriegelschloss gemäß § 13 Abs. 2 Nr. 2 AWaffV entwickelt eine Schutzwirkung, die durch einen Raum erreicht werden kann, dessen Wände aus Kalksandstein errichtet sind und eine Stärke von mindestens 115 mm aufweisen. Anforderungen an Boden und Decke des Raumes sind in der Regel nicht zu stellen, es sei denn, es handelt sich um

Holzkonstruktionen, die leicht geöffnet werden können.[31] Der Zugang zu einem Munitionsraum ist als ausreichend gesichert anzusehen, wenn die Tür durch ihre Konstruktion ein Aufdrücken durch Einsatz einfacher körperlicher Gewalt nicht erwarten lässt und die Verriegelung aus der Angriffsrichtung (aus Richtung des Angreifers betrachtet) nicht direkt erreicht werden kann; Anforderungen an das Schloss sind an die beabsichtigte Schutzwirkung anzupassen und als erfüllt anzusehen, wenn die Tür mit einem Sicherheits-Profilzylinder verschlossen werden kann und der Türbeschlag mit einem Zug- und Durchschlagschutz für den Profilzylinder ausgestattet ist.[32]

Ein Munitionsraum darf über weitere Öffnungen wie etwa Fenster verfügen. Diese müssen aber so vergittert oder mit stabilen Läden verschließbar sein, dass ein Täter durch diese Öffnung nicht mit geringerem Aufwand an Kraft, Werkzeugsatz und Zeit in den Raum gelangen kann als bei einem Angriff auf Wände, Decken oder Tür.

Die im Einzelfall erforderlichen Maßnahmen sollten mit einem qualifizierten Sachverständigen abgestimmt werden, da unter Umständen vorhandene Wände in einem Gebäude mitgenutzt werden können, was zu einer Reduzierung der Kosten für die Errichtung des Waffenraumes führen kann. Zudem ist die Zustimmung der Waffenbehörde zur Aufbewahrung von Munition in einem Munitionsraum erforderlich, die nach Vorlage eines Gutachtens in der Regel unproblematisch ist.

1.9.3 Nicht dauernd bewohnte Gebäude

Nicht dauernd bewohnte Gebäude nach § 13 Abs. 4 AWaffV sind Bauwerke, in denen sich Nutzungsberechtigte nur vorübergehend und auch nur in sehr eingeschränktem Umfang aufhalten. Der Gesetzgeber umschreibt damit in erster Linie Jagdhütten oder Wochenendhäuser. Der Versuch, unbefugt auf hier aufbewahrte Waffen zuzugreifen, unterliegt einer deutlich geringeren Wahrscheinlichkeit der Entdeckung, als dies in einer

---

[31] *In diesem Falle sind erforderliche Ertüchtigungen mit einem qualifizierten Sachverständigen abzustimmen.*

[32] *Um die mechanische Sicherheit gegen den Einsatz einfacher körperlicher Gewalt durch Tritt oder Anwurf zu erhöhen, wird empfohlen, die Tür nach außen öffnend zu montieren, so dass bereits die Auflage des Türblattes die angreifenden Kräfte aufnimmt.*

dauernd bewohnten Wohnung oder in einem Einfamilienhaus der Fall wäre. Nicht unter diesen Begriff und damit eine einschränkende Sonderbestimmung fallen Häuser und Wohnungen während der Urlaubsabwesenheit ihrer Bewohner oder Heime von Pendlern, die unter der Woche abwesend sind. Auch unter den Begriff des „nicht dauernd bewohnten Gebäudes" fallen Kellerräume eines Mehrfamilienhauses.[33]

In „**nicht dauernd bewohnten Gebäuden**" dürfen **höchstens drei Langwaffen** aufbewahrt werden, aber **keine Kurzwaffen oder Munition**. Dabei ist zwingend ein Behältnis des Widerstandsgrades I nach DIN EN 1143-1 zu verwenden. Die Höchstzahl von drei Langwaffen bezieht sich dabei auf das gesamte Bauwerk.

Die Literatur[34] geht davon aus, dass die Regeln zur Aufbewahrung von **Munition** in nicht dauernd bewohnten Gebäuden nicht anwendbar sind. Dieser Einschätzung ist unter dem Aspekt der besonderen Gefahr einer Wegnahme zu folgen, da der Täter in den Besitz von Munition und damit nach Öffnung des Waffenschranks, in den Besitz einer umgehend schussfähigen Waffe käme.

Durch die ausdrückliche Beschränkung auf Langwaffen ist eine Aufbewahrung von **Schalldämpfern** in einem nicht dauernd bewohnten Gebäude ebenfalls nicht gestattet. Das gilt auch bei Nutzung eines Behälters des Widerstandsgrades I nach DIN EN 1143-1.

Während des Aufenthalts, also im **Zeitraum zwischen An- und Abreise** des Hüttennutzers, ist die Jagdhütte für diesen Zeitraum als **dauernd bewohntes Gebäude** anzusehen. Damit würden während der Dauer des gesamten Aufenthalts die allgemeinen Vorschriften zur Aufbewahrung von Schusswaffen und Munition gelten, selbst wenn der Jäger die Hütte zur Jagdausübung oder zu einer Besorgung verlässt.

Der Hinweis des Gesetzgebers, dem Publikumsverkehr zugängliche Museen seien keine „nicht dauernd bewohnten Gebäude", unterstreicht das Abstellen auf das geringe Entdeckungsrisiko aufgrund des Faktors Zeit.[35]

---

[33] so Bayerisches LKA in den „Arbeitsgrundlagen für polizeiliche Fachberater": „Aufbewahrung von Waffen und Munition in Bayern", Stand 2011

[34] Steindorf, Kommentar zum WaffG 9. Aufl., Rz. 7 zu § 13 AWaffV

[35] WaffVwV zu § 36 WaffG, 36.2.9

Diese Einschränkung ist allerdings nicht auf Schützenhäuser übertragbar, ebenso wenig auf Schießstätten und den gewerblichen Bereich (Waffenherstellung und Waffenhandel),[36] zudem werden in Museen überwiegend historische, nur wenig deliktrelevante Schusswaffen aufbewahrt.

1.9.4 Schützenhaus, Schießstätte

Von der Aufbewahrung von Schusswaffen und Munition in Schützenhäusern und Schießstätten geht, im Vergleich zur dezentralen Aufbewahrung in Privatwohnungen, aufgrund festgelegter Übungszeiten sowie Abwesenheit von Personen in den Nachtstunden[37] eine größere Gefahr aus als bei Aufbewahrung in privaten Wohnräumen. Zu den bevorzugten „Arbeitszeiten" der Einbrecher kann eine Tat unbemerkt bleiben, und das für mehrere Stunden, teilweise sogar Tage, etwa bei am Wochenende ungenutzten Schießstätten. Dabei wird durch die Publikation der Übungszeiten mittels Internet oder Zeitungsberichten sowie durch die grundsätzliche Möglichkeit, dass ein Täter im Vorwege unauffällig, etwa als „Interessent am Sportschießen", die Sicherungsvorrichtungen in dem Objekt im Rahmen der Trainingszeiten „ausbaldowert", das Risiko eines erfolgreichen Zugriffs auf Waffen und Munition signifikant erhöht. Aufgrund dieses erhöhten Risikos, insbesondere unter dem Aspekt des geringen Entdeckungsrisikos, das dem in nicht dauernd bewohnten Gebäuden gleichkommt, ist angesichts der besonderen Bedeutung einer sicheren Aufbewahrung von Schusswaffen, die der Gesetzgeber mit der Verschärfung von Maßnahmen und Strafen in der Novelle 2009 unterstrichen hat, die Aufbewahrung in Schützenhäusern und Schießstätten grundsätzlich mit größter Aufmerksamkeit zu betrachten.

Auf **Schützenhäuser** und **Schießstätten** kann § 14 AWaffV angewandt werden. Hier ist die Errichtung einer Einbruchmeldeanlage (EMA) zu fordern, sobald erlaubnispflichtige Schusswaffen oder Munition aufbewahrt werden und es sich um ein Gebäude handelt, das aufgrund seiner Nutzung und Belegenheit bezüglich seiner Gefährdung als ein nicht dauernd bewohntes Gebäude einzuordnen ist.[38] Dabei ist zu beachten, dass die EMA nur Teil eines **Aufbewahrungskonzepts** nach § 14 AWaffV sein kann, das durch den Antragsteller vorzulegen ist. Mit der Erstellung ist ein für dieses Fachgebiet

---

[36] *ausführlich in Kapiteln 1.9.4 und 1.9.5*

[37] *siehe dazu auch Polizei Köln, „Kölner Studie 2006"*

[38] *siehe dazu auch Hinweise in Kapitel 1.9.3*

qualifizierter, in der Regel öffentlich bestellter und vereidigter **Sachverständiger** vom Antragsteller zu beauftragen.

Wird der Behörde dagegen ein Aufbewahrungskonzept vorgelegt, das nicht von einer derartig qualifizierten Stelle angefertigt wurde, ist ein öffentlich bestellter und vereidigter Sachverständiger mit der **Prüfung des Aufbewahrungskonzepts** zu beauftragen; derartig komplexe Sachverhalte wie Aufbewahrungskonzepte bedürfen grundsätzlich einer sachkundigen Bewertung. Die hier entstehenden **Kosten sind dem Antragsteller aufzuerlegen**.

Welche Maßnahmen **im Einzelfall** zu ergreifen sind und ob geringere oder höhere Anforderungen zu stellen sind, wird erst durch eine Ortsbesichtigung durch den Sachverständigen zu klären sein. So sind nicht massive Wände von Räumen nicht immer aus Bauplänen abzuleiten;[39] gleiches gilt für frei verlegte Telefonleitungen an der Außenwand oder ähnliche Mängel, die von einem Nicht-Fachkundigen leicht übersehen werden.

1.9.5 Gewerblicher Bereich

Die Aufbewahrung von **Waffen im gewerblichen Bereich** ist unter dem Aspekt des Waffenhändlers, Büchsenmachers oder des industriellen Waffenherstellers zu beurteilen.

Von der Beurteilung des Industriebetriebes soll an dieser Stelle abgesehen werden, da in derartigen Fällen eine besondere objektbezogene und individuelle Beratung anzuraten ist. Auch aus versicherungsrechtlichen Gründen sind Lösungen vorzugsweise von anerkannten Fachfirmen zu projektieren und zu installieren.

Die zuständige Behörde soll nach § 14 AWaffV die Vorlage eines geeigneten **Aufbewahrungskonzepts** verlangen, bevor die nach dieser Norm möglichen Abweichungen von den strengeren Vorschriften des § 13 AWaffV zugelassen werden. Das Aufbewahrungskonzept ist durch einen **qualifizierten Sachverständigen** auszufertigen.

---

[39] *Mauern aus Kalksandsteinen, die durch Gasbeton-Steine ersetzt wurden, oder nachträglich errichtete Durchbrüche in Betonwänden für FH-Türen sind „Klassiker" der Ortsbesichtigung; gleiches gilt für nicht mehr vorhandene Behältnisse, fehlerhaft installierte oder funktionsunfähige Einbruchmeldeanlagen, mangelhafte Interventionspläne usw.*

Problematisch ist in der Praxis meist nicht der Bereich, in dem der Händler seinen Lagerbestand aufbewahrt, sondern der Raum, in dem Waffen ausgestellt oder zum Verkauf bereitgehalten werden.

Dabei gilt in allen Fällen der Grundsatz, dass alle Waffen und alle Munition gegen die einfache und schnelle Wegnahme zu sichern sind. Das kann durch Glasabdeckungen, Einzel- oder Gruppensicherung erfolgen.

Grundsätzlich sollten erlaubnispflichtige Waffen, insbesondere Kurzwaffen, **nicht in Außenschaufenstern** ausgelegt werden.

Werden Langwaffen in Vitrinen aufbewahrt, sind die **Vitrinen** so aufzustellen, dass sie nicht unmittelbar im Kundenraum stehen, sondern z.B. hinter dem Verkaufstresen. Vitrinen sind auch während der Geschäftszeiten verschlossen zu halten.

Erlaubnispflichtige Waffen, insbesondere Kurzwaffen, müssen **außerhalb der Geschäftszeiten** grundsätzlich in entsprechende Sicherheitsbehältnisse **umgepackt** werden, wenn die Schaubehältnisse nicht entsprechend bewertet werden können.

Wird die Auslegung von der zuständigen Behörde ausdrücklich erlaubt, sind besondere Anforderungen z.B. an den Schaufensterbereich zu stellen.

1.9.5.1 Aufbewahrungskonzept

Eine Beschränkung der waffenrechtlichen Regeln zur Aufbewahrung von Schusswaffen und Munition auf den privaten Bereich ist zwar nach geltendem Waffenrecht nicht gegeben, dennoch sind die Anforderungen an Sicherheitsvorkehrungen im gewerblichen Bereich regelmäßig höher als bei einer Privatperson. Der Täter wird planvoll und gezielt einen Einbruchsversuch unternehmen und davon ausgehen, dass erhöhte Abwehrmaßnahmen seitens des Händlers ergriffen wurden, sich also hinsichtlich der Intensität des Einbruchsversuches anpassen.

Die zuständige Behörde kann von einem Händler die Vorlage eines Aufbewahrungskonzeptes fordern, wenn dieser von den Regelungen in § 36 WaffG und § 13 AWaffV abweichen will. Das von einem qualifizierten Sachverständigen zu erstellende Gutachten soll schlüssig darlegen, dass durch die zu ergreifenden Schutzmaßnahmen ein Abweichen von den ansonsten geltenden Aufbewahrungsvorschriften erlaubt werden kann, ohne die Belange der öffentlichen Sicherheit und Ordnung zu gefährden.

1.9.5.2 Poller

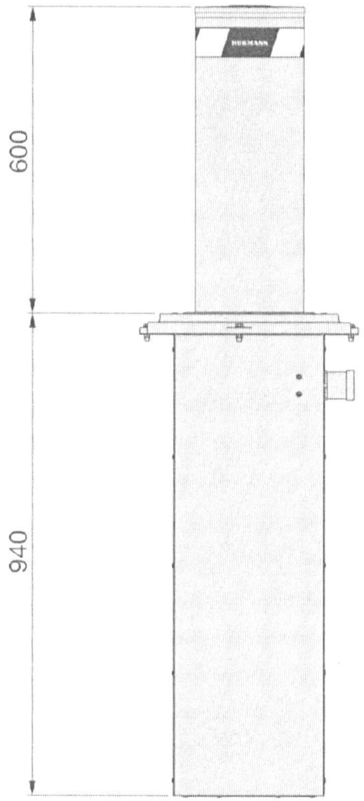

Bei Ladengeschäften im Außenbereich können **Poller** die Gefahr eines Blitzeinbruchs mithilfe von Fahrzeugen deutlich vermindern. Zwingend erforderlich sind Poller als belastbare Hindernisse immer dann, wenn die Fensterscheiben oder Türen, die von einem Fahrzeug erreicht werden könnten, Bestandteil der Gegenmaßnahmen eines Aufbewahrungskonzepts sind. Allerdings sind bereits die bei einem Anprall eines durchschnittlich schweren PKW auftretenden Kräfte[40] erheblich, so dass die Konstruktion des Pollers einer gesonderten Betrachtung und Prüfung bedarf. Zu unterscheiden ist hier zwischen beweglichen (versenkbaren) und feststehenden Pollern.

Entscheidend ist neben der mechanischen Belastbarkeit des Pollers selbst die fachgerechte Ausführung seiner Befestigung im Boden – hier sind die herstellerseitigen Vorgaben, etwa zu Verankerung mit Schwerlastdübeln in Beton oder Einsetztiefen in verdichtetem Erdreich, zwingend einzuhalten, da sonst die angegebenen Belastbarkeiten nicht erreicht werden können. Bereits bei der Planung ist zudem zu prüfen, durch welche ergänzenden Maßnahmen die Geschwindigkeit des anprallenden Fahrzeugs noch vor Erreichen des Pollers vermindert werden kann, was insbesondere dadurch gelingt, dass kein ausreichend langer freier Bereich vor dem Poller zur Beschleunigung auf geradem Weg genutzt werden kann.

---

[40] *Beispielrechnung: Fahrzeuggewicht ca. 1.200 kg aufhaltbar bis ca. 55 km/h; Kleintransporter bis zu 3.000 kg aufhaltbar bis ca. 40 km/h Anprallgeschwindigkeit (Quelle Skizze: Hörmann KG, Mod. F 220-600/800 CF)*

1.9.5.3 Präsentation im Geschäftsraum

Bei der Präsentation von Schusswaffen im Geschäftsraum ist immer sicherzustellen, dass die einfache Wegnahme im Sinne des § 36 WaffG verhindert wird. Bei **Langwaffen** in einem Verkaufsregal kann dies beispielsweise durch Glasscheiben mit Steckschloss realisiert werden oder durch speziell konfektionierte Stahlseile, die durch Schlösser gesichert sind und durch die Abzugsbügel der Waffen gelegt sind. **Kurzwaffen** sind dagegen grundsätzlich in Vitrinen mit Sicherheitsverglasung auszustellen, um ein Zertrümmern der Verglasung zum raschen Zugriff zu erschweren.

Außerhalb der Geschäftszeiten sind die Schusswaffen entsprechend der Auflagen des Aufbewahrungskonzeptes oder der gesetzlichen Regelungen aufzubewahren.

In der Regel wird zusätzlich zur mechanischen Sicherung des Verkaufsraumes und der Exponate die Installation einer **Einbruchmeldeanlage** (EMA) erforderlich sein. Dabei kann in Abhängigkeit von der Anzahl der Waffen eine Abstufung in der Weise erfolgen, dass die Alarmierung örtlich (optisch und akustisch) oder durch Fernalarm zu einer ständig besetzten Stelle durch die Genehmigungsbehörde angeordnet wird. In diesen Fällen sollte die Installation grundsätzlich durch eine anerkannte Fachfirma projektiert und installiert werden. In den meisten Fällen ist das auch eine Auflage des Sicherheitsdienstes sowie der Versicherung.

1.9.5.4 Präsentation auf Messen

Das WaffG **verbietet** ausdrücklich den **Vertrieb** und das **Überlassen** von Schusswaffen auf **Messen**, ermöglicht aber zugleich der örtlich zuständigen Behörde, **Ausnahmen** von diesem Verbot zuzulassen.[41] Die Ausnahmegenehmigung kann mit Auflagen verbunden werden.

Das Verbot des Führens von Waffen auf öffentlichen Veranstaltungen ist nicht auf das gewerbliche Ausstellen auf Messen anzuwenden.[42]

Zugleich stellt dieses Ausstellen aber auch eine Form der Aufbewahrung dar und ist somit nach den einschlägigen gesetzlichen Regelungen

---

[41] *§ 35 Abs. 3 WaffG*

[42] *Freistellung von Führverbot § 42 Abs. 4 Nr. 4 WaffG*

vorzunehmen. Eine Aufbewahrung in Behältnissen aus Stahl ist allerdings kaum geeignet, das Interesse der Kunden an den Messeneuheiten zu wecken.

Vielmehr wird man auch hier bei Langwaffen auf Schutzmaßnahmen in Form von Drahtseilen und bei Kurzwaffen auf gesicherte Vitrinen zurückgreifen. Diese Abweichung von den Aufbewahrungsvorschriften steht nach § 14 AWaffV aber wiederum unter dem Vorbehalt der **Genehmigung** durch die örtlich zuständige Behörde. In der Regel ist dazu ein qualifiziertes Konzept zur Sicherung der Schusswaffen gegen Wegnahme vorzulegen, wenn die Behörde nicht im Rahmen der Ausnahmegenehmigung bereits die zu treffenden Sicherungsmaßnahmen am Messestand festlegt.

1.9.5.5 Munition oder Geschosse mit Reizstoffen

Wer gewerbsmäßig Munition oder Geschosse mit Reizstoffen vertreibt oder anderen überlässt, ist verpflichtet, diese Gegenstände grundsätzlich in der verschlossenen Originalverpackung des Herstellers zu verwahren.[43] Geöffnete kleinste Verpackungseinheiten sind unverzüglich wieder zu verschließen, etwa nach Entnahme einer einzelnen Patrone.

1.9.5.6 Pyrotechnische Munition

Pyrotechnische Munition mit einer Satzmasse von mehr als 20 Gramm darf in einem Verkaufsraum nur als einzelnes Muster der kleinsten Verpackungseinheit verwahrt werden.[44] Als Satzmasse gilt in diesen Zusammenhang die Gesamtmasse von Treibladung und pyrotechnischem Satz.

Der Grund für diese Regelung ist leicht nachvollziehbar. Von pyrotechnischer Munition geht eine erhebliche Brand- und auch Explosionsgefahr aus, wenn sie sich außerhalb eines genehmigten Lagerraums befindet. Während der Lagerraum durch Hinweise und Sicherungseinrichtungen die Gewähr bietet, dass eine Gefahr nicht zu besorgen ist, soll § 40 BeschussV vor einer möglicherweise unbeabsichtigten Ansammlung einer gefährlichen Menge von explosiven Stoffen schützen.

---

[43] *§ 40 Abs. 1 BeschussV*

[44] *§ 40 Abs. 2 BeschussV*

1.9.6 Vorübergehende Aufbewahrung

1.9.6.1 Einführung

§ 13 Abs. 9 AWaffV erlaubt dem Besitzer einer Waffe oder von Munition, von den gesetzlichen Vorgaben zur sicheren Aufbewahrung abzuweichen. Dies ist erforderlich, da etwa im Falle eines Hotelaufenthaltes im Zuge einer Jagdreise oder einer Wettkampfteilnahme ein gesetzlich vorgeschriebenes Behältnis in der Regel nicht zur Verfügung steht. Gleiches gilt für die Teilnahme an Treib- oder Drückjagden.

Gleichwohl ist die grundsätzliche Regelung des § 36 Abs. 1 WaffG zu beachten, wonach der Verantwortliche die erforderlichen Vorkehrungen zu treffen hat, um ein Abhandenkommen oder eine Wegnahme von Waffen oder Munition zu unterbinden. Hier ist stets ein hohes Maß an Sorgfalt erforderlich, um es einem Täter nicht zu leicht zu machen. So wird es in der Regel nicht ausreichend sein, die Schusswaffe im verschlossenen Waffenkoffer freistehend im ebenfalls verschlossenen Hotelzimmer zurückzulassen, was bereits dadurch zum Ausdruck kommt, dass der Gesetzgeber durch § 12 Abs. 3 Nr. 6 WaffG das Führen eines wesentlichen Teils einer Schusswaffe ausdrücklich von der Erlaubnispflicht freistellt, wenn bei der vorübergehenden Aufbewahrung außerhalb der Wohnung dieses wesentliche Teil entnommen wird, um die Rest-Waffe im Moment der Wegnahme durch einen Unbefugten vorübergehend funktionsunfähig zu machen.

Waffenbesitzer sind verpflichtet, in der jeweiligen Situation Waffen oder Munition so aufzubewahren, dass Art oder Ort der Aufbewahrung die Gefahr einer unbefugten Wegnahme möglichst gering halten. Dabei kann die Gefahr niemals gänzlich ausgeschlossen werden, was aber auch bei Aufbewahrung in einem gesetzlich zugelassenen Wertbehältnis der Fall ist, das mit Einsatz geeigneter Werkzeuge ebenfalls innerhalb eines überschaubaren Zeitraums den Zugriff auf die darin aufbewahrten Waffen erlaubt. Bei der gerichtlichen oder behördlichen Bewertung, insbesondere im Falle eines erfolgreichen Diebstahls aus einem Fahrzeug oder Hotelzimmer, ist darum immer auf die Gesamtsituation abzustellen und die tatsächlich gegebenen Möglichkeiten zu Beginn der Aufbewahrung. Zudem ist unter den möglichen Arten des Schutzes gegen Wegnahme nur auf solche Varianten abzustellen, deren Umsetzung realistisch ist und in einem vertretbaren Verhältnis von Aufwand und erforderlichem Maß steht – so wäre etwa die Forderung der Verwendung eines mobilen Behältnisses, das eine Zertifizierung nach der EN 1143-1 besitzt, regelmäßig unverhältnismäßig.

Nachfolgend werden für einzelne Aufbewahrungssituationen Möglichkeiten der Aufbewahrung dargestellt, die aus sachverständiger Sicht wie auch aus Sicht des praktischen Umgangs mit Waffen auf der Jagd oder auf Reisen als ausreichend sichere Art der Aufbewahrung außerhalb der Wohnung anzusehen sind. Beachten Sie dabei aber stets, dass immer der Einzelfall zu betrachten ist, so dass die nachfolgenden Aussagen lediglich als Empfehlungen anzusehen sind.

1.9.6.2 Vorübergehende Aufbewahrung in einer Gaststätte

Die als „**Schüsseltreiben**" bezeichnete Versammlung der Jägerinnen und Jäger nach Abschluss der Jagd führt regelmäßig zu der Frage, wie die Jagdwaffen sowie die Munition während des gemeinsamen Aufenthalts in der Gaststätte oder im Haus des Gastgebers aufbewahrt werden müssen. Dies ist naturgemäß bei zahlenmäßig kleineren Gesellschaften, die in privatem Rahmen zusammenkommen, problemlos, da hier in der Regel nur waffenrechtlich Berechtigte Zugriff auf Waffen bekommen können, die in der Nähe des Waffenbesitzers aufgestellt werden. Doch bereits an diesem Beispiel zeigt sich das Erfordernis einer genauen Betrachtung – denn wenn beispielsweise Kinder oder andere nicht berechtigte Angehörige den Raum betreten und auch an die aufgestellten Waffen gelangen können, ist diese Art der vorübergehenden Aufbewahrung nicht statthaft.

Gleiches gilt für die Aufbewahrung im Sinne einer Aufstellung der Waffe im Gastraum während des Schüsseltreibens. Auch hier kann nicht ausgeschlossen werden, dass Unberechtigten die tatsächliche Gewalt im Sinne eines Überlassens der Waffe eingeräumt wird. Darum sollte auch in diesem Falle eine angemessene Art der Aufbewahrung gewählt werden, beispielsweise durch eine Sammelaufbewahrung der in Futteralen verpackten Waffen unter Aufsicht eines berechtigten Beauftragten, der während des Aufenthalts der Gesellschaft die Obhut über diese Waffen übernimmt.

Die am Körper getragene, ungeladene Kurzwaffe wird in diesem Moment nicht aufbewahrt, sondern geführt. Dieses Führen ist durch die Freistellung des § 13 Abs. 6 WaffG als eine Tätigkeit im Zusammenhang mit der befugten Jagdausübung anzusehen und erfordert keine gesonderte Erlaubnis.[45]

---

[45] *Diese im Falle des § 12 Abs. 3 Nr. 1 WaffG erforderliche Zustimmung betrifft nur Fälle des erlaubnisfreien Führens, die nicht durch andere Regelungen des WaffG von der Erlaubnispflicht freigestellt sind; die Regelung*

1.9.6.3 Vorübergehende Aufbewahrung in einem Fahrzeug

Wie bereits in der Einleitung zu diesem Kapitel dargestellt, obliegt es dem Waffenbesitzer, in der jeweiligen Situation die sicherste, angemessene Art der Aufbewahrung zu wählen. Die Erläuterungen des Gesetzgebers zur Auslegung des Waffengesetzes[46] sehen bezüglich der Aufbewahrung von Waffen und Munition in einem Fahrzeug, das nicht in Sichtweite des Waffenbesitzers abgestellt ist, die notwendigen Sicherungsmaßnahmen erfüllt, wenn die Waffen und die Munition in dem verschlossenen Fahrzeug so aufbewahrt werden, dass keine unmittelbaren Rückschlüsse auf die Art des Inhaltes erkennbar sind; dies gilt sowohl für die Teilnahme am **Schüsseltreiben** als auch für die Zeit der **Einnahme des Mittagessens**, einen **Tankstopp** oder einen **Einkauf**. Diese Einordnung bezieht sich aber ausdrücklich nur auf die kurzfristige Abwesenheit vom Fahrzeug. Schläft der Waffenbesitzer im Fahrzeug, ist aufgrund der Unmöglichkeit, die tatsächliche Gewalt auszuüben, von einer Aufbewahrung auszugehen, womit die vorgenannten Voraussetzungen erfüllt werden müssen, insbesondere das von außen nicht sichtbare Unterbringen von Waffen und Munition.[47]

1.9.6.4 Vorübergehende Aufbewahrung auf Reisen

§ 13 Abs. 9 AWaffV eröffnet insbesondere für die Dauer eines Aufenthalts in einem Hotel, aber auch in den Räumlichkeiten eines Dritten, die Möglichkeit, von den gesetzlichen Pflichten zur Nutzung zertifizierter Behälter abzuweichen. So ist die Aufbewahrung im Hotelzimmer dann möglich, wenn die Waffen und die Munition in einem Transportbehältnis oder in einem verschlossenen (Holz-)Schrank oder einem sonstigen verschlossenen Behältnis aufbewahrt werden.[48] Das Entfernen eines wesentlichen Teils oder die Anbringung einer Abzugssperrvorrichtung sind mögliche

---

des § 13 Abs. 6 WaffG erlaubt Jägern das Führen von Waffen bei der befugten Jagdausübung sowie im Zusammenhang damit, etwa bei der direkten An- und Abfahrt zum und aus dem Revier, aber auch im Zuge des Schüsseltreibens oder bei Besorgungen im Zuge der An- und Abfahrt, siehe dazu ergänzend WaffVwV zu § 13, Nr. 13.6

[46] *WaffVwV zu § 36, Nr. 36.2.15*

[47] *VG Karlsruhe 4 K 2472/14, Beschluss vom 14.10.2014*

[48] *WaffVwV zu § 36, Nr. 36.2.15*

ergänzende Vorsichtsmaßnahmen. Dem Verbergen von Waffen oder Munition im Zimmer kommt dabei eine besondere Bedeutung zu.

Das entfernte wesentliche Teil darf in diesem Zusammenhang gemäß § 12 Abs. 3 Nr. 6 WaffG auch ohne Waffenschein geführt werden. Zu beachten ist aber das Verbot des Führens von Waffen bei öffentlichen Veranstaltungen wie etwa Konzerten oder Kinovorführungen nach § 42 WaffG.

1.9.6.5 Vorübergehende Aufbewahrung an Bord

Die Ausnahmen von den Erlaubnispflichten für den Erwerb und Besitz einer Waffe als Charterer von seegehenden Schiffen, zum Führen einer Signalwaffe als verantwortlicher Führer eines Wasserfahrzeuges oder für das Schießen mit Signalwaffen bei Not- und Rettungsübungen sind in § 12 WaffG aufgeführt. Die jederzeitige Verfügbarkeit von Signalwaffen im Notfall gilt nur während der Fahrt, nicht aber während der Liegezeit im Hafen. Für die Aufbewahrung an Land, in der Regel in der Wohnung, oder für die vorübergehende Aufbewahrung bei kurzfristiger Abwesenheit des Erlaubnisinhabers, etwa zu Besorgungen oder während eines Restaurantbesuchs, sind Signalwaffen gegen unbefugte Wegnahme zu sichern.

Bei Signalpistolen im Kal. 4 handelt es sich um erlaubnispflichtige Kurzwaffen. Sie sind grundsätzlich nach den Vorschriften des § 36 WaffG aufzubewahren.[49] Die Aufbewahrung von Signalpistolen zusammen mit der zugehörigen Munition ist nur dann zulässig, wenn das Behältnis mindestens dem Widerstandsgrad 0/N nach DIN EN 1143-1 entspricht.

Für die **vorübergehende Aufbewahrung** an Bord ist der „**Hamburger Kasten**" (Spezifikation nachfolgend) zulässig.[50] Diese Ausnahmeregelung wurde zunächst in Absprache zwischen der Hamburger Innenbehörde, der Polizei Hamburg und den Interessenverbänden entwickelt und von den Behörden der deutschen Küstenländer als sichere Aufbewahrung im Sinne des § 36 akzeptiert; mit Inkrafttreten der WaffVwV 2012 sind Waffenbehörden gehalten, bei Erfüllung bestimmter Vorgaben eine Aufbewahrung in einem

---

[49] *mind. DIN EN 1143-1 WG 0; im Falle eines Waffenbesitzes vor dem 6. Juli 2017 ist auch die Fortsetzung einer Nutzung eines Behälters der Stufe B nach VDMA 24992 Stand Mai 1995 statthaft; beachten Sie die Ausführungen zur Altbesitzregelung im Kapitel 1.4 dieses Buches.*

[50] *36.5.1 der WaffVwV 2012*

solchen Behältnis anzuerkennen. **Munition** ist separat zu lagern (Stahlblechbehälter) oder in einem Hamburger Kasten in einem verschlossenes Innenfach, also getrennt von der Signalpistole.

Für die **vorübergehende Aufbewahrung** einer erlaubnispflichtigen Seenotsignalpistole **an Bord** ist ein **Behältnis** als **ausreichend für die sichere Aufbewahrung** anzuerkennen, wenn es folgende Anforderungen erfüllt:

- Das Behältnis muss aus rostfreiem **Stahlblech** gearbeitet sein.
- Das Stahlblech der **Tür** oder **Klappe** muss mind. 4 mm stark sein.
- Eine **Verankerung** des Behältnisses mit dem Aufbau des Schiffes ist erforderlich, um die Wegnahme zu verhindern.
- Das Behältnis muss **zu verschließen** sein (elektronisch codiertes Zahlenschloss, Zahlenschloss oder Riegelschloss).

Diese erleichterten Bedingungen gegenüber der Verwahrung einer erlaubnispflichtigen Kurzwaffe sind nicht anzuwenden, wenn abzusehen ist, dass das Boot oder Schiff in überschaubarer Zeit nicht in See geht, insbesondere für eine Werftliegezeit oder die Zeit des Winterlagers.

Für die Aufbewahrung von Seenotsignalen, die pyrotechnische Gegenstände sind, gelten die Vorschriften des Sprengstoffgesetzes.

1.9.6.6 Waffentransport

Besonderer Sorgfalt bedarf es hinsichtlich der sicheren Aufbewahrung beim Transport von Waffen. Dabei sind neben der Art des Transports die folgenden Punkte zu beachten:

- Aufbewahrung möglichst in einem stabilen, verschlossenen Behältnis
- Während des Transports keine Hinweise auf Transportgut
- Grundsätzlich keine Waffen in einem öffentlich abgestellten und nicht beaufsichtigten Kraftfahrzeug zurücklassen, wenn eine andersartige Art der Aufbewahrung möglich wäre

Die Gefahr von Waffendiebstählen aus einem Kraftfahrzeug wird wesentlich gemindert, wenn sie in einem Behälter (z.B. Gewehrkoffer) aufbewahrt werden, der gegen Wegnahme gesichert und von außen nicht zu sehen ist. An die Verankerung des Behältnisses im Kofferraum sowie die Festigkeit des Behälters sollten jedoch bestimmte Mindestanforderungen gestellt werden. So ist es praktikabel, einen Waffenkoffer mit einem Stahlkabel und einem Vorhängeschloss zu sichern, wenn der Kofferraum nicht allseitig geschlossen ist und der Berechtigte längere Zeit abwesend ist.

Bei jedem Waffentransport, den der Erlaubnisinhaber nicht selbst durchführt, muss er sich überzeugen, dass der Transporteur berechtigt und geeignet ist, diese Waffen zu transportieren.

1.9.7 Gemeinschaftliche Aufbewahrung

Unproblematisch ist die gemeinschaftliche Aufbewahrung von Waffen und Munition durch Inhaber einer waffenrechtlichen Erlaubnis, die in **häuslicher Gemeinschaft** leben. Der Gesetzgeber sieht diese Erleichterung ausdrücklich vor.[51] Eine Gleichartigkeit der Erlaubnisse, etwa nur Sportschützen untereinander oder nur Jäger, ist nicht erforderlich, aber ein **gleiches Erlaubnisniveau**[52] bei allen Beteiligten. In der Regel ist mindestens der Besitz einer Erlaubnis nach § 10 Abs. 1 WaffG oder einer gleichgestellten Erlaubnis (Jagdschein etc.) zu fordern, um sicherzustellen, dass die Personen mit Zugriffsmöglichkeit auf die im Behältnis aufbewahrten Waffen und Munition zuverlässig, persönlich geeignet und sachkundig sind.

Die gemeinschaftliche Aufbewahrung kommt zum Beispiel durch einen Jäger einerseits und einen Erben andererseits nicht in Betracht, da letzterer keinen Zugriff auf Munition haben darf.

Die „häusliche Gemeinschaft" ist auch dann noch gegeben, wenn „ein naher Angehöriger,[53] wenn auch in gewissen Abständen, regelmäßig das Familienheim aufsucht" und jederzeit Zutritt zu dem Raum hat, in dem das Behältnis steht.[54]

---

[51] *§ 13 Abs. 8 AWaffV*

[52] *WaffVwV 36.2.14*

[53] *Als Angehörige gelten verwandte und verschwägerte Personen gerader Linie, Pflegeeltern und –kinder, Ehegatten, Lebenspartner (aber nicht Lebensgefährte), Verlobte und Geschwister. Auch die Ehegatten oder Lebenspartner der Geschwister fallen unter den Begriff „Angehörige", ebenso wie die Geschwister der Ehegatten oder Lebenspartner (somit in jeglicher Konstellation). Auch nach einer Trennung oder Scheidung fallen die Betroffenen strafrechtlich unter diesen Begriff.*

[54] *BR-Drs. 415/03 zu § 13 Abs. 10 AWaffV aF*

1.10 Bereithalten einer geladenen Waffe

Das Bereithalten einer Waffe zum unmittelbaren Verwenden erfolgt in der Regel durch Mitführen in einem dafür geeigneten Holster. Aufgrund des Bedürfnisses, das der waffenrechtlichen Erlaubnis[55] zugrunde liegt, oder aufgrund des Zwecks, der dem befugten[56] Umgang mit einer Waffe zugrunde liegt, sind Konstellationen denkbar, die ein Bereithalten der schussbereiten Waffe rechtfertigen, die dabei auch zugriffsbereit ist, ohne sie dabei am Körper zu tragen. Denkbar ist hier beispielsweise die geladene Schusswaffe im Schreibtisch einer gefährdeten Person[57] an deren Arbeitsplatz oder eine geladene SRS-Waffe[58], die im Kassenbereich einer Tankstelle zugriffsbereit für den Notfall bereitgelegt ist. Eine solche Konstellation ist bezüglich der Art der Bedrohung und der Gefahr, die von der bereitliegenden Waffe ausgeht, stets darauf zu prüfen, ob das Interesse der

---

[55] *§ 19 Abs. 1, 2 WaffG; vor Erteilung ist nachzuweisen, dass der Antragsteller mehr als die Allgemeinheit gefährdet ist*

[56] *Im Falle bestimmter SRS-Waffen (mit Zulassungszeichen „PTB im Kreis" oder gleichgestellter Kennzeichnung) sind der Erwerb der Besitz erlaubnisfrei gestellt (Anlage 2 A2 UA2 Nr. 1.3 WaffG); die SRS-Waffe wird insbesondere zum Zwecke der Selbstverteidigung erworben; die Erforderlichkeit einer Erlaubnis zum Führen (Kleiner Waffenschein, § 10 Abs. 4 WaffG) beschränkt die Zulässigkeit des Ausübens der tatsächlichen Gewalt nicht auf Orte, an denen ein Kleiner Waffenschein erforderlich ist, sondern umfasst auch das befriedete Besitztum einschließlich der Wohnung und Geschäftsräume, da auch hier ein Übergriff stattfinden kann, der mit der SRS-Waffe abgewehrt werden kann.*

[57] *Voraussetzung ist eine Erlaubnis nach § 19 WaffG, nicht nach § 28 WaffG, da die Erlaubnis nach § 28 WaffG nicht aufgrund einer persönlichen Bedrohungslage, sondern gemäß der Definition des Bewachungsgewerbe in § 34a Abs. 1 Satz 1 GewO zum Schutz von fremdem Leben oder Eigentum im Rahmen eines Bewachungsauftrages erteilt wird.*

[58] *Die SRS-Waffe kann erlaubnisfrei, insbesondere aber ohne Nachweis eines Bedürfnisses, erworben und besessen werden, somit ist eine waffenrechtliche Erlaubnis nicht erforderlich; gleichwohl liegt der Freistellung der SRS-Waffen der Gedanke zugrunde, dass der Besitzer diese auch zum Zwecke des Selbstschutzes besitzen soll, was in dem oben genannten Zusammenhang als Bedürfnis zu werten ist.*

Allgemeinheit in diesem konkreten Falle hinter dem Interesse des Betroffenen nach Sicherheit zurückstehen kann und auch muss, es also nicht mildere Mittel gibt, die den Schutz der Person in gleicher Weise bewirken und deren Verwendung zumutbar ist.[59]

Es handelt sich nicht um eine Aufbewahrung im Sinne des § 36 WaffG, sondern um ein Bereithalten im Sinne eines Bereitlegens für den Fall einer Angriffssituation, wobei dies nur zulässig ist, wenn der Besitzer an diesem Ort mit dieser Schusswaffe auch zugriffsbereit und schussbereit umgehen[60] und zu diesem Zweck die Waffe zugriffs- und schussbereit bei sich tragen dürfte, etwa verdeckt in einem Holster. Die Waffe muss sich dazu grundsätzlich im unmittelbaren Umfeld des Besitzers befinden, um auszuschließen, dass die Waffe von Dritten an sich genommen werden kann.

Die Waffe darf nur in dem Moment zugriffsbereit sein, in dem der Besitzer einer erlaubnispflichtigen Schusswaffe diese im Rahmen seines Bedürfnisses bereithält, um sich gegen einen Übergriff zu schützen. Es ist,

---

[59] *Hier wäre beispielsweise an die Beschäftigung einer Wachperson zu denken, die in den Verkaufsräumen eines Juweliers zum Einsatz kommt; in einer Tankstelle können geeignete Schutzmaßnahmen fest installierte Tränengasgeräte sein, die durch das Personal ausgelöst werden können.*

[60] *Im Falle der gefährdeten Person wird nicht in jedem Falle ein Waffenschein erteilt, der das Führen der Waffe erlaubt, sondern lediglich eine Waffenbesitzkarte, die ein Führen der Waffe nicht erlaubt, aber den Besitz und damit das Ausüben der tatsächlichen Gewalt im eigenen befriedeten Besitztum, der eigenen Wohnung und der eigenen Geschäftsräume zum Zwecke der Abwehr eines rechtswidrigen Angriffs, der allerdings nicht unmittelbar bevorstehen muss, sondern nur mit einer ausreichenden Wahrscheinlichkeit erfolgen könnte; der Umgang in den eigenen Wohn- oder Geschäftsräumen ist nach der Definition des Führens in Anlage 1 A2 Nr. 4 WaffG kein Führen im Sinne des WaffG; zu beachten sind in bestimmten Fällen auch die Freistellungen nach § 12 Abs. 3 Nr. 1 WaffG für das Führen in den Räumen eines Dritten, wobei hier das der Erlaubnis zugrundeliegende Bedürfnis diesen Ort des Umgangs auch umfassen muss.*

insbesondere durch technische Verfahren[61] oder einen besonderen Verschluss[62] zu gewährleisten, dass Unbefugte[63] keinen Zugriff auf die Waffe erhalten, es sei denn, dass sichergestellt ist, dass der Besitzer der Waffe durchgehend den unmittelbaren Besitz aufrechterhält und so ein Dritter keinen Zugriff erlangen kann.

Sollen andere Personen (etwa Mitarbeiter im Falle der Tankstelle) Zugriff auf die Waffe haben, müssen sie zum Umgang mit dieser Waffe befugt sein.

Das Laden erhöht grundsätzlich die Gefahr einer ungewollten Schussabgabe, womit im Falle des Abfeuerns von Patronenmunition Personen durch ein Geschoss erheblich verletzt werden können. Auch das unbeabsichtigte Abschießen von Kartuschenmunition kann erhebliche gesundheitliche Folgen in Form eines Knalltraumas oder Verletzungen der Augen oder Atemwege haben. Die Unzuverlässigkeitsvermutung kann gleichwohl nur dann auf das Laden einer Schusswaffe[64] gestützt werden, wenn es sich bei diesem Laden, das grundsätzlich die Gefahr einer ungewollten Schussabgabe erhöht, um einen Pflichtenverstoß handelt, der mit dem pflichtgemäßen sorgfältigen Umgang mit Waffen kollidiert. Eine Pflicht zum sicheren Umgang mit einer Schusswaffe schließt im Falle einer gefährdeten Person oder eines SRS-Waffenbesitzers, der eine SRS-Waffe befugt zum Zwecke der Selbstverteidigung besitzt, nicht das absolute Gebot ein, dass die Waffe nur in der Öffentlichkeit oder erst dann geladen werden darf, wenn ein Angriff unmittelbar bevorsteht.[65]

---

[61] *Denkbar ist die Freigabe des Aufbewahrungsfachs mittels eines verdeckt angebrachten Fußtasters oder durch gleichzeitige Bedienung zweier Druckknöpfe; zur Bewertung ist hier die Einschaltung eines qualifizierten Sachverständigen angeraten.*

[62] *Beispielsweise kann ein biometrisches Schloss verwendet werden.*

[63] *Unbefugt sind im Falle der SRS-Waffe nur Minderjährige sowie Personen, gegen die ein Waffenverbot nach § 41 Abs. 1 WaffG erlassen wurde.*

[64] *OVG Lüneburg 8 ME 50/06, Beschluss vom 19. Mai 2006, Rn. 5*

[65] *Zu berücksichtigen ist auch die Erlaubnisfreistellung vom Schießen mit bestimmten SRS-Waffen im befriedeten Besitztum nach § 12 Abs. 4 WaffG, das ein Laden der Waffe bedingt.*

Insbesondere im Falle der SRS-Waffe verwirklicht der Besitzer durch die beabsichtigte Verteidigungshandlung, die nur mit einer geladenen Waffe möglich ist, den durch die Erlaubnisfreistellung vom Gesetzgeber beabsichtigten, zumindest aber gebilligten Zweck, der zeitlich wie handhabungsseitig nicht verwirklicht werden könnte, wenn die Waffe erst dann geladen werden dürfte, wenn der Angreifer unmittelbar zur Tat ansetzt. Eine Beschränkung des Bereithaltens einer SRS-Waffe zur Verteidigung auf den öffentlichen Raum lässt sich weder aus dem Gesetz noch aus den Aufzeichnungen des Gesetzgebungsprozesses ableiten. Somit liegt in diesem Falle auch kein Pflichtenverstoß vor.

Gleichwohl ist zu beachten, dass eine Waffe nur geladen werden darf, wenn mit ihrem bestimmungsgemäßen Gebrauch im Rahmen des anerkannten Bedürfnisses oder eines beabsichtigten und zulässigen Zwecks unmittelbar zu rechnen ist.[66] Das Bereithalten der geladenen Waffe ist nur während eines Zeitraums erlaubt, in der die Gefahr eines Übergriffs besteht und nicht vollkommen unwahrscheinlich ist. Somit ist in der übrigen Zeit die Waffe aufzubewahren unter Beachtung der Vorschriften nach § 36 WaffG, die ein Aufbewahren im geladenen Zustand verbieten. Das Bereithalten der geladenen Waffe während der Nachtruhe ist nicht zulässig.[67] Das Aufbewahren geladener SRS-Waffen führt grundsätzlich zum Verlust der Zuverlässigkeit und kann für den Erlass eines Waffenbesitzverbots nach § 41 Abs. 1 WaffG herangezogen werden.[68]

1.11 Aufstellort eines Waffenschranks

Die Aufbewahrung von erlaubnispflichtigen Schusswaffen und Munition in den im Gesetz genannten Behältnissen bezieht sich immer auf die

---

[66] *OVG Lüneburg 8 ME 50/06, Beschluss vom 19. Mai 2006, Rn. 5*

[67] *Im Schlaf übt die Person nicht die tatsächliche Gewalt über die Waffe aus, da sie einen unbefugten Zugriff nicht bemerken kann; somit wäre diese Art der Aufbewahrung nicht geeignet, vielmehr wären Maßnahmen wie etwa eine Einbruchmeldeanlage erforderlich, die dem Schlafenden das Eindringen eines Dritten in seine Räumlichkeiten signalisiert, um dann die Waffe dem Aufbewahrungsbehältnis zu entnehmen, das den Vorgaben des § 36 WaffG entspricht.*

[68] *VG München M 7 S 15.1335, Beschluss vom 10. Juni 2015*

Aufstellung dieser Behältnisse innerhalb des Bereichs der **Wohnung**[69] (auch bei längerer Abwesenheit wegen Urlaub etc. gegeben, siehe dazu BR-Drs. 415/03). Dabei ist es unerheblich, ob es sich bei dem Ort der Aufstellung um die eigene Wohnung des Erlaubnisinhabers handelt oder die Privatwohnung eines Dritten; selbst eine Entfernung von mehreren hundert Kilometern ist hier nicht schädlich.[70] Wesentliches Kriterium ist hier nicht der Ort, sondern die Art der Aufbewahrung, nämlich in einem Sicherheitsbehältnis ohne die Möglichkeit des unbefugten Zugriffs Dritter – der Schlüssel oder Code darf niemand anderem als dem Erlaubnisinhaber zur Verfügung stehen, also in keinem Fall dem Dritten, in dessen Wohnung das Behältnis steht.

Als **Wohnung** wird im Strafrecht durch die Rechtsprechung jene Räumlichkeit bezeichnet, deren Hauptzweck ist, Menschen zur ständigen Benutzung zu dienen, ohne dass es sich dabei um Arbeitsräume handelt.[71] Ein **Kellerraum** in einem **Mehrfamilienhaus** wird erfasst, wenn er einer einzelnen Wohnung zugeordnet ist. Allerdings wird der Zugriffsversuch auf Waffen und Munition über Stunden unbemerkt bleiben – darum sollte ein solcher Aufstellungsort unter dem Aspekt der Absicht der gesetzlichen Regelung nicht als Erfüllung der grundsätzlichen Forderung des § 36 WaffG nach dem Ergreifen der erforderlichen Maßnahmen angesehen werden. Sind die Kellerräume dagegen in einem direkt mit dem Wohnraum verbunden, sind diese Flächen als Teil des Wohnraums jederzeit im direkten Wahrnehmungsbereich einer Person, die sich in der Wohnung im engeren Sinne aufhält. Gleiches gilt für eine **Garage**, die sich direkt am Wohnhaus befindet und über eine Innentür betreten werden kann.

Die Rechtsprechung differenziert zwischen einem Wohnungsbegriff im weiteren und im engeren Sinn, obwohl in den Normen (s. o.) jeweils nur der Begriff „Wohnung“ verwendet wird. Begründet wird dies mit den

---

[69] *§ 13 Abs. 9 AWaffV*

[70] *VG Köln 20 K 577/09, Urteil vom 09. Dezember 2010; das Gericht weist aber auf die Möglichkeit hin, eine Auflage zu erteilen, die den Ort der Aufbewahrung beinhalten könnte; Wohnort der Erlaubnisinhaberin war Meckenheim, Aufstellort des Behälters Husum (Wohnung des Sohnes), die Distanz ca. 600 km*

[71] *siehe Fischer „Strafgesetzbuch und Nebengesetze“, 63. Auflage 2016, Rn. 6 zu § 123 StGB, Rn. 45 zu § 244 StGB*

unterschiedlichen Zwecken der jeweiligen Norm: Während § 123 StGB (Hausfriedensbruch) den Schutzbereich auf alle durch den Inhaber des Hausrechts bewohnten und genutzten Räume bezieht (Wohnung im weiteren Sinne, dazu zählen auch Kellerräume oder Waschküche), sieht § 244 StGB (Wohnungseinbruchdiebstahl) nach ständiger Rechtsprechung nur die Räume, die unmittelbar dem Wohnzweck dienen (Wohnung im engeren Sinne), als geschützten Bereich, in dem der Bewohner sich „zuhause fühlt", er also in seinem privaten, intimen Schutzbereich durch den Einbrecher nachhaltig verletzt wird. Insbesondere die psychischen Folgen einer solchen Tat werden durch eine höhere Strafe gewürdigt, zugleich wird der Begriff der Wohnung dabei enger gefasst (ohne Kellerräume etc.).

Legt man die Normen des Waffenrechts in diesem Sinne aus, die allein den grundgesetzlich verwendeten, weiteren Wohnungsbegriff zugrunde legen, ist als Aufstellort für einen Waffenschrank der Kellerraum eines Mehrfamilienhauses, der keine direkte Verbindung zu den Wohnräumen im engeren Sinne hat, unter dem Gedanken des optimal möglichen Schutzes vor Wegnahme als eine zulässige Möglichkeit anzusehen. Besser und die Gefahr einer Wegnahme vermindernd wäre die Aufstellung in den eigentlichen Wohnräumen, wenn es den Erlaubnisinhaber nicht über Gebühr belastet. Der Stellenwert der sicheren Aufbewahrung wird durch die Einschränkung eines Grundrechtes deutlich, wenn dieses hinter das Recht der Behörde zur Überprüfung in der Wohnung zurücktritt, was in die Überlegungen zum Aufstellort stets einfließen sollte.[72]

Im Einzelfall kann durch **Errichtung einer Einbruchmeldeanlage** (EMA) zur Überwachung des Behälters auf Annäherung einer Person außerhalb der Wohnung im engeren Sinne eine gleichwertige Art der Aufbewahrung erreicht werden. Dies setzt aber grundsätzlich eine Überprüfung vor Ort durch einen qualifizierten Sachverständigen voraus.

1.12 Aufbewahrung durch Erlaubnisinhaber nach § 55 WaffG

Die in § 55 WaffG genannten Personen und Institutionen unterliegen nicht dem Waffengesetz. Die nach Landesrecht in der Regel durch Erlass geübte Praxis, **Polizeivollzugsbeamten** auch außerhalb des Dienstes das Führen

[72] *zur Begründung VG Freiburg, Beschluss v. 14. Juni 2012, 4 K 914/12*

ihrer Schusswaffe zu erlauben, muss darum auch Regelungen bezüglich der Aufbewahrung von Schusswaffen und Munition enthalten.[73]

1.13 Aufbewahrung von Schlüsseln

Bei der Aufbewahrung von Schlüsseln ist stets zu beachten, dass mit der Inbesitznahme des Schlüssels auch die Inbesitznahme der damit verfügbaren Waffen oder Munition möglich wäre. Insofern sind die Schlüssel von Sicherheitsbehältnissen bei strenger Auslegung des Gesetzes stets so aufzubewahren, wie es das Gesetz für jene Waffen und deren Anzahl vorschreibt, die mit diesem Schlüssel in Besitz genommen werden könnten. So wäre die Aufbewahrung eines Schlüssels zu einem B-Schrank, in dem bis zu zehn Kurzwaffen aufbewahrt werden dürfen, wiederum nur in einem Sicherheitsbehältnis der Stufe B oder höherwertig zulässig.

Wenn der Zugang zum Behältnis dagegen durch eine zusätzliche zertifizierte Vorrichtung wie ein Zahlenkombinationsschloss, ein biometrisches System oder eine Codekarte gesichert ist, kann von der zuvor dargestellten Aufbewahrung der Schlüssel abgesehen werden.

Die Rechtsprechung sieht die sichere Aufbewahrung von Waffen und Munition als gegeben an, wenn der Schlüssel, der den Zugang zu einem Sicherheitsbehältnis ermöglicht, nicht offen sichtbar und nicht in Griffweite des Behältnisses aufbewahrt wird.[74]

Das Überlassen eines Schlüssels ist gleichbedeutend mit dem Einräumen der tatsächlichen Gewalt über jene Schusswaffen, die in dem Behältnis aufbewahrt werden, das sich mit diesem Schlüssel öffnen lässt.[75] [76] Darum ist grundsätzlich sicherzustellen, dass sich Unberechtigte nicht in den Besitz des Schlüssels bringen können, etwa weil dieser offen am Schlüsselbrett der

---

[73] *so beispielweise der Erlass IV LPA-121-80.05-2009/0312 vom 7. Mai 2009 des Innenministeriums Schleswig-Holstein, der verbindlich auf die Vorschriften in § 36 WaffG und § 13 AWaffV verweist.*

[74] *VG Dresden 4 L 621/09, Urteil vom 7. April 2010; bestätigt durch Sächsisches OVG Bautzen 3 B 128/10, Beschluss vom 2. Mai 2011,*

[75] *OVG Berlin-Brandenburg 11 S 7.11, Beschluss vom 16. Juni 2011*

[76] *Zum Überlassen von Zweitschlüsseln (keine sorgfältige Verwahrung) auch BayVGH 21 ZS 01.1719, Beschluss vom 18. Dezember 2001*

Wohnung hängt oder in der Wohnungstür steckt, so dass jedes Familienmitglied sich des Schlüssels bemächtigen könnte. Hier liegt der grundsätzliche Schwachpunkt eines sogenannten materiellen Identifikationsmerkmals wie Schlüssel, Chip oder Code-Karte – die Vorrichtung, die die Berechtigung zur Öffnung feststellt, kann nicht wissen, ob der Mensch, der das jeweilige Objekt der Identifizierung gerade benutzt, auch tatsächlich die Person ist, die der berechtigte Besitzer ist. Darum ist in der Praxis der Einsatz eines Zahlenkombinationsschlosses, ob mechanisch oder elektronisch, mit mindestens 1 Million Kombinationen einer reinen Schlüsselöffnung immer vorzuziehen – dieses sogenannte „geistige Identifikationsmerkmal" in Form eines Zahlen-Codes kann nicht entwendet werden, solange es nicht verraten oder unbedacht mitgeteilt wird.

Wenn trotzdem ein Schlüssel benutzt wird, ist dieser grundsätzlich durch den berechtigten Besitzer gegen Wegnahme zu sichern – eine Forderung, die in der Praxis schnell an ihre Grenzen stößt.

Ein Mauertresor ohne Zertifizierung oder auch der hier abgebildete **Steckdosentresor** (Müller Safe Herborn) wären somit geeignet zur Aufbewahrung von Schlüsseln qualifizierter Behältnisse, wenn sie sich nicht im gleichen Raum wie das zu öffnende Behältnis befänden <u>und</u> nur schwer zu entdecken wären. Die Betonung liegt hier auf „schwer" – denn gerade ein einfacher Tresor mit Elektronikschloss, wie er schon für ca. 20 EURO im Baumarkt angeboten wird, bietet hinsichtlich des Schutzes gegen unbefugte Öffnung keinen nennenswerten Widerstand und wäre, offen montiert oder lediglich hinter einer Schranktür verborgen, weniger eine Sicherung als vielmehr eine Einladung an den Einbrecher, diesen Behälter, in dem sich sicherlich etwas Wichtiges finden lässt, gezielt zu öffnen – der dann gefundene Schlüssel mit Doppelbart wird dann die Suche nach einem echten Tresor sicherlich beschleunigen.

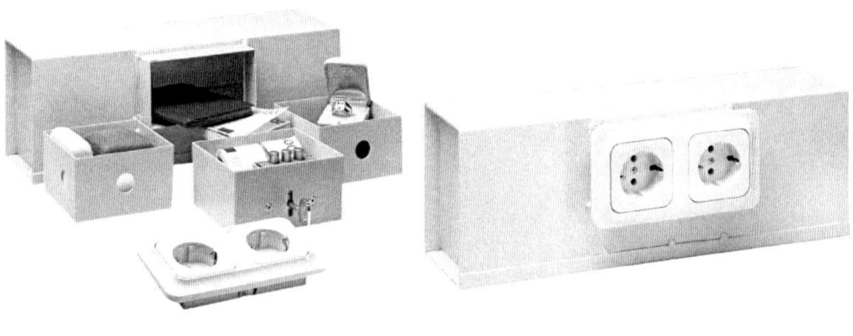

1.14 Zahlenschlösser / Biometrie

Anstelle von Doppelbartsicherheitsschlössern können andere zertifizierte Schlossarten wie elektronische Zahlenschlösser (EZS), mechanische Zahlenkombinationsschlösser (ZKS) oder biometrische Systeme ab Werk oder als Nachrüstung verbaut sein.

Welche Art von Verschluss gewählt wird, hängt in erster Linie vom Kaufpreis und der Ergonomie ab. Während ein mechanisches Zahlenkombinationsschloss ein gewisses Maß an Übung beim Drehen und Positionieren des Zahlenknopfes verlangt, fordern Elektronikschlösser lediglich die Eingabe der korrekten Codefolge. Biometrische Sicherungen dagegen reduzieren die Zugangsprüfung lediglich auf das Auflegen eines Fingers, dessen Merkmale im Speicher des Schlosses gespeichert wurden.

Verwenden mehrere berechtigte Personen ein Behältnis gemeinsam, etwa in Betrieben, Vereinen oder Behörden, ist die Verwendung eines Elektronikschlosses oder einer biometrischen Leseeinheit mit Speicherung von Zugriffszeit und Identität des Benutzers sinnvoll.

Zahlenschlösser werden mit einem sogenannten „Werkscode" ausgeliefert, dieser ist bei ZKS in der Regel die 10-20-30, bei EZS die 1-2-3-4-5-6. Die Lieferanten von Waffenschränken weisen in der Bedienungsanleitung unmissverständlich darauf hin, dass der Werkscode auf keinen Fall geeignet ist, um als Öffnungscode durch den Benutzer verwendet zu werden, sondern umgehend zu ändern ist. Versäumt es ein Waffenbesitzer, den Werkscode zu ändern, stellt dieses Unterlassen als gröblicher Verstoß regelmäßig seine Zuverlässigkeit in Frage, da die Schutzwirkung des Behälters mangels eines wirksamen Verschlusses nicht gegeben ist.

Mechanisches Zahlenkombinationsschloss

Elektronisches Zahlenkombinationsschloss

Biometrisches Sicherungssystem

1.15 Aufbewahrung verschiedener Waffenarten

Vor der Frage, wie ein Gegenstand gemäß § 36 WaffG iVm. § 13 Abs. 2 AWaffV aufzubewahren ist, steht zunächst die Einordnung des betroffenen Gegenstandes nach § 1 Abs. 2 WaffG in Verbindung mit der Anlage 1 WaffG, ob es sich um eine Waffe im Sinne des WaffG handelt und, wenn ja, ob es sich um eine Schusswaffe, einen ihr gleichgestellten Gegenstand oder eine andere Waffe handelt. In einem weiteren Schritt ist zu prüfen, ob es innerhalb der Gegenstandsart Freistellungen bezüglich der Erlaubnispflichten oder von weiteren Erfordernissen, etwa dem Mindestalter gibt.

Handelt es sich nicht um eine Waffe, könnte der Gegenstand vom Führverbot des WaffG erfasst sein, etwa als Einhandmesser, Machete oder Küchenmesser, da dieses Verbot auch Gegenstände erfasst, die keine Waffen sind. Bezüglich ihrer Aufbewahrung sind keine Vorschriften zu beachten.

1.15.1 Waffen

1.15.1.1 Gegenstände, nicht Waffe im Sinne des Gesetzes

Gegenstände, die nicht Waffe sind, aber Regelungen des WaffG unterliegen, etwa **Einhandmesser** und **bestimmte Küchenmesser** in § 42a WaffG, fallen nicht unter die Regelungen von §§ 36 WaffG, 13 AWaffV. Somit sind keine Vorgaben bezüglich einer sicheren Aufbewahrung zu beachten, da auch kein Mindestalter für den Umgang mit diesen Gegenständen vorgeschrieben ist. Gleiches gilt für **Tierabwehrsprays**.

1.15.1.2 Waffen, nicht der Erlaubnispflicht unterliegend

Der Erlaubnispflicht gemäß Anlage 2 A2 UA1 Satz 1 erster Halbsatz WaffG unterliegen Waffen im Sinne des § 1 Abs. 2 Nr. 1, die in der Anlage 1 A1 UA1 Nr. 1 bis 4.3 genannt werden. Waffen, die nicht unter die vorgenannte Regelung fallen, darunter alle tragbaren Gegenstände wie etwa Hieb- und Stoßwaffen, Elektroimpulsgeräte oder Reizstoffsprühgeräte sowie **Magazine**, unterliegen nicht der Erlaubnispflicht, womit der Erwerb dieser Gegenstände auch nicht von der Erlaubnispflicht freigestellt werden kann, da diese nicht besteht. Mangels Freistellung werden diese Gegenstände nicht von der Pflicht zur Aufbewahrung in einem verschlossenen Behältnis gemäß § 13 Abs. 2 Nr. 1 AWaffV erfasst. Es ist lediglich eine grundlegende Sicherung gegen Abhandenkommen oder unbefugte Wegnahme gemäß § 36 Abs. 1 WaffG vorzunehmen, um eine Inbesitznahme durch

Unbefugte[77] zu verhindern. Die Art der Sicherung ist gesetzlich nicht festgelegt, muss aber nach allgemeiner Lebenserfahrung auseichend sein, um zu verhindern, dass Unbefugte ohne besonderen Aufwand die tatsächliche Gewalt über die gesicherte Waffe erlangen und ausüben können. Dies ist im Falle eines Säbels, der als Hiebwaffe eine Waffe im Sinne des WaffG ist, beispielsweise durch eine in der Wand verschraubte Halterung gegeben, die nur mittels eines Schlüssels oder Werkzeuges geöffnet werden kann.

Zu beachten ist, dass Waffen, die nicht der Erlaubnispflicht unterliegen, gleichwohl dem Verbot nach § 2 Abs. 3 WaffG in Verbindung mit Anlage 2 A1 WaffG unterfallen können, beispielsweise **Magazine großer Kapazität** oder **Faustmesser**. Beachten Sie zu dieser Thematik Kapitel 1.15.2.

1.15.1.3 Waffen, durch Anlage 2 A3 vom Gesetz ausgenommen

Die Vorschriften zur Aufbewahrung gelten nicht für Waffen, die nach Anlage 2 A3 des WaffG von der Anwendung des WaffG fast vollständig ausgenommen sind, wie Spielzeugwaffen, Nachbildungen von Schusswaffen oder Blasrohre sowie bestimmte Harpunen und Bolzensetzgeräte. Aufgrund der Ausnahme vom Waffengesetz ist auch die grundsätzliche Anforderung des § 36 Abs. 1 WaffG zur Sicherung gegen unbefugte Wegnahme hier nicht anzuwenden. Allgemeine Sorgfaltspflichten bleiben dadurch unberührt.

1.15.1.4 Waffen, Erwerb von der Erlaubnispflicht freigestellt

Bestimmte Schusswaffen oder ihnen gleichgestellte Gegenstände sowie Munition unterliegen zwar gemäß Anlage 2 A2 UA1 Satz 1 erster Halbsatz WaffG der Erlaubnispflicht zum Umgang mit Ausnahme des Überlassens, werden aber durch den zweiten Halbsatz in Verbindung mit Nennung in Anlage 2 A2 UA2 Nr. 1 WaffG von der Erlaubnispflicht zum Erwerb freigestellt. Sie sind gegen die Wegnahme durch Unbefugte gemäß § 13 Abs. 2 Nr. 1 AWaffV mittels Aufbewahrung in einem **verschlossenen Behältnis** gegen unbefugte Wegnahme oder Abhandenkommen zu sichern.

Dieser Vorschrift unterfallen insbesondere folgende Waffentypen:

---

[77] *Als Unbefugte gelten Personen, die keinen Umgang mit Waffen oder Munition haben dürfen, beispielsweise Minderjährige aufgrund der Regelung zum Mindestalter zum Umgang mit Waffen oder Personen, gegen die ein allgemeines Waffenverbot gemäß § 41 WaffG verhängt wurde.*

- Druckluft-, Federdruck- und Kaltgaswaffen bestimmter Arten,
- SRS-Waffen mit „PTB im Kreis“ o. anderem anerk. Zeichen,
- Armbrüste,
- Waffen, Modell vor 1871 entwickelt, mit der Eigenschaft
  - Einläufige Einzellader m. Zündhütchenzündung (Perkussion)
  - Lunten- oder Funkenzündung, Zündnadelzündung
- Kartuschenmunition für SRS-Waffen und Salutwaffen
- Kartuschenmunition für Schussapparate nach § 7 BeschG und
- pyrotechnische Munition der Klasse PM I.

Unbrauchbar gemachte Schusswaffen mit EU-Deaktivierungszeichen[78] sind durch Anlage 2 A2 UA2 Nr. 2b WaffG von der Erwerbserlaubnispflicht freigestellt und fallen somit unter § 13 Abs. 2 Nr. 1 AWaffV.

Salutwaffen[79] sowie **unbrauchbar gemachte Schusswaffen, die nicht Anlage 1 A1 UA1 Nr. 1.4. WaffG entsprechen,**[80] unterfallen der Erlaubnispflicht, sind nach §§ 39b Abs. 3 WaffG, § 25c Abs. 4 AWaffV aber nur aufzubewahren wie von der Erlaubnispflicht freigestellte Waffen und damit ebenfalls lediglich in einem verschlossenen Behältnis.

§ 36 Abs. 1 WaffG formuliert die Pflicht des Waffenbesitzers zum Ergreifen von Vorkehrungen, die nach allgemeiner Lebenserfahrung eine einfache Wegnahme durch Unbefugte verhindern. Damit sind beispielsweise minderjährige, normal sozialisierte Familienangehörige gemeint, die sich durch den bloßen Verschluss eines Kleiderschrankes davon abhalten lassen, eine darin aufbewahrte Schusswaffe an sich zu nehmen. Die Anwendung von Einbruchwerkzeugen, um diesen Gegenstand aus dem Schrank zu entnehmen, ist kein Verhalten, das von einem normal sozialisierten Jugendlichen zu erwarten ist. <u>Einbruchhemmende</u> Maßnahmen sind nicht gefordert.

Teile nach Anlage 2 A2 UA2 Nr. 2, 2a WaffG und **Schalldämpfer** müssen aufbewahrt werden wie die Waffe, für die sie bestimmt sind, auch wenn sie unter bestimmten Voraussetzungen erlaubnisfrei erworben werden dürfen.

---

[78] *Diese Freistellung gilt nur für unbrauchbar gemachte Schusswaffen nach Anlage 1 A1 UA1 Nr. 1.4 WaffG.*

[79] *§ 39b Absatz 3 WaffG; dies gilt nicht für verbotene Salutwaffen, diese sind im Falle einer Ausnahmegenehmigung wie verbotene Waffen aufzubewahren.*

[80] *§ 25c Abs. 4 AWaffV in Verbindung mit § 39b Absatz 3 WaffG*

1.15.1.5 Erlaubnispflichtige Schusswaffen

Erlaubnispflichtige Schusswaffen sind in besonders qualifizierten Behältnissen oder Räumen aufzubewahren oder durch anerkannte Sicherungseinrichtungen gegen unbefugte Wegnahme zu sichern. Dabei gibt § 36 WaffG in Verbindung mit § 13 AWaffV nach Zahl und Art der Schusswaffen Standards vor. Beachten Sie die Ausführungen ab Seite 17.

Ausgenommen sind nach § 39b WaffG Salutwaffen, sie sind wie Waffen aufzubewahren, die von der Erlaubnispflicht freigestellt sind.[81] Gleiches gilt für unbrauchbar gemachte Schusswaffen, die nicht die Anforderungen nach Anlage 1 A1 UA1 Nr. 1.4 WaffG erfüllen.[82]

1.15.1.6 Schusswaffen gleichgestellte Gegenstände

Pfeilabschussgeräte sind den Schusswaffen vollumfänglich gleichgestellt. Sie unterliegen der Erlaubnispflicht und sind, da weder Verschluss noch Lauf besitzen und somit waffenrechtlich nicht Langwaffe sein können,[83] gemäß Anlage 1 A1 UA1 Nr. 2.5 WaffG in Verbindung mit Anlage 1 A1 UA1 Nr. 1.2 WaffG wie eine erlaubnispflichtige Kurzwaffe aufzubewahren.

Wesentliche Teile von Schusswaffen sowie **Schalldämpfer** sind unter Auslegung nach Sinn und Zweck der Norm aufzubewahren wie die Waffe, für die sie bestimmt sind. Unter dem Aspekt der Verminderung der Gefahr, die von einer Waffe und auch von ihren Bestandteilen ausgeht, wäre eine Aufbewahrung in einem geringer gesicherten Behältnis ein gröblicher Verstoß gegen die Aufbewahrungspflichten wegen Erhöhung der Gefahr einer Wegnahme.[84] Ein gröblicher Verstoß im Sinne von § 5 Abs. 2 Nr. 5 WaffG würde regelmäßig zur Vermutung der Unzuverlässigkeit führen.

---

[81] § 39b Absatz 3 WaffG; dies gilt nicht für verbotene Salutwaffen, diese sind wie verbotene Waffen aufzubewahren.

[82] § 25c Abs. 4 AWaffV in Verbindung mit § 39b Absatz 3 WaffG

[83] Die für die Einstufung als Langwaffe erforderliche Mindestlänge von mehr als 30 cm für Lauf und Verschluss in geschlossener Stellung kann nicht erreicht werden.

[84] Gleichwohl darf die Formulierung, wonach Waffen, deren Erwerb von der Erlaubnispflicht freigestellt ist, lediglich in einem verschlossenen, nicht aber weiter qualifizierten Behältnis aufzubewahren sind (§ 13 Abs. 2 Nr. 1

Durch die Änderung des WaffG 2017 wurde festgelegt, dass wesentliche Teile von Schusswaffen und Schalldämpfer nicht auf die Anzahl der in einem Behältnis aufbewahrten Waffen anzurechnen sind.[85] Die nachfolgenden Gedanken sind darum aufgrund der Rechtslage vor dem 6. Juli 2017 bezogen und nur für Altbesitzer von Waffenschränken von Belang.

Wesentliche Teile oder Schalldämpfer, die für erlaubnispflichtige Schusswaffen bestimmt sind, sind diesen gleichgestellt. Die Vorschriften für diese Schusswaffen gelten allerdings nur, solange das Gesetz nichts anderes bestimmt. Eine solche „andere Bestimmung" ergibt sich aus § 36 WaffG, der bezüglich der Zahl der aufzubewahrenden Schusswaffen auf bestimmte Waffenarten abstellt. So ist ausdrücklich die Höchstzahl in Bezug auf Kurzwaffen und Langwaffen formuliert. Diese besondere Bestimmung lässt bezüglich der Aufbewahrung somit bezüglich der wesentlichen Teile und Schalldämpfer somit keine zahlenmäßige Begrenzung erkennen, in keinem Falle aber eine Anrechenbarkeit auf die Zahl der aufbewahrten Kurz- oder Langwaffen in einem Behältnis. Dies gilt allerdings nur, solange es sich um Teile oder Schalldämpfer handelt, die mit der Waffe, für die sie bestimmt sind, in diesem Behältnis aufbewahrt werden. Zerlegte Waffen, deren wesentliche Teile alle in einem Behältnis aufbewahrt werden, sind als eine Waffe zu betrachten. Bei Verteilung wesentlicher Teile einer Schusswaffe auf verschiedene Behältnisse würde nach der Systematik des Gesetzes (Kennzeichnung von Waffen, § 24 WaffG) bei Kurzwaffen das Griffstück, bei Langwaffen der Lauf als Waffe zu zählen sein.

AWaffV), nicht unbeachtet bleiben; allerdings werden wesentliche Teile oder Schalldämpfer gemäß § 13 Abs. 3 Nr. 1 nicht auf die Zahl der aufbewahrten Waffen angerechnet, was den Schluss nahelegt, dass der Gesetzgeber durch explizite Nennung von Lang- und Kurzwaffen in den Regelungen des § 13 Abs. 2 AWaffV keine Bestimmung geschaffen hat, die eine „andere Bestimmung" im Sinne von Anlage 1 Nr. 1.3 WaffG darstellt; es ist daher davon auszugehen, dass ein gleichgestellter Gegenstand, dessen Erwerb von der Erlaubnispflicht freigestellt ist, in einem Behälter aufzubewahren ist, in der auch die Schusswaffe aufbewahrt werden darf, für die er bestimmt ist.

[85] *§ 13 Abs. 3 Nr. 1 AWaffV*

Neben dieser Auslegung steht eine Äußerung des Bundesrates[86] zum Waffengesetz einer Anrechnung auf die Anzahl der erworbenen Schusswaffen entgegen. So werde bei Inhabern einer Waffenbesitzkarte „durch die Zubilligung weiterer Austausch- und Wechselläufe ... die Zahl der Schusswaffen nicht erhöht", so eine Feststellung. Die Rechtsprechung stützte diese Einschätzung und fügte, unter Hinweis auf den Bundesrat, hinzu, dass wesentliche Teile, anders als eine schussfähige Waffe, „keine erhebliche Gefahr für die öffentliche Sicherheit darstellen".[87]

Zugleich ist zu beachten, dass der Zweck dieser Gleichstellung, nämlich den Zusammenbau von erlaubnispflichtigen Waffen aus frei verkäuflichen Einzelteilen zu verhindern, nicht dadurch gefährdet wird, dass etwa Austauschläufe zusammen mit der Waffe, für die sie bestimmt sind, in einem Waffenschrank gemeinsam aufbewahrt werden.

Schon das vor April 2003 geltende Waffenrecht stellte wesentliche Teile und Schalldämpfer den Schusswaffen gleich.[88] Somit können die zuvor genannten Quellen durchaus zur Auslegung des aktuellen Waffengesetzes herangezogen werden. Die Gleichstellung der wesentlichen Teile mit der Schusswaffe, für die sie bestimmt sind, soll im Zusammenhang mit erlaubnispflichtigen Waffen den Umgang unterbinden, besonders aber den Bau weiterer Schusswaffen aus Einzelteilen, solange keine entsprechende Erlaubnis vorliegt. Die Möglichkeit, Austausch- und Wechselläufe zu einer in der WBK eingetragenen Waffe erlaubnisfrei zu erwerben, solange es sich um ein gleiches oder kleineres Kaliber handelt, ist ein weiteres unterstützendes Indiz für die Vermutung einer gesetzgeberischen Wertung, dass solche Teile isoliert keine erhebliche Gefahr für die öffentliche Sicherheit darstellen, sofern der Besitzer Inhaber einer waffenrechtlichen Erlaubnis und somit intensiv überprüft ist.

Folgt man vorhergehender Argumentation, ist eine Anrechnung wesentlicher Teile auf die Anzahl der in einem Behältnis aufbewahrten Waffen aus der Perspektive der Gefahrenabwehr schwer zu begründen. Die Gleichstellung ist in erster Linie durch die abstrakte Gefährlichkeit dieser Gegenstände zu begründen. Da aber etwa ein Austauschlauf allein nicht schussfähig ist,

---

86 BR-Drs. 74/76, S. 50, „Zu § 4", Absatz 1

87 BVerwG 1 C 6/81, Urteil vom 2. Dezember 1986

88 § 3 Abs. 1 Satz 1 WaffG aF

erhöhte sich durch ihn die Zahl der schussfähigen und damit konkret gefährlichen Waffen im Besitz oder im Waffenschrank des Erlaubnisinhabers nicht. Somit kann eine Anrechnung von wesentlichen Teilen unterbleiben, ohne die in § 1 WaffG als Maßstab genannten Belange der öffentlichen Sicherheit und Ordnung zu gefährden. Vielmehr erhöht sich gerade durch den Einsatz von Austauschläufen oder Austauschsystemen die Zahl der tatsächlich schussfähigen Waffen in privater Hand nicht.

1.15.1.7 Tabellarische Übersicht Aufbewahrung nicht verbotener Waffen oder Munition

Die nachfolgende tabellarische Übersicht nennt die Mindestanforderung für die Aufbewahrung nach aktuellem Stand von WaffG und AWaffV. Regelungen für Nutzung älterer Behältnisse werden im Kapitel 1.4 behandelt.

Ist lediglich der Schutz vor Wegnahme durch eine Person einer bestimmten Altersgruppe vorgeschrieben, kann ein verschlossener Behälter ohne besondere Qualifikation verwendet werden. Ausreichend ist aber auch eine Befestigung an einer massiven Wand oder einem Möbelstück, die dem einfachen (spontanen) Wegnahmeversuch durch einen Minderjährigen widersteht, der ohne Werkzeug diese Befestigung lösen will.

Bezeichnung des Gegenstands	**WBK-Pflicht**	**Aufbewahrungsniveau / Schutz vor...**
Messer / Gebrauchsmesser	nein	Kein Schutz erforderlich
Messer über 12 cm Klingenl.	nein	Kein Schutz erforderlich
Einhandmesser	nein	Kein Schutz erforderlich
Messer, die Waffe sind (Kampfmesser, Dolch)	nein	Wegnahme durch U18
Gepr. Reizstoffsprühgerät	nein	Wegnahme durch U14
Tierabwehrspray	nein	Kein Schutz erforderlich
Hieb- und Stoßwaffe	nein	Wegnahme durch U18
Säbel, Streitaxt, Streitkolben	nein	Wegnahme durch U18

Magazin für Patronenmun.	nein	Wegnahme durch U18
Druckluftgewehr bis 7,5 J	freigestellt	Verschlossener Behälter
Salutwaffe	ja	Verschlossener Behälter
Unbrauchbar gem. Schussw.	ja / freigestellt	Verschlossener Behälter
SRS-Waffe	freigestellt	Verschlossener Behälter
Armbrust	freigestellt	Verschlossener Behälter
Harpune	nein	Wegnahme durch U18
Softair bis 0,5 J	nein	Kein Schutz erforderlich
Schusswaffen-Nachbildung	nein	Kein Schutz erforderlich
Spielzeugwaffen	nein	Kein Schutz erforderlich
Waffe nach Modell vor 1871	freigestellt	Verschlossener Behälter
Pfeilabschussgerät	ja	Behältnis WG 0
Erlaubnispflichtige Kurzwaffe		Behältnis WG 0
Erlaubnispflichtige Langwaffe		Behältnis WG 0
Wesentliche Teile erlaubnispflichtige Waffen		Behältnis WG 0
Schalldämpfer für erlaubnispflichtige Waffen		Behältnis WG 0
Seenotsignalpistole cal. 4 an Land		Behältnis WG 0
Seenotsignalpistole cal. 4 an Bord		„Hamburger Kasten"
Munition für SRS/Salutwaffe	nein	Verschlossener Behälter
Munition für KW/LW/SigPi	ja	Stahlblechbehältnis mit Schwenkriegelschloss

Legende: U18: Personen unter 18 Jahren, somit Kinder und Jugendliche; U14: Personen unter 14 Jahren, somit nur Kinder, nicht aber Jugendliche

1.15.2 Verbotene Waffen, Munition und Geschosse

Für die Aufbewahrung verbotener Waffen, in der Regel durch Behörden oder amtlich beauftragte Sachverständige, aber auch durch § 40 Abs. 3, 4 WaffG oder § 58 WaffG vom Verbot befreite Personen, [89] ist die Regelung in § 13 Abs. 2 AWaffV zu beachten.[90]

§ 13 Abs. 2 AWaffV legt für verbotene Waffen eine Aufbewahrung in einem Behältnis nach DIN EN 1143-1 fest. Altbesitzer unterfallen gemäß § 36 Abs. 4 WaffG den Regeln zur Aufbewahrung verbotener Waffen, die vor Änderung des WaffG 2017 galten, womit die Aufbewahrung in einem Behältnis der Stufe B nach VDMA 24992 Stand Mai 1995 erlaubt ist.

Wie bei erlaubnispflichtigen Kurzwaffen ist die Höchstzahl bestimmter verbotener Waffen, die in diesem Behältnis aufbewahrt werden dürfen, abhängig von dem Eigengewicht des Behälters. Dieses Eigengewicht kann nicht durch eine Abrisslast ersetzt werden, die durch eine Verankerung nur im Moment des Abrisses wirksam wird; diesbezügliche Regelungen sind allein auf Schränke der Stufe B nach VDMA 24992 in Altbesitz anwendbar, auf Behältnisse des Widerstandsgrades 0 nach DIN EN 1143-1 dagegen nicht. Zudem differenziert die Regelung nach der Art der verbotenen Waffen.

Zu beachten sind in § 13 Abs. 2 AWaffV festgelegte Höchstmengen nach Behälterart und –masse. Grundsätzlich gelten diese Mengenbegrenzungen:

---

[89] *Insbesondere durch die Altbesitzregeln des § 58 WaffG erweitert sich der Adressatenkreis um ein Vielfaches, etwa durch Personen, die als Altbesitzer nach geltendem Recht verbotene Magazine weiterhin besitzen dürfen. Da das Verbot gegen diese Personen nicht wirksam wird, die betroffenen Gegenstände aber gleichwohl verbotene Waffen sind, hat die Aufbewahrung auch im Falle des Altbesitzers so zu erfolgen, wie es das Gesetz für die Aufbewahrung dieser verbotenen Waffe vorsieht.*

[90] *Die Regelung in § 13 Abs. 2 AWaffV war bei Drucklegung des Buches noch nicht verändert; eine Ausnahme für verbotene Magazine entsprechend der Regelung für Nachtsichtgeräte § 13 Abs. 3 AWaffV oder eine Regel, die die Aufbewahrung in einem verschlossenen Behältnis als ausreichend ansieht, steht somit noch aus. Prüfen Sie, da eine kurzfristige Änderung der AWaffV aus hiesiger Sicht nicht unwahrscheinlich ist, eventuelle Ergänzungen des Ihnen vorliegenden Buches auf der Website https://www.bookupdate.de des Verlages.*

- WG 0, Masse des Behälters unter 200 kg: Bis zu fünf bestimmte verbotene Waffen und Kurzwaffen, sonstige verbotene Waffen und Langwaffen dürfen ohne zahlenmäßige Begrenzung aufbewahrt werden, ebenso Munition, es sei denn, die Aufbewahrung ist nur erlaubt in einem Behältnis WG I;
- WG 0, Masse des Behälters mindestens 200 kg: Bis zu zehn bestimmte verbotene Waffen und Kurzwaffen; sonstige verbotene Waffen und Langwaffen dürfen ohne zahlenmäßige Begrenzung aufbewahrt werden, ebenso Munition, es sei denn, die Aufbewahrung ist nur erlaubt in einem Behältnis WG I;
- WG I: Unbegrenzte Anzahl und Arten verbotener Waffen, Kurzwaffen und Langwaffen sowie Munition.

Aufgeschlüsselt nach den Arten der verbotenen Waffen gilt:

- Aufbewahrung mindestens in einem Behältnis WG 0:
  - Verbotene Waffen nach Anlage 2 A1 **Nr. 1.1 bis 1.2.3 und 1.2.5** WaffG
  - Verbotene Waffen nach Anlage 2 A1 **Nr. 1.2.4 bis 1.2.4.2 und 1.3. bis 1.4.4**
- Aufbewahrung mindestens in einem Behältnis WG I:
  - Verbotene Waffen nach Anlage 2 A1 **Nr. 1.2.4.3 bis 1.2.4.5 und 1.2.6 bis 1.2.8** WaffG

Die **behördliche Anordnung** einer **Ergänzung der Aufbewahrungsmaßnahmen** gemäß § 36 Abs. 6 WaffG ist in diesem Zusammenhang in Betracht zu ziehen und sollte angesichts der Gefährlichkeit dieser Munitions- und Geschossarten, die der Gesetzgeber angesichts des gesetzlichen Verbots sieht, in der Regel zur Anordnung einer Aufbewahrung in einem Behältnis führen, das zur Aufbewahrung verbotener Waffen geeignet ist.

Die nachfolgenden tabellarischen Aufstellungen listen **verbotene Waffen** nach Anlage 2 A1 WaffG auf, die auf die Zahl der in dem Behältnis aufbewahrten Mengen und Arten von Waffen **anzurechnen** oder von dieser Anrechnung **ausgenommen** sind.

Beachten Sie, dass im Falle der **Nachtsichtvorsatz- und aufsatzgeräte** zu differenzieren ist zwischen **Single-Use**-Geräten und **Dual-Use**-Geräten. Die Dual-Use-Geräte sind keine Waffen im Sinne des WaffG und damit nicht der Pflicht zur sicheren Aufbewahrung nach § 36 WaffG unterworfen.

Gemäß § 13 Abs. 2 AWaffV sind folgende verbotene Waffen anzurechnen, wenn eine Aufbewahrung verbotener Waffen zahlenmäßig beschränkt ist:

Bezeichnung (gesetzlich / umgangssprachlich)	**Anlage 2 A1 WaffG**
Kriegswaffen, Ausnahme Halbautomaten, nach Verlust der Kriegswaffeneigenschaft	1.1
Vollautomatische Schusswaffen	1.2.1.1
Sehr kurze oder mit KW-Griff anstelle eines Hinterschaftes ausgerüstete VSRF (Pumpgun)	1.2.1.2
Getarnte Schusswaffen	1.2.2
Wildererwaffen	1.2.3
Mehrschüssige Kurzwaffen für Zentralfeuermunition in Kalibern unter 6,3 mm ab Baujahr 1970	1.2.5

Ausschließlich[91] in Behältnis WG I nach EN 1143-1 sind aufzubewahren:

Bezeichnung (gesetzlich / umgangssprachlich)	**Anlage 2 A1 WaffG**
Magazine und Magazingehäuse	1.2.4.3 bis 1.2.4.5
Halbautom. Kurzwaffe mit fest eingeb. Magazin	1.2.6
Halbautom. Langwaffe mit fest eingeb. Magazin	1.2.7
Verbotene Salutwaffe	1.2.8

---

[91] *Eine Ausnahme für verbotene Magazine wie für Nachtsichtgeräte in § 13 Abs. 3 AWaffV war bei Änderung der AWaffV nicht vorgesehen. Zudem kommt es infolge der Zuweisung neuer Nummern für verbotene Magazine und Waffen und die redaktionelle Nichtbeachtung dieser neuen Nummern zu der durch Sicherheitsbedenken nicht begründbaren Verpflichtung, diese verbotenen Waffen ausschließlich in Behältern der höchsten gesetzlich geforderten Sicherheitsstufe zu verwenden. Eine Anpassung der AWaffV ist insbesondere im Hinblick auf die Aufbewahrung verbotener Magazine durch Altbesitzer mehr als wünschenswert.*

Gemäß § 13 Abs. 2 AWaffV dürfen in Behältnissen nach EN 1143-1 nachfolgende verbotene Waffen **in unbegrenzter Zahl** aufbewahrt werden:

Bezeichnung (gesetzlich / umgangssprachlich)	**Anlage 2 A1 WaffG**
Zielscheinwerfer, Laser, Projektoren	1.2.4.1
Nachtsichtgerät, Nachtzielgerät, -vor u. -aufsatz	1.2.4.2
Getarnte Hieb- und Stoßwaffen	1.3.1
Stahlruten, Totschläger, Schlagringe	1.3.2
Wurfsterne	1.3.3
Molotow-Cocktails, Brandsätze mit Fluid	1.3.4
Reizstoffsprühgeräte ohne Zulassung	1.3.5
Elektroimpulsgeräte ohne Zulassung	1.3.6
Präzisionsschleudern, Armstützen	1.3.7
Nunchaku, Drosselgeräte	1.3.8
Spring- und Fallmesser	1.4.1
Faustmesser	1.4.2
Faltmesser / Butterflymesser	1.4.3
Viehtreiber (Freistellung beachten!)	1.4.4

Nicht anzurechnen auf die Zahl der in einem Behältnis aufbewahrten Gegenstände sind gemäß § 13 Abs. 3 AWaffV:

Bezeichnung (gesetzlich / umgangssprachlich)	**Fundstelle**
Wesentliche Teile und Schalldämpfer	**Anlage 1** A1 UA1 1.3
Zielscheinwerfer, Laser, Projektoren	**Anlage 2** A1 1.2.4.1
Nachtsichtgerät, -vor u. -aufsatz, Nachtzielg.	**Anlage 2** A1 1.2.4.2

Grundsätzlich wird durch eine Ausnahme von dem Verbot des Umgangs der Gegenstand nicht von seiner Eigenschaft „verbotene Waffe" befreit, vielmehr gilt diese Befreiung nur für die betreffende Person und ihren persönlichen Umgang mit diesem Gegenstand. Wie eine erlaubnispflichtige Kurzwaffe, die aufgrund der Ausnahme nach § 12 Abs. 1 Nr. 1 Buchst. a WaffG („Leihe") von der Erlaubnispflicht freigestellt wird, auch durch den vorübergehenden Besitzer nach den Vorschriften des § 13 Abs. 2 AWaffV aufbewahrt werden muss, gilt dies ebenfalls für Magazine, die dem Verbot nach § 2 Abs. 2 iVm. Anlage 2 A1 WaffG unterfallen, auch wenn eine Person von dem Verbot des Umgangs freigestellt ist. Bewahrt diese Person die verbotene Waffe auf, ist durch die gesetzlich festgelegten Maßnahmen die Inbesitznahme durch einen unbefugten Dritten zu verhindern, und die Intensität dieser Maßnahme muss sich an der abstrakten Gefahr orientieren, die von dieser Waffe ausgeht und die ursächlich ist für das Verbot. Diese Forderung nach einer bestimmten Qualität der Sicherungsmaßnahme wird durch die Ausnahmen nach § 40 WaffG nicht beseitigt.

Da **verbotene Munition** nach Anlage 2 A1 Nr. 1.5 WaffG in § 13 AWaffV nicht gesondert erwähnt wird, gelten die Vorschriften zur Aufbewahrung erlaubnispflichtiger Munition auch für verbotene Munition; eine Aufbewahrung in einem **Stahlblechbehältnis mit Schwenkriegelschloss** erfüllt somit die gesetzlichen Anforderungen.

Verbotene Geschosse unterfallen nicht dem Munitionsbegriff und damit grundsätzlich keiner Pflicht zur Aufbewahrung in einem qualifizierten Behältnis, sondern sind lediglich durch geeignete Maßnahmen gegen unbefugte Wegnahme zu schützen.

1.16 Aufbewahrung von Munition

Für die Aufbewahrung von **erlaubnispflichtiger und verbotener**[92] **Munition** ist die Verwendung eines besonders qualifizierten Behältnisses nicht vorgeschrieben. Munition muss lediglich gegen unbefugten Zugriff geschützt aufbewahrt werden, mindestens in einem **Stahlblechbehältnis** mit **innenliegendem Schwenkriegelschloss**, zum Beispiel in einer Geldkassette, oder mit gleichwertiger Verschlussvorrichtung bzw. in einem gleichwertigen Behältnis.

---

[92] *Ergänzende Ausführungen zur Aufbewahrung **verbotener Munition** im Kapitel 1.15.2 dieses Buches*

Ein **Schwenkriegelschloss** ist ein Metallriegel, der am Schließzylinder befestigt ist und um dessen Achse gedreht wird. Die besondere Sicherheit eines solchen Schlosses ist der Schwenkriegel, der durch seine Lage im Innern des Behälters nicht direkt angegriffen werden kann, sondern nur durch Zerstörung der Wandung, der Tür oder des Schließzylinders. Darum sind Vorhängeschlösser oder Kofferschlösser nicht als gleichwertiger Verschluss anzusehen. Im Alltag begegnen uns Schwenkriegelschlösser als Verschlussvorrichtung von einfachen Geldkassetten oder von Hausbriefkästen.

Aufstellort des Behälters muss ein dauernd bewohntes Gebäude sein, wobei aufgrund des Wortlauts des § 13 Abs. 9 AWaffV davon auszugehen ist, dass erlaubnispflichtige Waffen oder Munition nur in einer **Wohnung**[93] aufbewahrt werden dürfen.

Die Aufbewahrung in einem **Munitionsraum**[94] oder **Waffenraum** ist erst nach Zustimmung der Waffenbehörde zulässig.

Die gemeinsame, also nicht durch ein weiteres Hindernis getrennte **Aufbewahrung von Schusswaffen und Munition** ist **zulässig**. Die Bedingung, dass ein **Behältnis** verwendet werden muss, das mindestens den Widerstandsgrad 0 nach DIN EN 1143-1 Stand Mai 1997 nachgewiesen hat, sobald die mit der Waffe aufbewahrte Munition aus dieser Waffe verschossen werden kann, ist 2017 aus dem Gesetz gestrichen worden und somit auch bei einer vorübergehenden Aufbewahrung von Munition außerhalb der Wohnung nicht mehr zu beachten.

Im Falle der Verwendung von Behältnissen der Stufen A oder B nach VDMA 24992 Stand Mai 1995 durch Altbesitzer gelten abweichende Regelungen.[95] Die Aufbewahrung geladener Waffen ist nicht zulässig. Im Falle der

---

[93] *Zum Begriff der Wohnung ausführlich Kapitel 1.11 dieses Buches*

[94] *Zu Munitionsräumen siehe Kapitel 1.9.2*

[95] *Die Aufbewahrung von Waffen und Munition ohne Trennung durch mindestens eine verschlossene Stahlblechtür ist in A- und B-Schränken nach VDMA 24992 Stand Mai 1995 nur dann zulässig, wenn sich die Munition nicht aus einer Waffe verschießen lässt, mit der sie gemeinsam aufbewahrt wird. Dies gilt nicht bei einer Aufbewahrung in einem „Jägerschrank" (A-Schrank mit B-Innenschrank nach VDMA 24992 Stand Mai 1995) gemäß § 13 Abs. 4 AWaffV aF.*

Verwendung von Behältnissen der Stufen A oder B nach VDMA 24992 Stand Mai 1995 gelten abweichende Regelungen.[96]

Die **Aufbewahrung geladener Schusswaffen** ist nicht zulässig. Bereits vor dem Verbot durch § 13 AWaffV führte die Aufbewahrung geladener Schusswaffen zur **Unzuverlässigkeit** gemäß § 5 Abs. 1 Nr. 2 Buchst. b WaffG, da dieses Verhalten einen Verstoß gegen die allgemein anerkannten Regeln des sicheren Umgangs mit Schusswaffen darstellt.[97]

Munition für von der Erlaubnispflicht freigestellte SRS-Waffen darf mit der Waffe, für die sie bestimmt ist, aufbewahrt werden, die SRS-Waffe darf dabei aber nicht geladen sein. Dies gilt auch für ungeladene **Druckluftwaffen** – dabei ist zu beachten, dass **Geschosse** ohnehin keine Munition im Sinne des Waffengesetzes sind.

Waffenhändlern, Herstellern, **Museen** oder **Sammlern** können auf Antrag Ausnahmen für die Aufbewahrung und Ausstellung genehmigt werden; hier kann etwa bei besonderer Sicherung des Lagerortes (beispielsweise Sicherheitstür als einziger Zugang zu einem Kellerraum) von der Aufbewahrungspflicht in einem Schrank abgesehen werden.

1.17 Überprüfung der sicheren Aufbewahrung

Die **Überprüfung der sicheren Aufbewahrung** von Schusswaffen und Munition kann effektiv **nur vor Ort** und **nur durch eine persönliche Nachschau** erfolgen. Eine verdachtsunabhängige Kontrolle, ob Waffen oder Munition nach den Vorschriften des WaffG verwahrt werden, soll nicht gebührenpflichtig sein, da sie im öffentlichen Interesse liegt.[98]

---

[96] *Die Aufbewahrung von Waffen und Munition ohne Trennung durch mindestens eine verschlossene Stahlblechtür ist in A- und B-Schränken nach VDMA 24992 Stand Mai 1995 nur dann zulässig, wenn sich die Munition nicht aus einer Waffe verschießen lässt, mit der sie gemeinsam aufbewahrt wird. Dies gilt nicht bei einer Aufbewahrung in einem „Jägerschrank" (A-Schrank mit B-Innenschrank nach VDMA 24992 Stand Mai 1995) gemäß § 13 Abs. 4 AWaffV aF.*

[97] *BVerwG 6 B 36/13 Rn. 4, Beschluss vom 3. März 2014; die Aufbewahrung geladener Schusswaffen ist nach aktuellem Recht gesetzlich untersagt*

[98] *WaffVwV zu § 36 WaffG, 36.7 Abs. 3; gleichwohl setzen einzelne Waffenbehörden Kontrollgebühren fest, was gerichtlich nicht beanstandet*

Dabei sind neben den **Typenschildern** die in dem Behältnis aufbewahrten Waffen zu überprüfen.[99] Die Berechtigung zur Nachschau der einzelnen Waffen im Behältnis ergibt sich auch aus dem Wortlaut des § 36 Abs. 1 WaffG, wonach „diese Gegenstände" vor Wegnahme oder Abhandenkommen geschützt werden müssen. Um dies festzustellen, ist eine Überprüfung der einzelnen Waffen unerlässlich, auch um festzustellen, wo eine bestimmte Waffe zum Zeitpunkt der Kontrolle verwahrt wird (Leihe, Verwahrung, Reparatur etc.), wenn sie nicht vor Ort aufbewahrt wird.[100]

Verweigert der Inhaber einer waffenrechtlichen Erlaubnis den Mitarbeitern der zuständigen Behörde den **Zutritt** zu den Räumlichkeiten, in denen er Waffen oder Munition aufbewahrt, verstößt er damit gegen seine **Mitwirkungspflicht**, soweit die Weigerung **nicht nachvollziehbar** begründet wurde. Sind zum Erreichen des Aufstellortes der Waffen andere Räumlichkeiten zu durchqueren, muss der Waffenbesitzer den kontrollierenden Personen dies ermöglichen.

Geschieht die Weigerung **wiederholt** oder **vorsätzlich**, gilt der Erlaubnisinhaber als **nicht zuverlässig** im Sinne des § 5 Abs. 2 WaffG und muss mit dem **Widerruf** seiner Erlaubnisse gemäß § 45 Abs. 2 WaffG rechnen. Auch eine einmalige rechtswidrige Verweigerung der Zutrittsgestattung nach § 36 Abs. 3 Satz 2 WaffG kann als gröblicher Verstoß im Sinne von § 5 Abs. 2 Nr. 5 WaffG zu werten sein.[101] Das Grundrecht auf Unverletzlichkeit der Wohnung nach Art. 13 Grundgesetz wird dadurch nicht verletzt.[102]

Ist das Behältnis nicht durch ein fest angebrachtes Typenschild eindeutig einer der gesetzlich geforderten Normen zuzuordnen, kann die zuständige Behörde die Aufbewahrung als gleichwertig anerkennen, wenn die Eignung des Behältnisses oder die Erfüllung der in der Norm genannten Eigenschaften durch ein **Sachverständigengutachten** nachgewiesen werden. Dabei sind an die Qualifikation des Sachverständigen besondere Anforderungen

---

worden ist, so etwa VG Sigmaringen 2 K 1819/12, Urteil vom 26. Juni 2013, oder VG Stuttgart 5 K 2953/10 sowie 5 K 4898/10

[99] *VGH Baden-Wbg. 1 S 1391/11, Beschluss vom 3. August 2011*

[100] Zu den behördlichen Betretungsrechten siehe *Band 1 der Reihe „Waffenrecht: Praxiswissen"*

[101] *VG Hamburg 9 K 4459/17, Urteil vom 18. November 2019*

[102] *VG Freiburg, Beschluss vom 14. Juni 2012, 4 K 914/12*

zu stellen, etwa die „Öffentliche Bestellung und Vereidigung“ (öbv Sachverständiger) für dieses Fachgebiet oder eine gleichwertige Ausbildung. Dabei sollten sich Behörden an den Regeln für die Auswahl von Sachverständigen im Gerichtsverfahren orientieren.[103]

Die Anerkennung der **Gleichwertigkeit** von Behältnissen kann nach § 13 Abs. 1 Satz 3 AWaffV auf Antrag des Betroffenen erfolgen. Das von dem Sachverständigen angefertigte Gutachten ist der zuständigen Behörde vom Antragsteller zur Zustimmung vorzulegen.

Bei Behältnissen mit einem Eigengewicht unter 100 kg ist regelmäßig eine **Verankerung** gegen Wegnahme des gesamten Behältnisses zu fordern.[104] Die fachgerechte Verankerung ist durch den Betroffenen nachzuweisen, wobei die Eignung des Untergrundes (Wand, Boden) sowie des verwendeten Befestigungsmaterials nachzuweisen ist.

Insbesondere die **Anerkennung von Waffenräumen** als Ersatz für die Aufbewahrung in zertifizierten Behältnissen nach § 13 Abs. 1 Satz 3 AWaffV setzt stets ein **Gutachten des qualifizierten Sachverständigen** voraus. Hier ist zu beachten, dass die Zulassung dieser Art der Aufbewahrung nur bei nachgewiesener Gleichwertigkeit der Schutzmaßnahmen gerechtfertigt ist. Gleiches gilt für Entscheidungen nach § 13 Abs. 5 und 6 AWaffV.

Die **Aufbewahrung** von Waffen und Munition **in Schützenhäusern** und im **Waffenhandel** ist durch die potentielle Bekanntheit des Umstandes, dass in dem betreffenden Gebäude Waffen und Munition aufbewahrt werden, besonders intensiv daraufhin zu prüfen, ob die ergriffenen Maßnahmen zum Schutz gegen eine unbefugte Wegnahme ausreichend sind. Insbesondere die oftmals einsame Belegenheit von Schützenhäusern („vom Dorf gesehen noch hinter dem Friedhof“) sowie die Nutzung von PKW und schwerem Gerät durch Einbrecher zum Durchbrechen rein mechanischer Sicherungen machen es hier ausnahmslos nötig, seitens der Behörde ein **Aufbewahrungskonzept** nach § 14 AWaffV zu fordern, das von einem qualifizierten

---

[103] § 73 Abs. 2 StPO, § 404 Abs. 2 ZPO

[104] Rechtsgrundlage ist § 36 Abs. 6 WaffG, da es sich bei der Aufbewahrung nicht um eine Erlaubnis im Sinne von § 9 WaffG handelt; dabei sind Art und Anzahl der Waffen oder der Ort der Verwahrung keine abschließende Aufzählung der Gründe für die Forderung höherer Sicherheitsstandards, als sie § 36 WaffG und § 13 AWaffV vorsehen

Sachverständigen (siehe oben) anzufertigen ist. Hier wird durch ein Zusammenspiel von mechanischen und elektronischen sowie organisatorischen Sicherungsmaßnahmen ein tragfähiges Konzept zu erarbeiten sein. Wichtig ist neben der ersten Projektierung und Errichtung eine Überwachung der Aufbewahrung analog zur Überwachung der Schießstätten – nur eine dauerhaft funktionsfähige Einbruchmeldeanlage kann dafür sorgen, dass Hilfe durch die Polizei rechtzeitig vor Ort eintrifft, bevor mechanische Schutzmaßnahmen vom Täter überwunden werden können. Die waffenrechtlich Verantwortlichen werden im Falle eines Einbruchs und des Abhandenkommens von Waffen zur Rechenschaft gezogen – es sollte daher im Interesse des Vorstandes oder des Inhabers eines Unternehmens stehen, Sicherungsmaßnahmen nach dem Stand der Technik zu nutzen, um eine Bestrafung zu vermeiden.

1.18 Zurechenbarkeit von Verstößen

Waffenrechtliche Erlaubnisse werden in der Regel auf Personen ausgestellt. Somit ist der Inhaber einer waffenrechtlichen Erlaubnis auch stets der Adressat im Falle waffenrechtlicher Verstöße. Der Unrechtsgehalt der Straftat oder Ordnungswidrigkeit schlägt sich in Freiheitsentzug, Geldstrafen oder Geldbußen nieder. Wiederholte oder gröbliche Verstöße begründen die Vermutung der Unzuverlässigkeit, was in der Regel den Entzug waffen- und jagdrechtlicher Erlaubnisse zur Folge hat.

Im Falle des Waffenbesitzers, der seine Schusswaffe stets unter dem Kopfkissen aufbewahrt und wegen dieses Verstoßes, den er höchstpersönlich begeht, in der Folge neben dem Entzug der waffenrechtlichen Erlaubnis auch mindestens mit einer Geldstrafe rechnen muss, stellt sich bei einer Straftat durch Beschäftigte, die in Ausübung ihrer Tätigkeit gegen das Waffengesetz verstoßen, stets auch immer die Frage, ob der Inhaber der waffenrechtlichen Erlaubnis, etwa ein Waffenhändler, zu bestrafen ist, wenn sein Mitarbeiter eine Waffe an einen Unberechtigten überlässt oder bei einem Transport nicht ausreichend gegen Wegnahme sichert. Hier ist in der Praxis zu prüfen, ob der Verstoß des Mitarbeiters durch pflichtgemäßes Verhalten des Händlers hätte verhindert werden können, etwa durch ausschließlichen Einsatz waffenrechtlich geschulter und geprüfter Mitarbeiter oder eine umfassende Dienst- und Prüfanweisung zum Ablauf einer Überlassung. Handelt der Mitarbeiter dann böswillig und führt er trotz gewissenhafter Anleitung und verbindlicher Weisungen durch den Unternehmer die Tat aus, zu der er sich höchstpersönlich entschlossen hat, ist diese strafbare Handlung in der Regel nicht dem Händler zurechenbar.

2 Transport von Waffen und Munition

2.1 Begriffsbestimmung und -abgrenzung

2.1.1 Führen

Anlage 1 A2 Nr. 4 WaffG definiert das Führen als das Ausüben der tatsächlichen Gewalt über eine Waffe außerhalb

- der eigenen Wohnung oder Geschäftsräume,
- des eigenen befriedeten Besitztums oder
- einer Schießstätte.

Das Ausüben der tatsächlichen Gewalt in den genannten Bereichen ist bloßer Besitz im Sinne des WaffG. Somit ist das „Bei-sich-tragen" einer Schusswaffe in der eigenen Wohnung oder auf dem eigenen Grundstück kein Führen, sondern lediglich Besitz einer Waffe.

2.1.2 Erlaubnispflicht

Das Führen von Waffen im Sinne des § 1 Abs. 2 Nr. 1 (Anlage 1 A1 U1 Nr. 1 bis 4.3) WaffG, was Schusswaffen und ihnen gleichgestellte Gegenstände umfasst, bedarf der Erlaubnis in Form eines **Waffenscheins**.

Ausgenommen sind davon die nach § 12 Abs. 3 WaffG freigestellten Arten des Umgangs (so zB **Sportschützen**, wenn die Schusswaffen nicht schussbereit und nicht zugriffsbereit transportiert wird, etwa in einem verschlossenen Waffenkoffer) sowie nach Anlage 2 A2 UA2 Nr. 3 WaffG das Führen von Armbrüsten und Schusswaffen mit Lunten- oder Funkenzündung, deren Modell vor 1871 entwickelt worden ist.

Jäger mit gültigem Jagdschein benötigen für das Führen von Schusswaffen im Revier keinen Waffenschein. Ebenso dürfen sie im Zusammenhang mit der Jagd, etwa bei der Fahrt in das Revier oder zurück, Schusswaffen mit gültigem Jagdschein führen, wenn diese nicht geladen sind.

2.1.3 Transport

Das WaffG in der Fassung vom 30. Juni 2017 verwendet den Begriff „Transport" an sieben Punkten, darunter quasi definierend in § 12 Abs. 3 Nr. 2 WaffG. Hier beschreibt der Gesetzgeber den Transport als ein **Führen** einer Waffe in „nicht schussbereitem" Zustand, ohne die Möglichkeit des

Besitzers, in diesem Moment die Waffe in Anschlag bringen zu können, was „nicht zugriffsbereiter" Zustand genannt wird. Beachten Sie bei Überlegungen zum Transport, dass hier nicht der Schutz vor einem Raub der Waffen im Vordergrund steht, sondern eine Verhinderung eines In-Anschlag-Bringens des berechtigten Besitzers der Waffe.

Anlage 1 A2 Nr. 12 und 13 definiert beide Zustände.

Danach „ist eine Waffe **schussbereit**, wenn sie geladen ist, das heißt, dass Munition oder Geschosse in der Trommel, im in die Waffe eingefügten Magazin oder im Patronen- oder Geschosslager sind, auch wenn sie nicht gespannt ist". Eine negative Definition im Sinne von „nicht schussbereit" ist im Gesetzestext nicht enthalten, somit ist eine Waffe dann nicht schussbereit, wenn sie nicht den Tatbestand „schussbereit" im Sinne der gesetzlichen Definition erfüllt. Ob allein durch Betätigung des Abzuges eine Schussabgabe erfolgen kann, ist dabei unerheblich. So kann im Falle einer Pistole, deren Patronenlager frei ist und in die lediglich ein Magazin mit Patronen eingeführt ist, im technischen Sinne nicht von einer schussbereiten Waffe gesprochen werden, da die Patrone erst durch die Repetierbewegung des Verschlusses in das Patronenlager geführt werden müsste, um gezündet werden zu können; waffenrechtlich gilt diese Schusswaffe als geladen und schussbereit.

Bei einem **Transport von Munition** muss diese getrennt von der Schusswaffe, aus der sie verschossen werden kann, transportiert werden, um die Forderung „**nicht schussbereit**" zu erfüllen. Die Anlage 1 des WaffG definiert „schussbereit" als „geladen"; die Trommel des Revolvers, das befüllte <u>und</u> in die Waffe eingeschobene Magazin sowie eine Patrone oder ein Geschoss im Patronen– oder Geschosslager bedeuten „geladen". Ist die Munition also <u>außerhalb</u> der Waffe, etwa in einer Munitionsschachtel im gleichen Transportbehältnis, ist die Forderung des Gesetzes erfüllt.

Anders verhält es sich bezüglich der Eindeutigkeit einer Definition mit dem Begriff „**zugriffsbereit**". So „ist eine Schusswaffe zugriffsbereit, wenn sie **unmittelbar in Anschlag** gebracht werden kann; sie ist **nicht zugriffsbereit**, wenn sie in einem **verschlossenen** Behältnis mitgeführt wird." Hier werden zwei Begriffe gegenübergestellt, die nicht allein durch Negation des jeweils anderen Begriffes vollumfänglich bestimmt werden. Die WaffVwV[105] erläutert zum Begriff „unmittelbar in Anschlag gebracht werden" einen Zeitraum

---

[105] *WaffVwV zu Anlage 1 A2 Nr. 12 und 13*

(„unter drei Sekunden") und eine Zahl von Handgriffen („mit weniger als drei Handgriffen"), was in der Praxis je nach Geschick und Übung des Ausführenden zu Problemen der rechtlichen Würdigung führen wird. In Anschlag gebracht ist eine Schusswaffe, wenn sie auf das beabsichtigte Ziel gerichtet ist und der Schütze die geladene Waffe abfeuern könnte, zumindest aber von der „Zielperson" als drohende Gefahr wahrgenommen werden könnte. So ist etwa bei Ausrichtung einer in einem Futteral befindlichen Waffe in der Regel nicht davon auszugehen, dass diese in Anschlag gebracht wird, da der Schütze kaum in der Lage ist, die Visiereinrichtung zu nutzen oder den Abzug zu betätigen.

Zu beachten ist die Aussage der Bundesratsdrucksache 838/07, wonach eine Waffe grundsätzlich nicht zugriffsbereit ist, die beim Transport in einem geschlossenen, nicht zwingend verschlossenen Futteral oder Behältnis (z.B. Aktenkoffer auf der Rückbank oder im Kofferraum des PKW) verpackt ist. Somit kann für den Transport einer Waffe nur empfohlen werden, grundsätzlich ein verschlossenes Behältnis zu verwenden, da so eindeutig die Anforderungen des Gesetzgebers erfüllt werden können.

Die Rechtsprechung definiert das „**verschlossene Behältnis**" im Zusammenhang mit Delikten nach §§ 202, 243 StGB[106] als ein verschließbares Behältnis, das über eine **besondere Vorrichtung** verfügt, die **geeignet und bestimmt** ist, die **Wegnahme** einer Sache zu **erschweren**. Bedingung ist die Sicherung durch ein **Schloss**, eine sonstige **technische Schließeinrichtung** oder auf andere Weise. So wird auch das **feste Verschnüren eines Rucksacks** als „gegen einen ordnungswidrigen Zugriff von außen besonders gesichert" angesehen[107] - diese niedrigschwellige Auslegung des Begriffs „verschlossen" dürfte angesichts der generellen Pflicht zur besonderen Absicherung von Schusswaffen allerdings nicht auf Transportbehältnisse für erlaubnispflichtige Schusswaffen angewandt werden. Schon die Konkretisierung der Anforderungen an den Zustand des Behältnisses durch die Änderung des WaffG 2008[108] zeigt, dass als Verschluss nur ein solches festes Zugriffshindernis angesehen werden darf, dessen Überwindung erst durch den Einsatz eines zerstörenden Werkzeuges (etwa Messer gegen

---

[106] siehe Fischer „Strafgesetzbuch und Nebengesetze", 63. Auflage 2016, Rn. 14 ff. zu § 243 StGB

[107] AG Kiel 597 Js-OWi 27781/09, Urteil vom 7. August 2009

[108] Der Begriff „geschlossen" wurde durch „verschlossen" ersetzt.

Kabelbinder oder mehrlagig angebrachtes Klebeband), Verwendung eines Schlüssels oder Anwendung eines Codes (Zahlenschloss) möglich wird.

In der Regel werden diese Anforderungen durch den Transport in einem Waffenkoffer mit Zahlen- oder Vorhängeschloss erfüllt.

Grundsätzlich sollte Dritten während des Transports der unmittelbare Zugriff auf die Waffe unmöglich gemacht werden, etwa durch Transport im Kofferraum und separates Verschließen des Kofferraumes, um beispielsweise an einer Ampel zu verhindern, dass Unberechtigte den Kofferraum öffnen. Fahrer von Kombis und Geländewagen sollten durch geeignete Maßnahmen verhindern, dass die Waffe aus dem Laderaum nach Einschlagen einer Autoscheibe entnommen werden kann – beispielsweise durch eine feste Laderaumabdeckung oder Anschließen des Koffers im Laderaum.

2.1.4 Führen von Jagdwaffen

Für **Jäger**[109] gelten nach § 13 Abs. 6 WaffG Ausnahmen von der Waffenschein- und Schießerlaubnispflicht. Der Inhaber eines gültigen Jagdscheins im Sinne von § 15 Abs. 1 Satz 1 BJagdG darf **Jagdwaffen zur befugten Jagdausübung**, also im Revier, ohne eine weitere Erlaubnis führen und auch mit diesen Waffen schießen. Die Freistellung umfasst darüber hinaus das Führen und Schießen zum Zwecke des Ein- und Anschießens der Jagdwaffe im Revier, zur Ausbildung von Jagdhunden im Revier, zum Jagdschutz oder zum Forstschutz.

Daneben darf der Jäger **im Zusammenhang mit der Jagd** seine **nicht schussbereite** Waffe **zugriffsbereit** führen, das heißt, dass er zum Beispiel die Waffe im Holster und in der Hand tragen darf, die Waffe dabei aber nicht geladen sein darf, auch nicht unterladen. Dies gilt etwa für die Fahrt in das Revier und zurück, und zwar einschließlich kurzer Unterbrechungen, beispielsweise „Schüsseltreiben", Besorgungen oder ähnlichem – siehe auch folgenden Ausführungen zur „Beförderung". Nicht zulässig ist das Ablegen einer von außen erkennbaren Jagdwaffe nebst Munition auf dem

---

[109] *Beachten Sie zum Begriff des Jägers, insbesondere aber zu waffenrechtlichen Regelungen in Bezug auf den Jagdschein, Band 1 der Reihe „Waffenrecht: Praxiswissen".*

Beifahrersitz, wenn ein Jäger auf unbestimmte Dauer im geparkten Fahrzeug schläft und sich damit nicht mehr auf dem direkten Heimweg befindet.[110]

Steht das Führen nicht im direkten Zusammenhang mit der Ausübung der Jagd, etwa bei der **Fahrt zum Schießstand oder zum Büchsenmacher** zwecks Instandsetzung, muss der Jäger wie jeder andere Erlaubnisinhaber die Waffe nicht schussbereit und nicht zugriffsbereit führen, bestenfalls **in einem verschlossenen Behältnis**. Ein lediglich mit einem Lederriemen gesichertes Futteral ist dafür nicht ausreichend. Beachten Sie, dass auch die Beförderung von Waffen in einem Behältnis ein Führen im Sinne des Waffengesetzes darstellt.

Die in § 12 Abs. 3 Nr. 2 WaffG genannte „**Beförderung** von einem Ort zum anderen" meint stets den direkten Weg von der eigenen Wohnung etwa zum Schießstand, da das Schießen mit der Waffe im Zusammenhang mit dem Bedürfnis des Jägers erfolgt. Es ist also nicht erlaubt, die Waffe morgens in den Waffenkoffer zu packen und erst einmal ins Büro zu fahren, um sich dann nach Dienstschluss zum Schießstand zu begeben. Allerdings stellt eine kurze Unterbrechung der Fahrt zum Schießstand, beispielsweise der Halt an einem Gasthof oder ein Tankstop, keinen Verstoß gegen das Waffengesetz dar, solange die Waffen nicht unbeaufsichtigt sind oder bei einem Blick auf das Fahrzeug oder in das Fahrzeuginnere nicht erkennbar ist, dass sich darin Waffen oder Munition befinden.

Mitgeführte Munition muss getrennt von der Schusswaffe, aus der sie verschossen werden kann, transportiert werden, um die Forderung „**nicht schussbereit**" zu erfüllen. Anlage 1 A2 WaffG definiert „schussbereit" als „geladen"; die gefüllte Trommel des Revolvers, das befüllte und in die Waffe eingeschobene Magazin sowie eine Patrone oder ein Geschoss im Patronen– oder Geschosslager bedeuten „geladen". Ist die Munition also außerhalb der Waffe, etwa in einer Munitionsschachtel im gleichen Transportbehältnis, ist die Forderung des Gesetzes erfüllt.

Keiner besonderen Erlaubnis bedarf das Führen eines wesentlichen Teils einer Schusswaffe, wenn etwa **auf Reisen im Zusammenhang mit der Jagd** eine Schusswaffe außerhalb der Wohnung aufbewahrt werden muss, beispielsweise in einem **Hotel**. Um bei einem Diebstahl der Waffe aus dem Hotelzimmer die Gefahr eines Missbrauchs zu verringern, gestattet § 12

---

[110] *VG Karlsruhe 4 K 2472/14, Beschluss vom 14. Oktober 2014*

Abs. 3 Nr. 6 WaffG das Führen eines wesentlichen Waffenteiles, etwa des Laufes, wenn man es aus der Waffe ausgebaut hat und nun zum Beispiel im Restaurant bei sich trägt, Allerdings muss auch die im Hotelzimmer zurückgebliebene „Rest-Waffe" so gut wie möglich gegen eine Wegnahme geschützt werden. Die Verwaltungsvorschrift zum Waffengesetz hat zum Transport von Waffen eine Aussage getroffen, die jeden Waffenbesitzer in die Pflicht nimmt und auch in diesem Zusammenhang gilt: „Welche Vorkehrungen konkret zu treffen sind, ist abhängig vom Einzelfall und vom verantwortungsbewussten Waffenbesitzer in der jeweiligen Situation abzuwägen."

Auf einer Schießstätte bedarf es keiner gesonderten Erlaubnis, wenn der Schütze hier eine Waffe (im Holster) trägt. Allerdings sollte sich jeder Schütze, um Unstimmigkeiten auszuschließen, über die örtlichen Gepflogenheiten informieren, am besten beim Schießleiter oder der Aufsicht.

Eine Besonderheit stellt das **Führen der Waffe auf dem befriedeten Besitztum, in der Wohnung oder in den Geschäftsräumen eines Dritten** dar. Sofern das Führen der Waffen an diesem Ort mit Einverständnis des Zustimmungsberechtigten zu einem von dem Bedürfnis umfassten Zweck geschieht, bedarf es zum Führen keiner waffenrechtlichen Erlaubnis. Auf einer Schießstätte wird eine Waffe nicht geführt, sondern nur besessen.

Wird der Waffenbesitzer durch eine befugte Person angehalten (etwa Zoll- oder **Polizeikontrolle**), können die Beamten verlangen, dass die Waffenbesitzkarte als Nachweis zum befugten Umgang mit der mitgeführten Waffe vorgelegt wird.[111] Gleiches gilt für ein Vorlegen der Waffe, da nur ein Abgleich zwischen Waffendaten und Erlaubnisdokument den Schutzzweck der Ausweispflicht erfüllt.

Da ein bedürfnisgedecktes Führen nur dann erlaubnisfrei ist, wenn die Waffe nicht schussbereit und nicht zugriffsbereit[112] befördert wird, darf der Transportbehälter, etwa ein Waffenkoffer, **erst auf ausdrückliche Aufforderung geöffnet werden**, da die Waffe nach Öffnung des Behälters zugriffsbereit ist und dann nicht ohne Erlaubnis (Waffenschein) im öffentlichen Raum geführt werden darf.

---

[111] § 38 WaffG

[112] § 12 Abs. 3 Nr. 2 WaffG (Empfehlung: Koffer mit Zahlenschloss)

Wichtig ist, dass die WBK nicht im verschlossenen Behälter, sondern möglichst so bei sich getragen wird, damit sie zur Hand ist, ohne den Waffenkoffer öffnen zu müssen. Auch sollte dem kontrollierenden Beamten vor dem Öffnen vorgeführt werden, welche Maßnahmen zum Schutz der Waffe vor unbefugtem Zugriff ergriffen wurden (etwa durch Vorführung, dass der Koffer durch ein Schloss verschlossen und nicht nur geschlossen, also lediglich zugeklappt ist). Die grundsätzliche Forderung, dass eine Waffe zugriffsbereit ist, wenn sie in weniger als drei Sekunden mit weniger als drei Handgriffen in Anschlag gebracht werden kann, bedeutet in der Praxis einen hohen Grad an Beliebigkeit, weshalb dem Transport in einem verschlossenen Behältnis der Vorzug zu geben ist.

2.1.5 Erlaubnisfreies Führen durch Sportschützen

Auch der bloße Transport einer Waffe von der eigenen Wohnung zum Schießstand stellt ein Führen im Sinne des Waffengesetzes dar. Allerdings besagt § 12 Abs. 3 WaffG, dass einer Erlaubnis zum Führen von Waffen, also eines Waffenscheins, nicht bedarf, wer die Waffe **nicht schussbereit** und **nicht zugriffsbereit** von einem Ort zu einem anderen Ort befördert, **wenn** dieser Transport **vom Bedürfnis gedeckt** ist und **im Zusammenhang damit** erfolgt. Dabei ist die Waffe insbesondere in einem **verschlossenen Behältnis nicht zugriffsbereit.**

§ 12 Abs. 3 WaffG beschreibt neben dem Transport weitere erlaubnisfreie Arten des Führens von Waffen, etwa auf dem befriedeten Besitztum eines Dritten (Nr. 1) oder im Rahmen von Sportveranstaltungen. Beachten Sie, dass diese Freistellung von der Erlaubnispflicht nicht ausreicht, um ein Verbot, etwa aus §§ 42, 42a WaffG oder Anlage 2 A1 WaffG („verbotene Waffe"), aufzuheben.

Der Transport, die „**Beförderung** von einem Ort zum anderen", meint hier den direkten Weg von der eigenen Wohnung zum Schießstand, da das Schießen mit der Waffe im Zusammenhang mit dem Bedürfnis des Schützen erfolgt. Es ist also nicht erlaubt, die Waffe morgens im Waffenkoffer einzupacken und erst einmal ins Büro zu fahren, um sich dann nach Dienstschluss zum Schießstand zu begeben. Allerdings stellt eine kurze Unterbrechung der Fahrt zum Schießstand, beispielsweise der Halt an einem Gasthof oder ein Tankstop, keinen Verstoß gegen das Waffengesetz dar, solange die Waffen nicht unbeaufsichtigt sind.

Auch der Transport von der Wohnung zum Büchsenmacher wird vom Erlaubniszweck umfasst. Zwar wird die Waffe nicht zum Schießen verwendet, doch Wartung und Pflege gehören nach allgemeingültiger Lebenserfahrung bei einer Waffe zum ordnungsgemäßen Gebrauch.

Weitere erlaubnisfreie Arten des Führens beziehen sich auf Signal- und Schreckschusswaffen zur Abgabe von Start- oder Beendigungszeichen bei Sportveranstaltungen, wenn eine optische oder akustische Signalgebung erforderlich ist, sowie auf Teilnehmer an einem Biathlonwettbewerb – allerdings muss die Waffe in diesem Falle, während des Laufes von Schießstand zu Schießstand auf der vorbestimmten Wegstrecke, in nicht-schussbereitem Zustand, heißt: ungeladen sein. Weitere Ausnahmen bilden Signalwaffen beim Bergsteigen, auf See und bei Not- oder Rettungsübungen.

Ebenfalls keiner Erlaubnis bedarf das Führen eines wesentlichen Teils einer Schusswaffe, wenn etwa **auf Reisen im Zusammenhang mit dem Sport** eine Schusswaffe außerhalb der Wohnung aufbewahrt werden muss, beispielsweise in einem **Hotel**. Um bei einem Diebstahl der Waffe aus dem Hotelzimmer die Gefahr eines Missbrauchs zu verringern, gestattet § 12 Abs. 3 Nr. 6 WaffG das Führen eines wesentlichen Waffenteiles, etwa des Laufes, wenn man es aus der Waffe ausgebaut hat und nun zum Beispiel im Restaurant bei sich trägt. Allerdings muss auch die im Hotelzimmer zurückgebliebene „Rest-Waffe" so gut wie möglich gegen eine Wegnahme geschützt werden.

Eine Besonderheit stellt der Umgang mit der Waffe auf dem befriedeten Besitztum, in der Wohnung oder in den Geschäftsräumen **eines Dritten** dar. Sofern das Führen der Waffen an diesem Ort mit Einverständnis des Zustimmungsberechtigten zu einem von dem Bedürfnis umfassten Zweck geschieht, bedarf es keiner Erlaubnis nach § 10 Abs. 4 WaffG.[113]

Grundsätzlich gilt, dass das Führen der Waffe **im Zusammenhang mit dem Bedürfnis** stehen muss, wenn dieses Führen ohne Erlaubnis erfolgt. So wird ein Sportschütze seine Waffen auch mit Zustimmung des Hausrechtsinhabers nicht im fremden befriedeten Besitztum zu Wachaufgaben führen dürfen oder zum Töten von Tieren im Rahmen einer genehmigten Tätigkeit nach der Tierschutz-Schlachtverordnung verwenden dürfen.[114] Ebenso darf ein **Waffensammler** eine Waffe seiner Sammlung nicht zum Sportschießen verwenden, wenn die Sammlung aus künstlerischem oder

---

[113] *§ 12 Abs. 3 Nr. 1 WaffG*

[114] *OVG Berlin-Brandenburg 11 N 1.06, Beschluss vom 27. April 2006*

wissenschaftlichem Interesse oder aus Liebhaberei zusammengetragen wurde.[115] Ein **Probeschießen** mit Waffen der eigenen Sammlung ist dagegen statthaft. Hierbei ist zu beachten, dass nicht das Schießen auf der Schießstätte selbst dem Waffensammler mangels Bedürfnisses untersagt ist, sondern der Transport dorthin mangels Bedürfniszweckerfüllung eines Waffenscheines bedürfte.[116]

Der Gesetzgeber begründet die **Bedürfnisbindung** in § 12 Abs. 3 WaffG damit, dass Waffensammler ihre Sammlerwaffen bedürfnisfremd zum Sportschießen verwendet haben. Damit handelten sie entgegen der vom Bundesverwaltungsgericht und mehreren Verwaltungsgerichten der Länder ergangenen Rechtsprechung, „wonach sich eine kulturhistorisch bedeutsame Sammlung darauf beschränkt, dass eine Mehrzahl oder Vielzahl von Waffen ... zusammengebracht werden und dass diese Waffen nicht gebraucht werden".[117]

Unter diesen Aspekten ist es grundsätzlich nicht zulässig, dass ein Sportschütze, der zugleich auch Jäger ist und für beide Bedürfnisarten Waffen besitzt, diese für den jeweils anderen Bedürfniszweck verwendet.

Folgt man dieser Auslegung des Gesetzestextes, ergibt sich allerdings ein Widerspruch zu der Aussage, dass ein Jäger, der eine weitere Kurzwaffe mit Hinweis auf ein konkretes Bedürfnis (als Jagdwaffe) beantragt, auf seine als Sportschütze erworbenen Kurzwaffen verwiesen werden kann.[118]

Für **das Ausüben der tatsächlichen Gewalt über eine Schusswaffe in einer Schießstätte** bedarf es keiner gesonderten Erlaubnis, wenn der Schütze hier eine Waffe (im Holster) trägt.[119] Allerdings sollte sich jeder Schütze, um

---

[115] VG Darmstadt 5 E 1211/06, Urteil vom 1. Oktober 2007; unterstützend VG Stuttgart 5 K 1614/11, Urteil vom 11. Juli 2013

[116] § 12 Abs. 3 Nr. 2 WaffG

[117] BT-Drs. 14/7758 S. 61

[118] BayVGH München 21 ZB 08.2782, Beschluss v. 25. März 2010

[119] Anlage 1 A2 Nr. 4 WaffG nimmt die Schießstätte nach § 27 WaffG ausdrücklich von den Orten aus, an denen eine Waffe im Sinne des WaffG „geführt" wird; gleichzeitig spricht § 12 Abs. 3 Nr. 1 WaffG von der Erlaubnisfreiheit des Führens auf einer Schießstätte, womit auch auf einer Schießstätte eine Schusswaffe „geführt" würde. Da die Definition des

Unstimmigkeiten auszuschließen, über die örtlichen Gepflogenheiten informieren, am besten beim Schießleiter.

Wird der Waffenbesitzer durch eine befugte Person angehalten (etwa Zoll- oder **Polizeikontrolle**), können die Beamten verlangen, dass die WBK als Nachweis zum befugten Umgang mit Waffen vorgelegt wird.[120] Da es sich um ein erlaubnisfreies Führen der Waffe handelt, wenn diese nicht schussbereit und nicht zugriffsbereit[121] befördert wird, darf der Transportbehälter, etwa ein Waffenkoffer, **erst auf ausdrückliche Aufforderung geöffnet werden**, da die Waffe nach Öffnen des Behälters zugriffsbereit ist und damit nicht mehr ohne Erlaubnis (Waffenschein) im öffentlichen Raum geführt werden darf.

Wichtig ist, dass die WBK nicht im verschlossenen Behälter, sondern möglichst so bei sich getragen wird, dass sie zur Hand ist, ohne den Waffenkoffer öffnen zu müssen. Auch sollte dem kontrollierenden Beamten vor dem Öffnen vorgeführt werden, welche Maßnahmen zum Schutz der Waffe vor unbefugtem Zugriff ergriffen wurden (etwa durch Vorführung, dass der Koffer durch ein Schloss verschlossen und nicht nur geschlossen, also lediglich zugeklappt, ist). Dabei sollte man den Kontrolleur auch auffordern, den Verschluss selbst zu prüfen.

2.1.6 Erlaubnisfreier Besitz und Führen

Eine Besonderheit stellt der Umgang mit Waffen dar, deren Erwerb und Besitz aufgrund der Regelungen in § 12 Abs. 1 WaffG von der Erlaubnispflicht freigestellt ist. Hier sind insbesondere die Leihe und Verwahrung, aber auch die Ausübung der tatsächlichen Gewalt durch Mitarbeiter eines Berechtigten oder durch Beauftragte einer schießsportlichen oder jagdlichen Vereinigung zu nennen.

Führens erst mit Änderung des WaffG 2008 um die Schießstätte ergänzt wurde, ist von einem redaktionellen Versäumnis des Gesetzgebers (§ 12 Abs. 3 Nr. 1 WaffG) auszugehen. Vgl. Gade / Stoppa Rn. 67 zu § 12 WaffG

[120] § 38 Abs. 1 WaffG; zu beachten ist Nr. 1 Buchst. g, der die Fälle der Leihe, der Verwahrung und des Führens durch Bewachungskräfte regelt

[121] § 12 Abs. 3 Nr. 2 WaffG (empfohlen: stabiler Koffer mit Zahlenschloss)

Durch die Freistellung von der Erlaubnispflicht können diese Personen allein durch eine schriftliche Beauftragung oder einen Leih- bzw. Verwahrschein die Ausweispflicht nach § 38 WaffG erfüllen. Zugleich enthält § 12 Abs. 3 WaffG keine ausdrückliche Regelung, ob die in Absatz 1 freigestellten Personengruppen einer Erlaubnis zum Führen der erlaubnisfrei erworbenen Waffe bedürfen.

Insbesondere im Falle der Leihe, aber auch vor dem Hintergrund der gesetzgeberischen Absicht (Beauftragte eines Vereines sollen beispielsweise Waffen für Minderjährige befördern), wäre es sinnlos, den Erwerb und Besitz einer Waffe erlaubnisfrei zu stellen, zugleich aber keine Ausnahme bezüglich des Führens zuzulassen. Insofern sind die Vorschriften in § 12 Abs. 3 WaffG auch auf die Berechtigten nach Absatz 1 anzuwenden.

2.1.7 Verbotenes Führen

Eine ausführliche Darstellung der Bestimmungen zum verbotenen Führen finden Sie im Band 1 der Reihe „Waffenrecht: Praxiswissen".

2.1.8 Transportbeschränkungen

Bei der Nutzung von öffentlichen Verkehrsmitteln wie **Bus** oder **Bahn**[122] ist zu beachten, dass das Mitführen von Waffen, insbesondere von Schusswaffen, oder Munition durch die Beförderungsbedingungen des Unternehmens auch dann ausgeschlossen werden kann, wenn sich diese Gegenstände in einem verschlossenen Behältnis, etwa einem Waffenkoffer mit Zahlenschloss, befinden. Ein Verstoß gegen diese Bestimmung der Beförderungsbedingungen kann zu einem Hausverbot und bei Nichtbefolgen dieses Hausverbotes zu einer Strafanzeige wegen Hausfriedensbruches führen, was spätestens im Wiederholungsfall die Zuverlässigkeit des Waffenbesitzers gemäß § 5 WaffG in Frage stellen könnte.

2.1.9 Zurechenbarkeit von Verstößen

Die Zurechnung von waffenrechtlichen Verstößen im Bereich der Aufbewahrung wurde bereits im Kapitel 1.18 ausführlich dargestellt. Darum sei an dieser Stelle lediglich ergänzt, dass insbesondere im Bereich der

---

[122] *So untersagen die Beförderungsbedingungen der Deutsche Bahn AG, Stand Dezember 2013, Nr. 7.2.1., das Mitführen (der Begriff „Mitnahme" ist nicht im Sinne des WaffG zu verstehen) von Schusswaffen*

Ausnahmen nach § 12 WaffG, etwa bei einem erlaubnisfreien Führen im Rahmen der Durchführung eines Waffentransports durch Mitarbeiter von Waffenhändlern und –herstellern sowie Bewachungsunternehmen, im Falle eines Verstoßes stets zu prüfen ist, ob auch der Inhaber der waffenrechtlichen Erlaubnis die ihm obliegenden Sorgfaltspflichten erfüllt hat.

Hat er beispielsweise die betreffende Person beauftragt oder ihr das Recht eingeräumt, die tatsächliche Gewalt über eine Waffe auszuüben, etwa bei einem Waffentransport von der Firmenzentrale zu einer Zweigstelle, muss er sicherstellen, dass die von ihm ausgewählte Person zur Erfüllung dieser Aufgabe geeignet ist. Dies gilt insbesondere bezüglich der Kenntnisse, in welcher Art und Weise der Transport der Waffe oder auch von Munition durchzuführen ist. Nachweise der Eignung können beispielsweise eine Sachkundeausbildung oder ein Nachweis der Fachkunde im Waffenhandel sein. Die Erfüllung der besonderen Sorgfaltspflicht, die sich aus seiner Garantenstellung als Hüter einer besonderen Gefahrenquelle für die öffentliche Sicherheit und Ordnung ergibt und die ihm als Arbeitgeber obliegt, kann der Erlaubnisinhaber etwa durch ergangene Dienstanweisungen, die dem Mitarbeiter übergeben wurden, oder durch regelmäßige Schulungen der Mitarbeiter, die die Teilnehmer für die besondere Gefahren im Rahmen eines Waffentransports sensibilisierten, nachweisen.

Analog der Regelung zur Überlassung zur gewerblichen Beförderung, die nach § 34 Abs. 2 WaffG den Überlasser verpflichtet, die ordnungsgemäße Beförderung sicherzustellen und Vorkehrungen gegen ein Abhandenkommen zu treffen, ist der Erlaubnisinhaber auch im Falle des Handelns durch einen beauftragten Dritten verpflichtet, die erforderlichen Maßnahmen zu treffen, um waffenrechtliche Verstöße zu vermeiden.

Auch die *verantwortliche Person* einer jagdlichen und schießsportlichen Vereinigung nach § 10 Abs. 2 Satz 3 WaffG steht in der Pflicht und in einer besonderen Verantwortlichkeit. Bei der Auswahl von Personen, die im Auftrag des Vereins die Gewalt über eine Schusswaffe ausüben, etwa als Fahrer von jungen Sportlern zu einem Wettkampf, bei dem der Fahrer auch die Vereinswaffen transportieren soll, sind sie darum gut beraten, stets nur besonders zuverlässige und umfassend instruierte Personen zu beauftragen, die über die notwendigen Kenntnisse verfügen, was bei einem Transport von Waffen und Munition zu beachten ist.

2.2 Waffen

2.2.1 Schusswaffen

Das Führen von Schusswaffen nach § 1 Abs. 2 Nr. 1 (Anlage 1 A1 UA1 Nr. 1 bis 4.3) WaffG ist nach Anlage 2 A2 UA1 Satz 1 WaffG erlaubnispflichtig.

Freigestellt von dieser Erlaubnispflicht sind

- nach Anlage 2 A2 UA2
  - Schusswaffen mit Lunten- oder Funkenzündung, deren Modell vor dem 1. Januar 1871 entwickelt worden ist
  - Armbrüste (Schusswaffen gleichgestellter Gegenstand)
  - unbrauchbar gemachte Schusswaffen (auch für diese gilt als Anscheinswaffen das Führverbot nach § 42a WaffG)
- Arten des erlaubnisfreien Führens nach § 12 Abs. 3 WaffG wie
  - Transport durch Berechtigte
  - Umgang in Räumen eines Dritten durch Berechtigte im Rahmen ihres Bedürfnisses
  - Führen eines wesentlichen Teiles auf Reisen bei Abweichung von Vorschriften zur Aufbewahrung von Waffen

Ausgenommen von dieser Erlaubnispflicht sind

- nach Anlage 2 A3 Nr. 1 (ausgenommen § 2 Abs. 1 u. § 41 WaffG)
  - Unterwassersportgeräte (Harpunen) ohne Munitionsverwendung
- nach Anlage 2 A3 Nr. 2 (mit Ausnahme des § 42a WaffG)
  - zum Spiel bestimmte Schusswaffen und Spielzeugwaffen
  - Schusswaffen ohne Speicherung der durch Muskelkraft eingebrachten Antriebsenergie (zB Blasrohre)
  - Nachbildungen von Schusswaffen
- freigestellte Personen nach § 55 WaffG

2.2.2 Gleichgestellte Gegenstände

Die gesetzlichen Vorschriften zum Führen von Schusswaffen sind vollumfänglich auf die ihnen gleichgestellten Gegenstände anzuwenden, es sei denn, das Gesetz bestimmt abweichend eine andere Regelung, etwa im Falle des Führens eines Laufes, der zu Sicherungszwecken aus einer im Hotelzimmer aufbewahrten Schusswaffe auf Reisen entnommen wurde.

Grundsätzlich ist auch für den Transport von wesentlichen Teilen einer Schusswaffe ein verschlossenes Behältnis erforderlich oder eine Art der Verpackung, die verhindert, dass dieser Gegenstand zugriffsbereit ist.

2.2.3 Verbotene Waffen

Verbotene Waffen sind wie erlaubnispflichtige Schusswaffen zu transportieren. Dabei sollte, um dem Verbot und der Gefahr durch diese Waffen Rechnung zu tragen, eine verbotene Waffe immer in einem verschlossenen Behältnis und unter besonderer Aufsicht im Rahmen des Transports befördert werden. Zu beachten ist die Freistellung von Verboten in § 40 WaffG, etwa für Faustmesser bei der Verwendung durch Jäger und Kürschner. Der Jäger darf dadurch bei der Jagd und im Zusammenhang mit der Jagd ein Faustmesser zugriffsbereit führen.

2.2.4 Andere Waffen

Eine Erlaubnispflicht zum Führen von Waffen, die nicht in Anlage 1 A1 UA1 Nr. 1 bis 4.3 WaffG aufgeführt sind, besteht nicht.

Zu beachten sind aber die Verbote in §§ 42, 42a WaffG.

Nach § 42a WaffG ist es grundsätzlich verboten, Hieb- und Stoßwaffen zu führen. Ausgenommen sind der Transport in einem verschlossenen Behältnis, die Verwendung bei Theater, Film und Fernsehen sowie das Führen mit einem berechtigten Interesse.

Das Führverbot nach § 42 WaffG gilt sowohl für Inhaber einer Erlaubnis nach § 10 Abs. 4 WaffG (Waffenschein) wie auch für Fälle der Ausnahme von der Erlaubnispflicht, somit auch für den Transport in einem verschlossenen Behältnis. Das Verbot geht als *lex specialis* den Ausnahmen von den Erlaubnispflichten vor und kann nur durch die örtlich zuständige Waffenbehörde aufgehoben werden.

2.2.5 Andere Gegenstände

Messer mit einer feststehenden Klinge über 12 cm Länge sowie Einhandmesser sind keine Waffen im Sinne des WaffG, da sie nicht in der Anlage 1 WaffG genannt werden. Gleichwohl unterwirft § 42a WaffG diese Gegenstände einem Führverbot, erweitert also die Definition des Führens.

Ausgenommen davon sind der Transport in einem verschlossenen Behältnis sowie das Führen zu einem allgemein anerkannten Zweck.

Zu beachten sind die Vorschriften zum Führen von Messern über 4 cm Klingenlänge in Verbotszonen nach § 42 Abs. 6 WaffG.

2.3 Gewerbsmäßiger Transport

2.3.1 Einführung

Grundsätzlich unterscheidet das Waffengesetz nicht zwischen privatem und gewerblichem Transport von Waffen oder Munition. Allerdings ist die Forderung, dass Waffen oder Munition gegen den Zugriff Unbefugter zu sichern sind, nicht so konkret, dass ein Mindest- oder Maximalniveau aus dieser Formulierung abzuleiten wäre. Unter Berücksichtigung der Gefahr, die von Waffen ausgeht, ist allerdings stets die bestmögliche Sicherung zu fordern, die ermöglicht werden kann. Somit ist im Falle eines gewerblichen Transports, in dessen Rahmen eine nicht unerhebliche Menge von Waffen transportiert werden soll, ein angemessenes Sicherungsniveau anzustreben.

Grundsätzlich erfolgt im Rahmen eines Transports nur dann eine Aufbewahrung, wenn Waffen oder Munition unbeaufsichtigt sind, etwa bei einem nicht nur kurzfristigen Aufenthalt auf einer Raststätte oder während des Wochenendes auf einem Speditionsgelände oder Industrieareal. Die generelle Forderung des Gesetzgebers in § 36 Abs. 1 WaffG verpflichtet den Waffenbesitzer aber nicht nur im Rahmen der Aufbewahrung, die erforderlichen Maßnahmen gegen eine Wegnahme oder ein Abhandenkommen zu ergreifen, sondern bei jeglichem Umgang, so also auch beim Transport. Da Besitzer im Sinne des Waffengesetzes ist, wer die tatsächliche Gewalt über eine Waffe oder Munition ausübt, ist auch der gewerbliche Transporteur, etwa ein Spediteur, Adressat dieser Vorschriften.[123]

Letztendlich ist der beste Schutz eine gute Vorbereitung, im Falle eines Transports eine möglichst nicht vorhersehbare Durchführung bezüglich Art, Ort und Zeitpunkt des Transports. Da aber verschiedene Stellen mit der Vorbereitung eines solchen Vorhabens befasst sind, ist immer davon auszugehen, dass Einzelheiten des Transports Dritten bekannt sein könnten.

Der Gesetzgeber hat in der Verwaltungsvorschrift zum Waffengesetz in den Erläuterungen zu § 29 WaffG eine Reihe von Anforderungen an Waffentransporte im Geltungsbereich des Waffengesetzes ausformuliert, die

---

[123] *Zu beachten ist, dass die Freistellungen von der Erlaubnispflicht zum Erwerb und Besitz für gewerbliche Transporteure nach § 12 Abs. 1 Nr. 2 WaffG ein etwaiges Umgangsverbot, beispielsweise für Vollautomaten oder andere Waffen nach Anlage 2 A1 WaffG, nicht beseitigen; in diesen Fällen ist stets eine Zustimmung zum Umgang durch das BKA erforderlich*

aufgrund des Gefährdungspotentials grundsätzlich auch auf andere Waffentransporte angewandt werden können, die über den privaten Rahmen eines Jägers oder Sportschützen oder eine geringfügige Transportmenge von weniger als 20 Feuerwaffen durch Händler oder Hersteller hinaus gehen. Waffensammler, die vornehmlich mit älteren Schusswaffen umgehen, sind unter Berücksichtigung der Gefahr, die von diesen Waffen für die öffentliche Sicherheit und Ordnung ausgeht, nicht den erhöhten Anforderungen zu unterwerfen, ebensowenig jeglicher Transport von erlaubnisfreien Schusswaffen wie Druckluftwaffen, Softair-, Deko- oder Spielzeugwaffen.

Im Zusammenhang mit gewerblichen Waffentransporten ist immer zu bedenken, dass das reine Nicht-Vorhandensein einer behördlichen Auflage für Waffentransporte den jeweiligen Erlaubnisinhaber, etwa Waffenhändler oder Waffenhersteller, nicht von der Pflicht entbindet, alle angemessenen Vorsichtsmaßnahmen und Strategien zu ergreifen, um ein Abhandenkommen oder eine Wegnahme der transportierten Waffen zu verhindern. Gleiches gilt für Personen, die mit dem Transport beauftragt werden.

Die Prüfung der sicheren Durchführung des Transports ist insbesondere dann von besonderer Bedeutung, wenn Anhaltspunkte vorliegen, die Zweifel an der Gewährleistung der öffentlichen Sicherheit oder Ordnung (z. B. Gefahr des Abhandenkommens der Waffen oder der Munition) begründen, sei es aufgrund der **Anzahl** der transportierten Waffen oder aufgrund ihrer **Art** (beispielsweise halbautomatische Waffen).

Im Bereich der gewerblichen Verbringung von Waffen und Munition sind aufgrund der im internationalen Warenverkehr üblichen hohen Stückzahlen deutlich höhere Anforderungen an die Transportsicherheit zu stellen.

Sofern es während des Transportes zu Unterbrechungen kommt, die eine Umladung oder Zwischenlagerung erfordern, sind die Bestimmungen des § 36 und der §§ 13, 14 AWaffV zu beachten, da es sich in der Regel um eine **Aufbewahrung** im Sinne des Waffengesetzes handelt.

2.3.2 Transporte im Bundesgebiet

Für den gewerblichen Transport im Inland macht der Gesetzgeber in der Verwaltungsvorschrift zum § 12 WaffG Vorgaben, die zwar nur das Handeln der Verwaltung binden, aber als Wille des Gesetzgebers bezüglich der Auslegung des Waffengesetzes anzusehen sind, wenn etwa in den Vorschriften zur Aufbewahrung von Schusswaffen zwar von <u>erforderlichen</u> Maßnahmen zum Schutz vor Wegnahme von Waffen die Rede ist, aber im

Gesetzestext keine konkreten Anforderungen an eine Aufbewahrung von Waffen auf dem Versandwege gestellt werden.

Die Differenzierung der erforderlichen Sicherungsmaßnahmen bezieht sich dabei auf die in Anlage 1 A3 WaffG festgelegten **Kategorien A bis C** nach der Waffenrichtlinie.

Die nachfolgenden Mengenangaben beziehen sich auf die dem Spediteur vom Versender übergebenen Sendungen. Grundsätzlich sind sie auch auf Eigentransporte von Händlern oder Herstellern anzuwenden, die selbst einen Transport durchführen. Die Regelung benennt Transporte von mindestens 20 Feuerwaffen, so dass ein Transport von weniger als 20 Feuerwaffen grundsätzlichen keiner besonderen Schutzmaßnahmen bedarf, es sei denn, dass die Gefahr einer Wegnahme im konkreten Falle erhöhte Sicherungsmaßnahmen erfordert.

Zulässig sind Transporte von

- bis zu 99 Feuerwaffen der Kategorie A und
- bis zu 249 erlaubnispflichtige Feuerwaffen der Kategorien B bis C

im Zuge eines einzelnen Transportvorgangs, wenn die Verpackung der Waffen alle nachfolgenden Bedingungen erfüllt:

- Keine **sichtbaren Hinweise** auf den Inhalt des Behältnisses
- Ein **unbeabsichtigtes Öffnen** ist nicht möglich
- **Sicherungsetikett** o. Ä., das eine Öffnung des Behälters anzeigt

Das Transportunternehmen muss neben der genannten Beschaffenheit der Behältnisse eine ständige Rückverfolgbarkeit der Ware gewährleisten.

Bei einem Transport von größeren als den zuvor genannten Mengen von Schusswaffen innerhalb des Bundesgebiets sollte aus der Überlegung, dass von Schusswaffen eine erhebliche Gefahr ausgeht, sie aber auch einen besonderen Reiz auf Kriminelle ausüben, auf die nachfolgend dargestellten Sicherungsmaßnahmen für Durchfuhren von Waffen verwiesen werden. Außerdem sind die gesetzlichen Hinweise nur eine Minimalforderung, die im konkreten Fall durch einen qualifizierten, in der Regel öffentlich bestellten Sachverständigen auf Angemessenheit und Wirksamkeit für die zu transportierenden Waffen zu prüfen sind. Insbesondere im Falle einer erfolgreichen Wegnahme oder eines Abhandenkommens ist der Verantwortliche, der nachweisen kann, die von dem Sachverständigen vorgegebenen Maßnahmen tatsächlich durchgeführt zu haben, gegenüber der zuständigen Behörde in einer sicheren Position – im anderen Falle steht der Verlust seiner Zuverlässigkeit zu befürchten und damit seine waffenrechtliche Erlaubnis.

2.3.3 Transporte durch das Bundesgebiet (Durchfuhr)

Der gewerbsmäßige Transport von Schusswaffen oder Munition erfordert eine geschlossene Sicherheitskette, das bedeutet, dass schon vor Beginn des eigentlichen Transports Maßnahmen ergriffen werden müssen, um das Risiko einer Wegnahme von Waffen über den gesamten Zeitraum des Transports auszuschließen. Bei gewerbsmäßigen Schusswaffen- oder Munitionstransporten, die im Rahmen eines Transports durch das Bundesgebiet erfolgen müssen die für den jeweiligen Transport festgelegten Sicherheitsstandards vom Eintritt in den Geltungsbereich des WaffG bis zu seinem Verlassen durchgängig gewährleistet sein.

Die nachfolgend erläuterten Richtlinien gelten nur für den gewerbsmäßigen Transport von Schusswaffen oder Munition nach Anlage 1 A3 (Kategorie A bis C) WaffG, die durch den Geltungsbereich des Gesetzes von anderen Ländern in andere Länder durchgeführt (Durchfuhr) werden sollen. Adressat dieser Bestimmungen sind diejenigen Personen, die die tatsächliche Gewalt über die Waffen ausüben.

Die Richtlinien gelten nicht, soweit es sich um den gewerbsmäßigen Transport einzelner Schusswaffen nebst Munition oder den Transport in geringer Menge (in der Regel weniger als 20 Schusswaffen) handelt.

Für Kriegswaffen gelten die besonderen Bestimmungen des Kriegswaffenkontrollgesetzes (KrWaffKontrG).

Die Richtlinien gelten für den gewerbsmäßigen Transport von Schusswaffen nach Anlage 1 A3 (Kategorie A bis C) WaffG, die in den Geltungsbereich des WaffG eingeführt (Einfuhr) oder aus dem Geltungsbereich des WaffG in andere Länder ausgeführt (Ausfuhr) werden sollen, nur mit der Maßgabe, dass die in Nummer 12.1.2 genannten Mengen an Waffen zusammen mit der dazu passenden Patronenmunition in einer Sendung gemeinsam transportiert werden sollen.

Gewerbsmäßige Transporte von Schusswaffen oder Munition, die den vorgenannten Richtlinien unterfallen, werden den **Sicherheitsstufen** 1 bis 3 wie folgt zugeordnet:

- Sicherheitsstufe 1 Waffen Kategorie A (Anlage 1 A3)
- Sicherheitsstufe 2 Waffen Kategorie B (Anlage 1 A3)
- Sicherheitsstufe 3 Waffen Kategorie C (Anlage 1 A3)

Die Einstufungen gelten für Waffen mit oder ohne zugehörige Munition.

Zur Sicherstellung der Transportsicherheit sind Verbringungserlaubnisse mit Auflagen zu versehen. Hierbei sind die jeweiligen Transportrisiken der verwendeten Transportmittel (Lastwagen – LKW, Zug, Schiff, Flugzeug) ebenso zu berücksichtigen, wie die Risiken, die sich aus Transportunterbrechungen (Umladung, Zwischenlagerung, Begasung der Transportbehältnisse mit Schädlingsbekämpfungsmitteln) ergeben.

Die **Sicherheitsauflagen** für die jeweiligen Sicherheitsstufen werden nachfolgend dargestellt. Maßgebend für die Einstufung ist die Gefahr, die bei einer unerlaubten Verwendung von den Waffen ausgehen könnte. Die Auflagen sind bei Erteilung der Verbringungserlaubnis in Abhängigkeit von der betroffenen Sicherheitsstufe der Erlaubnis beizufügen.

Adressat der Sicherheitsauflagen sind sowohl der Erlaubnisinhaber als auch von ihm beauftragte Personen oder Unternehmen, die für ihn im Rahmen der Verbringung der Waffen tätig werden, etwa in Form einer Umladung des Transportgutes oder einer Zwischenlagerung. Generell ist zu beachten, dass alle Personen, die im Rahmen des Verbringungsvorganges verantwortlich Umgang mit Waffen oder Munition haben, den Regelungen des § 36 Absatz 1 WaffG sowie der §§ 13, 14 AWaffV unterliegen und im Falle der Feststellung von Verstößen entsprechend belangt werden können. Neben den Vorschriften zur Aufbewahrung gilt dies auch für alle anderen Vorgaben des Waffengesetzes.

2.3.3.1 Transportmittel

2.3.3.1.1 Transport mit LKW

Bei LKW ist im Bereich von Waffen- und Munitionstransporten zu unterscheiden zwischen Transporten in Containern, in geschlossenen Metallkofferaufbauten oder Fahrzeugen mit Planenaufbau.

Beim Transport mit dem LKW erfolgt die Beförderung von Waffen und Munition überwiegend auf öffentlichen Straßen. Transportunterbrechungen sind üblich (Rastzeiten, Tankstopps, u. Ä.) und darum bei der Einordnung des Gefahrenpotenzials zu berücksichtigen. Das Risiko des Abhandenkommens oder des Diebstahls liegt bei LKW-Transporten grundsätzlich höher als bei anderen Transportmitteln, die in der Regel nur über abgesperrte und zum Teil gesicherte Bereiche erreichbar sind (z. B. Güterbahnhof, Hafenflächen).

Die Sicherheitsauflagen sind daher entsprechend höher anzusetzen. Container und geschlossene Kofferaufbauten werden als sicherer eingestuft als

Planenaufbauten. Letztere werden an sich für Waffen- und Munitionstransporte als ungeeignet eingestuft. In der Praxis kommen sie jedoch häufiger vor, insbesondere bei Transporten aus Staaten, in denen eine Containerinfrastruktur noch nicht so weit ausgebaut ist. Eine Zulassung solcher Transporte sollte daher nur unter erhöhten Sicherheitsauflagen erfolgen.

2.3.3.1.2 Transport mit dem Zug, Schiff oder Flugzeug

Im Zug-, Schiff- und Luftverkehr erfolgt der Transport in der Regel per Container, in selteneren Fällen auch als Stückgut. Der Transport erfolgt über der Allgemeinheit normalerweise nicht zugängliche Verkehrstrassen. Die Sicherheitsauflagen können daher entsprechend niedriger angesetzt werden.

2.3.3.2 Begrifflichkeiten

2.3.3.2.1 Umladung

Während der Verbringung von Waffen oder Munition kann es erforderlich sein, die Güter umzuladen, meist beim Wechsel des Verkehrsmittels, z. B. Umladen vom Planen-LKW in Schiffscontainer. Die Umladung erfolgt in der Regel durch Mitarbeiter von Speditionen, Güterverkehrszentren oder Hafenarbeitern. Die Gefahr einer Wegnahme von Waffen oder Munition beim Umladen kann nicht ausgeschlossen werden, sei es durch Arbeiter, die mit der Umladung beauftragt sind, oder durch betriebsfremde Personen, die sich gezielt Zugang zum Ort der Umladung verschaffen könnten.

Die nachfolgend dargestellten Sicherheitsauflagen betreffen somit primär auch die Sicherung des Ortes, an dem die Umladung vorgenommen werden soll. Keine Umladung in diesem Sinne liegt vor, wenn die Ware beim Wechsel des Verkehrsmittels in einem verschlossenen Container verbleibt, ohne dass dieser geöffnet wird.

2.3.3.2.2 Zwischenlagerung

Die Notwendigkeit einer Zwischenlagerung ergibt sich oftmals beim Wechsel des Verkehrsmittels, z. B. Umladen vom LKW oder Zug auf das Schiff ohne die Möglichkeit eines sofortigen Wechsels des Verkehrsmittels, womit es erforderlich wird, die Güter für einen bestimmten Zeitraum zwischenzulagern. Dies erfolgt in der Regel bei Speditionen, in Güterverkehrszentren oder Hafenbereichen.

Bei der Zwischenlagerung finden die waffenrechtlichen Vorschriften zur Sicherung von Waffen oder Munition gegen Abhandenkommen und der

Verhinderung unberechtigten Zugriffs Anwendung. An den Ort der Aufbewahrung sind daher spezielle Anforderungen zu stellen.

Die nachfolgend beschriebenen Sicherheitsauflagen betreffen somit primär auch die Sicherung des Ortes, an dem die Zwischenlagerung erfolgen soll. Die Vorschriften zur Aufbewahrung von Waffen und Munition nach § 36 WaffG und § 13 AWaffV sind dabei in der Praxis kaum umsetzbar, da eine Aufbewahrung in qualifizierten Wertbehältnissen oder Werträumen gefordert wird. Es ist daher insbesondere für die Orte einer Zwischenlagerung grundsätzlich zu empfehlen, ein Aufbewahrungskonzept durch einen qualifizierten Sachverständigen anfertigen zu lassen, das der örtlich zuständigen Behörde zur Durchführung des Waffengesetzes zur Zustimmung vorgelegt werden kann, um auf diesem Wege Rechtssicherheit für den Fall eines Abhandenkommens von Waffen oder Munition zu erhalten.

2.3.3.2.3 Begasung

Die Begasung dient der Schädlingsbekämpfung und ist erforderlich, wenn z. B. Waffen in Holzkisten in die USA verschifft werden sollen. Die Begasung erfolgt in der Regel in speziellen Containern, die auf Freiflächen in den Hafenbereichen stehen. Nach dem Begasungsvorgang ist es erforderlich, dass der Container und die begaste Ware auslüften, bevor die Ware weitertransportiert werden kann. Dies geschieht durch Öffnen des Containers. Die nachfolgend dargestellten Sicherheitsauflagen sollen gewährleisten, dass aus dem offenstehenden Container keine Waffen oder Munition unberechtigt entnommen werden.

2.3.3.2.4 Sicherungsmaßnahmen

Wird nachfolgend **Bewachungspersonal** gefordert, handelt es sich um Wachpersonen im Sinne des §34a GewO. Bewaffnetes Bewachungspersonal sind Erlaubnisinhaber nach § 28 Absatz 1 WaffG.

Gesicherte Räume sind Räume, die Waffenräume im Sinne von § 36 WaffG iVm § 13 AWaffV sind. Eine sachverständige Begutachtung, ob ein Raum über eine entsprechende Eignung verfügt, ist dabei obligatorisch.

Videoüberwachte Bereiche sind Bereiche, in denen in geeigneter Weise eine Videoüberwachung erfolgt. Erforderlich ist eine ständige Überwachung der Monitore durch Wachpersonen, die Maßnahmen gegen ein Abhandenkommen von Waffen oder Munition oder unberechtigten Zugriff auf diese einleiten können. Eine bloße Videoaufzeichnung reicht nicht aus.

Ein **Container** ist dann **unzugänglich**, wenn dieser so gelagert wird, dass eine Türöffnung nicht möglich ist, da die Tür z. B. durch andere Container verstellt ist oder der Container mit der Tür gegen eine Mauer o. Ä. gestellt wird. Es ist dabei zu beachten, dass einem eventuellen Täter nicht das Arbeitsmittel durch einen betriebsbereiten Stapler o.Ä. bereitgestellt wird.

2.3.3.3 Auflagen nach Sicherheitsstufen

Für alle Sicherheitsstufen gilt:

- Waffen und Munition dürfen im Rahmen des Transports im **Zug-, See- oder Flugverkehr** nur in einem verschlossenen Container oder in verschlossenen Metallbehältnissen befördert werden.
- Bei plötzlichen **Änderungen im Transportablauf**, die die Transportsicherheit gefährden und die akute Gefahr eines Abhandenkommens der Waffen oder Munition oder die Gefahr eines Zugriffes unberechtigter Personen bedeuten, ist die örtlich zuständige Polizeidienststelle unverzüglich zu informieren und deren Anweisungen Folge zu leisten. Dies kann etwa der Fall sein, wenn ein Transportfahrzeug aufgrund eines Schadens ausfällt oder die Fahrt aufgrund einer plötzlichen Erkrankung des Fahrzeugführers nicht fortgesetzt werden kann. Die Benachrichtigung hat unter Darlegung der von dem Transportgut ausgehenden Gefahr für die öffentliche Sicherheit und Ordnung zu erfolgen und ist zu dokumentieren.

Die nachfolgenden Auflagen gelten für die jeweilige Sicherheitsstufe. Bei Transporten von Waffen oder Munition, die unterschiedlichen Sicherheitsstufen unterfallen, ist die jeweils höchste Sicherheitsstufe maßgebend.

2.3.3.3.1 Sicherheitsstufe 1 (Waffen/Munition Kategorie A)

Ein Transport mit dem **LKW** erfolgt in der Regel auf öffentlichen Straßen. Darum ist ein Waffentransport per LKW nur bei Verwendung verschlossener Container oder verschlossener Kofferaufbauten zulässig, nicht aber in Fahrzeugen mit Planenaufbauten. Der LKW ist durch <u>bewaffnetes</u> Bewachungspersonal zu begleiten.

Soll das Transportgut umgeladen werden, etwa vom Zug auf einen LKW, darf diese **Umladung** nur innerhalb eines umzäunten und mittels Bewachungspersonal gesicherten Geländes oder innerhalb gesicherter Räume, die mittels Videoüberwachung kontrolliert werden, erfolgen.

Eine **Zwischenlagerung** darf nur in für die Waffenaufbewahrung vorgesehenen Räumen erfolgen, die entweder durch Alarmanlagen oder Bewachungspersonal gesichert sind. Eine Aufbewahrung außerhalb solcher Räume ist grundsätzlich nicht statthaft.

Sollen Transportbehältnisse zum Schutz vor Schädlingen **begast** werden, darf die Begasung nur innerhalb eines umzäunten Geländes erfolgen, das durch Bewachungspersonal vor Ort gesichert wird.

2.3.3.3.2 Sicherheitsstufe 2 (Waffen/Munition Kategorie B)

Beim Transport mit dem **LKW** ist die Verwendung verschlossener Container oder verschlossener Kofferaufbauten zulässig. Sofern der Transport auf Planen-LKWs erfolgt, ist der Transport durch Bewachungspersonal zu begleiten.

Im Falle einer **Umladung** des Transportgutes darf diese nur innerhalb eines umzäunten und mittels geeigneten Bewachungspersonal oder Videoüberwachung gesicherten Geländes oder innerhalb gesicherter Räume erfolgen.

Im Falle einer **Zwischenlagerung** darf diese nur in für die Waffenaufbewahrung vorgesehenen Räumen erfolgen, die durch Videoüberwachung gesichert sind. Erfolgt die Zwischenlagerung in einem Container, so ist dieser so zu stellen, dass die Tür durch andere Container oder Wände versperrt wird, sodass ein Öffnen der Tür nicht möglich ist.

Im Falle einer erforderlichen **Begasung** der Transportbehältnisse darf diese nur innerhalb eines umzäunten Geländes erfolgen, das mittels Bewachungspersonal oder Videoüberwachung gesichert wird.

2.3.3.3.3 Sicherheitsstufe 3 (Waffen/Munition Kat. C)

Beim Transport mit dem **LKW** ist die Verwendung verschlossener Container oder verschlossener Kofferaufbauten zulässig. Sofern der Transport auf Planen-LKWs erfolgt, ist dieser durch Bewachungspersonal zu begleiten.

Im Falle einer **Umladung** des Transportgutes darf diese nur innerhalb eines umzäunten Geländes, gesicherter Räume oder bei nicht umzäuntem Gelände bei Überwachung des Umladevorgangs durch Bewachungspersonal oder Videoüberwachung erfolgen.

Im Falle einer **Zwischenlagerung** darf diese nur in für die Waffenaufbewahrung vorgesehenen Räumen oder im videoüberwachten Raum erfolgen. Erfolgt die Zwischenlagerung in einem Container, so ist dieser so zu stellen, dass die Tür durch andere Container oder Wände versperrt wird, so dass ein Öffnen der Tür nicht möglich ist.

Im Falle einer erforderlichen **Begasung** der Transportbehältnisse darf diese nur innerhalb eines umzäunten Geländes erfolgen, das mittels Bewachungspersonal oder Videoüberwachung gesichert wird.

2.4 Munition und Treibladungspulver

2.4.1 Grundlagen

§ 36 WaffG fordert den Besitzer von Munition dazu auf, die unbefugte Wegnahme von Munition durch geeignete Maßnahmen zu verhindern. Diese Vorschrift, die sich auf die Aufbewahrung von Munition bezieht, erstreckt sich auf jegliches Umgehen mit Munition, die der Erlaubnispflicht unterliegt oder Anforderungen an ein Mindestalter des Erwerbers stellt.

2.4.2 Transportmittel

Die Wahl des Transportmittels im Sinne der Art der Fortbewegung steht dem Waffenbesitzer frei. So ist es unerheblich, ob Waffe oder Munition zu Fuß, per Fahrrad oder in einem Kraftfahrzeug mitgeführt werden.

Gleichwohl ist bei der Wahl der Beförderungsart zu bedenken, dass etwa eine Schusswaffe, die von einem Jäger nicht schussbereit auf dem Weg ins Revier gut sichtbar über der Schulter getragen wird (als Fußgänger oder auch als Radfahrer), zwar den Regelungen des Waffengesetzes entspricht, aber aufgrund der geringen Präsenz von Schusswaffen im öffentlichen Raum zu Irritationen führen könnte.

2.4.3 Gefahrgutbestimmungen

Rechtliche Grundlage des Beförderns von gefährlichen Gütern in Deutschland ist das **ADR**[124]. Dieses Regelwerk wird von 51 Staaten weltweit für die grenzüberschreitende Beförderung gefährlicher Güter angewandt.

---

[124] *„Accord européen relatif au transport international des marchandises dangereuses par route", im Deutschen „Europäisches Übereinkommen über die internationale Beförderung gefährlicher Güter auf der Straße"*

Der Gesetzgeber hat zum Schutz der Bevölkerung weitere verbindliche Vorschriften für den Transport von gefährlichen Gütern erlassen. In der **Gefahrgutverordnung**[125] (GGVSEB) finden sich spezifische Anforderungen, die bei Transporten von Munition, Treibladungspulver und sogar von Druckluftbehältern zu beachten sind. Verstöße gegen diese Vorschriften können auch waffenrechtlich Folgen haben, da ein Verstoß gegen die Bestimmungen der **GGVSEB** als Anhaltspunkt für einen unsachgemäßen Umgang mit Waffen oder Munition dienen können, womit die Zuverlässigkeit des Betroffenen nicht mehr gegeben wäre.

Die nachfolgend genannten Freistellungen, insbesondere die Freimengen nach GGVSEB, gelten für Privatpersonen (1.1.3.1.a ADR) und solche gewerblich Tätigen (1.1.3.1.c ADR), die Munition oder Treibladungspulver lediglich für den eigenen Bedarf und Verbrauch befördern. Erfolgt ein Transport für Dritte oder zum Zwecke der gewerblichen Überlassung, sind diese speziellen Freistellungsregeln <u>nicht</u> anwendbar.

Grundsätzlich gilt: Wenn die beförderten Gefahrgut-Versandstückmengen die Grenzen die Erleichterungstabelle 1.1.3.6.3. ADR („1000-Punkte-Regelung", „Warntafel-Aufklapp-Pflicht-Vermeidungstabelle") überschreiten, gelten für alle an einer Gefahrgut-Beförderung Beteiligten die verschärften Gefahrgut-Grundvorschriften; dies gilt auch für Privatpersonen als Mitglied der Fahrzeugbesatzung, etwa als Einweiser.

So können Waffenhändler, die auf einer Fahrt Munition an einen Kunden ausliefern, nicht die Freistellungen nach ADR und GGVSEB in Anspruch nehmen; ein Schießausbilder, der die erforderliche Munition zu einem Ausbildungsschießen befördert, darf diese Munition bis zu bestimmten Freimengen befördern, ohne das ADR in vollem Umfang beachten zu müssen.

Zwei Begriffe sind im Zusammenhang mit den Gewichtsangaben unbedingt zu beachten, nämlich Nettoexplosivstoffmasse und Bruttomasse. Die **Nettoexplosivstoffmasse (NEM)** bezieht sich immer auf die Masse des gefährlichen Stoffes, hier in der Regel des Treibladungspulvers. Die **Bruttomasse** umfasst dagegen die Gesamtmasse eines Transportgutes einschließlich des Verpackungsgewichts. Beide Gewichtsangaben beziehen sich bei Angaben von Höchstgrenzen immer auf ein einzelnes Transportmittel, das als Beförderungseinheit bezeichnet wird, etwa einen einzelnen PKW oder LKW.

---

[125] *Gefahrgutverordnung Straße, Eisenbahn und Binnenschifffahrt, kurz: GGVSEB*

Auch **Fahrzeuge mit einem Anhänger** werden dabei als eine Beförderungseinheit angesehen.

Die nachfolgenden Hinweise für den Transport von Munition und Treibladungspulver gelten für Nitrocellulosepulver (NC-Pulver) mit dem UN-Code „0161" (Klassifizierungscode 1.3 C), für Schwarzpulver mit dem UN-Code „0027" (Klassifizierungscode 1.1 D) und für Patronenmunition mit dem UN-Code „0012" (Klassifizierungscode 1.4 S), wobei es sich bei letzteren sowohl um „Patronen für Waffen mit inertem Geschoss" als auch „Patronen für Handfeuerwaffen" handeln kann.

2.4.3.1 Transport von Munition

Grundsätzlich darf der Transport von Munition nur einzelhandelsgerecht verpackt, also in der Verkaufsverpackung erfolgen. Das können auch Schachteln sein, in denen die Lieferung erfolgt.[126] Zudem muss der Transporteur durch geeignete Maßnahmen sicherstellen, dass die Ladung während der Fahrt gesichert ist und sich keine Patronen frei im Fahrzeug befinden.

Unter Beachtung der grundsätzlichen Vorschriften zum Transport ist der Transport von Munition („Gegenstände mit Explosivstoff") **bis zu einer Bruttomasse von 50 kg** von weiteren Vorschriften der GGVSEB und ADR **freigestellt**.

Bei **mehr als 50 kg Bruttomasse** ist darüber hinaus ein aktuell geprüfter und verplombter 2-kg-Feuerlöscher der Brandklassen ABC mitzuführen.[127] Die Verpackung der Munition muss für diesen Verwendungszweck zugelassen sein und mit einem Gefahrzettel (Gestaltung und Symbolik: Aufkleber „auf der Spitze stehendes Quadrat", Grundfarbe orange, in schwarz aufgedruckt Klassifizierungscode „1.4 S") sowie einem Aufdruck des UN-Codes „0012" und einer offizielle Benennung des Inhalts versehen werden. Das Öffnen der Verpackung während des Transports ist nicht gestattet. Handelt es sich

---

[126] In der Praxis ist es die aus dem Beschussrecht bekannte Regelung zur „kleinsten Verpackungseinheit", die mit einem in Deutschland anerkannten Prüfzeichen, in der Regel ein CIP-Prüfzeichen, versehen sein muss.

[127] Bei Fahrzeugen über 3,5 t zulässigem Gesamtgewicht sind bezüglich der Art und Klasse des Feuerlöschers die hier nicht berücksichtigten verkehrsrechtlichen Vorschriften zu beachten.

bei dem Beförderer nicht um eine Privatperson, sind die allgemeinen Verpackungsvorschriften nach 4.1.1. ADR einzuhalten.

2.4.3.2 Transport von Treibladungspulvern

Grundsätzlich darf der Transport von Treibladungspulver nur einzelhandelsgerecht verpackt, also in der Verkaufsverpackung erfolgen. Erlaubt ist auch der Transport in einer Schießkiste oder in Behältern für geladene Kartuschen, wie sie von Böllerschützen verwendet werden. Zudem muss der Transporteur durch geeignete Maßnahmen sicherstellen, dass die Ladung während der Fahrt gesichert ist und sich die Verpackung nicht öffnen kann oder durch andere Gegenstände im Laderaum beschädigt wird, was zu einem Austritt von Pulver führen könnte.

Unter Beachtung der genannten grundsätzlichen Vorschriften zum Transport ist der Transport von Treibladungspulver durch Privatpersonen **bis zu einer Nettoexplosivstoffmasse von 3 kg** von weiteren Vorschriften der GGVSEB und ADR **freigestellt**.

Bei einer Nettoexplosivstoffmasse von mehr als 3 kg sind weitere Voraussetzungen zu erfüllen. So ist ein aktuell geprüfter und verplombter **2-kg-Feuerlöscher** der Brandklassen ABC mitzuführen.[128] Die Verpackung muss für diesen Verwendungszweck zugelassen sein und mit einem **Gefahrzettel** (Formfaktor und Symbolik: Rautenförmiger Aufkleber, Grundfarbe orange mit Bombensymbol, mit schwarzer Aufschrift „1.1 D“ und UN-Nummer „0027“ für Schwarzpulver, „1.3 C“ und UN-Nummer „0161“ für Nitrocellulose-Pulver sowie der offiziellen Benennung des Stoffs) versehen werden. Das Öffnen der Verpackung während des Transports ist nicht gestattet.

Erfolgt keine Übergabe der Ladung an Dritte, ist es nicht erforderlich, Beförderungspapiere mitzuführen. Ansonsten ist es erforderlich, ein Beförderungspapier mitzuführen, aus dem sich Art und Umfang der Ladung ergeben. Das kann eine Rechnung oder auch ein selbst angefertigtes Beförderungspapier sein, das den tatsächlich ermittelten Wert enthält, der zur Überprüfung berechnet wurde, ob der Transport unter die Regeln der Freigrenze gemäß 1.1.3.6.3 ADR („1000-Punkte-Regelung“, „Warntafel-Aufklapp-Pflicht-Vermeidungstabelle“) fällt.

---

[128] Bei Fahrzeugen über 3,5 t zulässigem Gesamtgewicht sind bezüglich der Art und Klasse des Feuerlöschers die hier nicht berücksichtigten verkehrsrechtlichen Vorschriften zu beachten.

Bei **mehr als 20 kg Nettoexplosivstoffmasse** von Treibladungspulver, das in einer Beförderungseinheit transportiert wird, sind die Vorschriften der GGVSEB auch von Privatpersonen vollumfänglich zu beachten („**Warntafel-Aufklapp-Pflicht**"). Dieses ist aufgrund der umfassenden Anforderungen an die Ausstattung und Besatzung des Transportfahrzeuges (etwa Warntafeln, Gefahrgut-Führerschein, Sonderausrüstung) in der Regel nur mit einem außerordentlich hohen Aufwand umsetzbar, so dass ein derartiger Transport durch Privatpersonen nur in Ausnahmefällen erfolgen wird.

2.4.3.3 Transport von Druckluftbehältern

Druckluftbehälter, die zur Verwendung mit Schusswaffen bestimmt sind, unterliegen nicht den Vorschriften des Waffengesetzes, da sie nicht als Ladungen angesehen werden können. Bei einem Transport dieser Druckluftbehälter in Fahrzeugen sind aber die Vorschriften der Gefahrgutverordnung zu beachten, da es sich auch bei komprimierter Luft um ein gefährliches Gut im Sinne dieser Vorschrift handelt. Wie bei Munition und Treibladungspulver ist zu beachten, dass Druckluftflaschen durch eine sichere Verstauung im Fahrzeug gesichert werden und auch bei einem Aufprall des Fahrzeuges nicht zu einer Gefahr für die Mitfahrer werden können.

Privatpersonen sind bei einem Transport zu privaten Zwecken von den Gefahrgutvorschriften weitgehend befreit. Dabei darf das Volumen aller Druckluftbehälter pro Beförderungseinheit, unabhängig vom Druck in den einzelnen Behältern, 1.000 Liter nicht überschreiten. Zudem muss die verwendete Druckluftflasche mit dem Gefahrenzettel 2.2 (Formfaktor und Symbolik: Rautenförmiger Aufkleber, Grundfarbe grün, mit schwarzer Umrandung und Gasflaschensymbol in schwarzer Farbe) und einer Schutzkappe versehen sein. Zu beachten ist außerdem, dass diese Druckbehälter einer Pflicht zur regelmäßigen Prüfung unterliegen, die ebenfalls an der Flasche zu dokumentieren ist, und somit über eine aktuelle Zulassung zur Verwendung verfügen müssen.

2.4.3.4 Durchfahrtverbote

Während bei einem Transport auf Straßen unter freiem Himmel eine explodierende Menge von Treibladungspulver sich ungehindert umsetzen kann, bedeutet eine Umsetzung von Explosivstoffen im Innern eines Tunnels eine besondere Gefahr. Für die Durchfahrt von Gefahrguttransporten sind Tunnelbauwerke aufgrund ihrer Länge oder anderer Eigenschaften nach Grad der Gefährdung fünf Tunnelkategorien zugeordnet, von „A" (Merkhilfe: „Alles darf durch") bis „E" (Merkhilfe: „Eigentlich nichts"). Entsprechend sind den unterschiedlichen Gefahrgütern in der sogenannten „ADR-Liste" aussagekräftige sogenannte Tunnelbeschränkungscodes (TBC) zugeordnet, mit deren Hilfe ermittelt werden kann, ob eine Durchfahrt durch einen Tunnel einer bestimmten Kategorie erfolgen darf.

Der Tunnelbeschränkungscode benennt mit dem ersten Buchstaben und der nachfolgenden Zahl die höchste Tunnelkategorie, die mit diesem Gefahrgut durchfahren werden darf, und die höchstzulässige Nettoexplosivstoffmasse in kg. Der letzte Buchstabe des TBC nennt die Kategorie, die mit diesem Transport nicht befahren werden darf. Für alphabetisch folgende Kategorien gilt das Verbot ebenfalls. Ist nur ein Buchstabe angegeben, gilt das Durchfahrtverbot nur für Tunnel dieser Kategorie und aufsteigend.

Für Munition und Treibladungspulver ergibt sich folgende Zuordnung für solche Transporte, die der „Warntafel-Aufklapp-Pflicht" unterfallen (Transporte, die nicht warntafelpflichtig sind, etwa private Pulvertransporte bis zu 20 kg Nettoexplosivmasse pro Fahrzeug, fallen nicht darunter):

Bezeichnung (Klassifizierung)	**UN**	**TBC**	**Freigegeben für Kategorie**	**Nicht zulässig für Kategorie**
Patronen (1.4 S)	0012	E	A, B, C, D	E
Schwarzpulver (1.1 D)	0027	B1000C	A, B bis 1.000 kg	B über 1 t, C, D, E
NC-Pulver (1.3 C)	0161	C5000D	A, B, C bis 5.000 kg	C über 5 t, D, E

Die Tunnelkategorie wird an den Zufahrten zu einem Tunnelbauwerk rechtzeitig bekanntgegeben. Unter dem Verbotszeichen für Gefahrguttransporte wird die Kategorie des Bauwerks angegeben, unter Umständen auch verschiedene Kategorien je nach Tag oder Zeitraum. Fehlt ein Hinweis auf die Kategorie, gilt das Bauwerk als Tunnel der Kategorie A.

Möglich sind verschiedene Kategorie-Angaben auf einem Schild mit dazugesetzten Zeitangaben. So kann ein Tunnel grundsätzlich der Kategorie C zugeordnet sein, zwischen 5 Uhr und 23 Uhr aber der Kategorie E. Das bedeutet, dass ein warntafelpflichtiger Gefahrguttransport von Schwarzpulver (1.1 D) den Tunnel zu keiner Zeit passieren dürfte, während bis zu 5 t NC-Pulver (1.3 C) in einem Fahrzeug zwischen 23 Uhr und 5 Uhr durch das Bauwerk transportiert werden dürften. Aufgrund der Zuordnung zur Kategorie E zwischen 5 Uhr und 23 Uhr wären während dieser Zeit auch

Munitionstransporte untersagt. Ausgenommen wären lediglich Transporte, die nicht der „Warntafel-Aufklapp-Pflicht" unterfallen.

2.5 Die Kontrolle durch die Polizei

2.5.1 Gesetzliche Grundlagen

Die Waffenbehörden besitzen mit dem § 36 Abs. 3 WaffG die umfassende Rechtsgrundlage, die ordnungsgemäße Aufbewahrung von Schusswaffen, zB beim Jäger oder Sportschützen, zu kontrollieren.[129]

Dabei sind neben den Typenschildern der Behältnisse grundsätzlich auch die in ihnen aufbewahrten Waffen mit den Erlaubnisdokumenten abzugleichen.[130] Die Berechtigung zur Nachschau der einzelnen Waffen im Behältnis ergibt sich auch aus dem Wortlaut des § 36 Abs. 1 WaffG, wonach „diese Gegenstände" vor Wegnahme oder Abhandenkommen geschützt werden müssen. Um dies festzustellen, ist eine Überprüfung der einzelnen Waffen unerlässlich, auch um festzustellen, wo eine bestimmte Waffe zum Zeitpunkt der Kontrolle verwahrt wird (Leihe, Verwahrung, Reparatur etc.), wenn sie nicht vor Ort aufbewahrt wird.

In dieser Ermächtigung wird der zuständigen Behörde insbesondere das Recht eingeräumt, sogar die Wohnung zu betreten. Zuständig ist hier die Waffenbehörde. Die Polizei wird explizit nicht genannt und könnte solch eine Kontrolle nur im Einzelfall im Rahmen der Eilkompetenz lösen.[131] Bei dem Verdacht des Vorliegens einer Straftat hingegen wäre sie sogar gemäß § 152 Abs. 2 StPO verpflichtet einzuschreiten, sofern zureichende tatsächliche Anhaltspunkte vorliegen.

Zu beachten ist, wie die Polizeibeamten vorgehen dürfen, wenn sie beispielsweise im Rahmen einer allgemeinen Verkehrskontrolle nach § 36 Abs. 5 StVO einen Jäger oder Sportschützen antreffen – auch, welche

---

[129] *§ 36 Abs. 3 WaffG; zur Zulässigkeit und Durchführung von Aufbewahrungskontrollen durch die Waffenbehörde siehe Kapitel 1.17*

[130] *VGH Baden-Wbg. 1 S 1391/11, Beschluss vom 3. August 2011*

[131] *So beispielsweise in Schleswig-Holstein nach § 168 Abs. 1 Nr. 3 LVwG: Die Polizei hat im Einzelfall zur Abwehr von Gefahren für die öffentliche Sicherheit selbständig diejenigen Maßnahmen zu treffen, die sie nach pflichtgemäßem Ermessen für unaufschiebbar hält.*

Befugnisse greifen, wenn die Polizei einen Hinweis erlangt, dass die vor ihnen stehende Person ein (legaler) Waffenbesitzer ist und ob und in welchem Umfang die Einhaltung waffenrechtlicher Vorschriften kontrolliert werden darf. Das Waffengesetz regelt im § 38 die Ausweispflichten für Personen die Waffen führen. Unter anderem muss, wer *eine Waffe führt, „folgende Dokumente mit sich führen: 1. seinen Personalausweis oder Pass und a) wenn es einer Erlaubnis zum Erwerb bedarf, die Waffenbesitzkarte oder, wenn es einer Erlaubnis zum Führen bedarf, den Waffenschein, (...) 2. in den Fällen des § 13 Absatz 6 den Jagdschein."*

Die mitzuführenden Dokumente sind Polizeibeamten oder sonst zur Personenkontrolle Befugten gemäß § 38 Abs. 2 WaffG auf Verlangen zur Prüfung auszuhändigen. Im Wortlaut des Gesetzestextes ist der Abgleich mit der dazugehörigen Waffe zwar nicht vorgesehen, jedoch ist die Notwendigkeit hier parallel zur bereits erwähnten behördlichen Kontrolle zu sehen. Die Auslegung der Norm nach Sinn und Zweck erfordert neben der (Echtheits-) Prüfung dieser vorzulegenden Dokumente auch einen Abgleich der Seriennummern der entsprechenden Waffen[132] [133]. Damit liegt zwar eine Kontrollbefugnis vor, jedoch ist der kontrollierende Beamte hier auf Mithilfe des Waffenbesitzers angewiesen, denn eine Durchsuchung des Kraftfahrzeugs nach Waffen erlaubt diese Ermächtigung nicht. Lediglich eine Inaugenscheinnahme wäre rechtlich im erlaubten Rahmen. Der Jäger wird also beispielsweise auf die auf der Rücksitzbank seines Fahrzeugs sichtbar liegende Jagdwaffe angesprochen. Freundlich zeigt er seinen Jagdschein sowie seine Waffenbesitzkarte. Wie zuvor bereits erwähnt, muss nun die Eintragung in der WBK mit der mitgeführten Schusswaffe abgeglichen werden. Es besteht eine Mitwirkungspflicht seitens des Jägers, er muss die Waffe der Polizei mindestens so zeigen, dass die Seriennummer abgelesen werden kann. Aus Eigensicherungsgründen ist hier großes Konfliktpotential vorprogrammiert, deshalb kommt es auf ganz klare Anweisungen der einschreitenden Polizeibeamten an. Der Waffenbesitzer muss also bei solch einer Kontrolle aktiv unterstützen, sollte aber auf seine Schusswaffen möglichst nicht vor Aufforderung Zugriff nehmen. Andererseits gibt es solch eine große Anzahl unterschiedlicher Waffensysteme, dass selbst der erfahrenste

---

[132] *Gade/Stoppa, 2011 Waffengesetz, Kommentar zu § 38*

[133] *Ähnlich der Führerscheinkontrolle: Hier wird neben dem Dokument geprüft, ob es sich um die dazugehörige Person handelt und ob das geführte Kraftfahrzeug der entsprechenden Fahrerlaubnisklasse entspricht.*

Beamte Probleme bei der „Öffnung" des Patronenlagers haben könnte. Selbst mit ausgesprochenem und deutlichem Hinweis, „Vorsicht, eingestochen, französischer Stecher" ist es nicht angeraten, die Waffe dem kontrollierenden Beamten sofort zu übergeben. Eine falsche Handhabung könnte je nach Ladezustand zur gleichzeitigen Schussabgabe von Kugel und Schrot führen. Die polizeiliche Waffenausbildung wird diese Spezialitäten kaum alle behandeln können.

Der Überprüfung der Seriennummer der Waffe sollte also möglichst eine Sicherheitsüberprüfung vorweg gehen. Hierbei kann es passieren, dass der Ladezustand der Schusswaffe nicht den Vorschriften des Waffengesetzes sowie den Unfallverhütungsvorschriften (UVV Jagd) entspricht. Im Sinne des Waffengesetzes *„ist eine Waffe schussbereit, wenn sie geladen ist, das heißt, dass Munition oder Geschosse in der Trommel, im in die Waffe eingefügten Magazin oder im Patronen- oder Geschosslager sind, auch wenn sie nicht gespannt ist;"* Zu möglichen Verstößen gegen das Waffengesetz beim Transport von Schusswaffen sei an dieser Stelle insbesondere auf die §§ 12 und 13 WaffG verwiesen.

An welcher Stelle der zunächst ohne konkreten Verdacht durchgeführten (Verkehrs-) Kontrolle der Verdacht des Vorliegens einer Straftat (oder Ordnungswidrigkeit) hinreichend begründet werden kann, ist Materie des Eingriffsrechts und muss im konkreten Einzelfall intensiv betrachtet werden. Die alleinige Tatsache, dass der Waffenbesitzer den kontrollierenden Polizeibeamten die Schusswaffe zur Kontrolle nicht aushändigen will (weil er vielleicht den Ladezustand verheimlichen möchte), rechtfertigt noch nicht den Verdacht des Vorliegens einer Straftat und würde vermutlich auch keiner richterlichen Überprüfung standhalten. Vergleichbar wäre beispielsweise die Kontrolle von Warndreieck und Verbandkasten beim Kraftfahrzeugführer; auch hier ist der Fahrzeugführer zur Mitwirkung verpflichtet, kann diese aber auch grundlos verweigern. Den Beamten bleibt dann nur die Fertigung einer Ordnungswidrigkeitenanzeige wegen des Nichtmitführens dieser Gegenstände. Im angenommenen Fall führt der Betroffene die erforderlichen waffenrechtlichen Dokumente mit und händigt diese auch den zuständigen Beamten zur Kontrolle aus, jedoch ermöglicht er nicht den zur Durchführung der Kontrolle gehörenden Abgleich, kommt also seiner sich aus dem Gesetz ergebenden Mitwirkungspflicht nicht nach.[134] Das

---

[134] *Dieses Verhalten würde im Kontext einer Aufbewahrungskontrolle die Vermutung der Unzuverlässigkeit nach § 5 WaffG begründen*

Waffengesetz sieht gemäß § 53 WaffG nur ein Bußgeld für das Nichtmitsichführen der in § 38 WaffG genannten Urkunden vor.[135] Damit ist die alleinige Weigerung des Zugänglichmachens der Seriennummern der zur WBK gehörenden Waffen nicht ahndbar. Für genau solche Fälle hat der Gesetzgeber dennoch vorgesorgt, denn wer privilegiert ist, eine Erlaubnis für den Besitz erlaubnispflichtiger Schusswaffen zu haben, ist wie bereits festgestellt zur Mitwirkung verpflichtet. Die Konsequenz einer entsprechenden Weigerung kann bei der Waffenbehörde gemäß § 45 Abs. 4 WaffG den Wegfall der Zuverlässigkeit vermuten lassen.[136]

Ergänzender Hinweis: An dieser Stelle ist unbedingt darauf hinzuweisen, dass nahezu jeder Inhaber einer waffenrechtlichen Erlaubnis einen extremen Aufwand betreiben musste, um legal in den Besitz von Schusswaffen zu kommen. Ferner sind diese Personengruppen auch polizeilich überprüft worden und werden in unregelmäßigen Abständen erneut dieser Überprüfung unterzogen. Deshalb hat es der kontrollierende Polizeibeamte grundsätzlich mit Bürgern zu tun, die nicht nur unbescholtene Personen sind, denen der Staat die Erlaubnis zum Besitz von Schusswaffen eingeräumt hat, sondern die auch jeglichen Verstoß gegen waffenrechtliche Vorschriften vermeiden wollen. Bestimmte Straftaten oder sogar Ordnungswidrigkeiten könnten die persönliche Zuverlässigkeit in Frage stellen und somit zum Entzug der waffenrechtlichen Erlaubnisse führen. Dies ist bei der Interaktion mit der kontrollierten Person stets zu beachten.

2.5.2 Weitere Maßnahmen vor Ort

Sofern der Betroffene nicht den Tatbestand einer Ordnungswidrigkeit oder einer Straftat erfüllt hat, werden die polizeilichen Maßnahmen nach der Kontrolle enden. Wie beschrieben, kann es im Einzelfall noch zu einer anschließenden Mitteilung an die zuständige Waffenbehörde kommen.

Anders stellt sich das weitere Handeln der einschreitenden Polizeibeamten natürlich dar, wenn während der Kontrolle Verstöße gegen ein bestimmtes Rechtsgebiet entdeckt werden. Kann zum Beispiel der kontrollierte Waffenbesitzer zwar eine Schusswaffe, nicht aber die dazugehörige Waffenbesitzkarte vorzeigen, liegt zum einen zwar tatbestandsmäßig eine Ordnungswidrigkeit vor, muss zum anderen aber auch gefahrenabwehrrechtlich

---

[135] § 53 Abs. 1 Nr. 20 WaffG

[136] VG Stuttgart, 5 K 4898/10, Urteil vom 6. Dezember 2011

gedacht werden. Durch die unklare Lage bzw. den fehlenden Nachweis des rechtmäßigen Besitzens oder Führens der Waffe wird hier zwingend auch der Verdacht des Vorliegens einer Straftat im Raume stehen. Der Beamte kann den Betroffenen somit nicht mit seiner Waffe ziehen lassen.

Hier ist im Rahmen der Gefahrenabwehrrechte der Länder bis zur Sachverhaltsklärung die **Sicherstellung der Waffe** anzuordnen. Aber auch eine Rechtsgebietsabgrenzung mit dem Fokus auf die begangene waffenrechtliche Ordnungswidrigkeit erlaubt weitere Maßnahmen. Das Waffengesetz regelt in § 54 die **Einziehung**: *„(1) Ist eine Straftat nach den §§ 51, 52 Abs. 1, 2 oder 3 Nr. 1, 2 oder 3 oder Abs. 5 begangen worden, so werden Gegenstände, 1. auf die sich diese Straftat bezieht (...), eingezogen. (2) Ist eine sonstige Straftat nach § 52 oder eine Ordnungswidrigkeit nach § 53 begangen worden, so können in Absatz 1 bezeichnete Gegenstände eingezogen werden."*

Für die einschreitenden Polizeibeamten vor Ort bedeutet diese Regelung, dass bei Vorliegen einer Straftat oder Ordnungswidrigkeit gegen das Waffengesetz die Waffen sicherzustellen oder zu beschlagnahmen sind. Die Einziehung (von Tatobjekten) wird dann durch einen Richter vorgenommen.

3 Waffenhandel und Waffenherstellung

Einleitender Hinweis zu den Folgen des 3. WaffRÄndG 2020

Mit Inkrafttreten des 3. WaffRÄndG am 1. September 2020 sind insbesondere umfassende Anzeigepflichten nach §§ 37 ff. WaffG zu beachten, die im Band 1 der Reihe „Waffenrecht: Praxiswissen" dargestellt werden.

Obgleich § 23 WaffG, der die Buchpflicht für Händler und Hersteller regelte, am 1. September 2020 entfallen ist, sind nach § 60a WaffG vor diesem Zeitpunkt geführte Bücher bis zu 31. Dezember 2021 fortzuführen. In diesem Falle gelten § 23 WaffG sowie die Vorschriften der AWaffV fort.[137]

Somit liegt der Schwerpunkt bezüglich der Buchpflichten in diesem Kapitel nach wie vor auf der Führung von Waffenhandels- und -herstellungsbuch.

Letztlich bildet ein elektronisches Waffenhandelsbuch die NWR-Funktionen, insbesondere die Anzeigepflichten, in seinen Programmschritten ab. Lediglich eine reine Anzeigen-Lösung, die nicht die Funktion eines Waffenhandelsbuches hat, sondern auf ein Buch in gebundener Form, eine reine Warenwirtschaft ohne integrierte NWR-Anbindung oder als Karteikarten-Lösung aufsetzt, wäre diesbezüglich erklärungsbedürftig, dazu wird aber auf die jeweilige Lösung der verschiedenen Anbieter verwiesen.

3.1 Einführung

Die Gewerbeordnung garantiert die **Gewerbefreiheit** (§ 1 GewO). Danach ist der Betrieb eines Gewerbes jedermann gestattet. Allerdings kann dieses Recht **eingeschränkt** werden – die GewO sieht entsprechende Ausnahmen und Beschränkungen vor. Nicht in der GewO geregelte Ausnahmen sind der **Handel mit Waffen oder Munition** und die **gewerbsmäßige Herstellung, Bearbeitung und Instandsetzung von Waffen oder Munition** – diese Tätigkeiten sind nach § 22 WaffG unter Erlaubnisvorbehalt gestellt.

Ob es sich bei handwerklichen Tätigkeiten an der Waffe um eine Bearbeitung oder Instandsetzung handelt, richtet sich nach der Legaldefinition in der Anlage 1 WaffG – dort findet sich Definitionen für die Begriffe „Herstellen", „Bearbeiten" und „Instandsetzen". Die **Herstellung** ist danach das

---

[137] *Die genannten Paragraphen des WaffG und der AWaffV sind in der vor dem 6. Juli 2017 gültigen Fassung ab Seite 383 abgedruckt.*

Erzeugen einer Waffe oder ihrer wesentlichen Teile aus Rohteilen oder Materialien. Als Herstellung gilt auch das Zusammenfügen einer Waffe aus separat erworbenen wesentlichen Teilen, etwa durch „Ausschlachten" defekter Exemplare des gleichen Modells zur Teilegewinnung mit darauf folgender Montage zu einer „neuen" Schusswaffe; die Literatur (Steindorf, Rn. 57 zu § 1 WaffG) bezieht sich dabei auf reichsgerichtliche Rechtsprechung und Durchführungsbestimmungen zum RWaffG, deren Anwendbarkeit auf das geltende Recht allerdings zumindest diskutabel ist.

Ein **Bearbeiten** oder **Instandsetzen** einer Waffe liegt vor, wenn die Waffe als ganze oder eines ihrer wesentlichen Teile verkürzt wird, die Schlussfolge verändert wird oder die Waffe so geändert wird, dass andere Munition oder Geschosse anderer Kaliber aus ihr verschossen werden können. Auch der Austausch wesentlicher Teile, zu deren Einpassung eine Nacharbeit erforderlich ist, wird von dieser Definition erfasst. Dagegen wird eine Schusswaffe weder bearbeitet noch instandgesetzt, wenn lediglich geringfügige Änderungen, beispielsweise am Schaft oder an der Zieleinrichtung, vorgenommen werden. In der Praxis stellt jede spanabhebende oder das Material schwächende Arbeit an den wesentlichen Teilen, die zu einer Erneuerung des Beschusses zwingt, eine Bearbeitung oder Instandsetzung im Sinne des Waffengesetzes dar.

Schon das Reichswaffengesetz 1938 (RWaffG) sah für diese Tätigkeiten in § 3 RWaffG (Herstellung) und § 7 RWaffG (Handel) eine besondere Erlaubnispflicht vor. Die Regelung wurde von den Waffengesetzen der Bundesrepublik weitgehend übernommen.

Eine weitere Art des unternehmerischen Umgangs mit Waffen ist die Tätigkeit des **Büchsenmachers**. Wie schon § 7 Abs. 3 WaffG aF ab 1976 schließt die Waffenherstellungserlaubnis eines in die Handwerksrolle eingetragenen Büchsenmachers die **Erlaubnis zum Handel** mit ein.[138] Sonstige Inhaber einer Herstellungserlaubnis benötigen nur dann keine Handelserlaubnis, wenn sie Schusswaffen oder Munition vorläufig oder endgültig an Inhaber einer Waffenherstellungs- oder Waffenhandelserlaubnis überlassen oder der Erwerb zum Zwecke der Waffenherstellung erfolgt.[139]

---

[138] § 21 Abs. 2 S. 2 WaffG

[139] § 21 Abs. 2 S. 1 WaffG

Die Anlage A der Handwerksordnung (HwO) nennt die Tätigkeit des Büchsenmachers als **zulassungspflichtiges Handwerk**.

Vom Gesetz nicht unter den Begriffen Handel oder Herstellung gefasste Tätigkeiten stehen nicht unter Erlaubnisvorbehalt – eine genaue Betrachtung der erfasste Tätigkeiten und Vorgänge ist notwendig, um als Waffenbesitzer nicht etwa durch Arbeiten an der Waffe einen waffenrechtlichen Verstoß zu begehen, weil diese Arbeiten über bloße Verschönerungen hinausgehen oder nicht ausschließlich ein Austausch der Griffschalen erfolgt.

Die **nicht gewerbsmäßige Herstellung, Bearbeitung und Instandsetzung von Waffen** ist erlaubnispflichtig, die Vorschriften finden sich in § 26 WaffG. Die **nicht gewerbsmäßige Herstellung von Munition** bedarf keiner Erlaubnis. Eine nicht gewerbliche Tätigkeit (**Nichtgewerblichkeit**) liegt vor, wenn kein Entgelt gefordert wird. Die Erstattung von Auslagen, beispielsweise bei Instandsetzung einer Waffe durch einen fachkundigen Schützenbruder, ist kein Entgelt in diesem Sinne.

Ein zentraler Hinweis auf eine gewerbliche Tätigkeit ist die Gewinnerzielungsabsicht. Diese ist etwa dann gegeben, wenn dem Handelnden eine nicht nur einmalige, sondern auf Dauer ausgerichtete Handlungsabsicht nachgewiesen werden kann, wobei ein Gewinn (Entgelt) aus dem Erwerb einer Waffe von einer anderen Person zu einem Preis und dem Überlassen an eine weitere Person zu einem höheren Preis erzielt wird. Ein Auftritt am Markt ist keine zwingende Voraussetzung für die Verwirklichung des Tatbestandes der **Gewerblichkeit**, weist aber auf eine Gewerblichkeit hin.

Ausführungen zu den **grundlegenden gesetzlichen Regelungen** entnehmen Sie bitte dem Band 1 der Reihe „Waffenrecht: Praxiswissen“.

3.1.1 Handel

Handel mit Schusswaffen oder Munition treibt, wer gewerbsmäßig oder selbstständig im Rahmen einer wirtschaftlichen Unternehmung Schusswaffen oder Munition ankauft, feilhält, Bestellungen entgegennimmt oder aufsucht, anderen überlässt oder den Erwerb, den Vertrieb oder das Überlassen vermittelt (Anlage 1 A2 Nr. 9 WaffG).

Unter den Begriff des Handelns fallen damit nicht nur die Angebote des stationären Waffenhandels (klassisches Ladengeschäft), sondern auch Tätigkeiten wie die Vermittlung, etwa als Handelsvertreter oder als Betreiber einer Internet-Börse, oder das Verleihen von Schusswaffen im Rahmen des Betriebs einer Schießstätte oder einer Paintball-Arena.

Entscheidend ist die Einstufung der jeweiligen Tätigkeiten als gewerbsmäßig oder selbstständig im Rahmen einer wirtschaftlichen Unternehmung". So kann ein regelmäßiges Anbieten von Waffen oder Munition auf einer Internet-Auktionsplattform bereits dazu führen, dass aus dem Privatanbieter ein gewerblicher Anbieter wird, der unter die Regelung des § 21 WaffG fällt. Gleiches gilt für den privaten Erlaubnisinhaber, der regelmäßig Waffen aus Nachlässen aufkauft und kurzfristig wieder verkauft.[140]

Beachten Sie hinsichtlich des Begriffs der Schusswaffe die Definitionen in Anlage 1 WaffG sowie die Ausnahmen bezüglich des erlaubnispflichtigen Handels in Anlage 2 A2 UA2 und UA3 sowie A3 WaffG. Danach bedarf **keiner waffenrechtlichen Erlaubnis** der Handel mit folgenden Schusswaffen und ihnen gleichgestellten Gegenständen:

- Schusswaffen mit Lunten- oder Funkenzündung, deren Modell vor dem 1. Januar 1871 entwickelt worden ist
- Einläufige Einzelladerwaffen mit Zündhütchenzündung (Perkussionswaffen), deren Modell vor dem 1. Januar 1871 entwickelt worden ist;
- Schusswaffen mit Zündnadelzündung, deren Modell vor dem 1. Januar 1871 entwickelt worden ist
- Armbrüste und Harpunengeräte
- Schussapparaten mit Prüfkennzeichen
- Schusswaffen, die zum Spiel bestimmt sind, mit nicht mehr als 0,5 Joule Bewegungsenergie des Geschosses
- Spielzeugwaffen mit EU-Kennzeichnung
- Schusswaffen, bei denen feste Körper durch Muskelkraft, ohne Möglichkeit der Speicherung der so eingebrachten Antriebsenergie durch eine Sperrvorrichtung, angetrieben werden (z. B. Blasrohre)
- Gegenstände, die zum Spiel bestimmt sind, wenn mit ihnen nur Zündblättchen, -bänder, -ringe (Amorces) oder Knallkorken abgeschossen werden können
- unbrauchbar gemachten Schusswaffen (Dekorationswaffen), die den Vorgaben der Anlage 1 A1 UA1 Nr. 1.4 WaffG entsprechen
- Nachbildungen von Schusswaffen

---

[140] *BGH I ZR 3/06, Urteil vom 4. Dezember 2008*

Der Handel mit **Reizstoffsprühgeräten** oder **Hieb-/Stoßwaffen** bedarf keiner waffenrechtlichen Erlaubnis, da sie nicht der Erlaubnispflicht nach Anlage 2 A2 UA1 Satz 1 WaffG unterliegen. Ebenfalls erlaubnisfrei ist der Handel mit **Tierabwehrspray**, dieses unterliegt nicht dem Waffengesetz.

3.1.2 Herstellung

Waffen oder Munition werden hergestellt, wenn aus Rohteilen oder Materialien ein Endprodukt oder wesentliche Teile eines Endproduktes erzeugt werden. Als Herstellung gilt auch, wenn bei einer Waffe das führende wesentliche Teil durch ein Teil, das noch nicht in einer Waffe verbaut war, ersetzt wird. Als Herstellen von Munition gilt auch das Wiederladen von Hülsen (Anlage 1 A2 Nr. 8.1 WaffG).

Ein gewerblicher Charakter der Tätigkeit ist nicht Voraussetzung für die Einordnung als waffenrechtlich definierte „Herstellung“ – damit steht auch die private, nicht auf Gewinnerzielung ausgerichtete Herstellung von Waffen unter einem Erlaubnisvorbehalt. Zu unterscheiden ist zwischen Erlaubnissen nach § 21 (gewerbsmäßig) und § 26 WaffG (nicht gewerbsmäßig).

Als Endprodukt sind hier Waffen oder Munition anzusehen, unabhängig davon, ob der Umgang mit ihnen einer Erlaubnis bedarf. Zu beachten ist hier, dass der Waffenbegriff in § 1 Abs. 2 WaffG nicht nur Schusswaffen umfasst – hier unterscheidet sich die Regelung zur Herstellung von jener zum Handel, die allein auf Schusswaffen abstellt. Allerdings unterliegt die Herstellung von tragbaren Gegenständen, die unter den Begriff der Waffe fallen, aber **keine Schusswaffen** sind, **keiner Erlaubnis** nach dem Waffengesetz (z. B. Hieb- und Stoßwaffen, bestimmte Schleudern, Elektroimpulsgeräte), da nur die Herstellung von Waffen im Sinne des § 1 Abs. 2 Nr. 1 (Anlage 1 A1 UA1 Nr. 1 bis 4.3) der Erlaubnispflicht unterliegt.

Ausnahmen von der Erlaubnispflicht (Anlage 2 A2 UA2, UA3, A3 WaffG) gelten für:

- **Schusswaffen** mit **Lunten- oder Funkenzündung**, deren Modell vor dem 1. Januar 1871 entwickelt worden ist
- **Armbrüste**
- Harpunengeräte
- Schussapparate mit Prüfzeichen
- **Schusswaffen**, bei denen feste Körper **durch Muskelkraft ohne Möglichkeit der Speicherung** der so eingebrachten **Antriebsenergie** durch eine Sperrvorrichtung angetrieben werden (z. B. Blasrohre)

- **Schusswaffen** die zum Spiel bestimmt sind, wenn die Bewegungsenergie des Geschosses unter 0,5 Joule liegt, sowie Spielzeugwaffen mit EU-Kennzeichnung
- **Gegenstände**, die **zum Spiel bestimmt** sind, wenn mit ihnen nur Zündblättchen, -bänder, -ringe (Amorces) oder Knallkorken abgeschossen werden können
- **Nachbildungen** von Schusswaffen

Die **Unbrauchbarmachung** von Schusswaffen ist nach Anlage 2 A2 UA2 Nr. 10 WaffG von der Erlaubnispflicht freigestellt.

3.1.3 Bearbeitung und Instandsetzung

Eine Schusswaffe wird insbesondere bearbeitet oder instand gesetzt, wenn sie

- sie verkürzt, in der Schussfolge verändert oder so geändert wird, dass andere Munition oder Geschosse anderer Kaliber aus ihr verschossen werden können (Umbau),
- wesentliche Teile, zu deren Einpassung eine Nacharbeit erforderlich ist, ausgetauscht werden, sofern es sich nicht um Herstellung im Sinne des WaffG handelt,
- Arbeiten an der Schusswaffe durchgeführt werden, die eine Beschusspflicht gemäß § 3 Absatz 2 des Beschussgesetzes auslösen, wenn es sich nicht um Herstellung, Umbau oder Anpassung handelt (Instandsetzung);

Eine Schusswaffe wird nicht bearbeitet, wenn lediglich geringfügige Änderungen, insbesondere am Schaft oder an der Zieleinrichtung, vorgenommen werden,

In der Regel ist von Bearbeitung oder Instandsetzung im Sinne des Waffengesetzes auszugehen, wenn wesentliche Teile der Schusswaffe in ihrem Zustand (Form, Abmessungen, Vollständigkeit) oder die Schlussfolge der Waffe verändert werden. Wird ein erneuter Beschuss notwendig, ist immer von einer vorherigen Bearbeitung oder Instandsetzung auszugehen.

Wird eine Schusswaffe durch einen **Umbau** in ihrer **Art** verändert, ohne dass ein Beschuss erfolgen muss (etwa Repetierwaffen durch Beseitigung einer Blockierung des Magazins bei umgebauten Einzelladern oder auch Einordnung als Kurzwaffe nach Kürzung des Schafts), ist der Besitzer darauf hinzuweisen, dass er die Eintragung in seiner WBK bei der zuständigen Behörde korrigieren lassen muss – eine Meldepflicht seitens des Büchsenmachers besteht nicht. Gleiches gilt für die **Kürzung des Laufes**, wenn die Waffe dadurch **Kurzwaffe** (Lauf und Verschluss in geschlossener Stellung 30 cm oder weniger) wird oder nach § 6 AWaffV nicht mehr für das Sportliche Schießen zugelassen ist (LW-Lauf unter 40 cm, KW-Lauf unter 7,62 cm) – auch hier unterliegt der Besitzer der Pflicht zur Meldung an die zuständige Behörde.

Beachten Sie zu den Anzeigepflichten nach §§ 37 ff. WaffG die umfassenden Ausführungen in Band 1 der Reihe „Waffenrecht: Praxiswissen".

3.2 Überlassung von Waffen

Der Begriff der Erwerbserlaubnis beschreibt eine behördliche Genehmigung zum Umgang mit solchen Schusswaffen, die der Erlaubnispflicht unterliegen. Je nach Art der Schusswaffe kann es sich dabei um eine Waffenbesitzkarte oder einen Jagdschein handeln, aber auch behördliche Ausnahmegenehmigungen können als Erwerbserlaubnis genutzt werden.

Zu unterscheiden sind grundsätzlich der **erlaubnispflichtige Erwerb** und der **erlaubnisfreie Erwerb** – letztgenannter kann durch Regeln zum Mindestalter des Erwerbers eingeschränkt sein.

Beachten Sie zu den Anzeigepflichten nach §§ 37 ff. WaffG die umfassenden Ausführungen in Band 1 der Reihe „Waffenrecht: Praxiswissen".

3.2.1 Handelsverbote und Werbung

Der Vertrieb und das Überlassen von Schusswaffen, Munition, Hieb- oder Stoßwaffen sind in folgenden Fällen verboten:[141]

- Im **Reisegewerbe**; ausgenommen ist das Aufsuchen eines Gewerbetreibenden, Freiberuflers oder einer Behörde in den jeweils dienstlich/betrieblich genutzten Räumlichkeiten
- Auf Messen, Ausstellungen und Märkten **für gewerbliche Besucher**; **ausgenommen** von diesem Verbot ist die Entgegennahme von Bestellungen auf Messen und Ausstellungen **für gewerbliche Besucher**

[141] *§ 35 Abs. 2 WaffG*

- Auf Volksfesten, Schützenfesten, Märkten, Sammlertreffen oder ähnlichen öffentlichen Veranstaltungen, also **für private Kunden**; **ausgenommen** ist hier das Überlassen der benötigten Schusswaffen oder Munition in einer Schießstätte sowie von Munition, die Teil einer Sammlung (§ 17 Abs. 1) oder für eine solche bestimmt ist.

Die zuständige Behörde kann auf Antrag **Ausnahmen** von diesen Verboten für ihren Bezirk zulassen, wenn öffentliche Interessen nicht entgegenstehen.

Zu beachten ist das **Hinweisgebot** bei einem Anbieten von Waffen und Munition in Anzeigen oder Werbeschriften sowie im Internet, **auch als Privatmann**. Dabei ist nach Art der Waffe und der zum Erwerb notwendigen Erwerbserlaubnis wie folgt zu verfahren:

Erfasster Gegenstand	**Notwendiger Hinweis**
Erlaubnispflichtige Waffe oder Munition	Abgabe nur an Inhaber einer **Erwerbserlaubnis**
Verbotene Waffen	Abgabe nur an Inhaber einer **Ausnahmegenehmigung**
Andere Waffen	Abgabe nur an Personen mit **vollendetem 18. Lebensjahr**

Neben diesem Hinweis hat der Anbieter seinen Namen, seine Anschrift und gegebenenfalls seine eingetragene Marke bekannt zu geben. Adressat dieser Vorschrift ist nicht nur der Anbieter, sondern auch das Medium der Veröffentlichung.

Bei **nicht gewerblichen Anbietern** kann derjenige, der die Anzeige publiziert, von der Veröffentlichung von Name und Anschrift des Auftraggebers auf Wunsch des Kunden absehen – dann sind allerdings ein Jahr lang die mit dieser Anzeige verbundenen Daten aufzubewahren und der zuständigen Behörde auf Antrag zur Einsicht vorzulegen.

Fraglich ist, ob bezüglich des **Waffenverbotes für den Einzelfall**[142] der Händler verpflichtet ist, den Erwerber zu befragen, ob ihm die zuständige Behörde den Erwerb von Waffen oder Munition untersagt hat. Eine solche Pflicht könnte sich daraus ergeben, dass der Händler ein **Überwachungsgarant** ist und somit die Überlassung von Waffen oder Munition an einen

---

[142] § 41 WaffG

Dritten, dem der Erwerb verboten ist, ein Verstoß gegen seine Pflicht ist, die Öffentlichkeit vor Schaden aus der von ihm beherrschten **Gefahrenquelle** (in diesem Falle Abgabestelle von Waffen oder Munition) zu bewahren. Mehr als die bloße Befragung des Erwerbers ist dem Händler allerdings nicht möglich. Um eine etwaige Pflichtverletzung auszuschließen, protokollieren Händler darum teilweise die diesbezügliche Frage an den Erwerber.

3.2.2 Prüfungspflichten des Händlers

Vor dem Überlassen von Waffen ist der Händler verpflichtet zu prüfen, ob die gesetzlich vorgeschriebenen **Zeichen** auf der Waffe vorhanden sind. **Eine Überlassung ist bei fehlenden Zeichen grundsätzlich nicht zulässig.**

Das gilt auch für das Überlassen von Waffen ohne gültiges Beschusszeichen an **Waffensammler**. Hier besteht die Möglichkeit, die Waffe einem Beschussamt vorzustellen und ein **Zertifikat** anzufordern, dass ein **Beschuss der Waffe nicht möglich** ist.[143] In diesem Falle wird das Zertifikat Teil der Waffe und muss bei jeder Überlassung gleichzeitig überlassen werden – ohne Zertifikat ist die Überlassung eine Ordnungswidrigkeit und gefährdet die Zuverlässigkeit des Überlassers.

Vor Überlassung von Schusswaffen oder Munition hat sich der Händler von der **Erwerbsberechtigung** des Erwerbers zu überzeugen, wenn es sich um erlaubnispflichtige Waffen handelt. Dabei soll nur in Ausnahmefällen eine Kopie anerkannt werden – wird eine Kopie vorgelegt, so muss es sich um eine amtlich beglaubigte Kopie handeln und die Gültigkeit der Berechtigung zum Erwerb sollte durch Anfrage bei der zuständigen Behörde nachgeprüft werden.

Die **Berechtigung** zum Erwerb einer erlaubnispflichtigen Schusswaffe oder ihrer wesentlichen Teile kann sich ergeben aus

- Waffenbesitzkarte
- Jahresjagdschein (für Leihe auch Tagesjagdschein)
- Waffenhandelserlaubnis
- Bescheinigung nach § 11 Abs. 1 WaffG

---

[143] *§ 12 Abs. 1 Satz 2 BeschG, § 10 Abs. 2 BeschussV*

- Bescheinigung nach § 55 Abs. 2 WaffG
- Bescheinigung nach § 56 WaffG

Der **Waffenschein** stellt keine Erwerbsberechtigung dar, sondern ist nur die **Erlaubnis zum Führen** einer darin vermerkten Schusswaffe – auch **Munition** darf nicht allein auf Vorlage eines Waffenscheins überlassen werden.

Beachten Sie, dass je nach Art der Erwerbserlaubnis nur bestimmte Waffenarten erworben werden können. Lesen Sie zu den jeweiligen Erlaubnisarten auch die ausführlichen Erläuterungen in Band 1 der Reihe „Waffenrecht: Praxiswissen".

Für den Erwerb **wesentlicher Teile** von Schusswaffen sind die Ausnahmen von der Erlaubnispflicht des Erwerbs nach Anlage 2 A2 UA2 Nr. 2 und 2a WaffG für Inhaber einer Waffenbesitzkarte zu beachten.

3.2.3 Erlaubnispflichtiger Erwerb

Ist der Erwerb einer Waffe erlaubnispflichtig, ist nicht nur das Vorhandensein des Erlaubnisdokuments zu prüfen, sondern auch der jeweilige Umfang der Erwerbserlaubnis. Sie kann eingeschränkt sein oder den betreffenden Erwerb nicht umfassen. Der Umfang der Erwerbsberechtigung ergibt sich immer aus dem Wortlaut und der Art der jeweils vorgelegten Erwerbsberechtigung sowie, wenn gesetzlich gefordert, dem Voreintrag. Beachten Sie in diesem Zusammenhang den vorgedruckten Wortlaut des jeweiligen Dokuments.

3.2.3.1 Waffenbesitzkarte

Die Erwerbsberechtigung wird bei einer Waffenbesitzkarte nach § 10 Abs. 1 WaffG („Standard-WBK", „grüne WBK") durch einen **Voreintrag** nachgewiesen. Nur bei Siegelung des entsprechenden Feldes ist der Erwerb einer Waffe der Art und des Kalibers erlaubt, die in der jeweiligen Zeile vermerkt sind. Der Voreintrag ist mit einem Gültigkeitsvermerk versehen.

3.2.3.2 Waffenbesitzkarte für Sportschützen

Die nach § 14 Abs. 6 WaffG ausgestellte WBK für Sportschützen („gelbe WBK") enthält kein Feld zur Siegelung der Erwerbserlaubnis. Vielmehr stellt die WBK für Sportschützen an sich eine unbefristete Berechtigung zum

Erwerb und Besitz der in § 14 Abs. 6 WaffG genannten Waffenarten dar.[144] Ein Voreintrag ist nicht erforderlich.

Beachten Sie: Eine vor dem 1.4.2003 ausgestellte WBK für Sportschützen (oftmals „WBK gelb alt" genannt im Unterschied zur „WBK gelb neu") erlaubt ohne behördliche Genehmigung in Form einer Ergänzung nur den Erwerb von Einzellader-Langwaffen und der Munition für die in ihr eingetragenen und angemeldeten Waffen.

3.2.3.3 Waffenbesitzkarte für Sammler

Die Waffenbesitzkarte nach § 17 WaffG („rote WBK für Sammler", „Sammler-WBK") berechtigt unbefristet zum Erwerb der Waffen, die in das auf der Frontseite beschriebene Sammelgebiet fallen. Ein Voreintrag ist nicht erforderlich.

Hier ist im Einzelfall zu prüfen, ob die von dem Erwerber gewünschte Waffe auch tatsächlich aufgrund dieser Erwerbserlaubnis überlassen werden darf. Der im Rahmen der behördlichen Prüfung des WBK-Inhabers meist geforderte Sammelplan kann hier ein Anhaltspunkt sein – zugleich aber sollte der Waffenhändler in der Lage sein, eine Waffe hinsichtlich der das Sammelgebiet beschreibenden Merkmale der WBK einzuordnen. Dabei können Sammelgebiete beispielsweise eingegrenzt werden durch

- Technische Eigenschaften (Kaliber, Verschlussart, Zündart etc.)
- Verwendungszweck (Sportwaffe, Jagdwaffe, Armeewaffe etc.)
- Hersteller / Entwickler (Mauser, Winchester, Sauer etc.)
- Ort / Region der Herstellung oder Nutzung
- Zeitraum der Herstellung / Entwicklung

Ist zweifelhaft, ob die betreffende Waffe von dem Sammelthema des Erwerbers umfasst wird, ist fachkundiger Rat durch Sachverständige einzuholen.

Die Erlaubnis zum Erwerb und Besitz von Schalldämpfern ist gesondert zu beantragen, da Schalldämpfer keine Schusswaffe im Sinne des WaffG sind.[145] Gleiches gilt für den Erwerb wesentlicher Teile, ohne die

---

[144] *siehe zum Munitionserwerb auf „WBK gelb" Kapitel 3.5*

[145] *Schleswig-Holsteinisches Verwaltungsgericht 7 A 137/06, Urteil vom 17. Juni 2008, unter Verweis auf Wortlaut § 34 Abs. 5 WaffG; siehe auch*

Erlaubnisfreiheit des Erwerbs nach Anlage 2 A2 UA2 Nr. 2 und 2a WaffG einzuschränken.

Die WBK nach § 17 WaffG schließt nicht automatisch den Erwerb und Besitz von Munition ein – ein Munitionserwerbsschein ist zu beantragen, die Erlaubnis kann allerdings auch gesondert auf der WBK erteilt werden.

3.2.3.4 Waffenbesitzkarte für Sachverständige

Die Waffenbesitzkarte für Sachverständige nach § 18 WaffG wird in der Regel für „Schusswaffen jeder Art" ausgestellt. Ein Voreintrag ist nicht erforderlich, Erwerb wird unbefristet gestattet. Die Erlaubnis zum Erwerb von Schalldämpfern ist gesondert zu beantragen, da Schalldämpfer keine Schusswaffe im Sinne des WaffG sind.[146] Gleiches gilt für den Erwerb wesentlicher Teile, zu beachten ist aber die Erlaubnisfreiheit des Erwerbs nach Anlage 2 A2 UA2 Nr. 2 und 2a WaffG.

Die WBK nach § 18 WaffG schließt nicht automatisch den Erwerb und Besitz von Munition ein – ein Munitionserwerbsschein ist zu beantragen, die Erlaubnis kann allerdings auch gesondert auf der WBK erteilt werden.

3.2.3.5 Jagdschein

Der Erwerb von Schusswaffen durch Jäger wird in § 13 Abs. 3 und 4 WaffG geregelt. § 13 Abs. 5 erlaubt Jägern den Erwerb und Besitz von **Munition für Langwaffen**, die nicht nach BJagdG verboten ist.[147]

Inhaber eines gültigen **Jahresjagdscheines** bedürfen zum auf Dauer angelegten Erwerb von **Langwaffen** keiner weiteren Erlaubnis. Ein Jagdschein, also ein Jahresjagdschein oder auch ein Tagesjagdschein, ist erforderlich, wenn eine Langwaffe aufgrund von § 12 Abs. 1 WaffG zur Leihe oder Verwahrung erworben werden soll, um vorübergehend im Besitz des

---

Ausführungen zur Gleichstellung im Band 1 der Reihe „Waffenrecht: Praxiswissen".

[146] *Schleswig-Holsteinisches Verwaltungsgericht 7 A 137/06, Urteil vom 17. Juni 2008, unter Verweis auf Wortlaut § 34 Abs. 5 WaffG; siehe auch Ausführungen zur Gleichstellung im Band 1 der Reihe „Waffenrecht: Praxiswissen"*

[147] *Zur Abgrenzung Lang- und Kurzwaffenmunition siehe Band 1 der Reihe „Waffenrecht: Praxiswissen"*

Erlaubnisinhabers verbleiben soll. Das Vorgenannte gilt nur, wenn die betreffende Schusswaffe nicht nach dem Bundesjagdgesetz verboten ist. Beachten Sie dazu, insbesondere auch zum Ausländer-Jagdschein, die Ausführungen Band 1 der Reihe „Waffenrecht: Praxiswissen".

Der Erwerb von **Kurzwaffen** und **Kurzwaffenmunition** bedarf einer **Erwerbserlaubnis** in Form eines **Voreintrages in der Waffenbesitzkarte** oder eines Munitionserwerbsscheines. Gleiches gilt für Leihe und Verwahrung – hier muss eine Waffenbesitzkarte vorgelegt werden, die aufgrund des Bedürfnisses der Ausübung der Jagd ausgestellt wurde, der gültige Jahresjagdschein reicht nicht aus. Beachten Sie, dass der Voreintrag nicht verwechselt werden darf mit dem anerkannten Bedürfnis des Jägers für den Erwerb von bis zu zwei Kurzwaffen – diese Regelung beschreibt allein die notwendige Prüfung durch die Behörde, nicht aber die Erwerbserlaubnis.

3.2.3.6 Erwerb durch EU-Ausländer

Personen, die ihren gewöhnlichen Aufenthalt in einem anderen Mitgliedsstaat der Europäischen Union haben (EU-Ausländer), erhalten auf Antrag eine Erlaubnis, der sie zum Erwerb und Besitz von Schusswaffen oder Munition berechtigt.[148] Voraussetzung ist, dass der Antragsteller entweder die Schusswaffen oder Munition selbst über die Grenze verbringen will oder schriftlich erklärt, dass er die Schusswaffen oder Munition in Deutschland besitzen will. Zu beachten ist, dass der Erwerb und Besitz von Schusswaffen der Kategorie B[149] nur dann erlaubt werden darf, wenn der EU-Mitgliedsstaat, in dem der Antragsteller seinen Hauptwohnsitz hat, dem Erwerb zustimmt.

Voraussetzung für die Erteilung ist eine Verbringungserlaubnis des EU-Mitgliedsstaates, in dem der Antragsteller seinen gewöhnlichen Aufenthalt hat. Durch Vorlage dieser Verbringungserlaubnis ist eine Überprüfung des Antragstellers im Umfang des § 4 WaffG nicht nötig.

Zuständige Behörde für die Erteilung der Erlaubnis ist die Behörde, in deren Bezirk der Grenzübertritt erfolgte.[150] In Betracht kommt aber auch die Behörde, in deren Bezirk der Waffenerwerb erfolgen soll.

---

[148] § 11 Abs. 1 WaffG

[149] Anlage 1 A3

[150] § 49 Abs. 1 Nr.1 Buchst. b WaffG

Der Händler darf dem Erwerber Schusswaffen oder Munition nach Maßgabe der vorgelegten Erwerbserlaubnis überlassen. Zu beachten ist die Pflicht zur schriftlichen Meldung der Überlassung an das Bundesverwaltungsamt.[151]

3.2.4 Erlaubnisfreier Erwerb und Besitz

Ist ein Mindestalter für den Erwerb vorgeschrieben, darf nur ein amtlicher Ausweis mit Lichtbild (Personalausweis, Reisepass oder Führerschein) als Nachweis akzeptiert werden, nicht aber Schülerausweise o.ä..

Das Waffengesetz regelt mit dem Begriff der Anscheinswaffe auch den Umgang mit solchen Gegenständen, die keine Waffe sind, etwa Spielzeugpistolen. Anlage 2 A3 WaffG bestimmt jene Gegenstände, auf die die Regelungen des Waffengesetzes überwiegend nicht anzuwenden sind. Zu beachten sind die Ausnahmen von der Erlaubnispflicht in § 12 Abs. 1 und 2 WaffG und in der Anlage 2 WaffG.

Zugleich ist stets § 41 WaffG zu beachten. Die zuständige Behörde kann einer Person auch den Umgang mit solchen Waffen untersagen, die nicht der Erlaubnispflicht unterliegen, zum Beispiel SRS-Waffen, die auch ohne Erlaubnis erworben und besessen werden dürfen, wenn eine Gefährdung im Sinne der Regelung zu besorgen ist. Die Behörde unterrichtet nach § 41 Abs. 3 WaffG die örtliche Polizeidienststelle von dem Verbot. Von der Regelung des § 41 WaffG werden auch Harpunengeräte erfasst (Anlage 2 A3 UA2 WaffG), nicht aber die in Anlage 2 A3 UA2 WaffG genannten Schusswaffen, Nachbildungen und Gegenstände.

Bei der Frage nach der **Erlaubnisfreiheit des Erwerbs** ist zunächst zu prüfen, ob der Erwerb dieser Waffe nach dem Waffengesetz einer Erlaubnis oder eines Mindestalters bedarf; zu beachten sind auch die Regelungen in § 12 WaffG.

Die nachfolgende Aufstellung stellt ein praktisches Prüfschema für die Fragestellung dar, welche Voraussetzungen durch den Erwerber (in der Regel Käufer) erfüllt werden müssen.

3.2.4.1 Frei erwerbbar

Frei erwerbbar für jedermann sind:

---

[151] *§ 34 Abs. 5 WaffG*

- **Schusswaffen** nach der Definition in der Anlage 1 WaffG (Anlage 1 A1 UA 1 Nr. 1.1), wenn sie
    - **Spielzeugwaffen** mit EU-Kennzeichnung sind,
    - **zum Spiel bestimmt** sind und aus ihnen nur Geschosse verschossen werden können, denen eine Bewegungsenergie von nicht mehr als 0,5 J erteilt wird[152] oder
    - aus ihnen Geschosse **nur mit Muskelkraft** und **ohne die Möglichkeit der Speicherung** der eingebrachten Antriebsenergie verschossen werden
- **Gegenstände**, die **zum Spiel bestimmt** sind, wenn mit ihnen nur Zündblättchen, -bänder, -ringe (Amorces) oder Knallkorken abgeschossen werden können[153]
- **Nachbildungen** von Schusswaffen[154]

3.2.4.2 Frei erwerbbar ab 14 Jahren

Das Waffengesetz kennt bezüglich des Erwerbs keine Altersgrenze für Schusswaffen unterhalb der Volljährigkeit – allerdings dürfen Jugendliche (als solcher gilt der Mensch nach Vollendung seines 14. Lebensjahres) Umgang mit **geprüften Reizstoffsprühgeräten** haben, womit ihnen auch der Erwerb erlaubt ist. Für den Erwerb einzelner Gegenstände ist nach **Spielzeugrecht** ein Mindestalter von 14 Jahren erforderlich. Davon werden unter anderem Softair-Waffen erfasst.

3.2.4.3 Frei erwerbbar ab 18 Jahren

Frei erwerbbar ab 18 Jahren sind:

- Druckluftwaffen, Federdruckwaffen, Waffen mit Kaltgas-Antrieb mit Kennzeichen „F im Fünfeck" (unter 7,5 J)

---

[152] *Sie dürfen nicht mit allgemein gebräuchlichen Werkzeugen so geändert werden können, dass die Bewegungsenergie der Geschosse über 0,5 Joule (J) steigt.*

[153] *Es muss ausgeschlossen sein, dass sie mit allgemein gebräuchlichen Werkzeugen in eine Schusswaffe oder einen anderen einer Schusswaffe gleichstehenden Gegenstand umgearbeitet werden können.*

[154] *Definition siehe Anlage 1 A1 UA1 Nr. 6 WaffG*

- Druckluftwaffen, Federdruckwaffen, Waffen mit Kaltgas-Antrieb, die
    - im Bundesgebiet vor dem 1.1.1970 oder
    - im Beitrittsgebiet des Einigungsvertrages (Staatsgebiet der ehemaligen DDR) vor dem 2.4.1991

  hergestellt und in den Handel gebracht wurden
- SRS-Waffen mit Kennzeichnung „PTB im Kreis" oder einer anderen anerkannten Kennzeichnung und dafür bestimmte Kartuschenmunition
- einläufige Einzelladerwaffen mit Zündhütchenzündung (Perkussionswaffen), deren Modell vor dem 1. Januar 1871 entwickelt worden ist
- Schusswaffen mit Zündnadel-, Lunten- oder Funkenzündung, deren Modell vor dem 1. Januar 1871 entwickelt worden ist
- Armbrüste
- Kartuschenmunition für Salutwaffen sowie für Schussapparate nach § 7 des Beschussgesetzes
- pyrotechnische Munition, die das Zulassungszeichen nach Anlage II Abbildung 5 zur Dritten Verordnung zum Waffengesetz in der Fassung der Bekanntmachung vom 2. September 1991 (BGBl. I S. 1872) mit der Klassenbezeichnung PM I trägt
- Munition jeder Art zum sofortigen Verbrauch auf der Schießstätte

3.3 Verwahrung durch den Händler

Eine erlaubnispflichtige Schusswaffe kann ohne Erlaubnis nach § 12 Abs. 1 Nr. 1 Buchst. b WaffG durch den Inhaber einer waffenrechtlichen Erlaubnis vorübergehend zur Aufbewahrung erworben werden. Die Waffenhandelserlaubnis ist eine solche waffenrechtliche Erlaubnis.

Zugleich ermöglicht § 12 Abs. 1 Nr. 2 WaffG den Erwerb auch durch Personen ohne waffenrechtliche Erlaubnis, wenn es sich um eine gewerbliche vorübergehende Aufbewahrung handelt.

Im Falle eines mehrwöchigen Auslandsaufenthaltes ist es sinnvoll, Waffen in die Obhut eines anderen zu geben, beispielsweise dem Waffenhändler. Verwahrwaffen sind in das Waffenhandelsbuch aufzunehmen. Gleiches gilt für Reparaturwaffen.

Der Wiedererwerb der aufbewahrten Waffe ist nach § 12 Abs. 1 Nr. 4 Buchst. a WaffG erlaubnisfrei.

Auch bei einer Verwahrung für Erben, die in nächster Zeit eine Jagdausbildung absolvieren wollen und behördlich verpflichtet wurden, die Erbwaffen zum jetzigen Zeitpunkt zu blockieren oder einem Berechtigten zu überlassen, sind die betroffenen Waffen in das Handelsbuch des Händlers aufzunehmen.[155] Dieser Erwerb durch den Händler darf an dieser Stelle nicht mit dem zivilrechtlichen Vorgang des Kaufes verwechselt werden. Die spätere Rück-Überlassung der Waffen durch den Händler ist nur gegen Vorlage einer gültigen Erwerbsberechtigung möglich oder bei Nachweis der weiterbestehenden Besitzberechtigung.

Beachten Sie zu den diesbezüglichen Anzeigepflichten nach §§ 37 ff. WaffG die umfassenden Ausführungen in Band 1 der Reihe „Waffenrecht: Praxiswissen".

3.4 Erwerb durch den Händler

Erwirbt ein Händler eine erlaubnispflichtige Schusswaffe, muss er sich von der Berechtigung des Überlassers zum Umgang mit dieser Schusswaffe überzeugen. Die Berechtigung wird durch die Eintragung dieser Schusswaffe in einer Waffenbesitzkarte nachgewiesen.

Der Erwerb einer Schusswaffe ist in das **Waffenhandelsbuch** einzutragen. Dabei sind nach § 23 Abs. 2 WaffG zu erfassen:

- Art der Schusswaffe (Waffenart, Kaliber, Hersteller, Modell, Seriennummer)
- Überlasser (Name und Sitz, Art und Nummerierung der waffenrechtlichen Erlaubnis)

Ist der Überlasser nicht Hersteller oder Händler, ist ihm die Überlassung der Waffe an den Händler schriftlich zu bestätigen, damit er seiner Anzeigepflicht[156] genügen kann. Diese Bestätigung muss enthalten:

- Name der Firma
- Anschrift der Niederlassung

Eine Eintragung in die Waffenbesitzkarte des Überlassers ist beim Erwerb nicht gesetzlich vom Händler (als Erwerber) gefordert – einzig bei

---

[155] *Zur Problematik der Kommissionswaffen siehe Kapitel 3.14*

[156] *§ 34 Abs. 2 Sätze 2 und 4 WaffG*

Überlassung durch den Händler an einen Berechtigten sind Eintragungen durch den Händler in der Waffenbesitzkarte vorzunehmen[157].

In der Praxis stößt diese Regelung auf Schwierigkeiten – insbesondere der Versandhandel mit Waffen würde voraussetzen, dass WBKn im Original per Post an den Überlasser zur Eintragung geschickt werden müssten.

Es darf nicht unbeachtet bleiben, dass nur durch Vorlage der WBK im Original sichergestellt ist, dass die Erlaubnis zum Erwerb oder Besitz zu diesem Zeitpunkt noch besteht und es sich, im Falle einer Kopie oder eines PDF-Scans, nicht um eine Fälschung handelt oder eine Kopie eines mittlerweile widerrufenen und eingezogenen Originals.

Beachten Sie zu den diesbezüglichen Anzeigepflichten nach §§ 37 ff. WaffG die umfassenden Ausführungen in Band 1 der Reihe „Waffenrecht: Praxiswissen".

3.5 Überlassung von Munition

Mit Inkrafttreten des Waffengesetzes 2003 entfiel die bis dahin geltende Pflicht[158] zur Führung eines **Munitionshandelsbuches**. Die Überlassung von Munition bedarf somit nicht der Eintragung in das **Waffenhandelsbuch**.

Erlaubnispflichtige Munition darf nur an Berechtigte abgegeben werden. Die Erwerbsberechtigung muss bei jedem Erwerb durch Vorlage der Erlaubnis nachgewiesen werden, um zu vermeiden, dass einer Person, deren Erwerbsberechtigung widerrufen wurde, Munition überlassen wird.

Bei Nachweis der Munitionserwerbsberechtigung durch eine **WBK** (Siegel der Behörde) bezieht sich die Erlaubnis auf Munition des Kalibers der Waffe. Handelt es sich bei der zu erwerbenden Munition um einen Typ, der zum Verschießen aus der betreffenden Waffe geeignet ist, darf auch dieser Munitionstyp erworben werden - § 10 Abs. 3 WaffG spricht von Munition für die in der WBK „**eingetragenen Schusswaffen**".[159]

---

[157] *§ 34 Abs. 2 Satz 1 WaffG*

[158] *§ 12 Abs. 3 WaffG aF*

[159] *„Eingetragen" ist eine Waffe erst nach Anmeldung bei der Behörde, beachten Sie dazu auch die Ausführungen im Band 1 der Reihe „Waffenrecht: Praxiswissen"; eine Überlassung von Munition nur aufgrund eines Voreintrages ist unzulässig!*

Eine **WBK für Sportschützen** berechtigt zum Erwerb der Munition für jene Waffen, die in der WBK eingetragen worden sind.

Bei Nachweis der Erwerbsberechtigung durch einen Munitionserwerbschein (**MES**[160]) muss die Erlaubnis die gewünschte Munition umfassen. Eine **Erlaubnis nach § 27 SprengG** (Wiederladerschein) ist keine Erwerbsberechtigung für Munition.

Ohne Nachweis der Erwerbsberechtigung darf Munition lediglich an Volljährige[161] **zum sofortigen Verbrauch auf der Schießstätte**[162] oder im Rahmen der sonstigen Ausnahmen nach § 12 Abs. 2 WaffG überlassen werden. Im Falle der Überlassung auf der Schießstätte sollte der Erwerber auf seine Pflicht zur Abgabe von Restmunition oder Überlassung an einen Berechtigten hingewiesen werden – eine Verpflichtung dazu besteht aber nicht.

Der Erwerb von Munition, die für <u>Langwaffen</u> geeignet ist, durch **Inhaber eines gültigen Tages- oder Jahresjagdscheins** ist erlaubnisfrei, sofern diese Munition nicht nach dem Bundesjagdgesetz verboten ist.[163] Der Erwerb von Munition für **Kurzwaffen** ist dagegen auch Jägern **nur mit Nachweis** der Erwerbsberechtigung durch WBK oder MES möglich.

Munition darf **gewerbsmäßig** nur in der kleinsten, einzeln **verschlossenen Verpackungseinheit** überlassen werden, also nicht als lose Schüttung nach Stücken.[164] Sinn dieser Vorschrift ist es, dem Händler zu ermöglichen, vor Überlassung der Munition seiner Pflicht zur Nachschau nachkommen zu können, ob die Munition (in diesem Falle die Verpackung) das geforderte Prüfzeichen trägt. Insofern ist als Packung nur eine Originalverpackung des Herstellers anzusehen. **Ausgenommen** von dieser Regelung sind Einzelstücke oder kleine Mengen für den Erwerb durch **Waffen- oder Munitionssammler** nach § 17 WaffG und die Überlassung zum **sofortigen Verbrauch auf der Schießstätte**. Die Kontrolle auf Prüfzeichen soll bei der Überlassung

---

160 Munitionserwerbsschein nach § 10 Abs. 3 Satz 2 WaffG, siehe auch im Band 1 der Reihe „Waffenrecht: Praxiswissen".

161 § 2 Abs. 1 WaffG; Ausnahmen nach §§ 3, 27 WaffG sind zu beachten

162 § 12 Abs. 2 Nr. 2 WaffG

163 § 13 Abs. 5 WaffG

164 § 34 Abs. 1 Satz 3 WaffG

von Munition **stichprobenartig** erfolgen. Munition, die Teil einer **Munitionssammlung** ist oder werden soll, muss keine Zeichen tragen.[165]

3.6 Waffenbuch

3.6.1 Begriff

Die Begriffe „Waffenhandelsbuch" und „Waffenherstellungsbuch" (nachfolgend gleichlautend kurz: Buch) werden trotz des Wandels im Bereich der Dokumentation für jeglichen Nachweis bezüglich des Herstellens, Erwerbens, Vertreibens oder Überlassens von Schusswaffen durch den Inhaber einer Handels- oder Herstellungserlaubnis gebraucht.

Ursprünglich erfolgte die Dokumentation durch Eintragung in ein gebundenes Medium. Nach § 18 der „Verordnung zur Durchführung des Reichswaffengesetzes 1938" musste es sich um ein dauerhaft gebundenes Buch handeln, das vor Gebrauch von der Ortspolizei unter Beglaubigung der Seitenzahl abzustempeln war.

Mit Ausnahme der Pflicht zur Beglaubigung der Seitenzahl haben sich die wesentlichen Bestimmungen zur Buchführung bis in die Gegenwart erhalten.[166] Selbst die Beglaubigung findet sich bei der Pflicht zur amtlichen Stempelung von Karteikarten, wenn diese zur Führung des Waffenbuches in Karteiform verwendet werden sollen.

Bücher in elektronischer Form unterliegen trotz der mittlerweile bekannten Gefahren bei der Benutzung von Datenbanken (Stichwort Manipulation von Daten) keiner Vorschrift bezüglich der Zulassung entsprechender EDV-Produkte oder EDV-Systeme. Doch selbst diese eigentlich papierlose Form der Dokumentation kommt nicht ohne Papier aus – der Bestand muss entsprechend den Regeln für die Führung des Buches in gebundener Form oder Karteiform ausgedruckt und abgelegt werden.

Jeder Handel mit Schusswaffen ist in diesem Buch zu dokumentieren. Verwahr-, Reparatur- und Kommissionswaffen unterliegen der Pflicht zur Eintragung in das Waffenhandelsbuch, auch wenn es sich um Waffen handelt, die vom Waffenhändler lediglich zeitweise übernommen werden. Dabei kann, zum Zwecke einer leichteren organisatorischen Trennung, ein

---

[165] *§ 11 Abs. 2 Nr. 2 BeschG, § 37 Abs. 1 Nr. 4 BeschussV*

[166] *§§ 17 ff. AWaffV iVm. § 23 Abs. 2 WaffG*

separates Waffenbuch geführt, das lediglich die Verwahr-, Reparatur- und Kommissionswaffen eines Händlers erfasst, da sich diese ja nur vorübergehend in seinem Besitz befinden und kein Eigentum sind.

Zugänge und Abgänge von Schusswaffen, die eine **Bauartzulassung** nach §§ 7, 8 BeschG haben (Einsteckläufe, Gasböller, SRS-Waffen, siehe dort) oder der Anzeigepflicht nach § 9 BeschG unterliegen, **müssen nicht im Buch erfasst werden.**[167] Das gilt etwa für SRS-Waffen mit dem Zeichen „PTB im Kreis" oder Druckluftgewehre mit „F im Fünfeck".

Munition wird von der Pflicht zur Führung des Buches **nicht erfasst**.

Zu beachten sind § 18 Abs. 4 und § 19 Abs. 4 AWaffV!

3.6.2 Grundsätzliche Erfordernisse

Die Führung eines Buches dient vornehmlich dem Nachweis des Verbleibs von Schusswaffen. Unabhängig von der Art des Mediums nennt § 17 A-WaffV als Gegenstand der Regelung ein **Buch**. Es ist

- zu **sichern**
    - gegen Abhandenkommen,
    - gegen Datenverlust,
    - gegen unberechtigten Zugriff,
- zu **führen** in
    - deutscher Sprache,
    - Klarschrift,
    - dauerhafter Form,
    - aktuell (unverzügliche Eintragung)
- **abzuschließen** (nur gebundene Form) mit Datum und Unterschrift, um nachträgliche Eintragungen zu verhindern,
    - regelmäßig zum 31. Dezember jedes zweiten Jahres,
    - bei Einstellung des Betriebes,
- **vorzulegen** auf Verlangen der zuständigen Behörde,
- **aufzubewahren** im Betrieb bis zum Ablauf von zehn Jahren nach dem Tag der letzten Eintragung,

[167] *§ 23 Abs.1 Satz 2 und Abs. 2 Satz 2 WaffG*

- der zuständigen Behörde **auszuhändigen**, wenn der zur Buchführung Verpflichtete es nach Ablauf der 10-Jahres-Frist nicht weiter aufbewahren will oder das Gewerbe ohne Nachfolger aufgibt,
- dem Nachfolger **auszuhändigen**.

3.6.3 Waffenbuch in gebundener Form (§ 18 AWaffV)

Die Eintragungen im Waffenbuch werden jeweils zweiseitig auf getrennten Blättern vorgenommen, das Buch ist aufgeschlagen und kann ohne umzublättern mit den Eintragungen versehen werden.

Aufbau des **Waffenherstellungsbuches** gemäß § 18 Abs. 1 AWaffV:

<table>
<tr><th colspan="7">Waffenherstellungsbuch</th></tr>
<tr><th colspan="3">Linke Seite</th><th colspan="4">Rechte Seite</th></tr>
<tr><td colspan="7">Waffentyp
Name, Firma oder Marke, die auf der Waffe angebracht sind</td></tr>
<tr><td>Laufende Nummer</td><td>Datum der Fertigstellung</td><td>Herstellungsnummer</td><td>Datum des Abgangs (Kenntn. d. Verlusts)</td><td>Name und Anschrift des Empfängers</td><td>Erwerbsberechtigung (außer Händler)</td><td>Bei Erwerb nach § 34 Abs. 5: BVA-Daten</td></tr>
</table>

Aufbau des **Waffenhandelsbuches** gemäß § 18 Abs. 2 AWaffV:

Waffenhandelsbuch									
Linke Seite						Rechte Seite			
Laufende Nummer	Datum des Eingangs	Waffentyp	Name, Firma oder Marke	Herstellungsnummer	Name und Anschrift des Überlassers	Datum des Abgangs (Kenntnis des Verlusts)	Name und Anschrift des Erwerbers	Erwerbsberechtigung (außer Händler)	Bei Erwerb nach § 34 Abs. 5: BVA-Daten

Die Eintragung in mehreren Zeilen ist möglich. Zur Abgrenzung sind Trennstriche zu ziehen.

Jede Waffe ist **gesondert** im Waffenhandelsbuch zu erfassen.

Auf der nachfolgenden Doppelseite ist beispielhaft ein WHB in gebundener Form dargestellt (Daten teilweise anonymisiert).

Eingang

Laufende Nr. der Eintragung	Datum des Eingangs	Waffentyp	Name, Firma oder Marke, die auf der Waffe angebracht sind	Herstellungsnummer	Name und Anschrift des
1	2	3	4	5	6
981	25.7. 2008	Doppelflinte 12/70	Astra	12 1	Rud… Mü… 59018…
982	28.7. 2008	Einzellader .22 lr	Anschütz	20	Hein… …ia du… Jürge… …itemo…
983	31.10. 2008	Pistole 9 mm Para	S/42 Mauserwerke	46	Dr. A… …mölle… Holste…
		geprüft am 26.11.08 i.A.			KREIS… …EIN D… Fachdienst… …dnung Lübecker… Eutin
984	14.11. 2008	KK Gewehr Kal 22 lfb	Erma Mod. 70	01 0	Jutta… Barg… Kli… 77
985	14.11. 2008	Revolver 4 mm M20	Arminius 604199	60 99	Jutta… Bar… Kli… 77
986	14.11. 2008	Revolver 4 mm Rd	605854 Arminius	60 54	Jutta… Bar… Kli… 77
987	14.11. 2008	Revolver .357 Mag	Taurus M 66 SS 3"	BO 587 5	Heu… gu… …ach
988	25.11. 2008	Pistole 9 mm K	Star SA 9 mm/380	126 7	Siegf… …el Chri… …1. 30
989	18.2. 2009	Pistole 9 mm (9x19)	S+Wesson Mod. 59	A36 33	Franz… …25 Neust… WBK… 11.3.75
990	18.2. 2009	Revolver .38 Spec	HW 38 2"	55 2	Franz Neust… WBK… 11.3.75
991	15.4. 2009	BDFL 12-70	Kettner Milano	514	Andr… …chs Bockh… …ald 2…
992	15.4. 2009	Rep-Büchse .30-06	Mauser 98	67	Andr… …chs Bockh… …wald 2…

Datum des Abgangs oder der Kenntnis des Verlustes	Name und Anschrift des Empfängers oder Art des Verlustes	Sofern die Schusswaffe nicht einem Erwerber nach § 21 Abs. 1 des Waffengesetzes überlassen wird, die Bezeichnung der Erwerbsberechtigung unter Angabe der ausstellenden Behörde und des Ausstellungsdatums	Sofern die Schusswaffe einem E werber nach § 34 Abs. 5 Satz 1 d Waffengesetzes überlassen oder ihn versandt wird, Bezeichnung u Datum der Bestätigung der Anze durch das Bundeskriminalamt
7			10
16.10. 2008	S. hteus … miede 3c … ae	J. Sch … 70 bis 3 … 237/04	
25.11. 2008	Su … Vegel C … Str. 30 … din	WBK … 2003 24.4. … 04	
25.6. 2009	VeH … n Sch	WBK … 009 … 4 3/6.09	
25.6. 2009	Vel … n Sch …	F. Sch … 246 3.6. … 12 (814)	
25.6. 2009	Ve … lin S … tz	F. Sch … 246 3.6.0 … 12 (814)	

3.6.4 Waffenbuch in Karteiform (§ 19 AWaffV)

Bei Führung des Waffenbuches in Karteiform unterscheidet der Gesetzgeber zwischen einem Waffenherstellungsbuch und einem Waffenhandelsbuch. Anders als das Buch in gebundener Form ist das *Buch in Karteiform* eine Art Bestandsübersicht – nicht die einzelne Waffe wird jeweils mit einer Karteikarte angelegt, sondern vielmehr für jeden einzelnen Waffentyp eine Karte geführt. Die verwendeten Karten sind vor ihrer Verwendung durch die zuständige Behörde zu stempeln; die Behörde hat zudem die Zahl der Karteikarten zu bestätigen.[168]

Folgende Eintragungen sind gesetzlich vorgeschrieben:

Waffenherstellungsbuch in Karteiform
Eintragung Datum der Fertigstellung
Stückzahl
Herstellungsnummern
Austragung Laufende Nummer der Eintragung
Datum des Abgangs / Kenntnis des Verlustes
Stückzahl
Herstellungsnummern
Name/Anschrift des Empfängers o. Art des Verlustes
Wenn kein Händler: EWB-Nachweis
Wenn Export: BVA-Anzeigedaten

Waffenhandelsbuch in Karteiform
Eintragung Datum des Eingangs
Stückzahl
Herstellungsnummern
Name und Anschrift des Überlassers
Austragung *wie Waffenherstellungsbuch*

Die Vorschriften zur Aufzeichnungsführung, Aufbewahrung und Vorlage entsprechen jenen für das Waffenbuch in gebundener Form mit Ausnahme der Pflicht zum Abschluss nach § 17 Abs. 4 AWaffV.

3.6.5 Waffenbuch in elektronischer Form (§ 20 AWaffV)

Die Führung des Waffenbuches in elektronischer Form ist ebenfalls möglich und gesetzlich geregelt. Allerdings beschränkt sich die Vorschrift

[168] *§ 17 Abs. 2 Satz 2 AWaffV*

darauf, bezüglich der zu erfassenden Merkmale einer Eintragung auf die Vorschriften zum Waffenbuch in Karteiform zu verweisen. Eine Verpflichtung zur Nutzung einer zertifizierten EDV-Lösung gibt es nicht – die Norm weist lediglich darauf hin, dass die Bestimmungen des Bundesdatenschutzgesetzes zu beachten sind.

Um eine jederzeitige Zugriffsmöglichkeit auf die digital erfassten und gespeicherten Vorgänge zu haben, gelten für das Waffenbuch in elektronischer Form neben den Regelungen aus § 17 AWaffV[169] einige durchaus nachvollziehbare, sinnvolle **Sonderregelungen**:

- Am Monatsende[170] sind die gespeicherten Datensätze in Klarschrift auszudrucken – die Verwendung von Codes oder betriebsinternen Kürzeln ist nur zulässig für die Namen von Überlassern, Erwerbern und Erwerbsberechtigungen, wenn gleichzeitig ein Verzeichnis beigelegt wird, was eine Entschlüsselung der Daten auch ohne Nutzung einer Datenbank ermöglicht.
- Der Ausdruck muss in Karteiform (§ 19 AWaffV) erfolgen.
- Die Bestände sind auf den Folgemonat vorzutragen.

Die Verwendung eines Warenwirtschaftssystems ist im Handel und auch in der Herstellung heute ein Standard. Dabei zeigt sich immer wieder, dass sich zur Optimierung der Geschäftsabläufe der Betrieb an die EDV-Lösung anpassen sollte. Insbesondere die Meldungen an die Behörde können durch praxisgerechte Software fast mühelos erledigt werden.

3.6.6 Beispiel für Handelsbuch mit NWR-Funktionalität

Auf den folgenden Seiten ist die Arbeit mit einem elektronischen Waffenbuch am Beispiel des Programms „ProfiSoft“ dargestellt (mit freundlicher Genehmigung der HQS GmbH).

Beachten Sie insbesondere die Hinweise zu einem Erwerb ohne WBK oder NWR-ID durch einen Jagdscheininhaber. Die ausgewählten „screenshots“ sollen lediglich an Beispielen demonstrieren, wie eine Warenwirtschaft die Geschäftsvorfälle im Waffenhandel abbildet.

---

[169] § 17 Abs. 3, 5 und 6 AWaffV

[170] Ausnahmemöglichkeit nach § 20 Abs. 4 AWaffV beachten

Beispiel Wareneingang Erfassung Seriennummer (1) und NWR-ID (2)

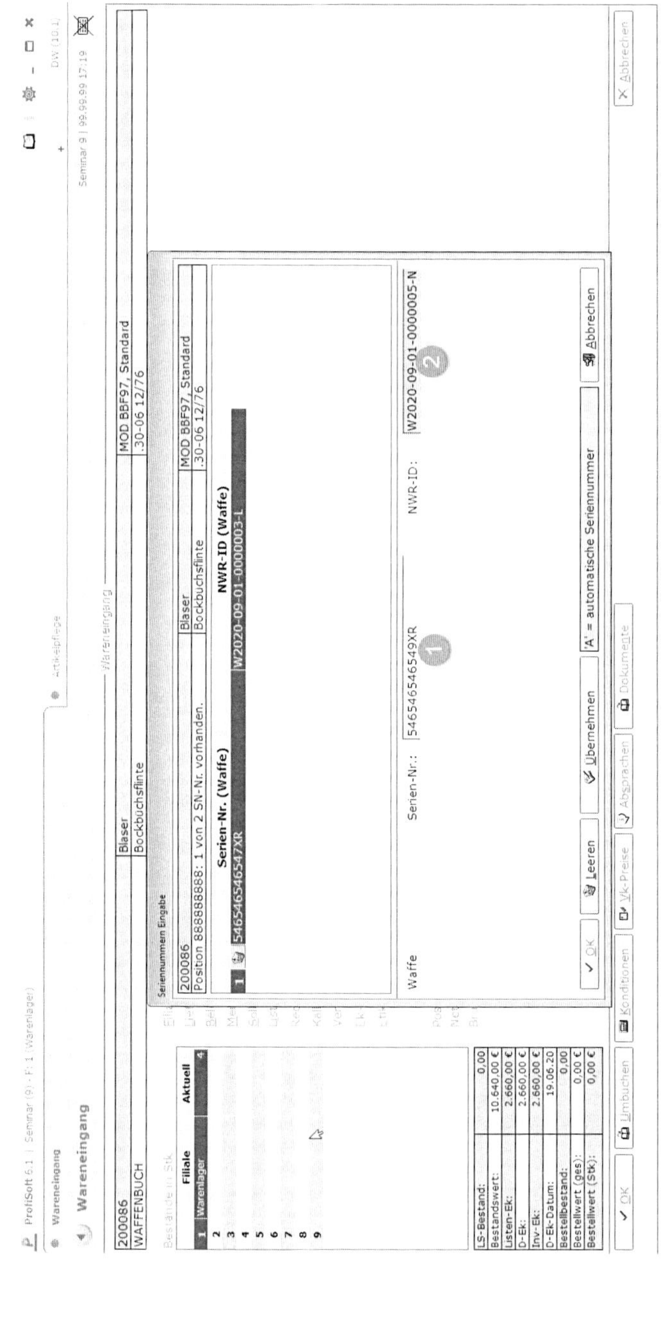

Beispiel Verkauf einer Waffe mit Eingabe der NWR-ID

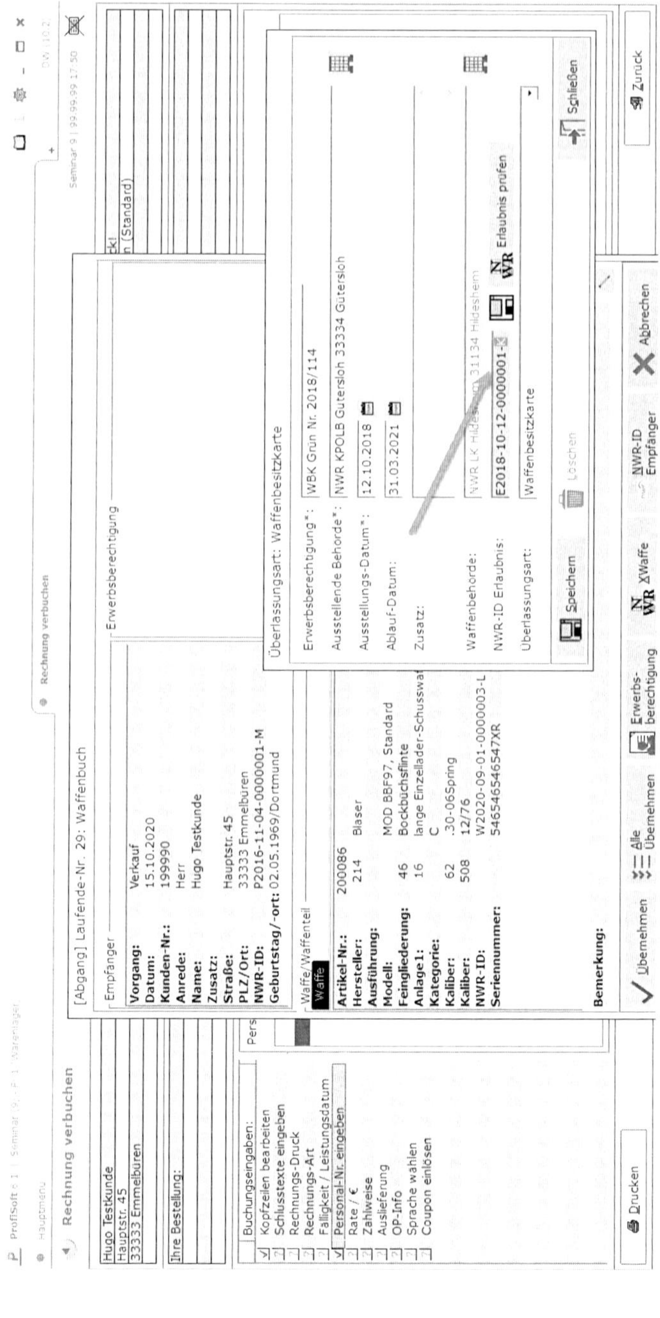

Beispiel Verkauf einer Waffe im Falle des Erwerbs auf Jagdschein durch Erwerber ohne WBK oder NWR-ID

Hinweis: Da das WaffG den Erwerb auf Jagdschein ausdrücklich zulässt, muss der Erwerbsvorgang auch ohne Eingabe einer NWR-ID in der Software möglich sein, da die Personen-ID erst mit Erteilung einer ersten waffenrechtlichen Erlaubnis zugeteilt wird. Der Jagdschein ist keine waffenrechtliche Erlaubnis, so dass ein erster Erwerb ohne WBK bedeutet, dass der Erwerber nicht über NWR-IDs zur Person oder zur Erlaubnis verfügt.

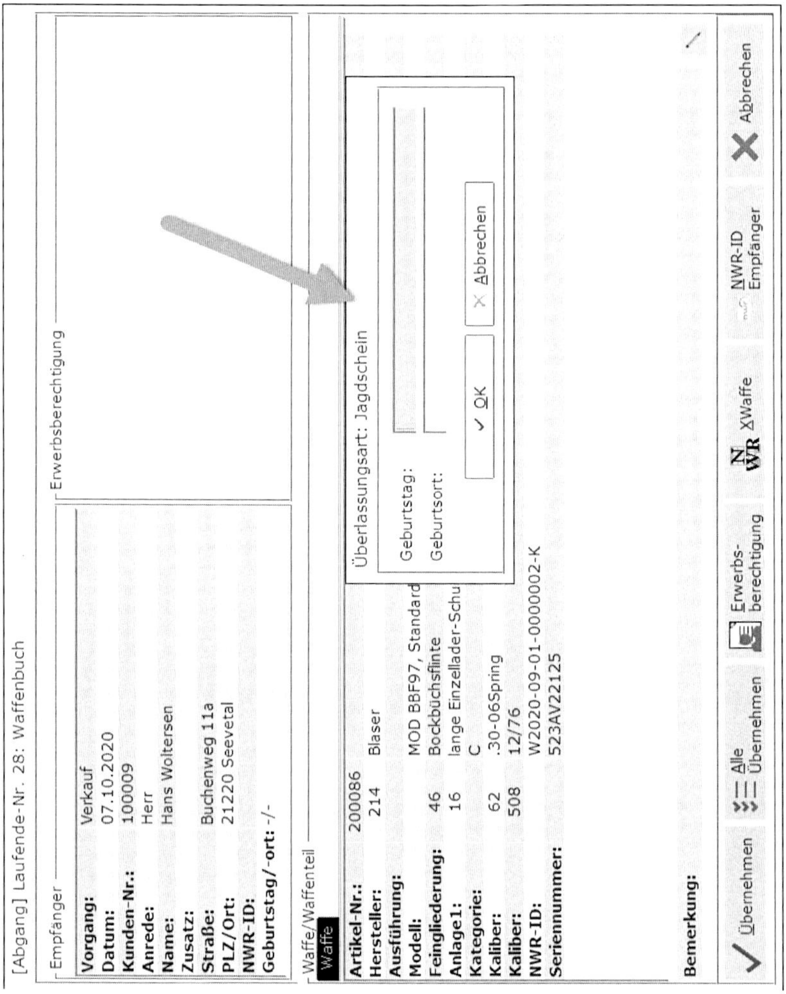

Beispiel Erfassung der Kundendaten mit NWR-ID im Verkauf

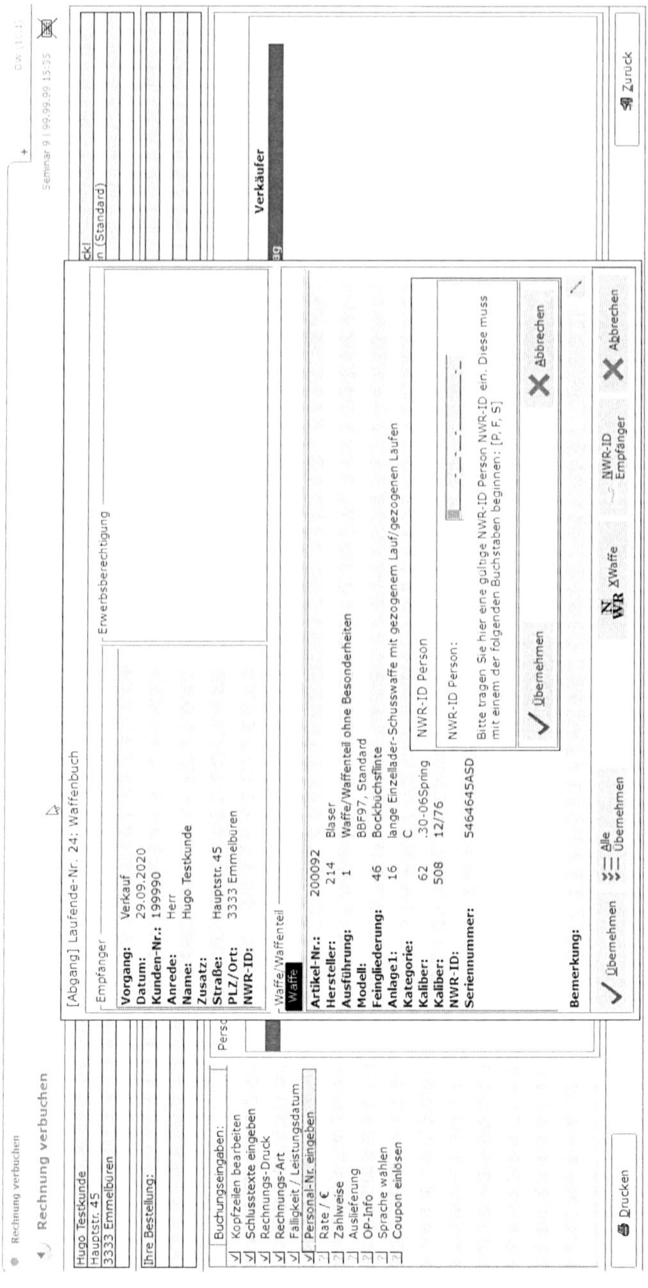

Beispiel Zugang und Abgang mit Anzeige der jeweiligen NWR-ID

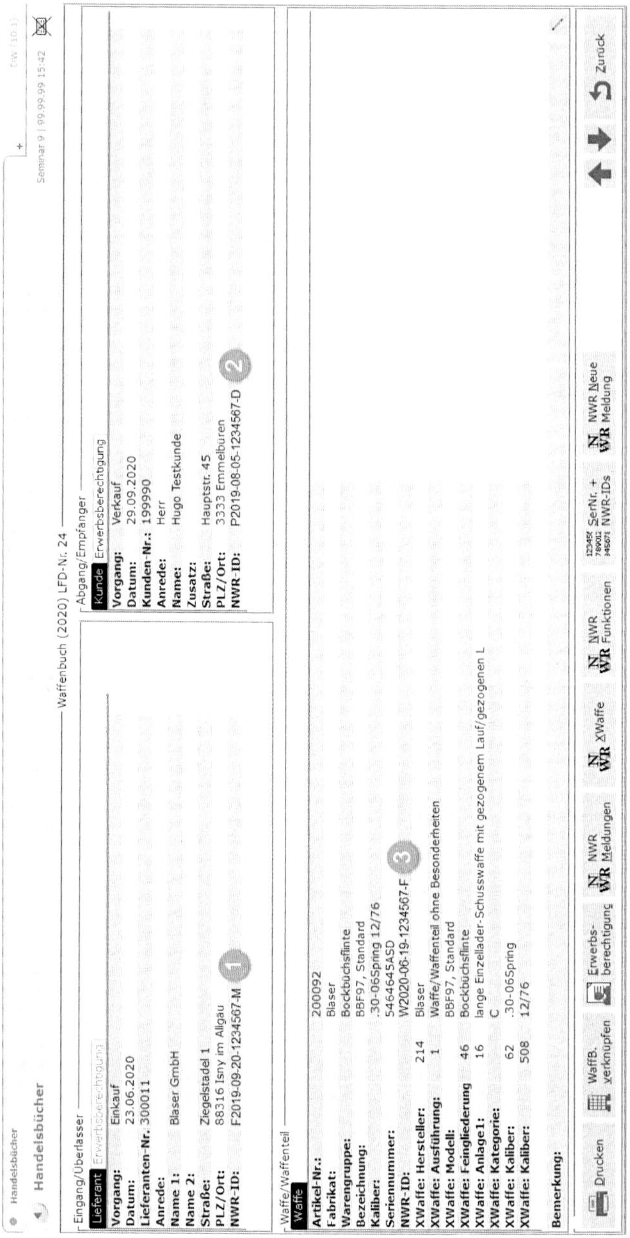

❶ NWR-ID der Firma/Person, von dem der Händler/Hersteller die Waffe erworben hat

❷ NWR-ID der Firma/Person, an die der Händler/Hersteller die Waffe überlassen hat

❸ NWR-ID der Waffe

Beispiel Ausdruck des Handelsbuches mit Zu- und Abgängen

Handelsbuch: Waffenbuch (2020)

Zugänge/Abgänge von 01.09.2020 bis 18.10.2020

Lfd-Nr.	Zugang/Überlasser	Artikel	Abgang/Empfänger
24.	23.06.2020 Blaser GmbH Ziegelstadel 1 88316 Isny im Allgäu	Blaser / Bockbüchsflinte BBF97, Standard **SN: 5464645ASD**	29.09.2020 Hugo Testkunde Hauptstr. 45 33333 Emmelbüren
XWAFFE:	Hersteller: (214) Blaser Waffenteil: (1) Waffe/Waffenteil ohne Besonderh Kategorie: C	Typ (Feingl.): (46) Bockbüchsflinte Typ (Anl.1): (16) lange Einzellader-Schusswaffe mit gezogenem Lauf/ge Kaliber 1: (62) .30-06Spring	Kaliber 2: (508) 12/76
	Erwerbsberechtigung:	Jagdschein Nr. 0025/2019 Datum: 09.08.2019 - 31.03.2022	NWR KPOLB Gütersloh 33334 Gütersloh
25.	29.09.2020 Blaser GmbH Ziegelstadel 1 88316 Isny im Allgäu	Blaser / Bockbüchsflinte BBF97, Standard **SN: 21313565464661**	
XWAFFE:	Hersteller: (214) Blaser Waffenteil: (1) Waffe/Waffenteil ohne Besonderh Kategorie: C	Typ (Feingl.): (46) Bockbüchsflinte Typ (Anl.1): (16) lange Einzellader-Schusswaffe mit gezogenem Lauf/ge Kaliber 1: (62) .30-06Spring	Kaliber 2: (508) 12/76
26.	06.10.2020 Blaser GmbH Ziegelstadel 1 88316 Isny im Allgäu	Blaser / Bockbüchsflinte MOD BBF97, Standard Kaliber: .30-06 12/76 **SN: 653R5D123A**	06.10.2020 Hugo Testkunde Hauptstr. 45 33333 Emmelbüren
	Erwerbsberechtigung:	Jagdschein Nr. 0025/2019 Datum: 09.08.2019 - 31.03.2022	NWR KPOLB Gütersloh 33334 Gütersloh
27.	07.10.2020 Blaser GmbH Ziegelstadel 1 88316 Isny im Allgäu	Blaser / Bockbüchsflinte MOD BBF97, Standard Kaliber: .30-06 12/76 **SN: 523AX22124**	
28.	07.10.2020 Blaser GmbH Ziegelstadel 1 88316 Isny im Allgäu	Blaser / Bockbüchsflinte MOD BBF97, Standard Kaliber: .30-06 12/76 **SN: 523AV22125**	07.10.2020 Hans Woltersen Buchenweg 11a 21220 Seevetal
	Erwerbsberechtigung:	Jagdschein 4711/2020 Datum: 01.10.2020 - 31.03.2023	NWR Gemeinde Seevetal 21218 Seevetal
29.	04.09.2020 Blaser GmbH Ziegelstadel 1 88316 Isny im Allgäu	Blaser / Bockbüchsflinte MOD BBF97, Standard Kaliber: .30-06 12/76 **SN: 546546546547XR**	15.10.2020 Hugo Testkunde Hauptstr. 45 33333 Emmelbüren
	Erwerbsberechtigung:	WBK Grün Nr. 2018/114 Datum: 12.10.2018 - 31.03.2021	NWR KPOLB Gütersloh 33334 Gütersloh

3.7 Aufbewahrung im Waffenhandel

Die in diesem Buch zuvor behandelten Regelungen zur Aufbewahrung sind grundsätzlich auch auf den Waffenhandel anzuwenden. Zu beachten ist insbesondere die Regelung zur Vorlagepflicht eines Aufbewahrungskonzepts für die Aufbewahrung von Schusswaffen und Munition – hier unterliegt der Waffenhandel einerseits höheren Anforderungen als der Privatmann, was sich sowohl aus der „Anziehungskraft" dieses Handelszweiges auf Straftäter als auch aus der hier aufbewahrten Zahl von Schusswaffen ergibt, andererseits besteht aber auch die Möglichkeit, mit dem Konzept von gesetzlichen Vorgaben bezüglich der Sicherheitsstufen der Behältnisse erleichternd abzuweichen, wenn die Gesamtheit der Schutzmaßnahmen als ausreichend anzusehen ist.

Beachten Sie dazu die Ausführungen in Kapitel 1.9.5 dieses Buches.

3.8 Handelswege

Neben dem Verkauf am Ladentisch gewinnt der Fernhandel mit Waffen immer mehr an Bedeutung. Dabei handelt es sich bei den Geschäftspartnern nicht selten im Kunden, die außerhalb des Geltungsbereichs des Waffengesetzes ihren Wohnsitz haben. Für die unterschiedlichen Klassen von Käufern und Verkäufern („EU-Ausländer", Ausländer aus Drittstaaten) sind besondere Bestimmungen zu beachten.

Verbringen als Art des Umgangs beschränkt sich bezüglich seiner zeitlichen Dimension auf den Moment („die logische Sekunde") des Grenzübertritts.[171] Der Transport der Waffe im Inland ist davon somit nicht erfasst und unterliegt vollumfänglich den Vorschriften zum Besitz von Schusswaffen und Munition sowie zum Führen von Waffen. Zu beachten sind bei einem Verbringen neben dem eventuellen Erfordernis einer Erlaubnis auch die **Anzeigepflichten.**[172]

Informationen zum **Verbringen von Waffen und Munition** finden Sie im Band 1 der Reihe „Waffenrecht: Praxiswissen".

---

[171] *Gute Darstellung: Ostgathe, Waffenrecht kompakt, 4. Aufl., S. 77*

[172] *§§ 29 ff. WaffG, 28 - 31 AWaffV*

3.9 Verpacken für den Versand

Die Vorschriften zur Sicherung gegen unbefugte Wegnahme gelten auch für den Versand und Transport von Schusswaffen oder Munition. Das Transportbehältnis muss verschlossen sein.

3.9.1 Waffenversand

Bei einem Paketversand ist sicherzustellen, dass die Waffe nur an den Berechtigten übergeben wird. Ein Versand ist darum ausschließlich in der Zustellart „Eigenhändig" statthaft – damit stellen der Überlassende sicher, dass der gewerbliche Transporteur die Waffe nur an den berechtigten Erwerber übergeben darf.

Zu beachten ist, dass einzelne gewerbliche Transportunternehmen die Beförderung von Schusswaffen in ihren Geschäftsbedingungen ausschließen. Wer trotzdem einen Paketversand mit einem dieser Unternehmen durchführt, hat im Falle des Verlusts Probleme mit dem Ersatz des entstandenen Schadens. Im Einzelfalle ist also im Vorwege abzuklären, ob der Unternehmer Schusswaffen transportieren <u>will</u> und ob sichergestellt ist, dass die Waffe während des Transports gegen die Wegnahme durch Unbefugte gesichert wird.

3.9.2 Regeln für Eigentransport

Schusswaffen dürfen nur in einem verschlossenen Behältnis befördert werden. Als verschlossenes Behältnis gelten sowohl spezielle Transportbehälter mit einem Verschluss (Schloss, Kabelbinder) wie auch ein Versandpaket, das mit festem Paketband gegen schnelles Öffnen gesichert ist.

Die verpackten Waffen sollen nicht im Fahrgastraum transportiert werden, wenn die Möglichkeit besteht, dass während eines Halts des Fahrzeuges ein Unbefugter den Behälter aus dem Fahrzeug nehmen kann, indem er die Seitentür öffnet oder ein Seitenfenster einschlägt. Vielmehr sollten die Waffen im separat verschlossenen Kofferraum (wichtig bei Fahrzeugen mit Zentralverriegelung) oder, bei Kombis oder Geländewagen, unter einer stabilen Ladegutabdeckung befördert werden. Wenn möglich, sind die Behälter durch Anlegen eines Stahl- oder Kunststoffseiles gegen schnelle Wegnahme zu sichern.

Fahrzeuge, in denen Waffen transportiert werden, sollten <u>nicht</u> durch eine entsprechende Beschriftung („Waffentransport" o. ä.) auf sich aufmerksam machen. Vielmehr sollten Vorkehrungen getroffen werden, um bei Dritten keine Begehrlichkeiten zu wecken.

Beachten Sie auch die Hinweise im weiterführenden Kapitel 2 dieses Buches zum Transport von Waffen, Munition und Treibmitteln.

3.9.3 Verpacken für Kundentransport

Die vorstehend abgedruckten Hinweise zum Eigentransport sollten einem Kunden bei Verkauf im Ladengeschäft ebenfalls gegeben werden. Insbesondere bei dem Transport einer Neuwaffe oder bei Abholung einer Reparaturwaffe sollte der Mitarbeiter dem Kunden anbieten, die Waffe nach den gesetzlichen Vorschriften für den Transport vorzubereiten. Dabei können sowohl Leih-Futterale mit Verschluss-Möglichkeit als auch feste Pappverpackungen, die mit Klebeband verschlossen werden, zum Einsatz kommen.

3.10 Pflichten des Händlers bei Überlassung

3.10.1 Hinweispflichten

Hersteller und Händler müssen bei der Überlassung von **Schusswaffen** im Einzelhandel eine Regelung beachten, die in der Praxis aufgrund von Gewohnheit oft nicht beachtet wird.[173]

Bedarf es zum **Schießen** mit der betreffenden Schusswaffe oder zu ihrem **Führen** einer behördlichen Erlaubnis (Schießerlaubnis bzw. Waffenschein), muss der gewerbliche Überlasser den Erwerber auf die Notwendigkeit einer entsprechenden **Erlaubnis** und die **Strafbarkeit** eines Verstoßes hinweisen.

Bei Überlassung von **SRS-Waffen** ist neben der **Erlaubnispflicht für das Schießen** auch auf die Erforderlichkeit des **Kleinen Waffenscheins** für das Führen der Waffe und die Strafbarkeit eines Verstoßes gegen diese Erlaubnispflicht hinzuweisen – hier gilt zudem eine **Pflicht zur Protokollierung** der erfolgten Belehrung und zur Aufbewahrung des Protokolls.

Bei der Überlassung von **Munition** bestehen keine gesetzlichen Hinweispflichten. Gleichwohl ist zu beachten, dass Munition gewerblich nur in der kleinsten Verpackungseinheit überlassen werden darf, die im Falle von erlaubnispflichtiger Munition durch die darauf angebrachten Prüfzeichen dem Erwerber den erforderlichen Hinweis gibt, dass es sich um geprüfte

---

[173] *§ 35 Abs. 2 WaffG; die Beschränkung auf die Abgabe an einen Endverbraucher begründet sich vernünftigerweise mit der Tatsache, dass gewerbliche Erwerber aufgrund ihrer Tätigkeit die Erlaubnispflichten kennen.*

und damit verwendungssichere Munition handelt; im Falle von Reizstoffmunition liefert der verpflichtend in der Verpackung enthaltene Hinweiszettel wichtige Informationen zu den enthaltenen Reizstoffen.

3.10.2 Anzeigepflichten

Die gewerbliche Überlassung einer erlaubnispflichtigen Schusswaffe (auch die vorübergehende Überlassung[174], etwa zur Leihe) ist elektronisch anzuzeigen.[175]

Inhaber einer dauerhaften Erlaubnis zum Verbringen von Waffen und Munition in einen anderen Mitgliedsstaat der Europäischen Union nach § 30 WaffG haben das Verbringen vorher dem Bundesverwaltungsamt schriftlich anzuzeigen. Zu beachten sind dabei die Vorgaben zur Anzeige, insbesondere zum Formerfordernis der Anzeige, gemäß AWaffV.

---

[174] *§ 12 Abs. 1 WaffG*

[175] *§ 37 WaffG*

3.11 Vernichtung und Unbrauchbarmachung

Wird eine Schusswaffe **vernichtet**[176] (etwa durch stark überhöhten Gasdruck bei Schussabgabe, Materialermüdung oder Korrosion, aber auch durch gewolltes Zerstören) oder **unbrauchbar gemacht**[177], hat der Besitzer dies der zuständigen Behörde **anzuzeigen** und die Waffe auf Verlangen der Behörde **vorzulegen**. Die **schriftliche Bestätigung eines Büchsenmachers**, die Waffe sei vernichtet worden, ist angesichts der besonderen Stellung des Büchsenmachers als **Nachweis der Vernichtung** anzuerkennen.

Gleiches gilt für den Inhaber einer Waffenhandelserlaubnis, dieser hat allerdings die Anzeige elektronisch vorzunehmen. Zu beachten ist, dass bei dauerhafter **Zerlegung** einer teilweise defekten erlaubnispflichtigen Waffe und separater Nutzung einzelner wesentlicher Teile diese als gesonderte Waffen zu führen und anzuzeigen sind.

Wenn der Gegenstand im Besitz des Anzeigenden verbleiben soll, ist bei allen wesentlichen Teilen im Sinne des WaffG zu prüfen, ob die für die Einstufung als Waffe notwendigen Eigenschaften noch vorhanden sind.

Die **Unbrauchbarmachung** von Schusswaffen ist nach Anlage 2 A2 UA2 Nr. 10 WaffG erlaubnisfrei und somit nicht an eine Erlaubnis zur Bearbeitung von Schusswaffen gebunden. Zu beachten ist aber, dass nur ein Bearbeiten, dass die Unbrauchbarmachung einer Schusswaffe zum Ziel hat, keine erlaubnispflichtige Bearbeitung im Sinne des WaffG darstellt.

Nach der erfolgten **Unbrauchbarmachung** ist die Waffe einem Beschussamt vorzulegen, das die Durchführung der vorgeschriebenen[178] Bearbeitungen der Waffe durch Anbringung des Prüfzeichens bestätigen muss. Erst nach Anbringung des Prüfzeichens und Ausstellung einer diesbezüglichen Bescheinigung ist die Waffe unbrauchbar gemacht im Sinne des WaffG.[179]

Wie die Unbrauchbarmachung ist auch die **Vernichtung** einer Waffe erlaubnisfrei.[180] Dies setzt aber voraus, dass der gesamte erlaubnispflichtige

---

[176] *§ 37b Abs. 1 WaffG*

[177] *§ 37b Abs. 2 WaffG*

[178] *EU-Deaktivierungsrichtlinie 2015/2403*

[179] *Anlage 1 A1 UA1 Nr. 1.4 WaffG*

[180] *21.2 der WaffVwV vom 5. März 2012*

Gegenstand zerstört wird, etwa in einer Schmelze oder Schredderanlage. Das bloße Kürzen eines Laufes etwa wäre eine Bearbeitung und damit erlaubnispflichtig.

3.12 Umbau, Vernichtung und Unbrauchbarmachung verbotener Waffen

Das Verbot des Umgangs mit verbotenen Waffen aus § 2 Abs. 3 WaffG iVm Anlage 2 A1 WaffG ist umfassend. Es ist nur dann nicht anzuwenden, wenn der Umgang im behördlichen oder gerichtlichen Auftrag erfolgt[181] oder eine Erlaubnis des BKA[182] erteilt wurde.

Zu beachten ist hier, dass auch die Annahme einer verbotenen Waffe durch den Händler oder Büchsenmacher zum Zwecke der Beseitigung von Verbotsmerkmalen (beispielsweise bei Austausch eines Laufes oder Laufverlängerung im Falle einer Vorderschaftrepetierflinte nach Anlage 2 A1 Nr. 1.2.1.2 WaffG), aber auch zur Unbrauchbarmachung oder zum Bearbeiten, einen Umgang (Erwerb und Besitz) einer verbotenen Waffe bedeutet.

Die Freistellung der Unbrauchbarmachung als Umgangsart durch Anlage 2 A1 WaffG ist hier unerheblich, da der Erwerb der verbotenen Waffe dem Akt der Unbrauchbarmachung vorausgeht. Gleiches gilt für eine Waffe, die vernichtet werden soll, auch in diesem Falle würde der Händler oder Hersteller die verbotene Waffe erwerben und, wenn er nicht über die dafür erforderliche Ausnahmegenehmigung des BKA verfügt, eine Straftat begehen, die zum Verlust der Zuverlässigkeit und damit zum Widerruf seiner waffenrechtlichen Erlaubnisse führen kann.

Da durch das 3. WaffRÄndG auch Salutwaffen verbotene Waffen sind, wenn sie aus nach Anlage 2 A1 WaffG verbotenen Waffen hergestellt wurden, setzt der Umgang mit ihnen eine Ausnahmegenehmigung des BKA nach § 40 Abs. 4 WaffG voraus.

---

[181] § 40 Abs. 2 WaffG

[182] § 40 Abs. 4 WaffG

3.13 Umbau erlaubnispflichtiger Schusswaffen

Der **Erwerb** und **Besitz** einer **unbrauchbar gemachten Schusswaffe** nach Anlage 1 A1 UA1 Nr. 1.4 WaffG ist **erlaubnisfrei**, wenn es sich um eine unbrauchbar gemachte Schusswaffe mit EU-Deaktivierungszeichen und Bescheinigung handelt. Andere unbrauchbar gemachte Schusswaffen unterliegen besonderen Erlaubnispflichten, siehe §§ 25a ff. AWaffV.

Erwerb und Besitz von Salutwaffen bedürfen der Erlaubnis, diese wird durch eine Waffenbesitzkarte dokumentiert.

Beachten Sie zu den rechtlichen Vorschriften zum Umgang mit unbrauchbar gemachten Schusswaffen und Salutwaffen die ausführliche Darstellung im Band 1 der Reihe „Waffenrecht: Praxiswissen".

Zu beachten ist, dass der **Umbau** einer erlaubnispflichtigen Waffe **in eine Salutwaffe** oder die **Unbrauchbarmachung** einer Schusswaffe durch die **Prüfung eines Beschussamtes** nachgewiesen werden muss.[183]

Umbauvorschriften waren vor dem 8. April 2016 der Beschussverordnung[184] zu entnehmen, nach geltendem Recht sind für die Unbrauchbarmachung die Vorgaben der EU-Deaktivierungsverordnung 2015/2403 zu beachten.

Die bestandene Prüfung wurde vor der späteren Einführung des EU-Deaktivierungszeichens durch Anbringen des abgebildeten **Prüfzeichens** nach Anlage II Abbildung 11 BeschussV dokumentiert.

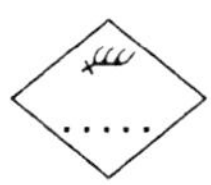

Prüfzeichen nach Anlage II Abbildung 11 (hier am Beispiel Beschussamt Ulm)

Diese Regelung gilt nicht für solche Dekorationswaffen, die nachweislich vor dem 1. April 2003 von einem Büchsenmacher nach den seinerzeit geltenden Vorschriften[185] abgeändert wurden. Der Nachweis ist hier durch eine Rechnung o.ä. zu führen. Kann der Umbauzeitpunkt nicht nachgewiesen werden, ist die Waffe einem Beschussamt vorzulegen.

---

183 § 3 Abs. 2 BeschG

184 Anlage I Nr. 6 BeschussV

185 § 7 der 1. WaffV, Stand 25. Oktober 1994; zur Begründung siehe auch BR-Drs. 74/76, S. 52

Zu beachten ist, dass auch Waffen, die ab dem 1. April 2003 unbrauchbar gemacht wurden, bis zur Änderung der BeschussV 2006 zwar nach den gesetzlichen Vorgaben unbrauchbar gemacht werden konnten, aber aufgrund fehlender Regelung keine Stempelung tragen. Hier ist der Nachweis durch den Besitzer mittels geeigneter Dokumente zu führen.

Für Schusswaffen, die nicht als Einzelstück, sondern in Serie umgebaut wurden, war zudem die Anbringung eines Prüfzeichens („**BKA-Raute**", siehe Abbildung) nach Anlage 17 WaffVwV zum WaffG 1976 vorgeschrieben. **Einzelstücke** konnten, abweichend von § 26 Abs. 1 der 1. WaffV, ohne Vorlage eines Musters und ohne Anzeige bei dem BKA von einem Büchsenmacher in eine „Deko-Waffe" umgebaut werden, tragen somit auch keine besondere Kennzeichnung.

Grundsätzlich ist der Umbau einer Schusswaffe so vorzunehmen, dass die Änderungen nicht mit **allgemein gebräuchlichen Werkzeugen** rückgängig gemacht werden können. Zudem muss sichergestellt sein, dass unbrauchbar gemachte Gegenstände nicht so geändert werden können, dass sie zum Verschießen von Geschossen oder Patronen- bzw. pyrotechnischer Munition (z. B. Knallkartuschen) geeignet sind. Dies ist Teil der Prüfung durch das Beschussamt, ihre Erfüllung wird durch Anbringung des Prüfzeichens bestätigt.

3.14 Kommissionswaffen

Kommissionswaffen unterliegen der Pflicht zur Eintragung in das Waffenhandelsbuch, auch wenn es sich um Waffen handelt, die vom Waffenhändler lediglich vorübergehend erworben und besessen werden. Die seit 2008 bis zur Änderung des WaffG 2017 geltende Rechtslage, dass Kommissionswaffen wie Reparatur- und Verwahrwaffen von der Buchpflicht ausgenommen waren, gilt seit Juli 2017 nicht mehr. Kommissionswaffen dürfen in einem separaten Waffenbuch geführt werden.[186]

Kommissionswaffen unterliegen als Fall des Erwerbs sowohl der Anzeigepflicht nach § 37 Abs. 1 Satz 1 Nr. 3 WaffG, da der Händler, wenn auch nur vorübergehend, die tatsächliche Gewalt über die Kommissionswaffe erlangt, als auch der möglichen Befreiung von der Anzeigepflicht nach § 37e Abs. 2 WaffG. Die Anzeigepflichten werden im Band 1 der Reihe „Waffenrecht: Praxiswissen" ausführlich dargestellt, insbesondere die unterschiedlichen Fristenregelungen.

Bei der Bezeichnung einer Schusswaffe als Kommissionswaffe ist zwischen Zivilrecht und Waffenrecht zu unterscheiden.

Erhält der Waffenhändler eine Waffe mit der Maßgabe, diese einem anderen zu vermitteln, wird er zivilrechtlich Besitzer, nicht Eigentümer. Der zivilrechtliche Vertrag würde zwischen dem bisherigen Eigentümer und dem Käufer geschlossen, der Händler würde nur als eine Art Lagerist oder Makler anzusehen sein.[187] Kauft der Händler dagegen die Waffe an, wird er, wiederum zivilrechtlich, Eigentümer. In diesem Falle würde der Kaufvertrag über die betreffende Waffe später zwischen Käufer und Händler geschlossen.

Waffenrechtlich ist im Moment des Erwerbs zu hinterfragen, ob im Moment der Rückgabe einer Kommissionswaffe der bislang als Besitzer und Eigentümer auftretende Überlasser noch Berechtigter im Sinne des WaffG sein wird. Gleiches gilt für den Moment der Rückgabe selbst.

Die Berechtigung zum (Wieder-) Erwerb ist in der Praxis grundsätzlich zu überprüfen, und zwar durch die Aufforderung, die Berechtigung zum

---

[186] *§ 23 Abs. 2 Satz 3 WaffG*

[187] *Gleichwohl ist gewerbsmäßige Vermittlung von Schusswaffen oder Munition Waffenhandel gemäß der Definition in Anlage 1 A2 WaffG*

Erwerb oder Besitz durch die dafür vorgesehenen Erlaubnisdokumente vor der tatsächlichen Herausgabe der Waffe nachzuweisen. So würde im Falle eines in der Zwischenzeit erfolgten Entzugs der waffenrechtlichen Erlaubnis sichergestellt sein, dass die Waffe nicht an einen inzwischen nicht mehr berechtigten Eigentümer herausgegeben wird. Kopien, auch beglaubigte, sollten in diesem Zusammenhang nicht akzeptiert werden, auch wenn die Verwaltungsvorschrift zum WaffG dies nicht als problematisch ansieht.[188]

Wird die Waffe dem Händler vorübergehend überlassen, ist das keine eintragungspflichtige Überlassung.[189] Dies ist etwa der Fall, wenn der Inhaber einer WBK zwar die Waffe verkaufen will, aber seine Besitzerlaubnis besteht und nicht von der Waffenbehörde widerrufen wurde.

Abweichend erwirbt der Händler die Waffe dauerhaft, wenn der Überlasser beispielsweise durch Erbfolge oder Inbesitznahme nach § 37c WaffG in den Besitz der Waffe gelangt ist und von der Behörde aufgefordert wurde, die Waffe einem Berechtigten zu überlassen, oder wenn die waffenrechtliche Erlaubnis widerrufen wurde mit der Auflage, die Waffen binnen einer Frist einem Berechtigten zu überlassen.

Der bisherige Besitzer darf bei Rückgabe durch den Händler die Waffe nur dann befugt wieder erwerben, wenn er über eine Besitzerlaubnis verfügt. Ist diese nicht mehr gültig, scheidet eine Rückgabe mangels eines Nachweises der Berechtigung zum Erwerb nach § 34 WaffG aus.

Wird die Waffe verkauft, ist Überlasser die Person, in deren WBK die Waffe eingetragen ist. Somit wäre diese Person auch als Überlasser in die WBK

---

[188] 34.2. letzter Satz WaffVwV 2012; eine Verwaltungsvorschrift bindet nur das Handeln der Verwaltung, stellt aber keine verbindliche Auslegung des Gesetzes dar noch hat sie Gesetzesrang, weshalb bei Überlassung an Unberechtigte aufgrund einer „beglaubigten Kopie“ der Handelnde nicht zwangsläufig von einer Bestrafung ausgenommen wird; vielmehr ist durch geeignete Prüfverfahren die Beweiskraft der Urkunde bzw. die Tatsache der bestehenden Erlaubnis zum Erwerb durch den Überlasser zu prüfen. Hier kommt primär eine Prüfung durch Anfrage an das NWR in Betracht.

[189] § 34 Abs. 2 Satz 2 2. Halbsatz WaffG; dazu auch BT-Drs. 18/11239, Seite 45, zu Nummer 15 (§ 34 WaffG), letzter Satz; gleichwohl sind auf Seiten des Händlers Anzeigepflichten zu beachten.

des Erwerbers einzutragen, nicht aber der Händler, der die Waffe in Kommission besessen hat. Die Eintragung nimmt die Waffenbehörde vor.

Besitzt der Überlasser keine WBK, ist eine Bescheinigung auszustellen, aus der die Personalien des Erwerbers hervorgehen, um den Verbleib der Waffe gegenüber der zuständigen Behörde nachweisen zu können.

3.15 Mitarbeiter und Auszubildende

Personen, die aufgrund eines Arbeits- oder Ausbildungsverhältnisses im Rahmen von Weisungen des Erlaubnisinhabers mit Waffen oder Munition umgehen, sind von der Erlaubnispflicht für Erwerb und Besitz von Waffen oder Munition und zum Mindestalter befreit.[190] Die Freistellung von der Waffenscheinpflicht im Falle eines Waffentransports, etwa zu einem Kunden oder einer Messe, gilt mittelbar auch für die Beschäftigten, solange sie im Rahmen der Weisungen des Erlaubnisinhabers tätig sind.

Ein Waffenverbot nach § 41 WaffG schließt die Beschäftigung des Betroffenen aus, wenn dieser im Rahmen seiner Tätigkeit in den Besitz von Waffen kommen könnte, über die er aufgrund des Verbotes die tatsächliche Gewalt nicht ausüben darf.

Verstöße, die durch einen Mitarbeiter begangen werden, fallen direkt auf den Inhaber der Herstellungs- oder Handelserlaubnis zurück. Der Mitarbeiter hat keine persönliche Entschlussfreiheit. Darum sollte der Erlaubnisinhaber besonders die von ihm mit der Durchführung der Überlassung von Waffen und Munition betrauten Mitarbeiter intensiv und nachhaltig schulen. Genaue Handlungsanweisungen für Zeiträume der Abwesenheit des Erlaubnisinhabers können vorbeugen, dass das Personal keine dem Erlaubnisinhaber zurechenbaren[191] Fehler macht. Eine regelmäßige Überprüfung auf Einhaltung der Vorgaben liegt im Interesse des Unternehmers.

Umfang und Anforderungsniveau der dienstlich übertragenen Aufgaben müssen sich stets an den persönlichen Fähigkeiten orientieren. Dabei gehört es zu den Pflichten des Arbeitgebers, die tatsächlich vorhandenen Kenntnisse und Fähigkeiten durch geeignete Verfahren zu prüfen. Das Angebot von Schulungen für die Mitarbeiter, etwa zu waffenrechtlichen Grundlagen oder zur sicheren Handhabung und zum Transport von Waffen oder Munition, sind von beiderseitigem Nutzen – während der Mitarbeiter seine Kenntnisse und damit seinen Nutzen für das Unternehmen verbessert, kann der Arbeitgeber nachweisen, dass der Mitarbeiter ausreichend auf die ihm übertragenen Aufgaben vorbereitet wurde, falls es zu einem waffenrechtlichen Verstoß gekommen ist.

---

[190] *§ 12 Abs. 1 Nr. 3 a) WaffG; Mindestalter §§ 2 Abs. 1, 3 Abs. 1 WaffG*

[191] *Beachten Sie die Hinweise zur* ***Zurechenbarkeit waffenrechtlicher Verstöße durch Beauftragte*** *in den Kapiteln 1.18 und 2.1.9.*

4 Waffenkunde

4.1 Waffenarten

Die Definition der Begriffe Langwaffe und Kurzwaffe findet sich in der Anlage 1 WaffG. Danach sind **Langwaffen** Schusswaffen, deren Lauf und Verschluss in geschlossener Stellung insgesamt länger als 30 cm sind und deren kürzeste bestimmungsgemäß verwendbare **Gesamtlänge 60 cm überschreitet**. **Kurzwaffen** sind alle anderen Schusswaffen, somit also Waffen, die **höchstens 60 cm** lang sind, oder deren Lauf und Verschluss eine Gesamtlänge von höchstens 30 cm haben. Entscheidend ist das Wort „und" in der Definition der Langwaffe – nur, wenn beide Bedingungen, Gesamtlänge der Waffe über 60 cm und Gesamtlänge von Lauf und Verschluss über 30 cm, erfüllt sind, handelt es sich um eine Langwaffe.

Wichtig ist die Unterscheidung in juristischer Hinsicht, da insbesondere beim Erwerb einer Schusswaffe die Einordnung der Schusswaffe entscheidend ist. Während zum Beispiel die Zahl der zu erwerbenden Repetier-Langwaffen für den Sportschützen praktisch nicht beschränkt ist, sieht der Gesetzgeber zunächst zwei Kurzwaffen als angemessene Höchstmenge für den Sportschützen an – will der Sportschütze dieses Kontingent überschreiten, muss er sein Bedürfnis besonders begründen.

Die Langwaffen werden in **Flinten** und **Büchsen** unterteilt, diese Gruppen wieder in **Einzellader**, **Repetierwaffen** und **automatische Waffen**. Zu beachten sind die zur Jagd gebräuchlichen **Kombinierten Waffen** mit glatten und gezogenen Läufen im Laufbündel. Bei einer Unterteilung nach Verschlussarten wird zwischen Systemen mit starren Läufen und mit Kippläufen unterschieden. Fast alle Langwaffen verfügen über einen Single-Action-Abzug, weshalb eine Unterscheidung nach Abzugsarten hier nicht notwendig ist. Ist ein Waffentyp nicht einem bestimmten Begriff nach Anlage 1 WaffG zuzuordnen, etwa ein **Revolvergewehr**, sind **Analogien** zu bilden – im Falle des Revolvergewehrs die sinnvolle Einordnung als Repetierlangwaffe. Die **Kurzwaffen** teilen sich auf in **Pistolen** und **Revolver**, die wiederum nach den **Abzugsarten** unterschieden werden.

4.1.1 Einzellader

Einzellader verfügen nicht über eine Vorrichtung, die eine automatische Zuführung von Munition in das Patronenlager ermöglicht. Der Verschluss muss händisch geöffnet werden, die Patrone eingelegt und der Verschluss wieder verriegelt werden.

Auch mehrläufige Waffen sind Einzellader im Sinne des Waffengesetzes, wenn aus jedem Rohr nur ein einziger Schuss abgegeben werden kann und dann per Hand nachgeladen werden muss. Gleiches gilt für **Vorderladerwaffen**.

Im Bereich der Langwaffen findet man Einzellader hauptsächlich im Bereich der Jagdwaffen und der Kleinkaliber-Matchbüchsen, bei den Kurzwaffen vereinzelt im Bereich der Matchpistolen zum Silhouettenschießen. Ein klassischer Einzel-, weil Vorderlader, ist der ein- oder zweiläufige **Terzerol**, eine besonders kleine Pistole.

4.1.2 Repetierwaffen

Repetierwaffen führen einen Vorrat an Munition in einem Magazin mit. Das Magazin ist fest in die Waffe eingebaut oder ein Wechselmagazin.

Wie beim Einzellader wird der Verschluss entriegelt und geöffnet. Nach Auswurf oder Entnahme der Hülse wird die nächste Patrone beim Schließen des Verschlusses aus einem Magazin ins Patronenlager geführt.

Repetierbüchsen gelten im Vergleich zu Automaten als präziser. Zudem sind automatische Langwaffen im Bereich der Jagd vielerorts nicht gern gesehen. Auch hinsichtlich der Sicherheit bieten Repetierer einen Vorteil: Der Schütze entscheidet, wann die Waffe wieder schussbereit ist – bei einem Automaten übernimmt die Waffe diese Entscheidung.

4.1.3 Automatische Waffen

Bei automatischen Waffen sorgen der Rückstoß des Geschosses oder der am Lauf abgenommene und zurückgeführte Gasdruck nach Schussabgabe für die Repetierbewegung des Verschlusses (siehe Ausführungen ab Seite 227). Automaten sind vorwiegend im militärischen und sportlichen Bereich anzutreffen. Unterschieden werden **Vollautomaten** (bei einmaliger Betätigung des Abzugs mehrere Schüsse) und **Halbautomaten** (bei jeder Betätigung des Abzugs wird nur ein Schuss abgegeben).

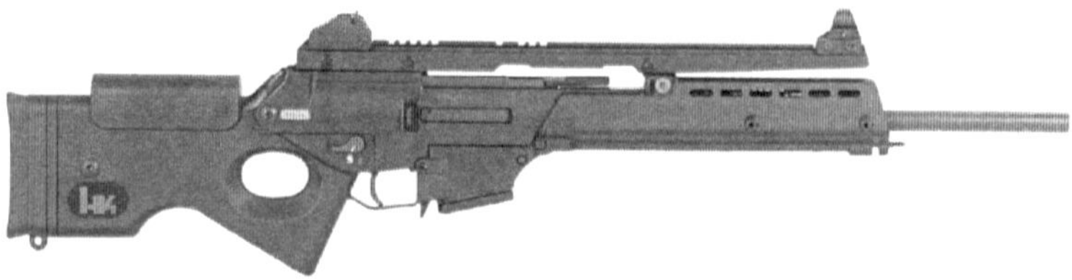

Jäger dürfen Halbautomaten verwenden, aber im Moment des Schusses auf das Wild darf die Waffe mit höchstens drei Patronen geladen sein. Bei sonstigem Schießen mit der Waffe, etwa auf dem Schießstand oder beim Ein- und Anschießen im Revier, gilt die Beschränkung auf drei Patronen nicht.

Für **Sportschützen** gilt beim sportlichen Schießen mit halbautomatischen Langwaffen eine Magazinbeschränkung auf zehn Patronen. Zudem ist § 6 AWaffV zu beachten, der bestimmte halbautomatische „**Klone**" aktueller Militärwaffen vom sportlichen Schießen ausschließt, wenn sie nicht bestimmte Anforderungen erfüllen, etwa eine Mindestlauflänge[192] von 40 cm.

4.1.4 Langwaffen

4.1.4.1 Flinte

Flinten sind **Langwaffen mit glattem Lauf**. Die Patrone wird in den Lauf eingeführt und die Vorlage (Schrote) nach Betätigung des Abzugs ohne Einwirkung von Zug und Feld, also ohne Drall, durch den Lauf getrieben.

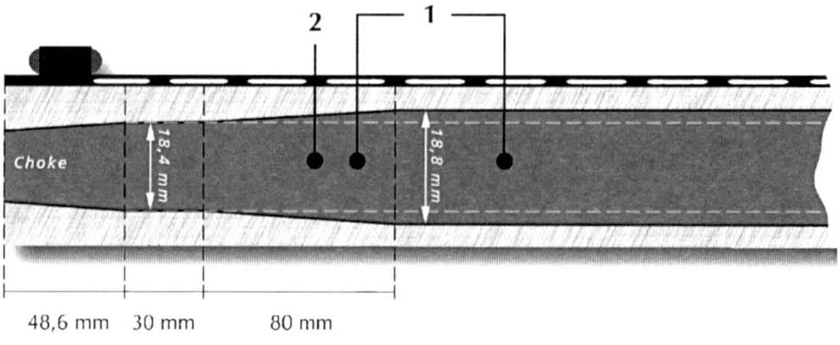

---

[192] Die Mindestlauflänge wurde durch Änderung des § 6 AWaffV im Jahre 2020 von 42 cm auf 40 cm herabgesetzt, um deutschen Sportschützen die Teilnahme an internationalen Wettbewerben in entsprechenden Disziplinen zu ermöglichen.

Die Entwicklung der **Würgebohrung** („Choke“) sorgte für kleinere Streukreise. Schon eine gleichmäßige geringe Verkleinerung des Rohrdurchmessers vom Patronenlager bis zur Mündung („konzentrische“ oder „verbesserte Zylinderbohrung“) verbessert die Trefferleistung um 25 Prozent. Die heute gebräuchliche Choke-Würgebohrung verengt den Lauf erst auf den letzten Zentimetern, indem meist Choke-Einsätze in die Mündung eingeführt werden. Der Choke verengt zunächst den Lauf und läuft dann zylinderförmig zur Mündung aus. Der Streukreis wird erneut deutlich verkleinert.

Die hier im schematischen Querschnitt dargestellte **Tribore-Choke-Flinte** der Firma Rottweil verfügt über eine Choke-Kaskade mit zwei Verengungen vor der Laufmündung – der Lauf verengt sich bei diesem Modell zwischen Patronenlager und erstem Choke nicht. Zwischen erstem und zweitem Choke liegt ein weiterer zylinderförmiger Abschnitt. Der sanfte Übergang (**Markierungen zu 1**) sorgt für höhere Geschwindigkeit der Schrote, die Verengung an **Markierung 2** für eine verbesserte Deckung der Garbe, weil die Schrote weniger stark verformt werden.

Allerdings gibt es auch Anwendungen der Flinte, die einen größeren Streukreis erfordern, als er von einem zylindrischen Flintenlauf erzeugt werden kann, zum Beispiel das Skeet- oder Wurftaubenschießen. Bei einer Skeet-Bohrung wird der Lauf direkt nach der Verengung wieder erweitert. Durch dieses „erst enger, dann weiter“ ergeben sich auf geringe Entfernung große, gleichmäßige Streukreise.

Selbst **Flintenlaufgeschosse**, die ebenso wie Schrot aus dem glatten Lauf verschossen werden können, erzielen bei Verwendung eines Normal-Chokes (s. u.) bessere Trefferbilder – beachten Sie dazu auch die Ausführungen auf Seite 289.

Flinten mit **Wechselchokes** geben Sportschützen die Möglichkeit, die Läufe der jeweils gestellten Aufgabe anzupassen. Sie werden im Mündungsbereich eingeschraubt und ersetzen die Würgebohrung des Laufes.

Neben der schon dargestellten verbesserten Zylinderbohrung mit ihrer schwachen Verengung sind folgende Bohrungsarten üblich:

- Normal-Choke (kegelförmige Verengung kurz vor Laufmündung, auf den letzten Zentimetern dann wieder zylinderförmiger Lauf)
- Spitzbogen-Choke (bogenförmiger Verengung vor der Laufmündung ohne zylindrische Fortsetzung)
- Skeet-Choke 2 (wie Normal-Choke mit verlängertem, also weniger steil verlaufendem Kegel)

Wenn sich der Lauf vor der Mündung nicht verengt, sondern erweitert, spricht man von einer **Lauferweiterung**. Auch sie hat Einfluss auf die Garbenstreuung und wird als „verkehrter Choke" oder Glocken-Choke bezeichnet, die zu einer größeren Streuung führt. Auch der Skeet Choke 1 zählt zu Lauferweiterungen – hier verengt sich der Lauf zunächst, wird schließlich aber erweitert und sorgt für eine größere Streuung, die beim Wurftaubenschießen auf kurze Distanzen hilfreich ist.

Neben der schon angesprochenen Form der Bohrung ist auch die **Stärke der Bohrung** entscheidend für die Streuung der **Schrotgarbe**. Man spricht in diesem Zusammenhang auch von **Trefferleistung** und beschreibt damit einen **prozentualen Wert**, der sich aus der Zahl der Schrote, die nach dem Schuss ein definiertes Ziel (75 cm Durchmesser auf 35 m Entfernung) treffen, im Verhältnis zu den Schroten, die insgesamt in der Garbe enthalten waren, ergibt.

Die Einteilung und Trefferleistungen der Chokes (Mittelwerte):

Vollchoke	*	Laufverengung 0,875 mm	70 %
¾-Choke	**	Laufverengung 0,76 mm	65 %
½-Choke	***	Laufverengung 0,45 mm	60 %
¼-Choke	****	Laufverengung 0,25 mm	55 %
Verbesserte Zylinderbohrung	*****	bis 0,1 mm auf Lauflänge	50 %
Zylinderbohrung		keine Verengung	40 %

Ein Schrotschuss auf Kleintiere bewirkt einen Nervenschock beim getroffenen Stück. Es tötet also nicht das Eindringen eines Geschosses und das Verletzen wichtiger Organe, sondern das mehrfache Aufschlagen kleiner Geschosse, die das Nervensystem der Kreatur überlasten und zum Tode führen.

Bei Kipplaufflinten erfolgt das Spannen des Abzugs durch ein Abkippen des Laufes. Bei einigen Modellen sorgen **Ejektoren** für schnellen Auswurf der abgeschossenen Patronenhülsen. Ejektoren sind durch ihre geteilte Bauform von sog. **Ausziehern** zu unterscheiden, die die Hülsen bei Öffnen lediglich etwas vorschieben, um diese leichter entnehmen zu können.

Ein **Polychoke** wird an der Mündung einläufiger Flinten montiert, in der Regel nicht im Lauf, sondern über den Lauf gezogen. Er kann mehrstufig in seiner inneren Form verändert werden und bietet so eine variable Choke-Einrichtung, die ohne großen Aufwand zu montieren und zu verändern ist.

Obwohl **Chokes** Teil des Laufes sind, gelten sie **nicht** als **wesentliche Teile von Schusswaffen** und unterliegen darum auch nicht den Regelungen des Waffengesetzes und Beschussgesetzes.

4.1.4.2 Büchse

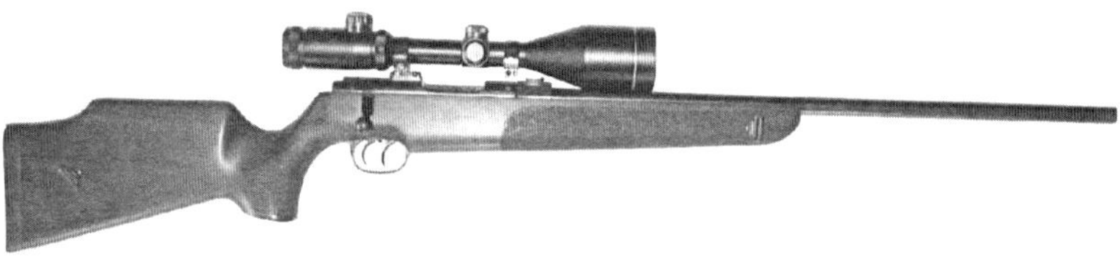

Eine Büchse verfügt im Gegensatz zur Flinte über einen gezogenen Lauf. Auch Langwaffen mit Polygonlauf werden Büchsen genannt.

Beachten Sie bei der abgebildeten Waffe die doppelte Ausführung des Abzugs, den **Stecher** („Stechschloss"). Er ermöglicht es, den Abzugswiderstand auf ein Minimum zu reduzieren. Beim „Deutschen Stecher" wird dazu zunächst der hintere Abzug bis zum Einrasten zurückgezogen, die Schussabgabe erfolgt dann nach Betätigung des vorderen Abzugs. Mehr zum Stecher lesen Sie im Kapitel 4.2.

4.1.4.3 Zimmerstutzen (4 mm Randzünder)

Zimmerstutzen sind **keine freien Waffen**. Sie sind lediglich von der Bedürfnispflicht befreit, ihr Erwerb und Besitz ist erlaubnispflichtig und setzt neben Zuverlässigkeit und persönlicher Eignung auch Sachkunde und die Möglichkeit zur sicheren Aufbewahrung voraus.

Sie dienten vor der technischen Vervollkommnung von Druckluftwaffen dem sportlichen Scheibenschießen auf kurze Distanz. Als Geschosse kommen Präzisions-Rundkugeln zum Einsatz, die durch 4-mm-Randzünder-Kartuschenmunition getrieben werden.

Die Kugeln werden als Kugeln Nr. 7 (4,30 mm Durchmesser) bis Nr. 16 (4,75 mm Durchmesser) angeboten (der Nummern-Schritt entspricht einem Unterschied von 0,05 mm). Die Randzünderpatronen (Randfeuerpatronen) werden auch mit bereits aufgesetzter Kugel Nr. 7 angeboten.

Eine Besonderheit stellen sog. „**Repetierpistolen**" dar. Da die Patronen zu schwach sind, um den Verschluss zu bewegen, muss hier der Abzug zunächst den Verschluss mit der ersten Abzugsbewegung durchziehen, erst die zweite Betätigung des Abzugs lässt den Schuss brechen.

4.1.4.4 Kombinierte und mehrläufige Waffen

Kombinierte Waffen sind **Jagdwaffen**. Sie verfügen in der Regel über mindestens zwei verschiedene Laufarten und mindestens zwei Kaliber. Sie sind im Jagdbereich anzutreffen, zum Beispiel als Kombination aus glattem Flintenlauf und gezogenem Büchsenlauf übereinander, der **Bockbüchsflinte**. Die Bezeichnung „Bock" leitet sich vom Aufbocken der Läufe ab, im Gegensatz zur früher üblichen Anordnung nebeneinander.

Ein Phänomen dieser Waffen ist das **Klettern des Laufes**. Es entsteht, wenn sich ein Lauf bei Wärme ausdehnt, der mit ihm verbundene zweite Lauf aber unverändert bleibt und so das Laufbündel „verbogen" wird. Durch die feste (gelötete) Verbindung der Läufe wird sich der benutzte (erhitzte) Lauf zumindest an der Seite, die der Laufschiene gegenüberliegt, ausdehnen. Das Schussbild ändert sich – wird bei einer Bockflinte nur der untere (erste) Lauf verwendet, „klettert" die Treffpunktlage. Insbesondere beim Einschießen von Büchsen mit Optik muss das Klettern durch längere Abkühlphasen der Waffe geringgehalten werden – es wird auf der Jagd nicht mit heißem Lauf angesessen.

Die Wahl des Laufes erfolgt mittels eines Schiebers oder durch den Einsatz zweier Abzüge (siehe unten, Gesamtansicht und Ausschnitt Abzug). Beachten Sie dazu auch die Ausführungen zum Stecherabzug im Kapitel 4.2.

Kombinierte Waffen werden ausschließlich als Kipplaufsysteme angeboten. Neben der beschriebenen Bockbüchsflinte gibt es die verschiedensten

Kombinationen von Flinten- und Büchsenläufen, darunter der **Doppelbüchsdrilling** (ein Flintenlauf, zwei Büchsenläufe) und der **Drilling** (zwei Flintenläufe mit einem zusätzlichen Büchsenlauf).

Das Gehäuse, auch Kasten oder **Verschlusskasten** genannt, von Kipplaufgewehren, in dem das Abzugssystem und die Verriegelung untergebracht sind und an dem der Hinterschaft befestigt ist, wird **Basküle** genannt.

Durch die Vielfalt der **Kombinationsmöglichkeiten** von glatten und gezogenen Läufen in einer Waffe haben sich für die unterschiedlichen Waffentypen auch eigene Bezeichnungen herausgebildet. Diese sind bei der Einordnung der Waffe von Bedeutung sind.

Bei einem Drilling muss der Schütze in der Lage sein, schnell die Läufe auszuwählen, auf die der Doppelabzug wirken soll. Die hier abgebildete Waffe (Merkel Drilling mit System 96) nutzt einen **Dreistellungsschieber**.

In der **hinteren Position** (Bild 1) ist die Waffe sicher – die oberen Läufe sind gesichert, das Schloss für den unteren Lauf ist entspannt. Befindet sich der Schieber in der **mittleren Position** (Bild 2), sind die (vorgespannten) Schlosse der oberen Läufe entsichert und könnten durch Betätigung der Abzüge Patronen im rechten (vorderer Abzug) und linken Lauf abfeuern. Wird der Schieber in die **vordere Rast** (Bild 3) geführt, wird das Schloss des unteren Laufes gespannt (**Handspanner**) und zugleich das Schloss des rechten oberen Laufes gesichert – nun löst der vordere Abzug den unteren Lauf aus, der hintere Abzug den Lauf oben links.

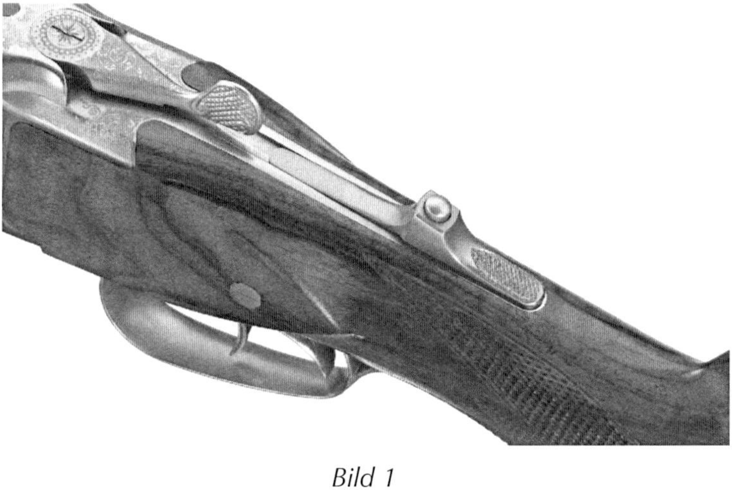

Bild 1

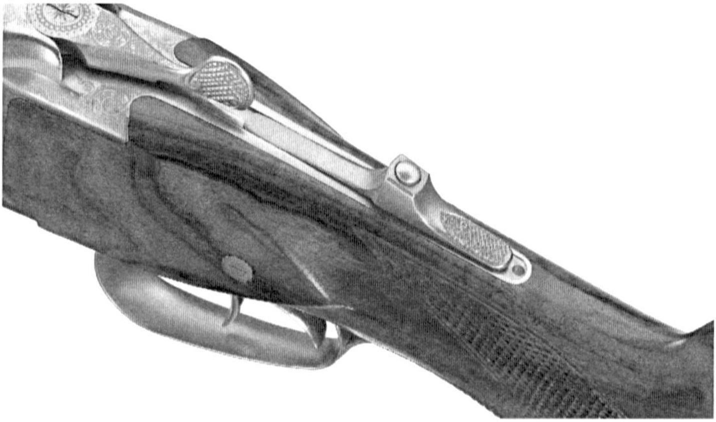

Bild 2

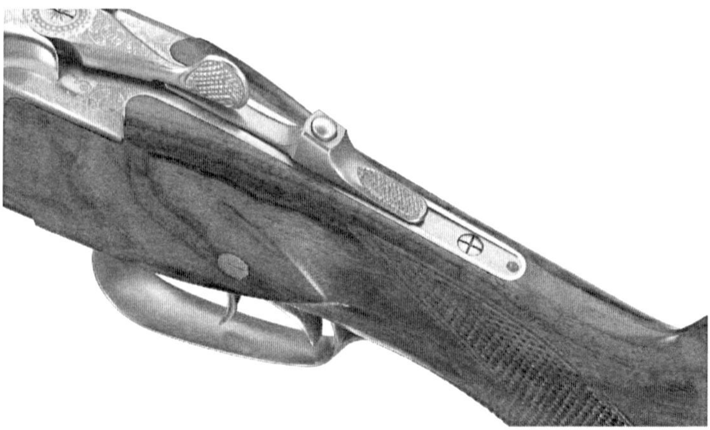

Bild 3

Bei anderen Drillingen kann der Schieber in zwei Positionen einrasten. Dann handelt es sich meist um **Selbstspanner** – die Läufe sind gesichert (hintere Stellung) oder im entsicherten Zustand mittels des vorderen Abzugs (Einabzug, der auf die Schrotläufe wirkt) und hinterem Abzug (für Kugellauf unten) abzufeuern.

4.1.5 Kurzwaffen

4.1.5.1 Pistole

Moderne Pistolen sind **halbautomatische Waffen**. Aufbau und Funktion sowie die verschiedenen Abzugsarten sind im Kapitel „Waffentechnik" anhand der SIG-SAUER P 220 ausführlich dargelegt worden. Diese Abbildung zeigt eine SIG-SAUER P 228.

Bei der Auswahl der für Sie geeigneten Pistole sollten Sie die in Frage kommenden Modelle bezüglich Ihres Griffs und der Visierung überprüfen. Je nach Handgröße und Fingerlänge scheiden einige Pistolenmodelle schon aufgrund persönlicher Merkmale des Schützen aus. Hier kann das Austauschen der Griffschalen helfen.

Ein weiteres Kriterium ist das Einsatzgebiet. Pistolen zum **sportlichen Schießen** sollten über einen für das sportliche Schießen geeigneten Abzug verfügen sowie über eine gute Visierung nebst entsprechender Visierlänge. **Gebrauchspistolen** zur Verteidigung sollten dagegen kompaktere Maße aufweisen, über eine hohe Magazinkapazität verfügen und möglichst mit einem DAO-Abzug (siehe Seite 213) ausgestattet sein.

Der **Begriff** „Pistole" bezeichnet einläufige, in früheren Jahrhunderten zunächst nur einschüssige Faustfeuerwaffen. Die Herkunft des Begriffs ist umstritten.

4.1.5.2 Revolver

Vor Verbreitung halbautomatischer Pistolen waren Revolver für Patronenmunition die Waffe der Wahl, wenn der Schütze in der Lage sein wollte, ohne nachzuladen mehrmals nacheinander zu feuern und danach schnell wieder feuerbereit zu sein.

Aufbauend auf den Modellen von Smith & Wesson entwickelten deutsche Ingenieure den **Reichsrevolver**, der die zuvor genutzten Perkussionswaffen ersetzte und in der Folge durch die Pistole 08 abgelöst wurde.

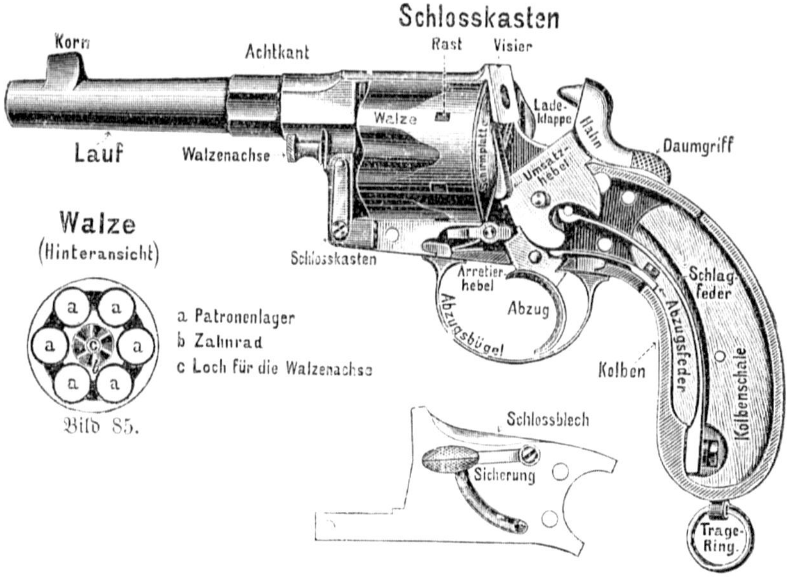

Bei den Revolvern unterscheidet man Modelle mit **ausschwenkbarer Trommel** und solche mit **fest montierter Trommel**, bei denen die Patronen durch eine **Ladekammer** oder durch **Abkippen** des Laufes und der Trommel zugeführt und entnommen werden.

Grundsätzliches Problem aller Revolver ist der **Trommelspalt**, der Abstand zwischen der Trommel und dem Laufkonus – ein Problem, das man bei Waffen mit einem Patronenlager als Teil des Laufes nicht kennt. Durch den Trommelspalt können die Gase entweichen, der Gasdruck also stark abfallen - der Trommelspalt sollte darum möglichst klein sein.

Die Entwicklung **gasdichter Revolver** mit einer beweglichen Trommel, die sich auf das Laufende durch eine Bewegung auf der Laufachse aufschob, um gasdichte Verbindungen von Trommel und Lauf zu ermöglichen, war nicht zielführend.

Neben dem Trommelspalt haben Revolver ein weiteres konstruktives Problem: Es muss gewährleistet sein, dass die Trommel im Moment des Schusses exakt so gestellt ist, dass die **Seelenachsen** des gerade genutzten Patronenlagers (als Teil der Trommel) und des Laufes eine gemeinsame Flucht haben, also eine Linie bilden. Hinsichtlich der Höhe der Seelenachsen ist das weniger ein Problem als bei der Frage, ob die Trommel in ihrer Drehbewegung Spiel hat und dadurch aus dieser gemeinsamen Flucht der Seelenachsen läuft. Je größer das Trommelspiel ist, desto größer ist die Gefahr, dass bei Abgabe des Schusses Teile des Geschossmantels beim Eintritt in den Konus förmlich abgehobelt werden, was die Schussleistung der Waffe deutlich verschlechtert. Im Umkehrschluss ist eine geringe Abweichung der Seelenachsen ein qualitatives Merkmal eines Revolvers – man spricht hier auch von Bewegungsbestimmung oder Timing.

Die Trommelbewegung wird durch das Zurückziehen des Hahnes oder durch den Spannabzug erzeugt, indem der **Mitnehmer** in den **Transportstern** (kreisförmige Anordnung von sägezahnartigen Aufnahmen auf der Ausstoßerseite der Trommel) schräg hineinstößt und so die Trommel dreht. Blockiert wird diese Drehbewegung nach 60° (bei sechs Kammern in der Trommel; bei fünf Kammern 72°) durch die Sperrklinke. Die **Trommelsperre** ist verantwortlich für eine gute Bewegungsabstimmung – ist sie schlecht konstruiert oder abgenutzt, können die beschriebenen Probleme auftreten.

Die **Hohlkehlen** auf der Außenseite der Trommel sind auch die Anzeige ihrer **Drehrichtung** - die Trommel dreht sich immer in Richtung der Hohlkehlen, weil nur so die **Sperrklinke** (in der Regel im Rahmen unterhalb der Trommel sichtbares Bauelement) der Trommelsperre an der Trommelwandung entlanggleiten und am Ende in die **Sperrnut** fallen kann. Ein sechsschüssiger Revolver hat eine Trommel mit sechs Sperrnuten mit jeweils einer Hohlkehle.

Vertiefende Informationen zu den **Abzugsarten** der Revolver lesen Sie ab Seite 214.

4.1.5.3 Sportpistole

Sportpistolen sind für das sportliche Scheibenschießen perfektionierte Handfeuerwaffen. Während als Abzugssystem ausschließlich ein Single-Action-Abzug zum Einsatz kommt, kann der Schütze zwischen Einzelladern, Repetierwaffen und Automaten wählen. Der Vorzug wird bei Freier Pistole oder Silhouettenschießen meist den Einzelladern gegeben – hier kann auf technischer Seite die höchste Präzision erreicht werden.

Sportwaffen sind äußerlich durch die ergonomisch ausgeführten Griffschalen und, bei Pistolen, durch das häufig vor dem Abzug liegende Magazin zu erkennen. Auch die langgestreckte Form der Sportpistole, die für eine lange Visierlinie sorgt, ist ein typisches Merkmal. Neben den Sportpistolen werden auch Sportrevolver geschossen.

Neben den reinen Sportpistolen werden auch Gebrauchspistolen im sportlichen Wettkampf eingesetzt. Sie können zu Sportpistolen umgerüstet werden, zum Beispiel durch Einsetzen von längeren Läufen, von Laufgewichten oder exakteren Visiereinrichtungen, oftmals als Mikrometer-Visierung ausgeführt.

4.1.5.4 Maschinenpistole

Eine der bekanntesten Maschinenpistolen ist die **UZI** der Israel Military Industries (IMI). Die Waffe wurde nach Uziel Gal benannt, der diese Waffe Mitte des vergangenen Jahrhunderts konstruiert hatte. Das am meisten verbreitete Kaliber der UZI ist 9 mm Luger, das Magazin fasst bis zu 40 Patronen. Die effektive Reichweite liegt um 200 m, die Maximal-Schussweite (Gefahrenbereich) bei 2.000 m. Die Feuerkadenz (Schussrate) der mit zuschießendem Verschluss ausgestatteten Waffe liegt bei 600 Schuss pro Minute.

Waffentechnisch handelt es sich um einen Rückstoßlader mit zuschießendem Masseverschluss. Als **zuschießend** wird ein Verschluss bezeichnet, der erst durch Betätigung des Abzugs vorschnellt. Dabei nimmt die Unterkante des Stoßbodens (am Patronenboden liegender Bereich des Verschlusses) eine Patrone mit, schiebt diese in das Patronenlager und verschließt es. Ein Schloss benötigt diese Verschlussart nicht – der Schlagbolzen ist in den schweren Verschlusskörper integriert. Die Konstruktion sorgt für eine bessere Kühlung des Laufes und für eine geringere Störanfälligkeit, da der Abzug lediglich die Fangklinke für den Verschluss herunterziehen muss, aber kein kompliziertes Schloss vorhanden sein muss, um den Schlagbolzen zu spannen und zu lösen.

Kriegswaffen unterliegen den Vorschriften des Kriegswaffenkontrollgesetzes, das WaffG ist auf Kriegswaffen nicht anzuwenden.

Maschinenpistolen, die keine Kriegswaffen sind, sind als vollautomatische Waffen nach dem Waffengesetz verbotene Schusswaffen und stehen damit nur Behörden und Armee zur Verfügung. Halbautomaten, in der Regel mit BKA-Bescheid, sind für Jäger und Sicherheitsfirmen zugelassen.

4.2 Abzug

4.2.1 Grundlagen

Der Abzug ist ein kleiner, aber sehr wichtiger Bestandteil jeder modernen Schusswaffe. Hier findet der entscheidende Kontakt von Schütze und Waffe statt, übertragen sich der Wille zum Schuss und die Kraft des Abzugsfingers auf die Mechanik im Innern der Waffe, die den Schuss auslöst. Die vom Abzug aktivierte Baugruppe wird **Schloss** genannt.

Ob man sich für einen **Stecherabzug** entscheidet, der bereits bei leichtester Berührung den Schuss brechen lässt, oder einen Double-Action-Only-Abzug wählt, um die Waffe im Personenschutz erst im Moment der Schussabgabe zu spannen und so das Risiko einer ungewollten Schussabgabe zu verringern, ist immer eine Frage des Einsatzgebietes.

Betrachten wir zunächst moderne Pistolen und Revolver. Die technisch ältere Methode ist der **Single-Action- oder SA-Abzug**. Indem man den Abzug drückt, löst sich der Schlaghebel, der zuvor per Hand gespannt werden muss, und der Schuss wird abgegeben. Western-Revolver sind typische SA-Waffen.

Anders beim **Double-Action-** oder **DA-Abzug**, auch **Spannabzug** genannt – hier wird der Abzug dazu genutzt, um die noch nicht gespannte Schlagfeder des Schlaghebels erst zu spannen und dann freizugeben, so dass bei geladener Waffe der Schlagbolzen in die Zündkapsel vorstoßen und die Patrone zünden kann. Der DA-Abzug wirkt bei bereits <u>vorgespanntem</u> Schlaghebel wie ein SA-Abzug.

Der Vorteil eines DA-Abzuges ist die hohe Sicherheit des Waffenträgers bei gleichzeitig schneller Schussmöglichkeit. So kann bei der im nachfolgenden Kapitel dargestellten **DA-Pistole** SIG Sauer P 220 nach dem ersten Repetieren des Verschlusses der Entspannhebel betätigt werden, um eine ungewollte Schussabgabe zu verhindern. Der Schlaghebel liegt dann entspannt vor dem gesicherten Schlagbolzen. Sollte der Waffenträger jetzt zu einem schnellen Schuss gezwungen sein, kann er die Waffe in Anschlag bringen und ohne Durchladen oder manuelles Spannen des Schlaghebels direkt den DA-Abzug betätigen und schießen. Gleiches gilt für **DA-Revolver**, nur entfällt bei diesen ein einleitendes Repetieren – bei einer vollständig gefüllten Trommel befindet sich stets eine Patrone in der nächsten Kammer, die bei Betätigung des DA-Abzugs vor den Lauf geführt wird.

Als besonders sicher gelten Kurzwaffen, die über einen **Double-Action-Only-Abzug (DAO)** verfügen. Hier kann der Schlaghebel nur durch den

Abzug gespannt werden, was die Sicherheit des Schützen und seiner Umgebung erhöht.

Insbesondere bei Jagdbüchsen kommt das **Stechschloss** mit dem **Stecher** zum Einsatz. Nach dem Einstechen genannten ersten Betätigen des Stechschlosses ist das zur Abgabe des Schusses nötige Abzugsgewicht so gering, dass ein Abzugsfehler und damit ein Verreißen der Waffe im Prinzip nicht möglich ist. Unterschieden werden **Deutscher Stecher** (zwei Züngel, Merkhilfe „D wie Deutsch oder Doppel"; Einstechen mit dem hinteren Züngel, Schussabgabe mit dem vorderen Züngel), **Französischer Stecher** (Rückstecher, auch **Kombiabzug**; ein Züngel; nach dem Vorschieben des Züngels und fühlbarem Einrasten kann die Schussauslösung durch leichten Druck erfolgen) und **Mehrfachstecher** (Einsatz in Sportwaffen; sehr empfindlich). Die genannten Systeme können ohne Einstechen einen Schuss auslösen, allerdings ist das dafür nötige Abzugsgewicht verhältnismäßig hoch.

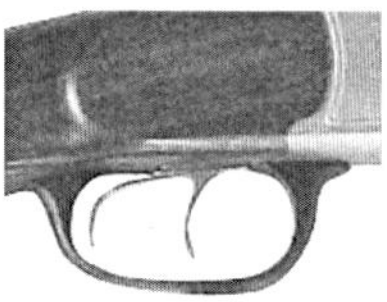

Um bei einer kombinierten Waffe die Läufe einzeln abfeuern zu können, bedarf es in der Regel mehrerer Züngel. Dabei löst der vordere der beiden Züngel dieses **Doppelabzugs** den unteren (rechten) Lauf aus, der hintere den oberen (linken).

Der Doppelabzug steht trocken, ist also ohne Vorweg sofort abzuziehen. Dabei unterscheiden sich die Abzugsgewichte – der vordere Abzug ist meist etwas leichter eingestellt als der hintere.

Auch **Drillinge** (Waffe mit drei Läufen) verfügen in der Regel über einen Doppelabzug. Hier bedarf es einer zusätzlichen Auswahl der Läufe, auf die das jeweilige Züngel wirken soll (siehe auch Seite 192).

Der **Einabzug** findet sich bei doppelläufigen Gewehren, meist bei Doppelflinten. Anders als bei Schlossen mit zwei Züngeln, die unabhängig voneinander die Läufe abfeuern, ist der Einabzug in der Lage, die Läufe nacheinander abzufeuern. Nach Abgabe des ersten Schusses schaltet das Schloss auf den zweiten Lauf um, der Abzug ist wieder zur Schussabgabe bereit. Die Reihenfolge der Läufe beim Schuss kann bei entsprechend ausgestatteten Waffen eingestellt werden. Standard ist bei Bockflinten (Läufe liegen übereinander) die Reihenfolge „unten – oben", um die Belastung der Verriegelung geringer zu halten; bei Querflinten mit Einabzug ist die Reihenfolge „rechts – links", aus Sicht des Schützen, womit als Merkhilfe auch die Straßenverkehrsregel „rechts vor links" dienen kann.

Bei einem **Druckpunktabzug** bewegt sich der Abzugsfinger bis zu einem Druckpunkt, der überwunden werden muss, um den Schuss brechen zu lassen.

Der trocken stehende **Flintenabzug** hat keinen Vorweg, durch den der Abzug zu ziehen ist. Er löst aus, wenn der Schütze die Kraft aufgebracht hat, um den Schuss brechen zu lassen. Dieser Abzug eignet sich besonders für den schnellen Schuss.

Der **Feinabzug** ist eine besondere Art des Flintenabzugs, der vor allem bei Jagdbüchsen zum Einsatz kommt. Er hat wie der Flintenabzug keinen Vorweg, steht also trocken, erfordert aber nur rund ein Drittel der Abzugskraft.

Ein weiteres Unterscheidungsmerkmal bezieht sich auf die Art und Weise des Spannens der Schlosse.

Typische **Selbstspanner** sind Kipplaufwaffen. Hier spannt die Bewegung der Läufe beim Öffnen (das **Brechen** oder **Auskippen** der Waffe) über Hebel auf verschiedene Arten die Schlosse. Auch Waffen mit **Zylinderverschluss**, bei denen mit der Hand repetiert wird, aber eine Spannung des Abzugs von Hand nicht nötig ist, sind Selbstspanner. Im Grunde sind auch halbautomatische Waffen (Ausnahme: Double-Action-Revolver) Selbstspanner, da die Verschlussbetätigung die Schlosse spannt.

Als **Handspanner** bezeichnet man solche Jagdgewehre, deren Schlosse erst durch einen Seitenhebel oder einen Schieber (auch Hahn) von Hand gespannt werden. Das entspannte, ungesicherte Schloss bietet dabei mehr Sicherheit als das zwar gesicherte, aber gespannte Schloss – versagt die Sicherung, weil etwa die Sicherheitsrast durch ihr Alter abgenutzt ist oder ein Teil des Schlosses bricht, kann sich der Schuss trotz Sicherung lösen. Diese Gefahr besteht nicht, wenn zunächst das Schloss gespannt werden muss.

Der Abzug ist, wie schon zu Beginn des Kapitels dargestellt, ein besonders wichtiges Bauteil jeder Waffe. Das gilt insbesondere für den zuvor dargestellten Sicherheitsaspekt. Außerhalb des statischen Schießens, ob man nun das Wurftaubenschießen, die Jagd oder den Einsatz der Waffe zu Verteidigungszwecken betrachtet, ist der Abzug bzw. seine Funktionalität ein entscheidendes Leistungsmerkmal jeder Waffe. Ist der Schütze bei der Jagd auf ein rasches Reagieren der Waffe, also auf schnelles und sicheres Auslösen angewiesen, ist ein trocken stehender Abzug eine gute Wahl – allerdings sollte aus Gründen der Sicherheit ein vergleichsweise hohes Abzugsgewicht gewählt werden, um ein unbeabsichtigtes Auslösen zu verhindern. Dies ist auf dem Schießstand nicht nötig, hier kann ein geringeres Abzugsgewicht die Leistung des Schützen verbessern. Bei einem praktischen

Einsatz der Waffe im Personenschutz darf dagegen zu keiner Zeit das Risiko einer ungewollten Schussauslösung bestehen, während die Waffe zugleich unmittelbar schussbereit sein muss, um auf einen Angreifer reagieren zu können – das manuelle Betätigen von Sicherungen wäre da unter Umständen ein tödliches Risiko.

Die Wahl der Waffe ist somit auch immer eine Wahl des Abzugs – und der sollte dem Schützen, neben dem Aspekt der Sicherheit, auch gut „am Finger liegen". Hier spielt der Abzug eng mit der Form des Handgriffs zusammen. Moderne halbautomatische Pistolen für den Polizeibereich werden bereits mit Umbausätzen geliefert, die ein Anpassen des Griffs an die Größe der Hand ermöglichen. Und auch der Abzug kann bei solchen Waffen (z. B. Heckler & Koch P 30, Walther P 99) bei der Bestellung speziell ausgewählt werden. Welcher Abzug den Wünschen und Bedürfnissen des Schützen dabei am nächsten kommt, kann nur ein intensives Ausprobieren der verschiedenen Waffen zeigen.

4.2.2 Abzugsarten bei halbautomatischen Pistolen

Sportschützen, Jäger oder Waffenträger müssen nicht über Fertigkeiten und Kenntnisse eines Büchsenmachers verfügen. Trotzdem fordern das Bundesjagdgesetz und das Waffengesetz bezüglich der Sachkunde auch im Bereich der technischen Waffenkunde grundlegende Kenntnisse über die Funktionsweise der Bauteile einer Waffe und zum Zusammenspiel der verschiedenen Baugruppen. Auch zu ihrer eigenen Sicherheit sollten Waffenbesitzer die Abläufe im Innern der Waffe verstehen, bevor sie den ersten Schuss mit einem ihnen unbekannten Modell abgeben.

Die SIG-SAUER P 220, an der die grundlegenden Funktionen von Pistolen in diesem Buch erläutert werden, ist hauptsächlich in den Kalibern 9 mm x 19 und .45 ACP ausgeliefert worden. Mit einer Gesamtlänge von 20 cm ist sie weniger kompakt als die in Deutschland bekanntere SIG-SAUER P 225, meist nur „P 6" genannt. Die P 220 verfügt über mehrere automatisch wirkende Sicherungen und einen Double-Action (DA)-Abzug.

Was bei der Abgabe eines Schusses in der Waffe abläuft, werden Sie auf den folgenden Seiten lernen.

Die Bezeichnungen der wichtigsten Bauteile von Pistolen, die im folgenden Kapitel verwendet werden, zeigt diese Übersicht:

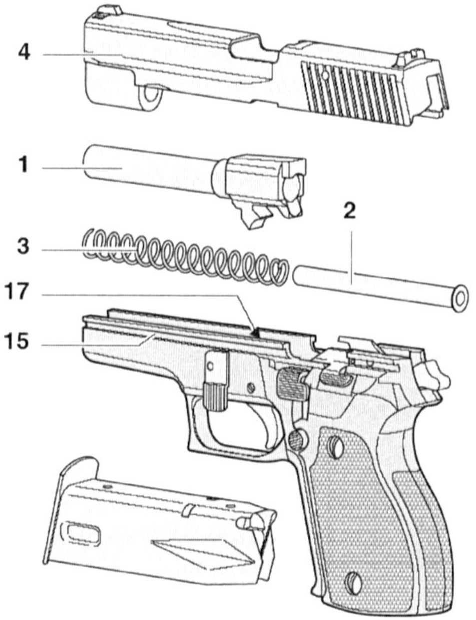

Elemente einer Pistole:

Lauf (1) mit Patronenlager

Federführungsstange (2)

Schließfeder (3)

Verschluss (4), Schlitten

Griffstück (15) mit Verriegelungsblock (17, hier nicht sichtbar dargestellt)

Magazin (liegend)

Abzug: auch **Züngel** genannt, Hebel zur Auslösung des Schusses.

Patronenlager: Teil des Laufes, in dem die Patrone gezündet wird.

Stoßboden: Teil des Verschlusses, der den Boden der Patrone berührt, wenn diese im Patronenlager liegt.

Schlagbolzen: im Verschluss beweglich gelagerter, gehärteter Stift, der durch eine Feder oder durch das Schlagstück beschleunigt wird und in das Zündhütchen der Patronen schlägt.

Schlagstück: auch **Hahn** genannt, meist außen liegendes Bauteil, schlägt durch Federspannung nach Betätigung des Abzugs auf den Schlagbolzen und treibt diesen nach vorn.

Liste der Nummern und Bauteilbezeichnungen in den nachfolgenden Abbildungen der SIG Sauer P220

P	-	Patrone
H	-	Hülse
1	-	Lauf
2	-	Federführungsstange
3	-	Schließfeder
4	-	Verschluss / „Schlitten“
10	-	Auszieher
11	-	Schlagbolzen
13	-	Sicherungsschieber
17	-	Verriegelungsblock
20	-	Abzug
22	-	Abzugsstange
24	-	Fangklinke
28	-	Auslösehebel
29	-	Schlaghebel, „Hahn“
29a	-	Single-Action-Raste
29b	-	Sicherheitsraste
29c	-	Spannabzugsraste
31	-	Schlaghebelachse
32	-	Auswerfer
33	-	Schlagstange
34	-	Schlagfeder
40	-	Entspannhebel
43	-	Magazinlöseknopf
52	-	Magazinfeder

Den Anfangszustand der Waffe zeigt die folgende Grafik – die Pistole ist „**unterladen**", das gefüllte Magazin befindet sich in der Waffe, der Schlaghebel ist entspannt, das Patronenlager ist leer. Der Magazinhalter (43) sorgt dafür, dass das Magazin sicher verriegelt. Die Magazinfeder drückt von unten die Patronen gegen die Verschlussunterseite.

Abb. W-1

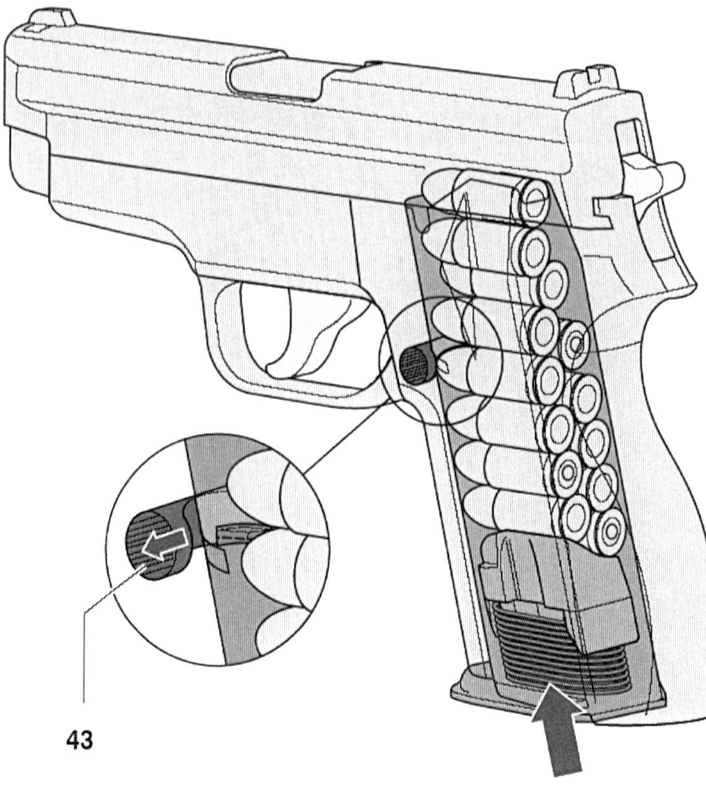

4.2.2.1 Single-Action-Modus (SA)

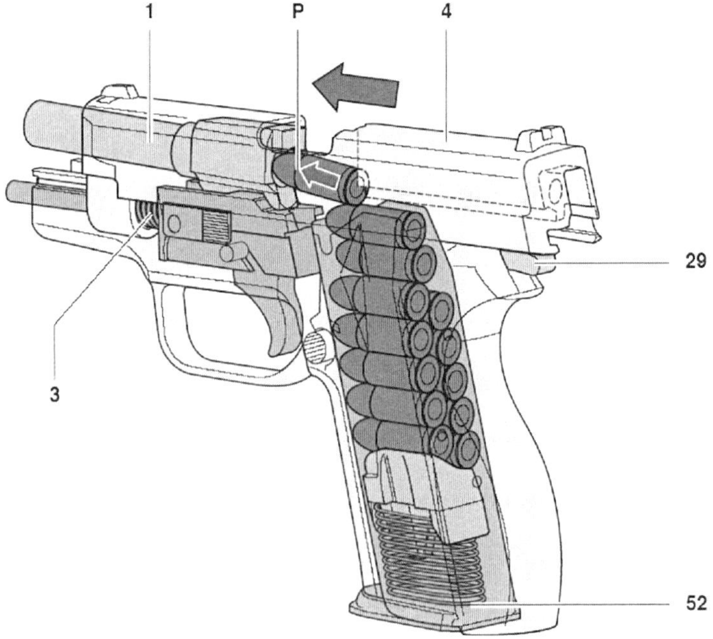

Abb. W-2

Durch Zurückziehen des Verschlusses (4) mit der linken Hand (bei rechtshändigen Schützen) erhält die erste Patrone im Magazin Platz zum Aufstieg – die dafür notwendige Energie liefert die Magazinfeder (52). Beim Zurückziehen des Verschlusses wird zugleich der Schlaghebel (29), auch „Hahn" genannt, gespannt. Wenn nun der Verschluss freigegeben („losgelassen") wird, drückt die Kraft der gespannten Schließfeder (3) den Verschluss nach vorn - der Verschluss nimmt die erste Patrone mit und schiebt sie in den Lauf, genauer: in das Patronenlager ein.

*Der **Verschluss**, auch Schlitten genannt, wird ab Seite 221 ausführlich behandelt. Betrachten Sie ihn zunächst als Bauteil, das das Patronenlager verschließt, indem es den Patronenboden stützt.*

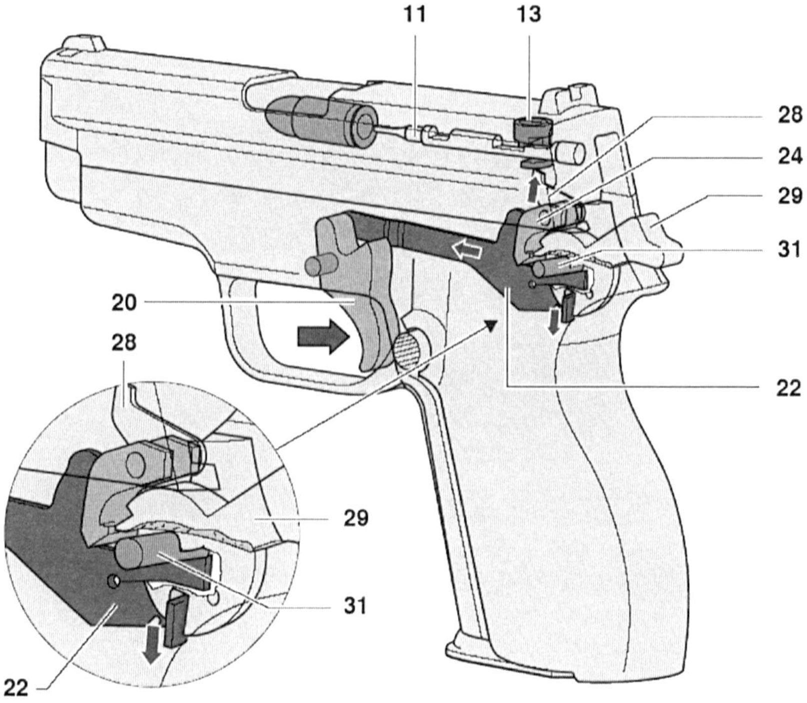

Abb. W-3

Nun ist die Pistole **geladen** und **schussbereit**. Sobald der Schütze den Abzug betätigt und die Abzugsstange (22) nach vorn geführt wird, bricht der Schuss und das Geschoss verlässt den Lauf. Da moderne DA-Pistolen oftmals über keine zusätzlichen Sicherungen verfügen, sondern mit automatischen Sicherungen ausgestattet sind, um eine schnelle Schussabgabe zu ermöglichen, ist keine weitere Betätigung etwaiger Sicherungshebel notwendig. Der Sicherungsschieber (13) gibt den Schlagbolzen nur frei, wenn der Abzug betätigt wird – die versehentliche Auslösung des Schusses, etwa durch Herabfallen der Waffe, wird damit ausgeschlossen.

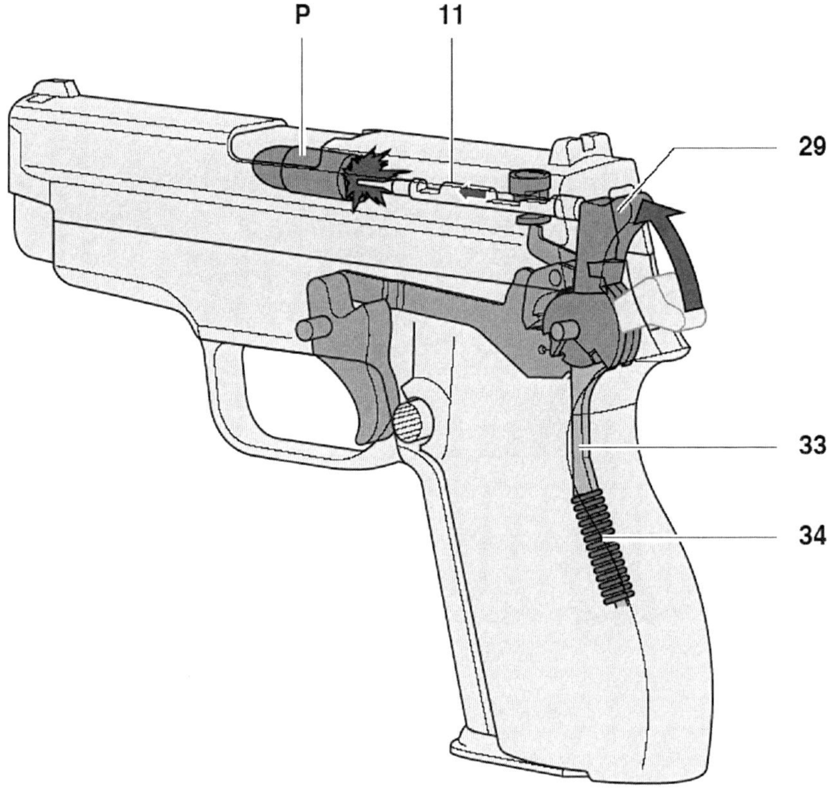

Abb. W-4

Der Schlaghebel (29) schnellt, getrieben von der Kraft der Schlagfeder (34), nach vorn und schlägt auf den Schlagbolzen (11). Der Schlagbolzen bewegt sich daraufhin nach vorn in die Zündkapsel der Patrone – die Patrone zündet (Abb. W-4). Durch den Rückstoßimpuls wird der Verschluss danach zurückbewegt (Abb. W-5 und W-6).

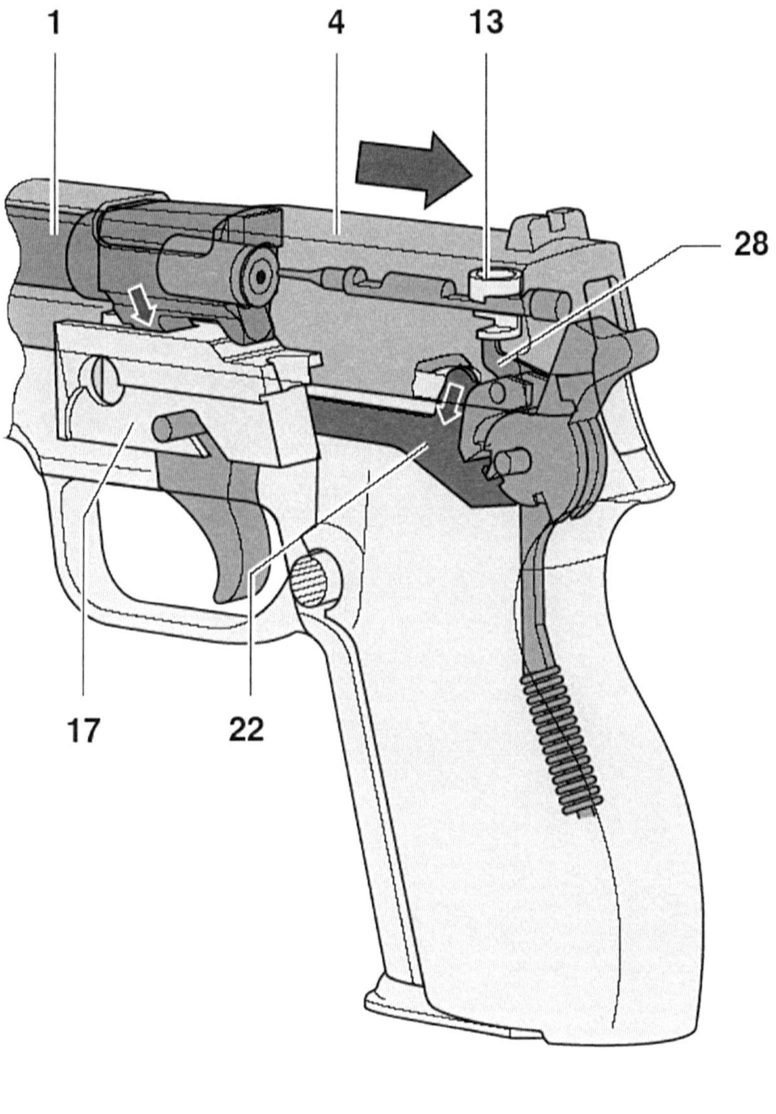

Abb. W-5

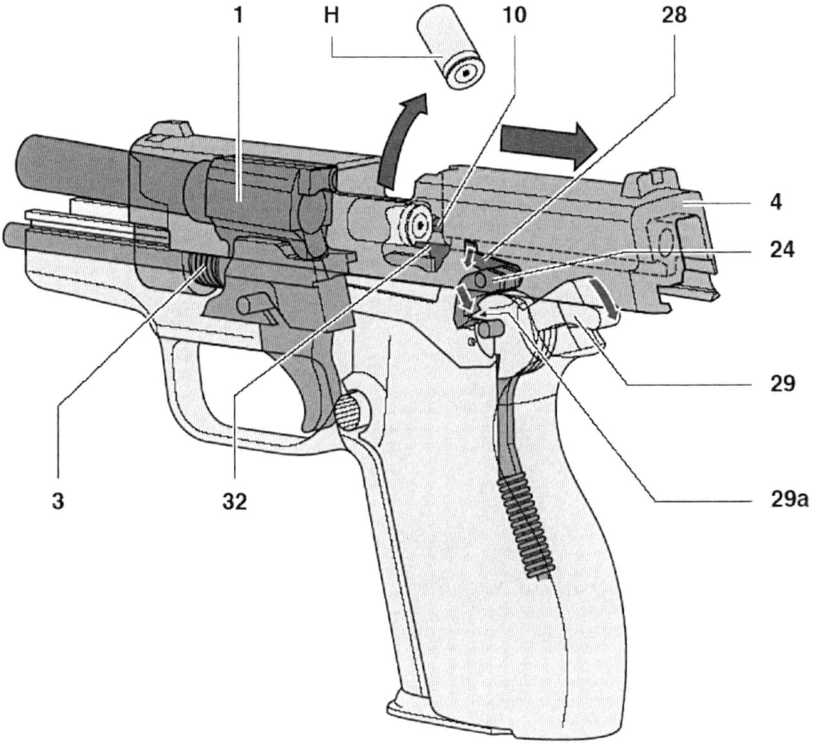

Abb. W-6

Gerade diese Verschlussbewegung hat es technisch in sich. Insbesondere die Bewegung des Laufes bei einer Pistole mit einem Verschluss nach dem „Browning-Prinzip", auch als „verriegelter Verschluss" bezeichnet. Im Moment der Schussabgabe ist der Lauf in seiner Schussposition verriegelt - sobald der Verschluss nach hinten geschoben wird, bewegt sich der Lauf mit. Die Kippbewegung des Laufes, der sich mit dem Patronenlager leicht abwärts bewegt, ist deutlich sichtbar. Der Lauf wird gebremst und abgesenkt, der Verschluss läuft weiter. Die Patronenhülse wird von der Ausziehkralle aus dem Patronenlager gezogen und ausgeworfen. Zugleich erledigt der Verschluss zwei weitere Arbeiten: Der Schlaghebel wird gespannt und eine Patrone aus dem Magazin nachgezogen – wie beim Durchladen der Waffe per Hand.

4.2.2.2 Double-Action-Modus (DA)

Die erste Frage lautet hier: Wie kommt eine Pistole in den entspannten, geladenen Zustand? In der Regel durch das Laden des Patronenlagers mittels Zurückziehen des Verschlusses (Abb. W-2) und nachfolgendes Entspannen des Schlaghebels, wie es die Abbildung W-7 zeigt.

Der in der P 220 verwendete Entspannhebel erspart dem Schützen das mit Daumen und Zeigefinger auszuführende manuelle Entspannen durch Abdrücken bei gehaltenem Schlaghebel. Zudem sichert der Entspannhebel den Schlaghebel gegen unbeabsichtigtes Vorschnellen. Die **Fangklinke** (Abb. W-6, 24) fängt den nach vorn gehenden Schlaghebel auf und hält ihn in der **Sicherheitsrast** (Abb. W-7, 29b), der Schlagbolzen wird während des gesamten Entspannvorgangs blockiert. Ein Abzugssystem mit Sicherheitsrast, in die der Hahn nach Auftreffen auf den Schlagbolzen automatisch zurückspringt, wird auch als **Rückspringschloss** bezeichnet.

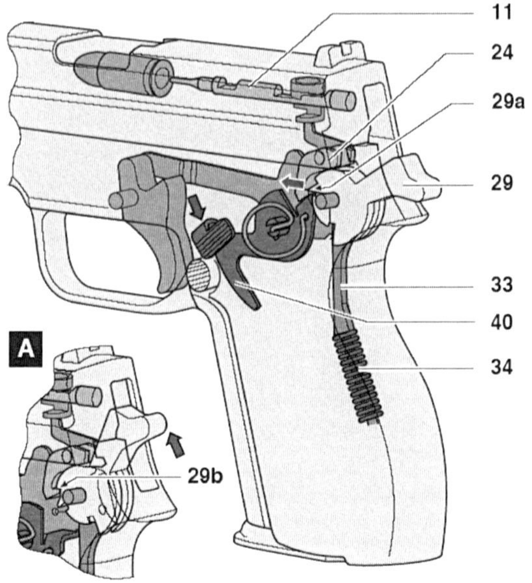

Abb. W-7

Wird nun der Abzug betätigt, wird der Schlaghebel zunächst mittels der Abzugsstange (22) gespannt und schließlich von der Kraft der Schlagfeder nach vorn geführt.

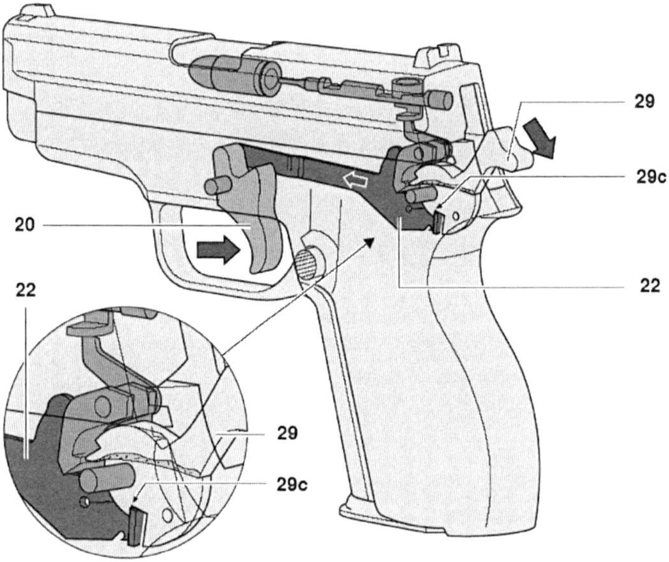

Abb. W-8

Um den Abzug nicht unnötig weit zu bewegen, kann im Griffstück ein **Triggerstop** montiert werden, meist in Form einer Schraube. Der Abzug drückt gegen den Schraubenkopf und kann diesen Widerstand nicht überwinden. Die Schraube wird so weit eingedreht, dass der Abzug bei seiner Bewegung den Schuss gerade auslöst und danach nur etwa 0,3 mm weiter gezogen werden kann. So wird verhindert, dass bei hohem Abzugswiderstand die Waffe nach Schussauslösung nicht mehr sicher gehalten wird und es somit zu einem Verreißen des Schusses kommt.

Wenn es sich um eine Pistole mit DA-System handelt, folgt nun der in Kapitel „Single-Action“ dargestellte Ablauf (Seite 206). Der Schuss wird abgegeben, der Rückstoßimpuls treibt den Verschluss zurück, die Schlagfeder wird gespannt und eine neue Patrone nachgeführt. Die Waffe ist danach schussbereit und kann mit weniger Abzugswiderstand abgefeuert werden. Anders bei einer Waffe mit **DAO-Abzug** – hier würde die Schlagfeder nicht gespannt, sondern nur eine neue Patrone zugeführt.

Warum feuert die Waffe bei gehaltenem Abzug jetzt nicht weiter wie ein **Vollautomat**? Das liegt an dem **Unterbrecher**. Er löst den Kraftschluss von Abzug und Abzugsstange beim Zurückgleiten des Verschlusses und macht es dadurch notwendig, den Abzug wieder freizugeben, bevor der Abzug wieder kraftschlüssig mit der Abzugsstange verbunden wird. Das bei der Abzugsfreigabe fühlbare leichte Knacken ist für erfahrene Schützen das Signal für das erneute Krümmen des Abzugsfingers, wenn es um rasche Schussfolge, etwa im Bereich des Verteidigungsschießens, geht.

4.2.2.3 Double-Action-Only-Modus (DAO)

Der fühlbare Unterschied zwischen einem SA- und DA-Abzug ist der **Abzugswiderstand** – in einer physikalischen Größe, der Kraft, ausgedrückt, benötigt man einen Druck (oder Zug) von 20 N (Newton), um den SA-Abzug zu betätigen. Zur Erklärung: 20 N sind das Maß an Kraft, das aufgewendet werden muss, um ein Gewicht von 2 kg zu heben. Für die Abgabe eines Schusses im DA- oder DAO-Modus sind 55 N notwendig, also fast die dreifache Abzugskraft. Zum Vergleich stellen Sie sich folgendes Experiment vor: Binden Sie eine Zwei-Liter-Packung Saft mit einem Schnürsenkel an Ihren leicht gebeugten Abzugsfinger und heben Sie bei gespanntem Senkel die Packung nur durch Beugen des Abzugsfingers. Und nun wiederholen Sie das Gedankenexperiment nicht mit 2 kg, sondern mit einem Gewicht von 5,5 kg. Dieser Gewichtsunterschied entspricht den unterschiedlichen Abzugswiderständen. Sie werden mir zustimmen, dass der Unterschied beträchtlich ist.

Doch welche Bedeutung hat das für den Schützen?

Für Präzisions- und Sportschützen ist ein SA-Abzug oder zumindest ein DA-Abzug mit SA-Funktionalität unerlässlich – für den präzisen Schuss ist in der Regel nur ein SA-Abzug mit geringem Abzugswiderstand geeignet.

Für eine **Verteidigungswaffe** ist dagegen ein DAO-Abzug die optimale, ein DA-Abzug zumindest eine gute Lösung. Denn hier kommt es meist nicht darauf an, ein kleines Ziel über eine große Distanz zu bekämpfen, sondern die Waffe schnell in Anschlag zu bringen und einen oder mehrere Schüsse abzugeben, ohne dass man lange überlegen muss, ob die Waffe gespannt, gesichert, entspannt, entsichert, unterladen oder geladen ist. Eine DAO-Waffe kann aufgrund des hohen Abzugswiderstandes eigentlich nur abgefeuert werden, wenn es der Waffenträger will – selbst ein „erschrockenes Verkrampfen" des Abzugsfingers reicht meist nicht aus, den Widerstand des DAO-Abzugs in Verbindung mit dem längeren Abzugsweg zu überwinden.

4.2.3 Abzugsarten bei Revolvern

4.2.3.1 Single-Action

Der abgebildete Revolver ist optisch ein typischer Single-Action-Revolver – charakteristisch sind der tief sitzende Griff, der stummelartige Abzug und der große, vergleichsweise hoch stehende Hahn.

SA-Revolver verfügen meist nicht über eine ausschwenkbare Trommel. Das Be- und Entladen der Kammern erfolgt über eine Öffnung, die „Ladekammer", die mit der Ladeklappe verschlossen wird. Die Trommel ist hier fest eingebaut.

Der Abzug eines SA-Revolvers steht in der Regel trocken und muss nur einen minimalen Weg zurücklegen, da er lediglich den Hahn auslöst.

Diese Abzugsart ist heute nur noch im sportlichen Bereich vertreten. Da sich das Abzugssystem präziser einstellen lässt als bei einem DA-Abzug, lassen sich mit einem SA-Abzug in der Regel bessere Ergebnisse erzielen. So kann das Abzugsgewicht meist auf ein Minimum reduziert werden.

4.2.3.2 Double-Action

Der DA-Revolver ist aufgrund der Wahlmöglichkeit zwischen DA- und SA-Abzug die beliebteste Abzugsvariante. Anders als beim SA-Revolver ist der Hahn etwas kompakter ausgeführt.

Für den Einsatz als Gebrauchswaffe spricht die systembedingte Sicherheit eines Revolvers mit DA-Abzug – mit entspannter Waffe, sofern alle Kammern der Trommel (zumindest die als nächste vorgeführte) mit einer Patrone gefüllt sind, kann der Schütze ohne zeitraubendes Entsichern, Repetieren oder Vorspannen einen Schuss abgeben. Dazu kommt das höhere Abzugsgewicht eines DA-Systems – hier ist ein wirkliches Wollen Voraussetzung für das Durchziehen des Abzugs.

Selbst eine DA-Pistole bietet nicht diese Sicherheit – ist sie unterladen, also keine Patrone im Patronenlager, wird die Betätigung des Abzugs nichts bewirken. Gleiches gilt für Zündversager – während beim Revolver einfach noch einmal der Abzug betätigt wird und sich die nächste Patrone vor den Lauf legt, ist bei einer Pistole eine Repetierbewegung des Schlittens notwendig.

Beachten Sie: **DA- und DAO-Revolver** sind seit dem 1. April 2003 **keine halbautomatischen Waffen** im Sinne des Waffengesetzes (das WaffG aF sah in DA-Revolvern **Selbstladewaffen**, durch Anlage 1 A1 UA1 Nr. 2.2 WaffG ist diese Zuordnung aufgehoben worden, auch sind die Begriffe „Halbautomat“ und „Selbstladewaffe“ nicht vollkommen bedeutungsgleich).

4.2.3.3 Double-Action-Only (DAO)

Charakteristisch für Revolver mit Double-Action-Only-Abzug ist der deutlich ausgeführte „Buckel", in dem sich der Hahn ungehindert und ohne Zugriffsmöglichkeit für den Schützen bewegen kann. Gleichzeitig hat die Waffe keine hervorstehenden Teile, die beim Ziehen, insbesondere aus einem Schulterholster, das verdeckt unter dem Sakko getragen wird, in der Kleidung „hängenbleiben" könnten.

Derartige Revolver sind im sportlichen Bereich kaum anzutreffen, da aufgrund des höheren Abzugswiderstands im Vergleich zu vorgespannten DA- oder reinen SA-Revolvern ein sportlicher Präzisionsschuss kaum möglich ist.

Wie schon im Kapitel „Waffentechnik" und bei der Beschreibung des DA-Revolvers dargestellt, bietet der DAO-Abzug ein Stück passive Sicherheit - die DAO-Waffe kann aufgrund des hohen Abzugswiderstandes eigentlich nur abgefeuert werden, wenn es der Waffenträger wirklich will. Selbst ein „erschrockenes Verkrampfen" des Abzugsfingers reicht meist nicht aus, den Widerstand des DAO-Abzugs zu überwinden.

4.3 Lauf

Der Lauf gibt dem Geschoss, das nach Anzündung des Treibsatzes in der Patronenhülse durch ihn hindurch getrieben wird, Führung und nimmt gemeinsam mit dem Verschluss den Gasdruck auf. Man unterscheidet **glatte** und **gezogene** Läufe. **Polygonläufe** zählen zu den gezogenen Läufen. Die **Bohrung** des Laufes (der Hohlraum, durch den das Geschoss getrieben wird) nennt man **Seele**, den Mittelpunkt der Bohrung die **Seelenachse**.

Im **Patronenlager** ruht die zu verfeuernde Patrone. An das Patronenlager schließt sich der **Lauf** an. Er beginnt mit dem **Übergangskegel**, in den das Geschoss eintritt, wenn es in Bewegung gesetzt wird. Bei Pistolen ist das Patronenlager in der Regel ein Bestandteil des Laufes. Bei Langwaffen ist das Patronenlager dagegen meist Bestandteil der Systemhülse, in die der Lauf hineingeschraubt wird. Beim Revolver dient die **Trommel** als Patronenlager. Patronenlager, Lauf und Trommel sind stets **wesentliche Teile** einer Waffe. Sie sind dem höchsten Gasdruck ausgesetzt.

Für die Verwendung von randloser Munition wird das Patronenlager so konstruiert, dass es entweder durch seine Innenform bei flaschenförmigen Patronen (Patrone mit **Schulter**, „**Schulteranlieger**", linke Skizze; meist für Büchsen, aber auch für verschiedene Kurzwaffen) oder durch eine definierte **Kante** („**Hülsenmundanlieger**", rechte Skizze) verhindert, dass die Hülse tiefer als vorgesehen in das Patronenlager gleiten kann.

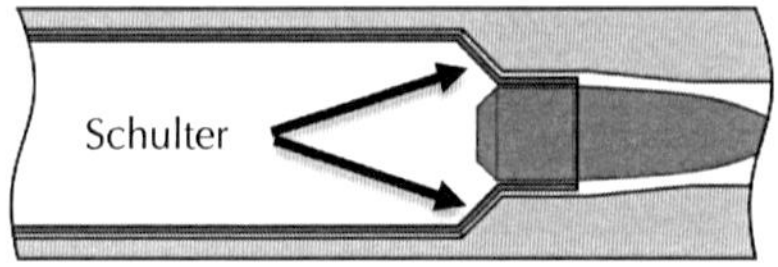

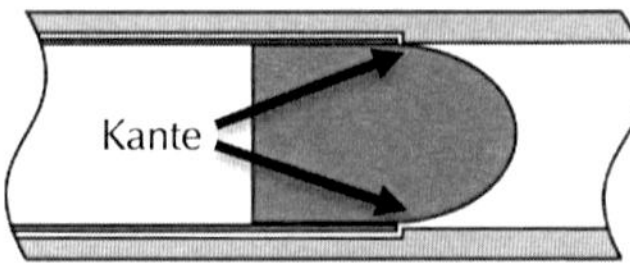

Um Waffensprengungen zu vermeiden, muss die Patrone nahezu spielfrei, insbesondere in der Längsrichtung, im Patronenlager ruhen. Der **Verschlussabstand** ist technisch der mit engen Toleranzen gesetzlich festgelegte Abstand zwischen dem Stoßboden des Verschlusses und dem vorderen Anschlagpunkt oder Anlagepunkt der jeweiligen Patronenart. Damit wird sichergestellt, dass die Patrone *gasdicht lidern*[193] kann, das Anzündhütchen in der Zündglocke bleibt, die Hülse nicht reißt und der Schlagbolzen das Anzündhütchen erreicht. Ist beispielsweise der Verschlussabstand

[193] *Zum Begriff siehe Ausführungen zum Verschluss auf Seite 221*

unzulässig groß, kann der Schütze durch austretende Gasschwaden oder ein Abreißen von Teilen der Waffe schwer verletzt werden.

Form und **Maßhaltigkeit** von Patronenhülse und Patronenlager sind sehr wichtig – während der Verschluss am Hülsenboden dafür sorgt, dass sich die Hülse nicht aus dem Patronenlager herausbewegen kann, sorgen der Hülsenmund (**Hülsenmundanlieger**) bzw. Schulter (**Schulteranlieger**) dafür, dass die Hülse nicht zu weit in das Patronenlager hineingleitet, aber ein geringstmöglicher Abstand zwischen Hülsenboden und Verschluss bleibt.

Bei **Randpatronen** stellt sich dieses Problem meist nicht. Als typische Munition für Hinterlader (Kipplaufwaffen) und Revolver können sie nur bis zum Rand des Hülsenbodens in das Patronenlager eingeführt werden. Passt sich die Hülse dabei exakt in das Patronenlager ein, bewirkt das Lidern der Patronenhülse bei Schussabgabe einen gasdichten Abschluss des Laufes. Darum kann von dem Grundsatz, dass nur Munition des auf dem Patronenlager angegebenen Kalibers verwendet werden darf, bei Randpatronen abgewichen werden, wenn bei gleichem Geschoss- oder Patronendurchmesser die Hülsenlänge nach dem Schuss geringer ist als diejenige der Munition, die zum Verschießen aus der betreffenden Waffe vorgesehen ist. Dies gilt insbesondere bei **Schrotpatronen** mit kürzerer Hülsenlänge – aus einer Flinte im Kaliber 12/76 dürfen Patronen im Kaliber 12/70, 12/67,5 oder 12/65 verschossen werden. Umgekehrt würde das unter Umständen zu einer Waffensprengung führen, da sich die Patrone zwar einführen lässt, aber bei Anzündung nicht vollständig öffnen kann – beim Umgang mit Flinten ist darum immer sehr genau auf die richtige Wahl der Patronen zu achten; tückisch ist, dass sich die Patronen im Kaliber 12/76 problemlos in das Patronenlager einer Flinte im Kaliber 12/70 einführen lassen.

Ein weiteres Beispiel sind Patronen im Kaliber **.38 Special** – sie haben eine 0,1 Zoll kürzere Hülse bei gleichem Geschossdurchmesser und geringerem Gasdruck als die Patrone .357 Magnum und dürfen darum auch aus einer Waffe des Kalibers .357 Magnum verschossen werden. Umgekehrt ist dies nicht zulässig (und wird technisch durch eine kürzere Trommel des Revolvers im Kaliber .38 Special verhindert). Auch Patronen des Kalibers **.38 Special WC** (Wadcutter) können aus einem Revolver im Kaliber .357 Magnum verschossen werden.

Patronen im Kaliber .22 kurz können aus Waffen im Kaliber .22 lfB/lr verschossen werden. Da sich vor der kürzeren Hülse aber in kurzer Zeit eine problematische Menge von Blei ablagern kann, sollte vor dem erneuten Verschießen von Patronen im Kaliber .22 lfB/lr eine intensive Reinigung und Bleibefreiung von Patronenlager und Übergang zum Lauf erfolgen.

Unterschiede bei den Formen des Hülsenrandes werden bei der Bezeichnung der Kaliber häufig berücksichtigt. Zu unterscheiden sind (von links nach rechts) Hülsen „**mit Rand**", „**mit Gürtel**" und „**ohne Rand**".

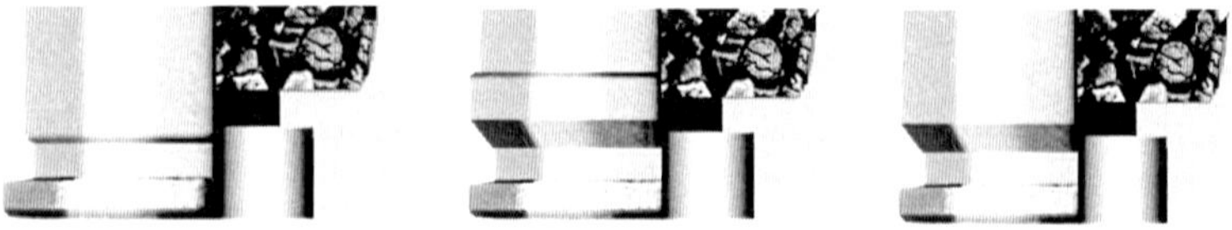

Die **Hülse mit Gürtel** wird für Kaliber mit besonders hohem Gasdruck verwendet. Grundsätzlich dient der Gürtel dazu, dass sich die Patrone mit der vorderen Kante des Gürtels an einer Ausfräsung im Patronenlager abstützt, um so eine verbesserte Messung und Einstellung des Verschlussabstands zu ermöglichen.[194]

Der zuvor bereits mehrfach erwähnte **Verschlussabstand** führt in der Praxis nicht selten zu Verwirrung. Denn es sind zwei Arten von Verschlussabstand zu unterscheiden, nämlich der tatsächliche Verschlussabstand einerseits und andererseits das im Beschussgesetz festgelegte Maß, das sich auf die Abstände vom Stoßboden des Verschlusses (der dem Hülsenboden nächste Punkt des Verschlusses) zu einem Anlagepunkt oder Anschlagpunkt der Patronenhülse im Patronenlager bezieht. Der minimaler Abstand von Stoßboden zu Hülsenboden muss dabei immer vorhanden sein, da eine Schusswaffe wie jede Maschine etwas „Spiel" braucht, um eine Bewegung aller Waffenteile und der Patrone zu ermöglichen; zugleich darf der tatsächliche Abstand aber auch nicht die gesetzlich festgelegten Grenzen überschreiten, der etwa bei Waffen im Kaliber 9 mm x 19 bis zu 0,3 mm betragen darf, bei Waffen im Kaliber 8 x 57 IS jedoch nicht mehr als 0,1 mm. Die Erforderlichkeit eines minimalen Spiels ist auch bei Randpatronen gegeben.

Zur **Messung des Verschlussabstandes** muss zunächst die Hülsenform bekannt sein, da sich nach ihrer Beschaffenheit die Messmethode bestimmt. Bei **Randpatronen** (Schrotpatronen, typische Revolverpatronen) beschreibt das Verschlussabstandsmaß die Entfernung vom Stoßboden bis zur Vorderseite des Randes (gemeint ist die vom Stoßboden gesehen entferntere Seite

---

[194] *Für die ebenfalls vertretene Auffassung, der Gürtel sei eine Art „Sicherungsmaßnahme", um besonders stark geladene Patronen nicht in das Patronenlager einer älteren Waffe einführen zu können, oder verstärke die Hülse, liegen keine belastbaren Quellen vor.*

des Randes). **Randlose Hülsen**, die flaschenförmig sind, sind in der Regel Schulteranlieger; sie stützen sich als vorn an der Auflagefläche mit der Schulter der Hülse an, darum wird das Maß des Verschlussabstands bei Schulteranliegern als Abstand zwischen dem Stoßboden und dem Anlagepunkt der Schulter angegeben und gemessen. Bei **Hülsenmundanliegern** (Pistolenpatronen) wird der rechnerische Verschlussabstand zwischen dem Stoßboden und dem Anschlagpunkt der Hülse im Patronenlager gemessen.

*Zu Unterschieden und Eigenschaften der unterschiedlichen Laufarten lesen Sie bitte im Kapitel „Innenballistik" ab Seite 336 nach. Informationen zum **Flintenlauf** entnehmen Sie bitte dem Kapitel „Flinte" ab Seite 187.*

Bei Abgabe des Schusses treten im Lauf enorme Drücke auf, bis zu mehrere tausend bar. Das Material, aus dem der Lauf gefertigt wird, muss fest genug sein, um diesen Drücken zu widerstehen. Und wenn Sie das Kapitel über den Beschuss bedenken, muss der Lauf auch höhere Drücke verkraften, als ihn die Munition erzeugt, für die er konstruiert wurde. Neben der Festigkeit muss das Material aber auch flexibel genug sein, um sogenannten „Sprödbrüchen" vorzubeugen.

Moderne Läufe werden **nahtlos** hergestellt, aus Legierungen auf Basis von Stahl. Da die Laufinnenseiten nicht nur dem enormen Gasdruck der Munition, sondern gleichzeitig auch hohen Temperaturen, der mechanischen Belastung der Geschosse sowie der chemischen Reaktion mit Pulverrückständen ausgesetzt sind, ist eine spezielle Oberflächenveredelung keine Seltenheit, zum Beispiel eine Hartverchromung.

4.4 Verschluss

Der Verschluss soll das Patronenlager nach hinten abschließen und zudem die Patronen beim Schießen im Patronenlager festhalten. Das Vorantreiben des Geschosses durch den Lauf soll die einzige Möglichkeit für das sich ausbreitende Gas sein, sich auszudehnen. Der Stoßboden des Verschlusses liegt mit festgelegtem, äußerst geringem Abstand am Boden der Patrone an, die im Patronenlager liegt. In den Stoßboden integriert ist meist eine Öffnung für den Schlagbolzen. Allerdings sorgt nicht der Verschluss für die Dichtheit des Laufes, sondern die Patronenhülse. Die Hülse hat im Moment der Zündung keine Möglichkeit, dem Druck nach hinten auszuweichen und dehnt sich im Patronenlager aus, sie „**lidert**". Diese Ausdehnung der Hülse dichtet das Patronenlager zum Verschluss hin ab. Je stärker die Liderung, desto gasdichter kann das Gesamtsystem aus Patronenlager und Lauf auf diese Weise abgedichtet werden. Hülsen aus Messing lidern besser als solche aus Stahl, da Messing das weichere Material ist.

Eine weitere Aufgabe des Verschlusses kann darin bestehen, den Schlagbolzen oder Hahn zu spannen – bei halbautomatischen Pistolen und automatischen Langwaffen geschieht dies bei der Öffnungsbewegung des Verschlusses zum Auswerfen der abgeschossenen Hülse.

Die Einführung des Verschlusses war für die Handhabung der Schusswaffen ein entscheidender Schritt – es war das Ende der Vorderlader (wenn man von Traditionsschützen absieht). Nun war es möglich, moderne Waffensysteme zu entwickeln, bis hin zu den heutigen automatischen Gewehren.

Bei Automaten stellt der enorme Gasdruck im Patronenlager die Konstrukteure vor eine besondere Aufgabe. Denn erst, wenn das Geschoss den Lauf verlassen hat, ist der Gasdruck so weit gesunken, dass er zum Bewegen des Verschlusses gefahrlos genutzt werden kann. Somit muss für jede automatische Waffe eine Steuerung entwickelt werden, die angepasst an Lauflänge und Kaliber, also die innenballistischen Daten des Kalibers, den Verschluss steuert. Dies gilt für **verriegelte** wie für **unverriegelte** Verschlusssysteme von Automaten.

Beim **unverriegelten Verschluss**, auch „**Masseverschluss**" genannt, wird der Verschluss allein mit Federkraft gegen den Patronenboden gepresst. Bei schwachen Patronen wie .22 lfB ist das ausreichend – Patronen, die einen höheren Gasdruck erzeugen, erfordern dagegen den Einsatz eines **verriegelten Verschlusses.** Durch mechanische Blockierungen oder durch Drehen des Verschlusses in eine verriegelte Position kann im Lager ein hoher

Druck erzeugt werden, da sich der Verschluss **nicht durch den Druck** bewegen bzw. entriegeln lässt.

Bei **Pistolen mit Masseverschluss** (Federverschluss) ist der Lauf fest mit dem Griffstück verbunden und nicht beweglich. Der Verschluss (auch als **Schlitten** bezeichnet) gleitet nach Abgabe des Schusses zurück, angetrieben vom Gasdruck. Da der Verschluss mittels der Schließfeder fest an den Hülsenboden gedrückt wird und erst noch aus seiner Ruheposition bewegt werden muss (Trägheit), muss der Gasdruck so groß sein, dass der Verschluss in Bewegung kommt und seine **Masseträgheit** und die Federkraft überwindet.

Die nachfolgenden Skizzen verdeutlichen das Prinzip. Im ersten Bild wird die Masse durch den Federdruck gegen den Boden der Patrone gedrückt, die sich im Patronenlager befindet. Das zweite Bild zeigt den Zustand der Waffe mit fast vollständig geöffnetem Verschluss.

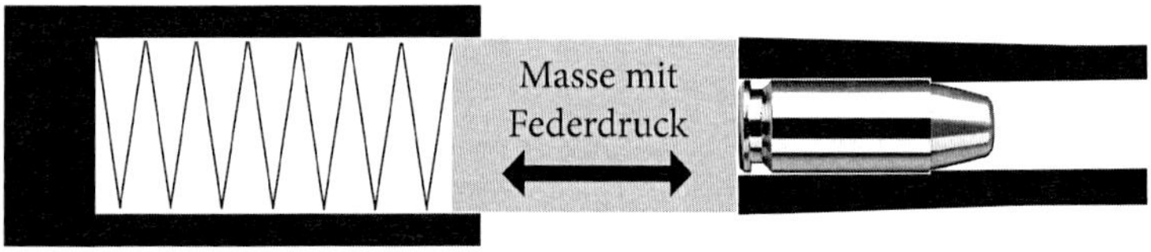

Entscheidend für das Funktionieren des einfachen Masseverschlusses sind die Dimensionierung der Schließfeder sowie die Masse des Verschlusses im Verhältnis zur Masse und Bewegungsenergie des Geschosses. Während es bei „leichter" Munition wie etwa .22 lfB mit vergleichsweise geringer Bewegungsenergie nur geringer Kräfte bedarf, um den Verschluss ausreichend lange auf den Patronenboden zu schieben, ist bei Kalibern ab etwa 9 mm x 19 eine simple Feder-Masse-Kombination nicht mehr zu realisieren. Denn bei besonders schweren oder energiereichen Geschossen müsste die Masse des Verschlusses deutlich zunehmen, um ein vorzeitiges Freigeben der Hülse zu verhindern. Denn um es noch einmal deutlich zu machen: Nur wenn das Patronenlager lang genug verschlossen wird, weil die Feder ausreichend stark, die Masse des Verschlusses ausreichend groß und der Verschluss damit ausreichend träge ist, kann der Gasdruck in Lauf und Patronenlager vor dem Öffnen auf das Maß absinken, das den Schützen nicht mehr gefährdet. Die Abstimmung der Bewegungen von Verschluss und Geschoss sind das Handwerk und auch die Kunst des Büchsenmachers und machen eine gute Waffe aus. Das gilt auch für verriegelte Systeme.

Ein vernünftiger Kompromiss aus Federstärke und Masse des Verschlusses ist bei größeren Kalibern nicht realisierbar – hier bedarf es ausgefeilterer Konstruktionen wie etwa des Browning-Verschlusses oder gasgebremster Masseverschlüsse, wie sie nachfolgend dargestellt werden.

Eine effektive Form der **Verriegelung** nutzt der Revolver mit ausschwenkbarer Trommel. Anders als bei Waffen, in denen das Patronenlager Teil des Laufes oder fest mit diesem verbunden ist, wird durch Drehung der Revolvertrommel jeweils eine einzelne Kammer so positioniert, dass die Mittelachse der Kammer und die Laufseelenachse eine Linie bilden. Der Gasdruck wirkt hier auf die Trommelwandungen und den Rahmen des Revolvers, der mit dem Lauf fest verschraubt ist und verhindert, dass die gezündete Patrone nach hinten auf der Trommelkammer entkommen kann – der Gasdruck kann aber die Trommel selbst nicht seitlich bewegen. Dies kann nur der Schütze per Hand durch Bedienung des Daumenschiebers und anschließendes Herausdrücken der nun frei beweglichen Trommel.

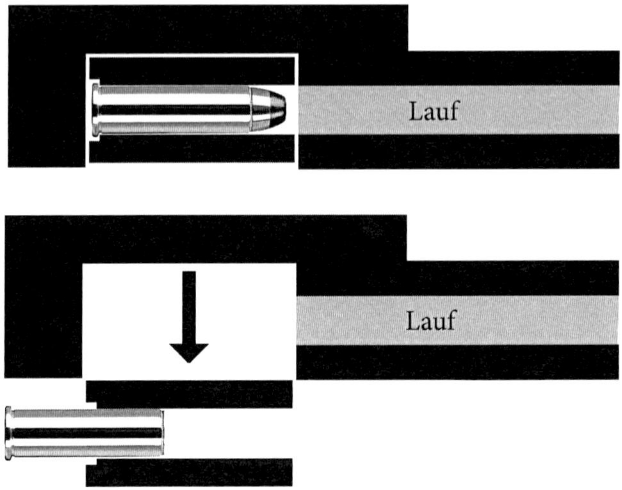

Grundsätzlich arbeiten alle verriegelten Verschlüsse nach diesem Prinzip, dass die Betätigung des Riegels nicht durch eine direkte Einwirkung des Gasdrucks erfolgt, sondern entweder zeitverzögert durch eine Verschluss-Steuerung (wie nachfolgend der Browning-Verschluss) oder durch händische Bedienung durch den Schützen (siehe auch Zylinder-Verschluss).

Das **Prinzip des verriegelten Verschlusses** bei Waffen, in denen das Patronenlager ein Teil des Laufes oder fest mit dem Lauf verbunden ist, unterscheidet sich zwar in der Art der Verriegelung, das Prinzip bleibt aber stets gleich: Der Druck auf den Verschluss ist nicht in der Lage, diesen aus seiner Verriegelungsposition zu bewegen, in der er, je nach Art der Verriegelung, sicher gestützt wird. Die Entriegelungsrichtung steht dabei in der Regel in einem rechten Winkel zur Richtung der Kraft, die auf den Verschluss wirkt. Erst durch eine weitere, in der Regel äußere Kraft, die die Verriegelung durch Drehung, Auslenkung oder eine andere Bewegung löst, kann die Patrone wieder aus dem Patronenlager herausgleiten, wie es in der nachfolgenden Prinzip-Darstellung verdeutlich wird. Der Verschlussblock kann sich nur auf und ab bewegen, während Kraft, der durch den Patronenboden auf den Verschlussblock einwirkt, lediglich im rechten Winkel zu dieser Bewegungsmöglichkeit angreift und unwirksam ist.

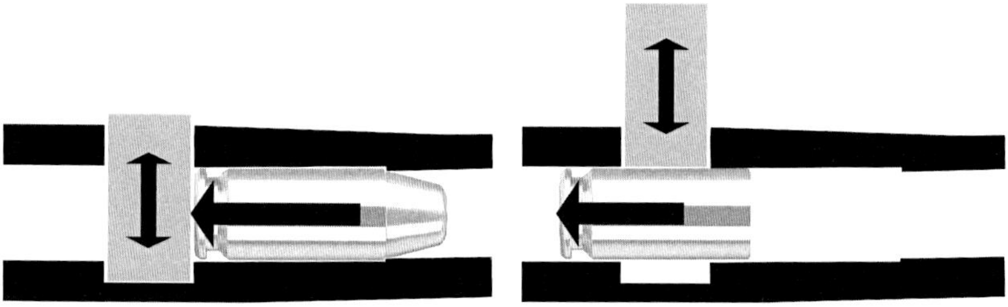

Pistolen mit verriegeltem Verschluss („Browning-Prinzip") sind für Patronen mit stärkerer Ladung konstruiert, bei denen ein vernünftiger Kompromiss aus Federstärke und Masse des Verschlusses nicht realisierbar ist, ein Feder-Masse-Verschluss also nicht praktikabel ist.

Als Beispiel sehen sie unten die Walther P 99 - ein Ausschnitt mit **Steuerkurve** (A) (Unterseite Patronenlager, „Nase") und **Verriegelungsblock** (B).

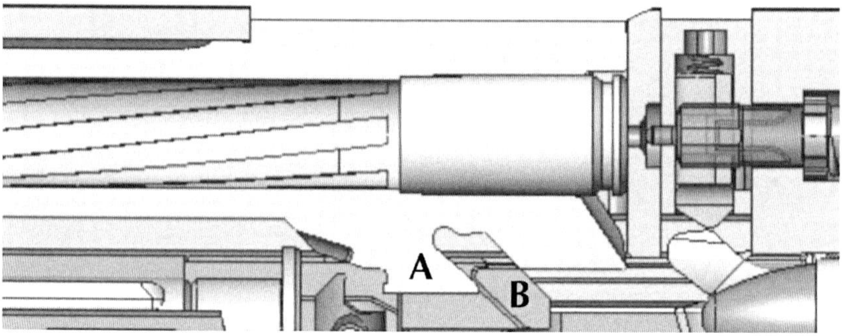

Nachdem der Schlitten gemeinsam mit dem Lauf wenige Millimeter nach hinten geglitten ist (Bild oben, Geschoss abgefeuert), läuft die Steuerkurve auf den Verriegelungsblock. Der Lauf lässt sich zwar innerhalb des Verschlusses in verriegeltem Zustand nicht in Längsrichtung bewegen (also in Wirkrichtung des Gasdrucks), aber senkrecht nach unten (aus dem Auswurffenster des Schlittens, der Verriegelung). Indem der Verriegelungsblock für die schräge Fläche der Steuerkurve in Bewegungsrichtung des Verschlusses ein unüberwindliches Hindernis ist, weicht die Steuerkurve nach unten aus und löst die Verriegelung. Der Verschluss läuft weiter und zieht die Hülse aus, der Lauf verharrt am Verriegelungsblock. Durch die Kraft der Schließfeder gleitet der Verschluss dann wieder vor, der Lauf wird mitgenommen und durch die Steuerkurve in das Auswurffenster auf der Oberseite des Verschlusses gehoben, die Verriegelung wird wiederhergestellt.

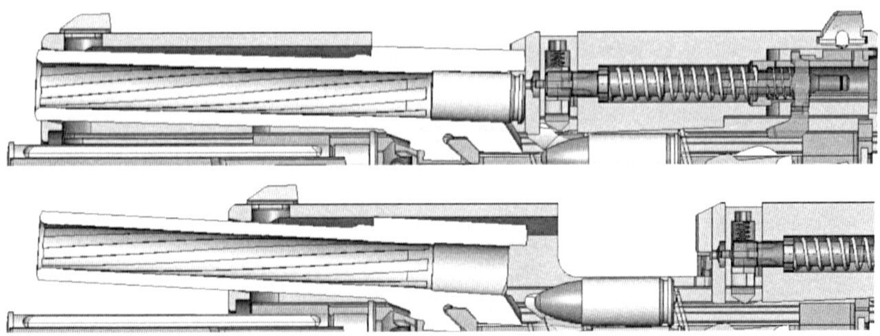

Eine andere Art des Verschlusses findet sich in der **P 7** von Heckler & Koch (HK), die auf der folgenden Seite abgebildet ist – diese Waffe arbeitet mit einem unverriegelten, **gasgebremsten** (Gasdruck-verzögerten) **Masseverschluss**. Der Lauf ist unbeweglich mit dem Griffstück verbunden, was diesem Modell eine große Präzision verleiht.

Ein **Kolben** ist mit der Spitze des Schlittens (Verschlussträger) verbunden. Seine Spitze befindet sich in einem **Zylinder**, der unterhalb des Laufes angebracht ist. Eine **Bohrung** (Detailbild) verbindet Lauf und Zylinder (Bohrung mit Pfeil markiert). Beim Schuss wird ein Teil des Gasdrucks aus dem Lauf in den Zylinder geleitet. Der Kolben und damit der Verschluss werden so lange fest nach vorn gepresst, bis das Geschoss den Lauf verlassen hat und der Gasdruck im Lauf und damit auch im Zylinder rapide abnimmt. Erst dann gleitet der Verschluss nach hinten, da er jetzt allein gegen den Widerstand der Verschlussfeder bewegt wird.

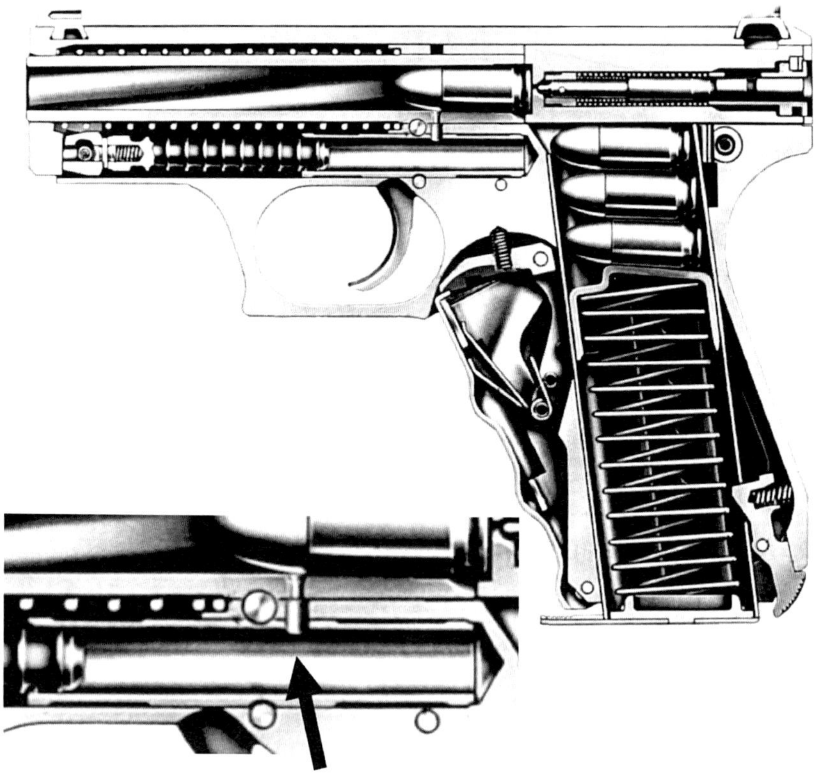

Gasdrucklader nutzen für die Bewegung des Verschlusses den Gasdruck durch „Anzapfen“ des Laufes. Bereits Ende des 19. Jahrhunderts stellten Büchsenmacher in Italien das erste Militärgewehr vor, das auf diesem Prinzip beruhte. Hat das Geschoss die Entnahmestelle passiert, wird über eine Druckleitung ein Kolben angesteuert, der den Verschluss zurückgleiten lässt, indem er die Verriegelung aufhebt und den Verschluss zurückschiebt. Dabei wird die Kraft mit Hilfe eines Gestänges (Gasdruckgestänge) vom Kolben auf den Verschluss übertragen. Einige Gasdrucklader wie das M 16 verzichten auf ein Kolbensystem – hier wirkt der Gasdruck, der durch ein Rohrsystem in das Innere der Waffe geleitet wird, direkt auf den Verschluss beziehungsweise den Verschlussträger.

Gasdrucklader „entriegeln“ mit Hilfe des Gasdrucks – die Verriegelung selbst erfolgt durch Verdrehung des Verschlusses, über Rollen oder einrastende Warzen, die durch Einwirkung des Gasdrucks bewegt werden können. Der Druck des Patronenbodens gegen den Verschluss hat auf die

Bewegung des Verschlusses zunächst keinen Effekt – schließlich ist es ja gerade Aufgabe des verriegelten Verschlusses, den enormen Druck zu halten. Erst wenn durch die Steuerung des Verschlusses die Verriegelung gelöst wird, kann sich der gesamte Verschlussblock rückwärts gegen die Kraft der Rückholfeder bewegen, die schließlich genügend Gegendruck aufbaut, um den Verschluss wieder nach vorn zu schieben.

Der entscheidende Vorteil des Prinzips „Gasdrucklader" beim Einsatz in **Automaten** ist die Fähigkeit, den Verschluss sicher abstützen zu können und durch die Konstruktion die Entriegelung so lange herauszuzögern, dass der Repetiervorgang erst bei ungefährlichen Druckverhältnissen im Lauf beginnt. Bei besonders starken Kalibern hätte eine direkte Steuerung des Entriegelns über den Rückstoß oder die direkte Einwirkung auf den Verschluss schlimmste Folgen – der Gasdrucklader vereint die Sicherheit und Stabilität des traditionellen Verschlusses einer großkalibrigen handverriegelten Büchse mit den Vorzügen eines Automaten.

Das Gewehr HK SL 8 verfügt über einen **Drehkopf-Verschluss**. Zur Verriegelung wird der **Verschlussträger** zunächst mit Hilfe des Federdrucks nach vorn geführt. Der **Verschlusskopf** ist drehbar und längsverschiebbar im Verschlussträger gelagert.

In verriegelter Stellung (Grafik links) liegen die **Verriegelungswarzen** des Verschlusskopfes hinter den **Verriegelungsnasen** des Verriegelungsstückes (Gegenstück des Verschlusskopfes). Das Verriegelungsstück selbst ist mit Lauf und Patronenlager im Gehäuse der Waffe fest verschraubt. Der von vorn auf den Verschlusskopf wirkende Druck müsste also erst die Verriegelungswarzen oder die Verriegelungsnasen brechen lassen, um den Verschluss zu sprengen. Nur die Drehung des Verschlusskopfes kann die Verriegelung lösen.

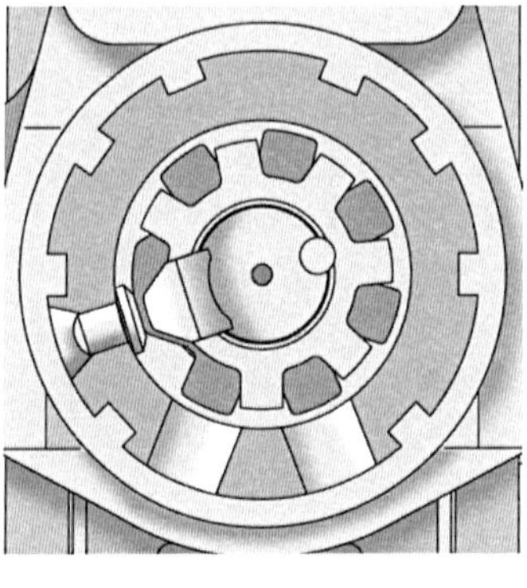
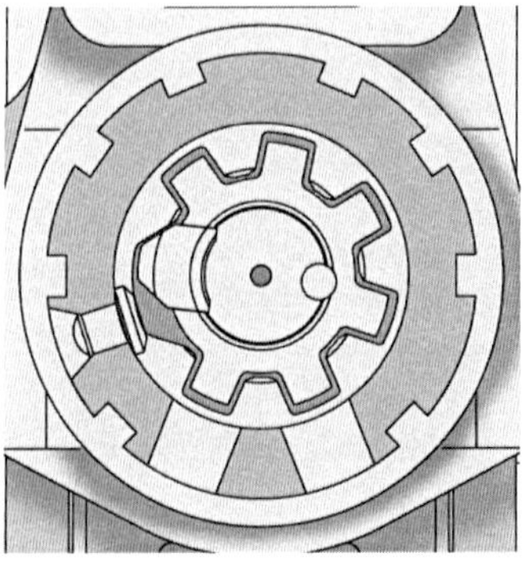

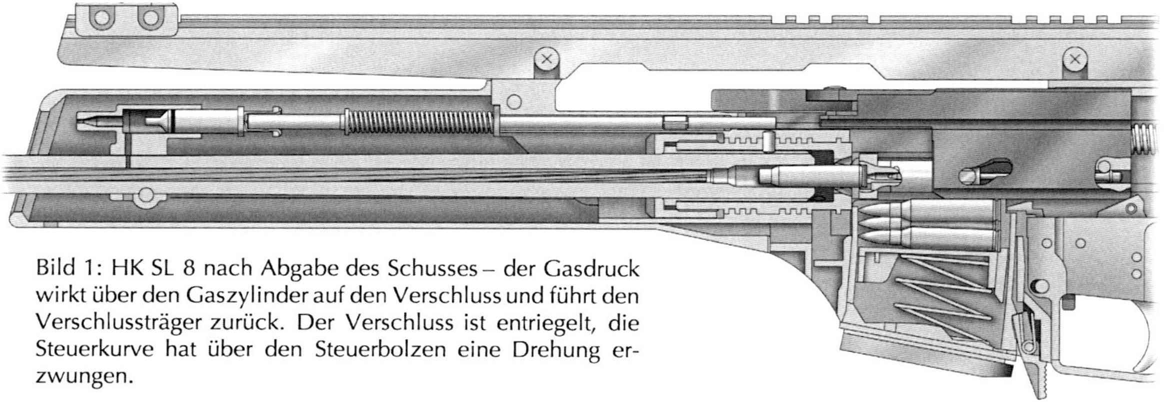

Bild 1: HK SL 8 nach Abgabe des Schusses – der Gasdruck wirkt über den Gaszylinder auf den Verschluss und führt den Verschlussträger zurück. Der Verschluss ist entriegelt, die Steuerkurve hat über den Steuerbolzen eine Drehung erzwungen.

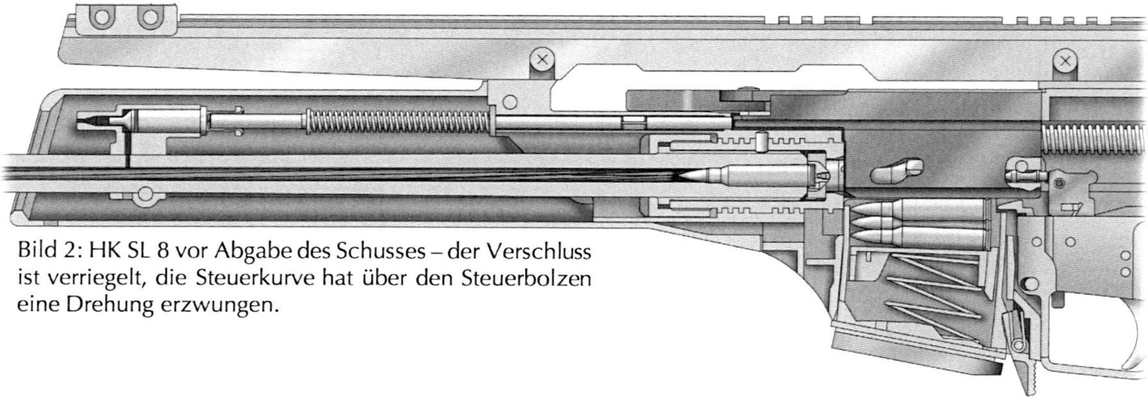

Bild 2: HK SL 8 vor Abgabe des Schusses – der Verschluss ist verriegelt, die Steuerkurve hat über den Steuerbolzen eine Drehung erzwungen.

Nachdem die Patrone gezündet wurde, treibt der Gasdruck das Geschoss durch den Lauf. Sobald das Geschoss die Stelle passiert hat, an der sich die **Gasbohrung** befindet, wird ein Teil des Gasdrucks durch die Bohrung aus dem Lauf in die Gasabnahme geführt.

In der Gasabnahme wirkt der Gasdruck auf den Gaskolben. Der Gaskolben ist mit der Antriebsstange verbunden, die auf den Verschlussträger wirkt. Während sich der Verschlussträger allmählich rückwärts bewegt, sitzt der Verschlusskopf zunächst noch sicher im Verriegelungsstück, kann die Rückwärtsbewegung nicht mitmachen, da die Verriegelungswarzen noch hinter den Verrieglungsnasen sitzen. Der Verschlusskopf wird dabei aus dem Verschlussträger herausgezogen. Der **Steuerbolzen** (unten, Pfeil) ist Teil des Verschlusskopfes. Er liegt in der **Steuerkurve**, hier eine Aussparung im Verschlussträgergehäuse. Der Verschlusskopf wird durch seine Rückwärtsbewegung und die Form der Steuerkurve, in der der Steuerbolzen bewegt wird, zu einer Drehung gezwungen, weil er durch die Steuerkurve geführt („gesteuert") wird. Der Verschlusskopf dreht sich, damit treten die Warzen hinter den Verriegelungsnasen hervor, somit ist die Verriegelung aufgehoben und der Verschlusskopf kann mit dem Verschlussträger gemeinsam zurücklaufen. Am Ende dieses Rücklaufes, bei dem die leere Hülse ausgeworfen wird, sorgt die Schließfeder für eine Umkehrung der Bewegung. Sie schiebt den Verschluss nach vorn, die Verriegelung wird wieder hergestellt.

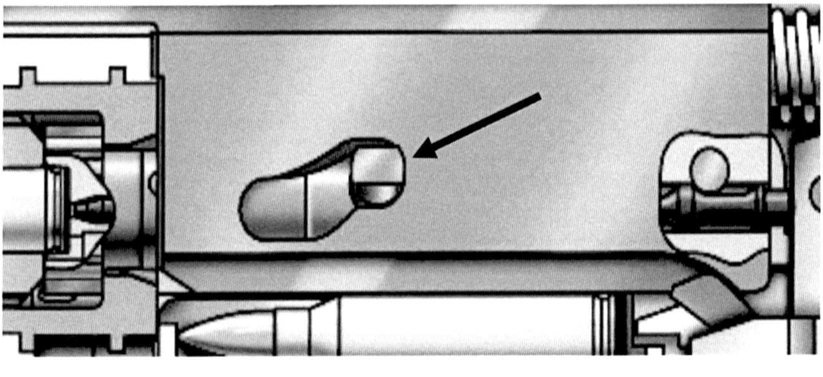

Anders als Gasdrucklader nutzen **Rückstoßlader** wie das HK G 3 die Masseträgheit des Verschlusses zur Steuerung der Verriegelung. Wie beim Drehverschluss ist der Kopf des **beweglich abgestützten Rollenverschlusses** im Verschlussträger gelagert, aber nur in Längsrichtung verschiebbar.

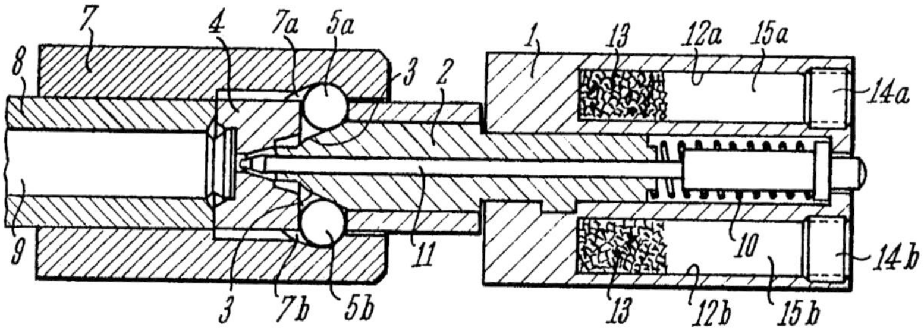

Unten der Verschluss allein mit „eingefahrenen“ Rollen (5a/5b) – in der ersten Zeichnung verhindern die Rollen durch ihre Stellung in Widerlagern (7a/7b), dass sich der Verschluss zurückbewegt. Die Steuerung der Rollen erfolgt durch das Zurückgleiten des Verschlussträgers (1) und den dadurch geschaffenen Raum an der schrägen Fläche (3) des Steuerstücks (2). Der Verschlussträger wird durch den Rückstoß der Waffe und seine Masseträgheit beschleunigt und nach hinten bewegt, zieht Steuerstück und Verschlusskopf mit.

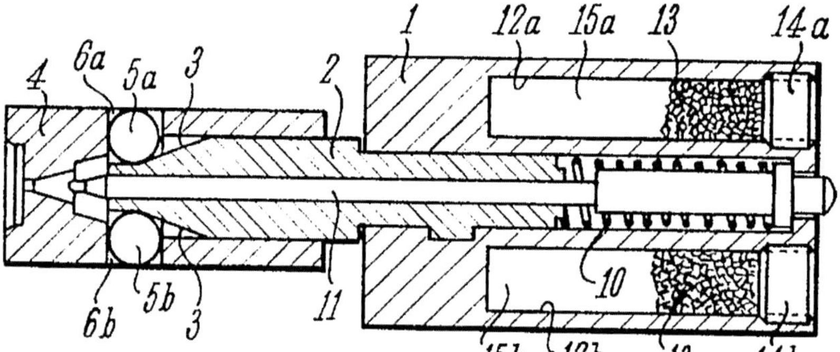

Der Effekt der Masseträgheit wird durch frei bewegliches Wolframpulver im Innern des Verschlussträgers noch verstärkt (13).

Langwaffen mit starren Läufen nutzen oft den seit Einführung des Dreyse-Zündnadelgewehres gebräuchlichen **Zylinder-Verschluss**, auch **Kammer-Verschluss** genannt. Die Art der Verriegelung wird auch von Drehverschlüssen automatischer Waffen verwendet, deren Automatik die Aufgaben der Hand des Schützen beim Bewegen der Kammer übernimmt. Dazu wird der Verschluss mit Hilfe eines **Kammerstengels** in der **Kammerhülse**, bestehend aus **Hülsenkopf** und **Hülsenbrücke** (siehe auch nachfolgende Bildreihen) vorwärts bewegt und gedreht – durch die Drehung wird er im Hülsenkopf ver- oder entriegelt, indem die **Verriegelungswarzen** (Erhebungen auf der Kammer) durch Drehung der Kammer ihre Stellung zu den **Verriegelungsnasen** verändern. Die Verriegelungsnasen befinden sich im Hülsenkopf, der fest mit dem Lauf verbunden ist. Im System Mauser dient eine **Sicherungswarze** (mit Spiel) in der Hülsenbrücke als „Back-up", um bei einer Verschlusssprengung die Kammer aufzuhalten. Zylinder-Verschlüsse widerstehen höchsten Drücken und kommen in schweren Büchsen und in Repetierflinten des Kalibers 12/89, **Gänseflinte** genannt, zum Einsatz.

Verschluss offen, aber Kammer in der Kammerhülse.

Verriegelung im Hülsenkopf wurde hergestellt – der Kammerstengel wurde nach vorn und zur Seite bewegt.

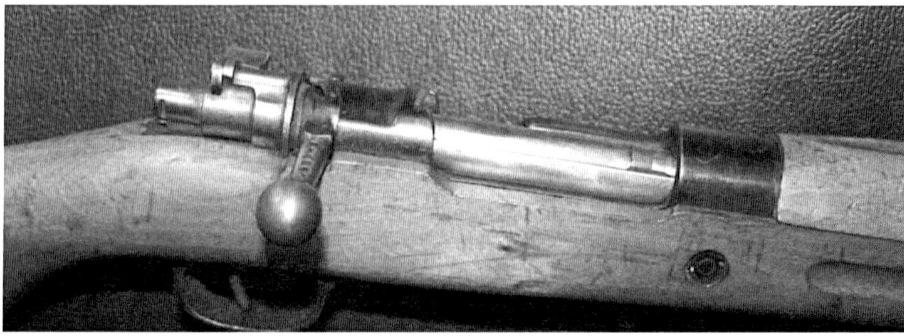

Der Verschlussvorgang im Innern der Waffe wird durch die nachfolgenden Darstellungen verdeutlicht. Die Kammer wird nach vorn geführt, bis eine Drehung durch eine Abwärtsbewegung des Kammerstengels möglich ist. Durch die Drehung kann sich die Kammer nicht mehr rückwärts bewegen, widersteht also dem Gasdruck, der nicht die Drehung der Kammer bewirken kann, durch die der Verschluss wieder geöffnet wird.

Die Zeichnungen demonstrieren drei Phasen der Verriegelung. Der Verriegelungsvorgang ist dabei dem Blick vollkommen entzogen – darum wird durch Schnittdarstellungen die Funktionsweise des Kammerverschlusses illustriert.

Vorwärtsbewegung (Verschluss nicht verriegelt, Drehung der Kammer nicht möglich) – der Schütze bewegt durch Druck von hinten auf den Kammerstengel die Kammer nach vorn. Diese Bewegung nach vorn endet, sobald die Patrone im Patronenlager positioniert ist – dann ist nur noch eine Drehbewegung der Kammer möglich.

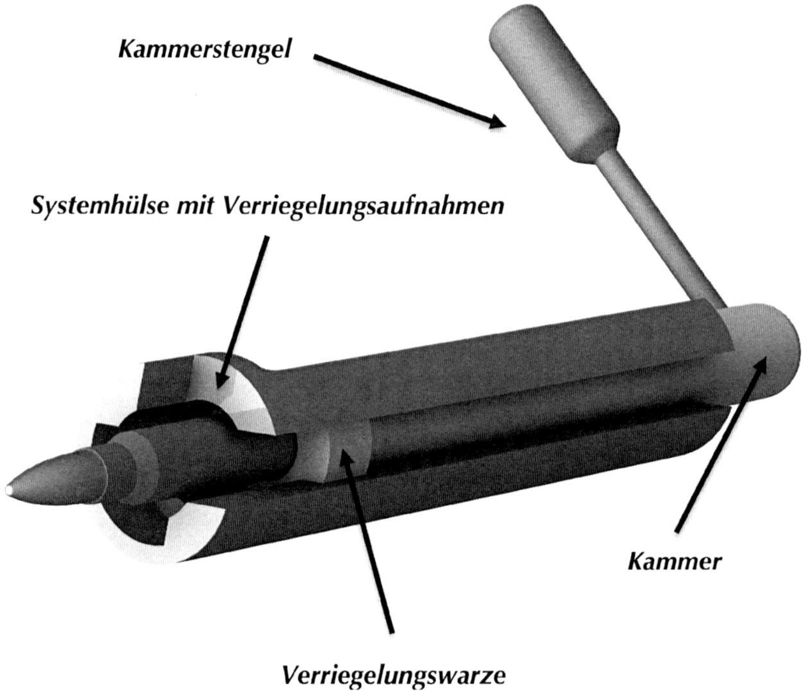

Kammer in vorderste Position geschoben (Verschluss nicht verriegelt, Drehung der Kammer möglich) – nun bewegt die Hand des Schützen die Kammer nicht mehr vorwärts, sondern leitet durch eine leichte Neuausrichtung des Handdrucks die Abwärtsbewegung des Kammerstengels ein, der dadurch die Kammer zu einer Drehung zwingt und unmittelbar eine Bewegung der Kammerwarzen in die Aufnahmen bewirkt.

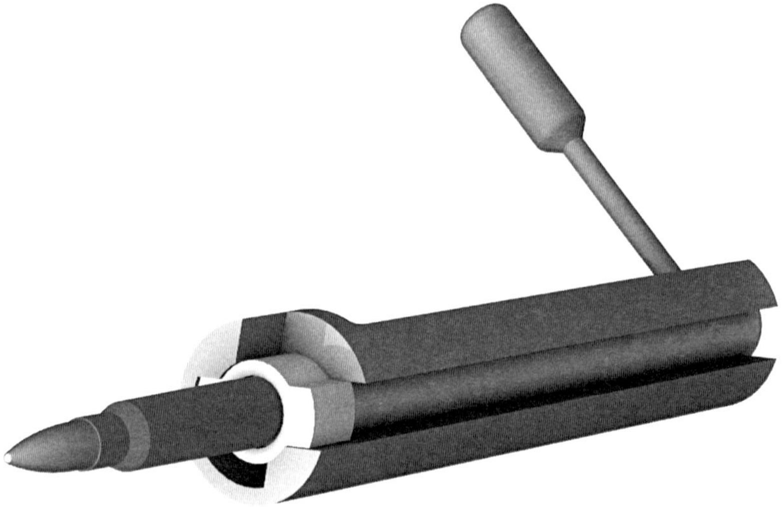

Verschluss hergestellt (Rückwärtsbewegung nicht möglich, Drehung der Kammer möglich) – die Kammerwarzen haben ihre Endposition eingenommen, erst durch eine Aufwärtsbewegung des Kammerstengels wird der Verschluss wieder aufgehoben.

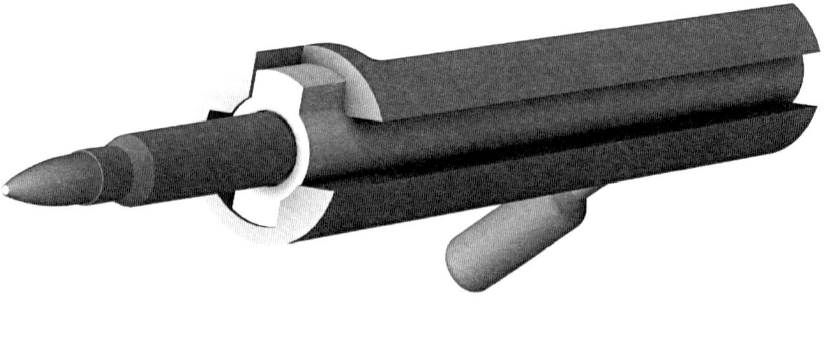

Langwaffen mit starren Läufen nutzen oft den seit Einführung des Dreyse-Zündnadelgewehres gebräuchlichen **Zylinder-Verschluss**, auch **Kammer-Verschluss** genannt. Die Art der Verriegelung wird auch von Drehverschlüssen automatischer Waffen verwendet und ist bereits ausführlich dargestellt worden. Der Unterschied ist, dass der Verschluss mit Hilfe eines **Kammerstengels** in der **Kammerhülse**, bestehend aus **Hülsenkopf** und **Hülsenbrücke** (siehe auch folgende Seiten) gedreht wird – durch die Drehung wird er im Hülsenkopf ver- oder entriegelt, indem die Verriegelungswarzen durch Drehung der Kammer ihre Stellung zu den Verriegelungsnasen verändern. Die Verriegelungsnasen befinden sich im Hülsenkopf, der fest mit dem Lauf verbunden ist. Im System Mauser dient eine zusätzliche **Sicherungswarze** (mit Spiel) in der Hülsenbrücke als „Back-up", um bei Verschlusssprengung die Kammer sicher aufzuhalten.

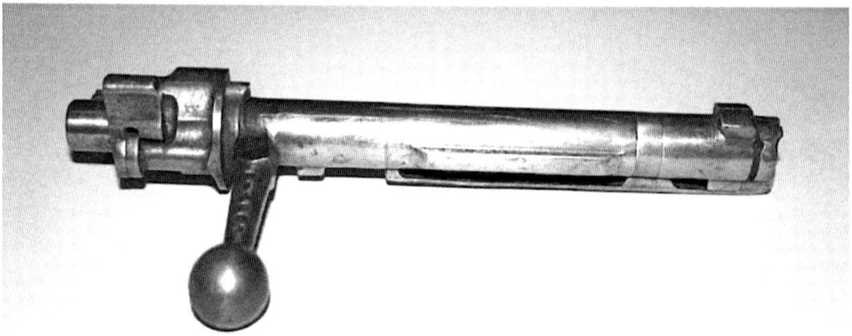

Zylinder-Verschlüsse widerstehen höchsten Drücken und kommen sowohl in schweren Büchsen wie auch in Repetierflinten des Kalibers 12/89, auch **Gänseflinte** genannt, zum Einsatz.

Die bewährten Systeme finden sich auch in neu hergestellten Waffen – manch ein Büchsenmacher hat eine kleine „Schatzkiste" mit ausgesuchten, gut erhalten Systemen in seiner Werkstatt, aus der für hochwertige Meisterstücke die Klassiker entnommen werden.

Der hier dargestellte Zylinderverschluss verriegelt durch Eindrehen der Warzen in der **Hülsenbrücke** (Teil der Systemhülse in Höhe des Kammerstengels) und nicht, wie üblich, im Hülsenkopf. Die Warzen sind also direkt (wie abgebildet) vor dem Kammerstengel gesetzt.

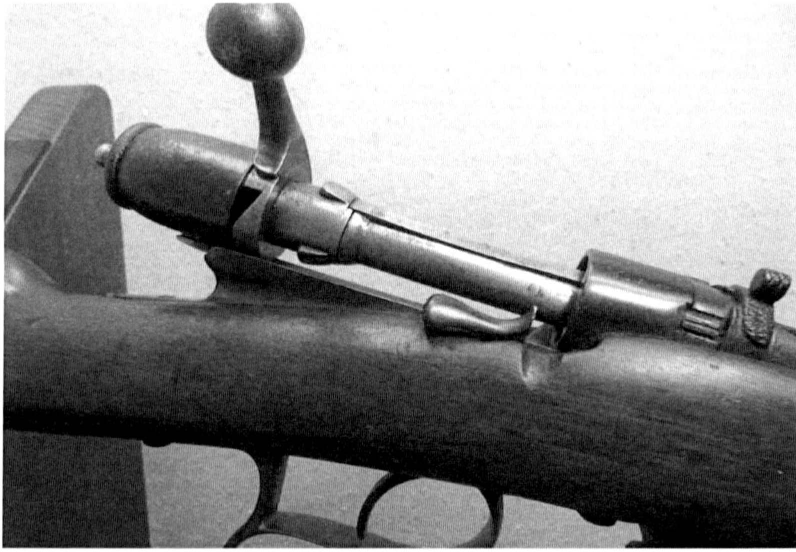

Ein **Kammerstengel-Verschluss** kommt nur bei „schwachen" Kalibern wie Flobert-Patronen oder .22 lfB zum Einsatz. Er ist die einfachste Art der Verriegelung mittels eines Zylinders, der von einem Kammerstengel in einem Lager gedreht wird, um das Patronenlager zu verschließen. Verriegelungswarzen fehlen am Zylinder, denn der Verschluss wird allein durch das Einlegen des Kammerstengels in eine Rast wirksam erzeugt – die Energie der Patrone ist zu gering, um diese äußerst schwache Verriegelung zu lösen.

Einfache **Flobert-Gewehre** (**Tesching**, **Gartenflinte**) verfügen meist nur über einen glatten Lauf. Für das Verschießen der Flobert-Kugelpatronen wurden diese leichten Waffen auch mit gezogenem Lauf angeboten. Die Flobertpatronen verzichteten ursprünglich auf Pulver als Treibmittel – hier diente allein der Zündsatz zum Antrieb der Geschosse (Schrot- und Kugelpatronen). Später wurden auch Flobert-Patronen mit geringen Mengen an Pulver eingeführt.

In der hier abgebildeten Waffe (Steyr M95) erfolgt die Verriegelung mittels eines **Drehkopf-Verschlusses**, dessen Warzen sich hinter die Nasen im Hülsenkopf legen. Der Verschlussträger wird durch Zug am Kammerstengel nach hinten geführt – dabei wird der Drehkopf-Verschluss aus seiner verriegelten Stellung gedreht und kann frei nach hinten gleiten. Der Kammerstengel bleibt in der seitlichen Auslage und dient nur zur Verschlussbewegung. Diese Technik wurde 1895 eingeführt – Geradezug-Repetierer sind somit keine Erfindung der Neuzeit, sondern „ein alter Hut".

Oben Verschluss unverriegelt (ca. 10 mm aus dem Hülsenkopf gezogen), unten Verschluss vorgeschoben und verriegelt

Der **Kippblock-Verschluss** gilt als einer der belastbarsten Verschlüsse für Kipplaufgewehre. Der Lauf ist mit einer Überhangnut verlängert, die sich von oben formschlüssig über einen Stahlblock legt, der an der Basküle montiert ist – die Waffe ist sicher verschlossen. Da das Baskülgehäuse nicht den Stoßboden stellt (der Stoßboden wird durch den Verschlussblock dargestellt), wird der Druck allein durch den formschlüssig wirkenden Stahlblock in der Nut aufgenommen.

Die kleine Grafik zeigt das Verschlusselement ohne Basküle.

Der **Vertikal-Blockverschluss** verdeutlich noch einmal auf einfache Weise das Prinzip eines Verschlusses – der Verschluss wird durch Betätigung eines Hebels (Kulisse) aus seiner Ruhelage (Bild oben) abwärts bewegt und öffnet das Patronenlager (Bild unten) – die Bewegungsrichtung liegt senkrecht zur Wirkrichtung des Gasdrucks und des Hülsenbodens im Patronenlagers. Da die Öffnung des Verschlussblocks nur in die dargestellte Richtung erfolgen kann, der Verschluss aber zugleich nur Kräfte aufnehmen muss, die in diese Richtung nicht wirksam werden, setzt hier allein die Stabilität des Materials eine Grenze bezüglich der Kräfte, die auf den Verschluss wirken dürfen. Weitere typische Blockverschlüsse sind **Fallblock-** und **Drehblock-Verschluss**.

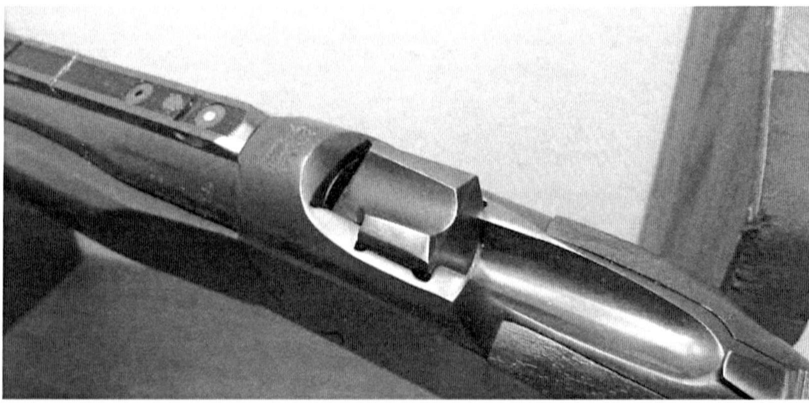

Einen weiteren interessanten Verschluss zeigen die folgenden Abbildungen – der seitliche Hebel (im letzten Bild im Anschnitt zu sehen) dient dem separaten Spannen der Büchsläufe.

Bei Kipplaufgewehren stellt der **Laufhakenverschluss**, auch **Keilverschluss** genannt, die simpelste Form der Verriegelung bei einem **Baskülverschluss** (Sammelbezeichnung für Verschlüsse von Kipplaufwaffen) dar. Ein oder zwei Laufhaken, die unter der Laufschiene montiert sind, werden von einem Verschlusskeil (auch als Riegelplatte bezeichnet) gehalten, der durch Betätigung des **Oberhebels** (Hebel auf dem Kolbenhals) zurückgezogen wird und so die Haken freigibt.

Ein Problem der ersten Doppelflinten war die Querbelastung bei der Abgabe des Schusses – da die Laufseele zu der theoretischen Verlängerung der Verriegelung versetzt steht, war ein einfacher Laufhaken nicht in der Lage, die entstehenden seitlichen Kräfte auf Dauer aufzufangen. Dieses zusätzlich wirkende Bauteil unterstützt die Laufhaken – die Laufschiene ist verlängert, in der Basküle (Verschlussgehäuse) befindet sich eine besondere Aussparung, in die diese Laufschienenverlängerung exakt hineinpasst (Formschluss). Die für diese Verschlussart gebräuchliche Bezeichnung **Puppenkopf-Verschluss** („doll's head", Entwicklung Westley Richards) bezieht sich auf die kegelartige Kopfform des Verriegelungselements (auch als **Linsenkopf** bezeichnet).

Auch bei einem **Greener-Verschluss** wird die Laufschiene verlängert und in den Verschlusskasten eingelegt – zur Verriegelung wird hier aber ein „Greener-Riegel" (links ausgefahren) durch das Loch in der „Greener-Nase" geführt und verstärkt so den Laufhakenverschluss.

Der **Kersten-Verschluss**, auch **Doppelter Greener** genannt, setzt auf eine doppelte Ausführung der zusätzlich zum Laufhaken installierten Stabilisierung des Laufes am Verschluss - hier in dem Meisterstück des Büchsenmachermeisters Philip Schütt.

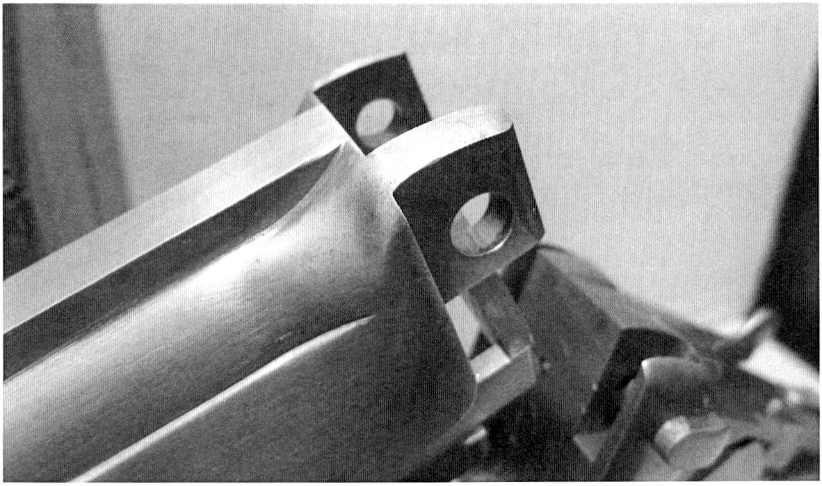

Bei einem (hakenlosen) **Flankenverschluss** werden an Kipplaufwaffen mit übereinanderliegenden Läufen zur Herstellung des Verschlusses zwei Riegelbolzen in Aufnahmen an den Seiten des Laufbündels geführt, sobald die Waffe geschlossen wird – ein Laufhaken ist zur Verriegelung nicht nötig.

Eine kleine Nase oberhalb des rechten (hier eingefahrenen) Riegels im Stoßboden der Basküle wird beim Schließen der Waffe eingedrückt und gibt die Riegelbolzen frei, die bei Drehung des Verschlusshebels eingezogen wurden.

Der **Purdey-Verschluss** nutzt wie der Greener eine Nase (Purdey-Nase) zur Verriegelung. Sie wird ebenfalls in eine Aussparung im Stoßboden der Basküle geführt und von einem Riegel, der in der Basküle quer zur Bewegungsrichtung der Nase liegt, blockiert. Neben dem einfachen wird auch ein doppelter Purdey-Verschluss verwendet. Die Nase wirkt als **Ergänzung** der Laufhakenverriegelung und ist tiefer als eine Greener-Nase an der Laufschiene angebracht, dadurch bei geschlossener Waffe von außen nicht zu sehen (edlere Optik).

Bei älteren Kipplaufwaffen mit **Roux-Verschluss** (auch als ***Bügeldruckverschluss*** bezeichnet) befindet sich der Hebel zum Lösen des Verschlusses unter dem Abzugsbügel. Wird der Hebel vorwärts gedrückt, hebt er den Verschluss auf, so dass die Waffe geöffnet werden kann. Zu beachten ist, dass der Verschluss selbst beispielweise nach dem Greener-Prinzip hergestellt wird, lediglich die Betätigung des Verschlusses wird nicht am Kolbenhals (Oberhebel), sondern unter dem Abzugsbügel vorgenommen. Waffen mit diesem Verriegelungsprinzip werden auch als *Bügelspannergewehre* bezeichnet, womit allerdings auch Unterhebel-Repetierwaffen benannt werden, besser bekannt als „lever action“ oder dem auch Laien vertrauten Gattungsbegriff „Winchester“.

4.5 Schloss

Das Schloss ist die Auslösevorrichtung für den Schuss – der Wille des Schützen wird mittels Betätigung des Abzuges über eine Mechanik an den Schlagbolzen weitergegeben, der entweder durch das Schlagstück (außenliegendes Schlagstück oder Hahn) oder durch Entlastung einer Feder direkt beschleunigt wird (**Schlagbolzenschloss**, etwa in der Glock 17). Die Patrone zündet nach Einschlag des Schlagbolzens.

Das Schloss eines modernen Gewehres besteht in der Regel aus Schlagbolzen, Schlagstück, Schlagfeder, Abzugsstange und Abzug sowie aus Abzugs- und Stangenfeder.

Waffen mit außenliegendem Hahn werden von Hand gespannt. Dadurch wird ein hohes Maß an Sicherheit erreicht, denn ohne die Energie, die durch das Spannen des Hahnes in die Feder eingebracht worden ist, kann der Hahn nicht mit der nötigen Energie in Bewegung gesetzt werden, um die Zündung der Patrone auszulösen. Ein höchstmögliches Maß an Sicherheit bieten bei Hahnflinten Waffen mit **Rückspringschloss**. Hier werden die entspannten Hähne in einer Sicherheitsrast gehalten, so dass sie auch bei einem Schlag auf den Hahn das Zündhütchen nicht eindrücken können. Nur bei Betätigung des Abzugs kann der Hahn weiter in Richtung Zündhütchen gegen einen geringen Federdruck bewegt werden.

Selbstspanner-Kipplaufwaffen ersetzen das Spannen der Schlagfeder per Hand (wie es bei Gewehren mit außenliegendem Hahn üblich ist) meist durch ein automatisches Spannen. Beim Öffnen (**Brechen**) der Waffe wird, ohne dass es der Schütze aufgrund der Masse des Laufbündels oder Laufes bemerkt, die Schlagfeder gespannt. Verwendet werden in modernen Kipplauf-Gewehren

- **Kastenschloss** (Anson-Deeley-Schloss),
- **Blitzschloss** oder
- **Seitenschloss.**

Die Schlossmodelle haben unterschiedliche Konstruktionsmerkmale und Abmessungen. Da sie im Bereich des Schafthalses montiert werden, ist der Schaft entweder größer zu dimensionieren oder das Schloss möglichst raumsparend zu gestalten. Kastenschloss und Seitenschloss ist dabei der Vorzug zu geben, weil beide relativ flach konstruiert sind und so den Bau eines schmalen Schafthalses bei guter Stabilität ermöglichen.

4.5.1 Kastenschloss

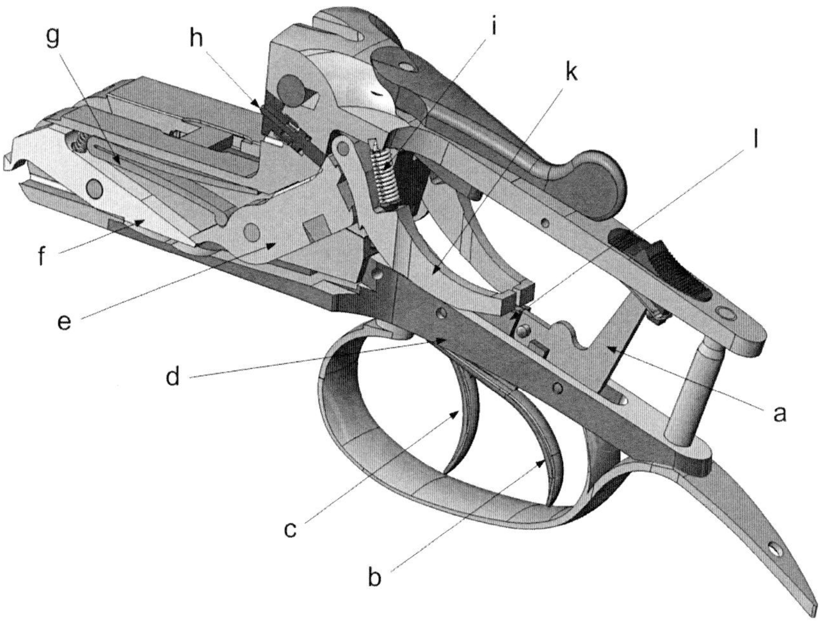

a) Sicherungselement; b) Abzug für oberen/linken Lauf;

c) Abzug für unteren/rechten Lauf; d) Abzugsblech;

e) Schlagstück; f) Spannhebel; g) Schlagfeder; h) Schlagbolzen;

i) Abzugsstangenfeder; k) Abzugsstange; l) Abzugsblatt

Das Kastenschloss, nach seinen Erfindern auch als **Anson & Deeley-Schloss** bezeichnet, entstand Ende des 19. Jahrhunderts und wird heute meist in Doppelflinten verbaut. Es liegt für jeden Lauf einer Waffe einzeln vor.

4.5.2 Blitzschloss (Drillingsschloss mit Handspannung)

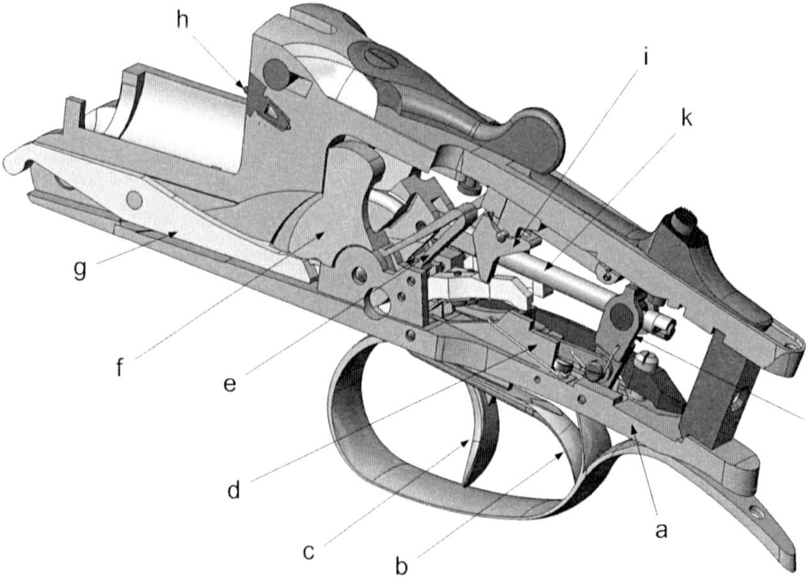

a) Schlossboden; b) Abzug für oberen/linken Lauf;

c) Abzug für unteren/rechten Lauf; d) Abzugsblatt; e) Schlagfeder;

f) Schlagstück; g) Spannhebel; h) Schlagbolzen; i) Abzugssicherung;

k) Federhülse für Kugellauf; l) Galgen

Das in Deutschland aus dem Kastenschloss entwickelte Blitzschloss (hier dargestellt als Drillingsschloss mit Handspannung) ist besonders wegen seiner raschen Zerlegbarkeit sehr beliebt. Die Schlagfedern können als Spiral- oder Schenkelfedern ausgeführt sein, als Spiralfeder auch in einem Gehäuse (siehe k).

4.5.3 Seitenschloss

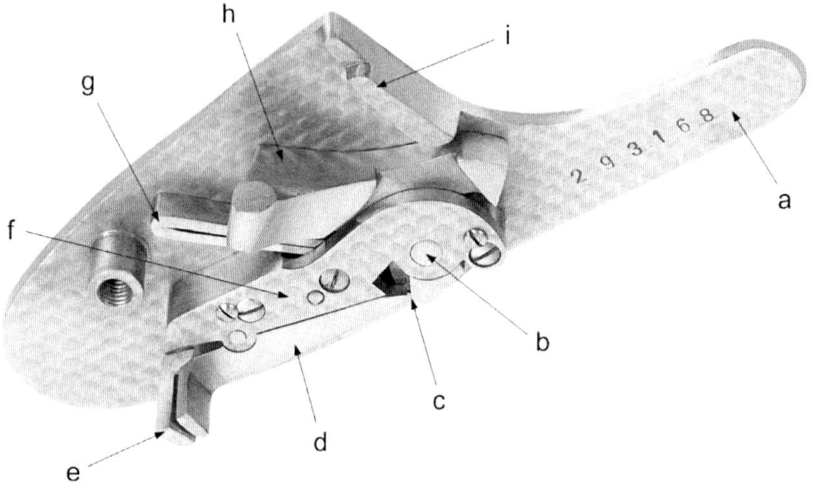

a) Schlossplatte; b) Schlagstückachse; c) Spannrast;

d) Sicherheitsfangstange; e) Schlagstückachse; f) Studel;

g) Schlagfeder; h) Schlagstück; i) Widerlager für Schlagstück

Anders als bei den zuvor dargestellten Schlossen befindet sich das Seitenschloss nicht in, sondern an der Basküle – seine Schlossplatte ist oftmals außen mit schönen Gravuren versehen. Seitenschlosse sind wie Blitzschlosse leicht zu entnehmen und darum sehr wartungsfreundlich. Konstruktiv ähneln Seitenschlosse dem Modell des Kastenschlosses nach Anson & Deeley, sind aber aufwändiger gefertigt. Die **Sicherheitsfangstange** verhindert das Vorschnellen des Schlagstücks, wenn die Abzugsrast durch einen mechanischen Fehler das Schlagstück freigeben würde; aus diesem Grunde bietet ein Seitenschloss mehr Sicherheit als andere Konstruktionen.

4.6 Zündungsarten

Heute gebräuchliche Zündungsarten sind **Zentralfeuer**- und **Randfeuer**-Zündung. Hier genügt das Aufschlagen des Schlagbolzens (Zentralfeuer) oder das Zusammenpressen der Zündmasse im Hülsenrand (Randfeuer), um die Zündung auszulösen, die das Pulver in der Patrone zur Umsetzung (Vorgang der Verbrennung) bringt. Weitere Einzelheiten entnehmen Sie bitte dem Kapitel „Munitionskunde“ ab Seite 271.

Vor Einführung von Patronenmunition Mitte des 19. Jahrhunderts war der Gebrauch einer Feuerwaffe weitaus umständlicher. **Vorderladerwaffen** mussten in mehreren Schritten schussbereit gemacht werden. Zunächst füllte der Schütze Pulver ein, führte dann von vorn ein Zwischenmittel (Filzpfropfen o.ä.) und ein Geschoss in den Lauf ein und bereitete schließlich die Zündung vor.

Die Art der Zündung änderte sich im Laufe der Jahre. Bei den ersten Handfeuerwaffen erfolgte sie noch in einer Weise, die an das Abfeuern einer Kanone erinnert. Mit Hilfe einer glimmenden Lunte, die man in das **Zündloch** des Gewehres hineinstieß, kam es zur Entzündung des Pulvers im Innern der Waffe. Es wurden zur Sicherheit beide Enden der Lunte entzündet, um bei Verlöschen eines Endes der Lunte weiterhin feuerbereit zu sein – diese „Sicherheitsmaßnahme“ gefährdete allerdings den Schützen, der mit doppelt glimmender Lunte und offenem Pulver hantieren musste.

Dieses Problem konnte durch die nächste Stufe der Entwicklung, die Erfindung des Luntenschlosses, nicht restlos behoben werden. Beim **Luntenschloss** wird eine Lunte an einem Hahn befestigt. Durch Betätigung des Abzuges wird die glühende Lunte in das Zündloch bewegt, entweder durch direkte Bewegung des Hahnes mittels des Abzuges oder durch Auslösung des Hahnes, wenn dieser unter Federspannung steht.

Erst mit dem **Radschloss** gelang es, auch bei Regenwetter die Funktionsfähigkeit der Feuerwaffe sicherzustellen, zudem wurde die Schussauslösezeit verkürzt. Nicht durch eine außenliegende glimmende Lunte, sondern durch geschlagene Funken wird hier das Pulver entzündet. Noch heute ist dieses Prinzip allgegenwärtig bei Einweg-Feuerzeugen zu beobachten. Ein gezacktes Rad wird in Drehung versetzt, wobei es mit einem funkenschlagenden Material in Berührung gebracht wird (z. B. Schwefelkies). Das Rad muss dabei mit Hilfe eines Schlüssels „aufgezogen“ werden, ähnlich einem Uhrwerk. Die Betätigung des Abzugs löst dann die Sperre, das Rad dreht sich und die Funken können das Pulver entzünden.

Beim **Steinschloss** (auch: **Feuersteinschloss, Schnappschloss**) wird der Funken durch das Aufschlagen eines Feuersteines erzeugt, der, ähnlich wie bei der Luntenzündung, an einem Hahn befestigt ist und nach Betätigung des Abzugs an einer Reibfläche (**Batterie**) in Richtung der Pulverpfanne bewegt wird. Der Pulverraum im Innern der Waffe ist mit der Zündpfanne über einen **Zündkanal** verbunden.

Die **Perkussionszündung** (hier wurden die Konstruktionsmerkmale des Steinschlosses erneut verwendet) stellt eine Zwischenstufe der Entwicklung vom Luntenschloss zur Zentralfeuerzündung moderner Waffen dar. Möglich wurde dies erst durch die Erfindung des **Zündhütchens**. Der Pulverraum der Waffe hat auch eine kleine Öffnung, die in einem **Zündstöckel** (**Piston**) nach außen mündet. Auf dieses Piston wird ein Zündhütchen aufgesetzt, das nach Aufschlagen des Hahnes eine Zündflamme durch den hohlen Zündstöckel in das Pulver schickt.

Bei der **Lefaucheux-Zündung** (**Stiftfeuerzündung**) wird ein in der Patronenhülse angebrachter Stift (seitlich nach außen vorstehend) vom Hahn in die Hülse geschlagen. Der Stift bringt dabei eine im Innern der Patrone eingebaute Zündmasse zur Entzündung. Vorsicht ist geboten, weil beim Herabfallen der Patrone (unsachgemäße Handhabung) eine Zündung außerhalb der Waffe erfolgen könnte.

Die Entwicklung des **Zündnadelgewehrs** durch Nikolaus von **Dreyse** (vorgestellt 1827) fand ihren Höhepunkt mit der Vorstellung eines Hinterladers 1836 – es wurde fünf Jahre später bei der preußischen Armee eingeführt und ist das erste Militärgewehr, das mit einer standardisierten Patrone (**Einheitspatrone** oder **Zündnadelpatrone**) von hinten geladen wurde. Das Dreyse-Zündnadelgewehr führte zu einer schnelleren Schussbereitschaft nach der ersten Salve und war ein enormer taktischer Vorteil. Der im Dreyse-Gewehr verbaute Kammerverschluss war Vorläufer der noch heute oftmals in Militär- und Jagdwaffen verwendeten **Zylinderverschlüsse**. Zu beachten ist auch das Zündnadelgewehr von **Chassepot**.

Die **ursprüngliche Einheitspatrone** als Vorläufer der heute verwendeten Metallpatronen fasste in ihrer Papierhülse das Geschoss, die Zündung und die Treibladung zusammen. Die Besonderheit ist die Art und Weise der Zündung: Mittels einer Nadel wurde der Boden der Hülse durchstochen, und zwar durch die Treibladung (Schwarzpulver) hindurch bis zum Boden des Treibspiegels, der das Geschoss nicht nur von der Treibladung trennte, sondern es auch umfasste und so ein Verbleien des Laufes verhinderte. Traf die Nadel auf die Zündpille im Boden des Treibspiegels, wurde nicht nur das Geschoss aus Weichblei mit fast 300 m/s aus dem Lauf geschossen (800 m Reichweite bei einem Gewicht von 31 g), sondern die Papierhülse verbrannte – ein Ausziehen der Hülse wie bei heute gebräuchlichen **Metallpatronen** war nicht notwendig.

Damit nahm die Einheitspatrone eine Entwicklung voraus, die als Gewehr G11 von Heckler & Koch breitere Bekanntheit erlangte – **hülsenlose Munition**. Ziel der Entwicklung war eine recht einfache Überlegung – wenn der Soldat nicht das Gewicht der Patronenhülse mit sich tragen muss, kann er mehr Geschosse mit ins Feld nehmen, gegenüber dem G3 die fünffache Menge. Die Geschosse waren in Ladestreifen konfektioniert.

Die **heutige Einheitspatrone für Büchsen** hat eine metallene Hülse, in der neben dem Zündhütchen die Treibladung und das Geschoss verwendungsbereit zusammengefasst werden. Beachten Sie zu den **Zündungsarten moderner Patronen** auch die Informationen ab Seite 292.

4.7 Sicherungsvorrichtungen von Kurzwaffen

Moderne Pistolen verfügen über verschiedene, meist **automatisch wirkende Sicherungseinrichtungen** – darum verzichten viele Hersteller auf mechanische Sicherungen, die vom Schützen vor Abgabe des Schusses bewusst bedient werden müssen. Insbesondere bei Waffen für die Selbstverteidigung kann so eine ständige Schussbereitschaft bei gleichzeitiger Sicherung gegen ungewollte Abgabe eines Schusses erreicht werden.

Sicherungen wirken auf den Übertragungsweg zwischen Abzug und Patronenboden. Sie können die Abzugsstange blockieren, den Schlaghebel und/oder seinen Weg und natürlich den Schlagbolzen.

Auf der nachfolgenden Darstellung der SIG-SAUER P 220 können Sie deutlich erkennen, dass sich die Sicherungsschieber so in den Schlagbolzen verkantet, dass der Schlagbolzen nicht nach vorn gleiten kann (**Schlagbolzensicherung**) – erst mit Durchziehen des Abzugs wird der Sicherungsschieber nach oben bewegt und gibt den Schlagbolzen frei. Fällt die Waffe beispielsweise zu Boden direkt auf den Schlaghebel und drückt diesen auf den Schlagbolzen, würde der Sicherungsschieber den Schlagbolzen blockieren.

Den außen liegenden **Sicherungshebel** der Heckler & Koch P8 zeigt die erste Abbildung – „S" für „sicher", „F" für „Feuer". Die nachfolgende Abbildung der **Züngelsicherung** einer Walther P 99 verdeutlicht deren Wirkprinzip – das Abzugszüngel ist geteilt, und nur wenn der Finger den Abzug berührt, wird eine Bewegung des gesamten Züngels möglich.

Weitere bewährte Prinzipien sind die **Handballensicherung** und die **Handspannung** der Waffe. Während die Handballensicherung nur dann den Abzug freigibt, wenn die Hand den geringen Widerstand einer am Griffstück angebrachten Wippe überwindet (durch Erfassen der Waffe), sind Waffen mit **Handspannsystem** solange entspannt und damit sicher, bis der Schütze mit einem deutlichen Kraftaufwand das Griffstück zusammendrückt und dadurch den Schlagbolzen spannt. Lässt er den Griff vor Abgabe des Schusses los oder fällt die Waffe zu Boden, ist sie entspannt und damit sicher.

Beim Revolver sorgt eine **Sicherheitsrast** für eine quasi automatische Sicherung. Der Schlaghebel kann den Patronenboden nur erreichen, wenn der Abzug gedrückt wird. Somit kann sich auch beim **Herabfallen** der Waffe auf den Hahn kein Schuss lösen.

Die **Magazinsicherung** verhindert eine Schussabgabe aus einer nur vermeintlich entladenen Waffe. Bei entnommenem Magazin ist der Abzug blockiert, so dass auch eine im Patronenlager „vergessene" Patrone nicht zu einer Gefahr werden kann.

Abzugssicherungen verhindern nur eine Betätigung des Abzuges und blockieren nicht den Schlagbolzen – sie sind nicht Stand der Technik und bieten keine ausreichende Sicherheit.

Flügelsicherung der Heckler & Koch Pistole P 8 mit Markierungen

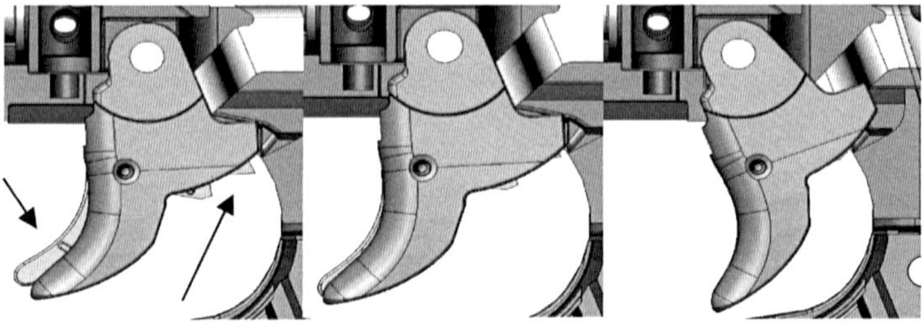

Oben: Züngelsicherung der Walther P 99 DAO – deutlich zu erkennen ist die „Nase", die Teil der beweglich gelagerten Züngelhälfte ist. Erst wenn beide Hälften deckungsgleich sind, ist die Nase so weit zurückgezogen, dass der Abzug freigegeben wird.

Unten: Schlagbolzensicherung der SIG-SAUER P 220.

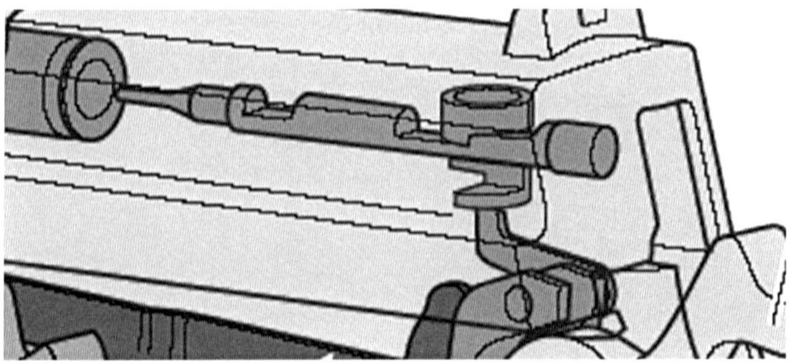

4.8 Sicherungsvorrichtungen von Langwaffen

Prinzipiell gelten die im vorigen Kapitel getroffenen Aussagen auch auf die Sicherungsvorrichtungen an Langwaffen zu. Besonderheiten zeigen sich bei **Kipplaufwaffen**, insbesondere bei Jagdwaffen. Zu unterscheiden sind hier die **Art der Sicherung** und die **Art der Bedienung**.

Gebräuchlich sind als Art der Sicherung

- Stangensicherung
- Schlagstücksicherung
- Schlagbolzensicherung
- Abzugssicherung

Die jeweilige Bezeichnung weist auf das **Wirkprinzip** hin. Während bei einer **Stangensicherung** die Stange als Übermittler der Auslösung blockiert wird, wird bei einer **Schlagstücksicherung** oder **Schlagbolzensicherung** das für die Abgabe des Schusses entscheidende Element blockiert – damit ist der Schlagstücksicherung in jedem Falle der Vorzug zu geben. Die **Abzugssicherung** blockiert allein den Abzug – von den drei vorgestellten Sicherungsarten ist diese Art der Sicherung die unsicherste.

Gebräuchliche Arten der Bedienung sind

- Schiebesicherung
- Flügelsicherung
- Druckknopfsicherung

Bei einer **Schiebesicherung** befindet sich das Bedienelement in Form eines **Schiebers** auf dem Kolbenhals (Oberseite des Schaftes hinter der **Basküle**). Hier kann der Schütze die Sicherung mit dem Daumen aktivieren und deaktivieren, ohne umgreifen zu müssen – die Abzugshand umgreift den Kolbenhals und der Daumen liegt auf Höhe des Sicherungsschiebers. Als **automatische Sicherung** ist die Schiebesicherung nach dem Schließen der Waffe in gesicherter Stellung und muss vor der Schussabgabe betätigt werden.

Die **Flügelsicherung** kann als Drehflügel (zum Beispiel bei einem Kammerverschluss System Mauser) oder als Hebel an der Außenseite des Verschlussgehäuses (HK SL 8, siehe unten) ausgeführt sein.

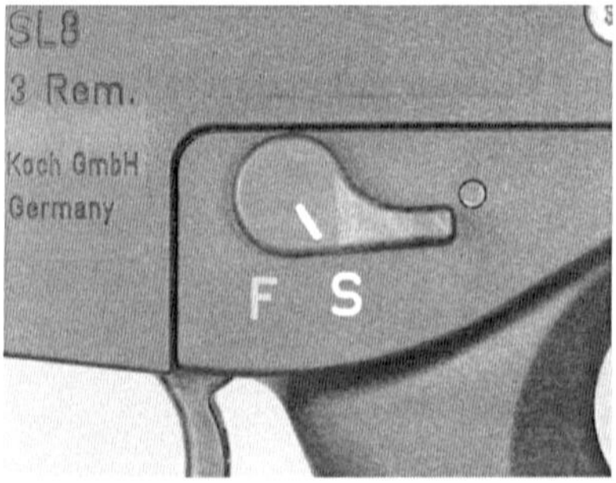

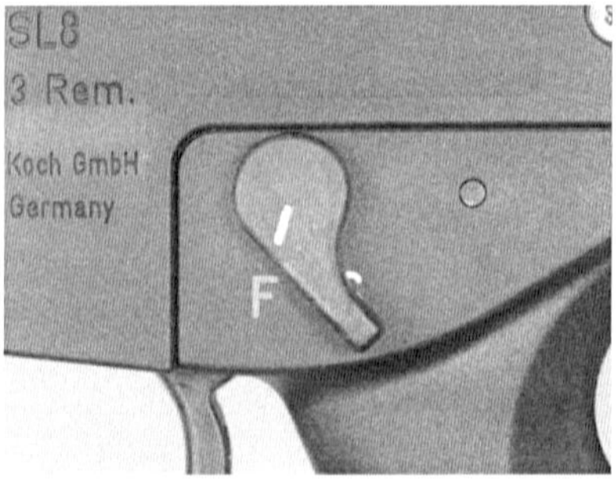

Eine **Druckknopfsicherung** findet sich meist am Abzugsbügel, nachfolgend stark vergrößert dargestellt – hier kann der Schütze leicht die Waffe sichern und entsichern, ohne die Schusshand vom Kolbenhals nehmen zu müssen. Die Sicherung erfolgt durch Eindrücken des Knopfes, der dadurch auf der anderen Seite des Bügels herausgedrückt wird und so zum Entsichern wieder in die Gegenrichtung gedrückt werden kann.

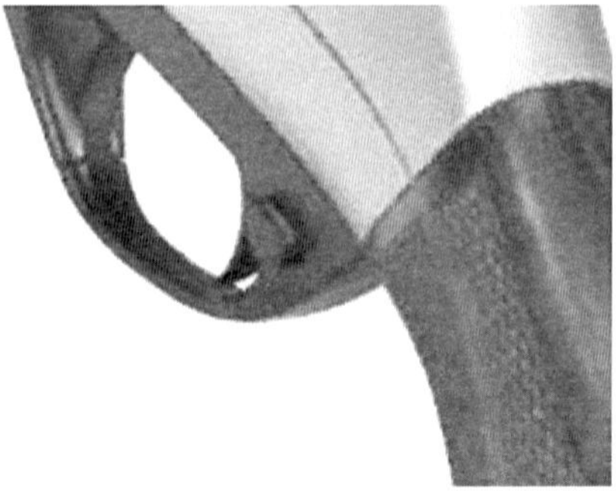

4.9 Griffstück

Das Griffstück einer Pistole enthält den Auslösemechanismus, also den Abzug – die Abzugsarten wurden in diesem Kapitel bereits dargestellt. Das Griffstück hat aber noch eine weitere Aufgabe, die maßgeblich über die Verwendbarkeit und Bediensicherheit der Waffe entscheidet – das Griffstück ist die Schnittstelle zwischen Hand und Waffe.

Viele Faktoren beeinflussen die Entscheidung für ein Waffenmodell – die Oberfläche der Griffschalen, der Umfang des Griffes, die Position des Abzugs, die Anordnung des Sicherungshebels oder Magazinhalters, die Zahl der Varianten ist kaum zu beschreiben. Für den Jäger oder Sportschützen gilt: Nehmen Sie sich Zeit und möglichst viele unterschiedliche Modelle in die Hand. Spüren Sie die Unterschiede, probieren Sie den Anschlag, schießen Sie mehrere Serien, bevor Sie sich für oder gegen ein bestimmtes Modell entscheiden. Auch das Gewicht des Griffstückes ist zu beachten: Moderne Kunststoffe ermöglichen die Konstruktion sehr leichter Griffstücke, auch Leichtmetallgriffstücke werden als Alternative zu den schwereren Stahlgriffstücken angeboten.

Bei zahlreichen Pistolenmodellen können die Griffstücke durch Austausch von Griffelementen an den Benutzer angepasst werden. So kann mit geringem Aufwand eine standardisierte Dienstwaffe an den Besitzer angepasst werden – sinnvoll bei längerfristiger persönlicher Zuordnung der Waffe.

Im Falle der Walther PPS nutzten die Ingenieure das Design des Magazins, um die Auflagefläche der Finger für Anwender mit großen Händen problemlos „erweitern“ zu können – der Magazinboden wird zu einer Griffverlängerung ausgearbeitet und bietet so besten Halt für drei Finger.

Die unterschiedlichen Größenklassen sehen Sie hier in der Montage von full-size- und compact-Modell der Walther P 99:

4.10 Schaft

Ein bekannter Jägerspruch lautet: „Der Lauf schießt, der Schaft trifft!" Und tatsächlich kann, insbesondere beim Flintenschießen, nur ein Schütze mit einer an seinen Körper angepassten Schäftung beste Ergebnisse erzielen – nur ein angepasster Schaft ermöglicht einen perfekten Anschlag der Waffe.

Der Schaft mehrere Aufgaben:

- Aufnahme der Funktionselemente (Basküle, Hülse)
- Schnittstelle zum Schützen (äußere Form der Waffe)
- Handschutz (Hitzeentwicklung im Lauf)
- Anlage der Waffe an der Schulter

Zur Anpassung an den Schützen kann der Schaft dreidimensional verändert werden. Die **Schaftlänge**, gemessen vom (vorderen) Abzug bis zur Mitte der Schaftwölbung, kann durch Verkürzen oder Verlängern (mittels Gummi- oder Kunststoffkappen) angepasst werden.

Als **Senkung** bezeichnet man den Abstand zwischen der Sichtlinie des Schützen (Visierlinie bis zum Auge des Schützen verlängert) und des Schaftrückens (Oberkante des Schaftes).

Eine besondere Bedeutung kommt der **Schränkung** zu. Damit wird die seitliche Biegung des Schaftes von der schon beschriebenen Sichtlinie beschrieben.

Pitch ist ein Maß für den Winkel der Schaftkappe, der Auflagefläche an der Schützenschulter, zum Lauf. Um diesen festzustellen, wird die Flinte an einer senkrechten Wand so aufgestellt, dass die Schaftkappe komplett den Boden und der Verschluss die Wand berührt. Der Abstand zwischen der Laufmündung und der Wand wird als Pitch bezeichnet.

Schäfte können je nach Geschmack oder Anwendungsgebiet mit unterschiedlichen **Backen** als Anlehnungsfläche für die Wange ausgestattet sein.

Hinterschaft (Schulterkontakt) und Vorderschaft (Handkontakt) sind bei Langwaffen mit starren Läufen oftmals aus einem Stück gearbeitet. Eine solche Schäftung wird **Ganzschäftung** genannt.

4.11 Magazin

Das Magazin befindet sich bei Gebrauchspistolen im Griffstück. Es wird entweder durch einen Magazinhalter, der in Daumenhöhe in das Griffstück integriert ist und in eine Aussparung des Magazins greift, gehalten (siehe Abbildung, links) oder von einem Hebel im Griffboden (siehe Abbildung, rechts), der das Magazin am Herausgleiten hindert. Zum Lösen kann es nötig sein, den Hahn zu spannen (z. B. Tokarev-Pistolen). Das Magazin kann auch als zusätzliche Sicherung wirken (**Magazinsicherung**, bei Entnahme wird die Schussauslösung blockiert).

Der Magazinboden wird oftmals mit einem **Magazinschuh** gegen Schäden beim Herabfallen geschützt. Der Magazinschuh kann durch eine besondere Formgebung auch zum schnelleren Magazinwechsel dienen.

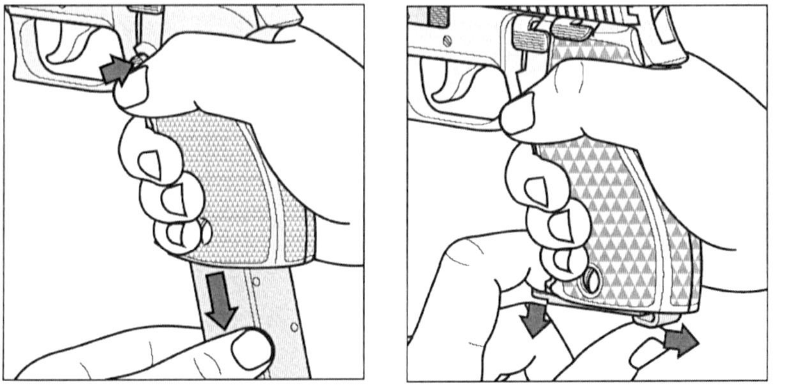

Die **Magazinfeder** drückt die im Magazin befindlichen Patronen, die auf dem **Magazinzubringerstück** liegen, gegen die „Magazinlippen", die das Magazin nach oben begrenzen. Die Patronen können nur nach vorn aus dem Magazin geschoben werden, und diese Aufgabe erledigt der nach vorn gleitende Verschluss sozusagen im „Vorübergehen". Die oberste Patrone im Magazin wird bei geschlossenem Verschluss gegen die Unterseite des Verschlusses gedrückt und erreicht dabei nicht die Magazinlippen. Sobald nun der Verschluss nach hinten läuft, gibt er den Raum über der Patrone frei – die Magazinfeder schiebt nun die Patronen minimal aufwärts bis zu den Magazinlippen, aber weit genug, um dem vorgehenden Verschluss „im Wege zu stehen". Er nimmt nun die oberste Patrone mit, die über eine Zuführung ins Patronenlager gleiten kann.

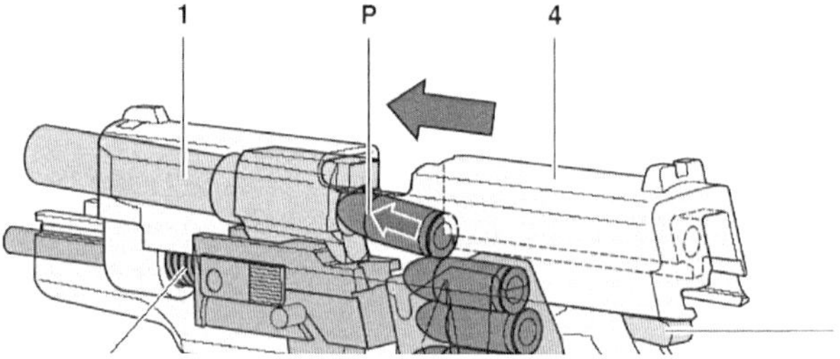

Nach Auszug der letzten Patrone übt die Magazinfeder Druck auf den Verschlussfanghebel aus – damit wird nach Schussabgabe der nach hinten geschobene Verschluss am Vorgleiten gehindert. Das Magazin kann durch Betätigen des Magazinhalters aus dem Griff gleiten und durch ein gefülltes ersetzt werden (siehe Abb. W-1).

Im Gegensatz zur **Trommel** eines Revolvers, die den Patronenvorrat der Waffe in sich trägt und zugleich das Patronenlager ist, sind Magazine kein wesentliches Teil einer Schusswaffe im Sinne des Waffengesetzes. Das hat zur Folge, dass sie erlaubnisfrei erworben werden können.

In der Praxis können Sie auch auf **Kastenmagazine** (fest eingebautes Patronenmagazin in Repetierlangwaffen), **Röhrenmagazine** (Vorderschaft-Repetierflinte, Unterhebelrepetierer nach Modell der „Winchester") und **Trommelmagazine** (meist vollautomatische Waffen, Patronen liegen in einem schneckenartig geformtem Rundmagazin) treffen.

4.12 Trommel

Anders als das Magazin ist die Trommel, früher „Walze" genannt, wesentliches Teil einer Schusswaffe, da sie nicht nur den Patronenvorrat enthält, sondern auch **Patronenlager** ist und damit „höchstbeanspruchtes Teil" ist. Anders als bei der Pistole, bei der das Patronenlager Teil des Laufes ist und bei der Berechnung der Lauflänge berücksichtigt wird (Lauflänge ist der Abstand zwischen Mündung und Stoßboden des Verschlusses), wird bei einem Revolver nur die wirkliche Lauflänge gemessen, die Trommel als „Kammer" dagegen nicht dazugerechnet.

Die Trommeln der gängigsten Großkaliber-Gebrauchsrevolver fassen fünf oder sechs Patronen. Beim Spannen des Schlaghebels, sei es nun direkt durch Zurückziehen oder durch Durchziehen des Abzugs bei DA-Revolvern, wird zunächst die Trommel um eine Patronenkammer gedreht

– damit liegt eine Patrone vor dem Schlaghebel und kann durch den vor ihr liegenden Lauf geschossen werden.

Das Befüllen erfolgt entweder nach Ausschwenken der Trommel oder mittels einer Zuführung am Griffstück („Ladekammer“), die Zugriff auf jeweils nur eine Kammer der Trommel gibt.

4.13 Schalldämpfer

Schalldämpfer stehen nach Anlage 1 den Schusswaffen gleich, für die sie bestimmt sind. Somit ist ein Schalldämpfer für eine Großkaliber-Pistole erlaubnispflichtig, für eine Druckluftwaffe mit Kennzeichen „F im Fünfeck“ dagegen erlaubnisfrei ab 18 Jahren. Alle Vorschriften, die auf die Waffe anzuwenden sind, etwa zu Aufbewahrung, Transport oder Erlaubnis- und Eintragungspflicht, gelten auch für den Schalldämpfer.

Der Schalldämpfer ist ein meist röhrenförmiges Gebilde, das in den Lauf der Waffe integriert ist oder auf den Lauf geschraubt werden kann. Dazu muss der Lauf allerdings über ein **Außengewinde** verfügen. Zu beachten ist, dass ein Lauf, der nachträglich mit einem Gewinde zur Schalldämpferbefestigung ausgestattet wurde, der Pflicht zum erneuten **Beschuss** unterliegt.

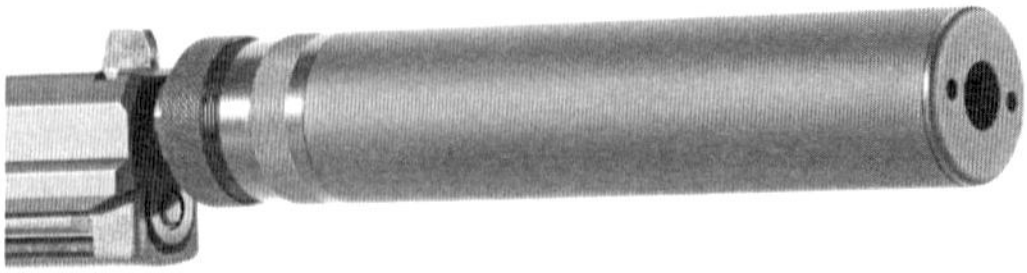

Ein Schalldämpfer vermindert den **Mündungsknall** des Gases, indem er die Gaswolke verwirbelt, die sich explosionsartig nach vorn ausdehnt. Ab einer Dämpfung von 3 bis 5 dB ist ein Unterschied subjektiv wahrnehmbar, womit die vom Gesetz geforderte Eigenschaft einer „wesentlichen Dämpfung“ (Anlage 1 A1 UA1 1.3.3 WaffG) erfüllt wird. Außerdem vermindert er das **Mündungsfeuer** der Waffe.

Die nachfolgende Skizze zeigt beispielhaft den schematischen Aufbau eines Schalldämpfers im Querschnitt.

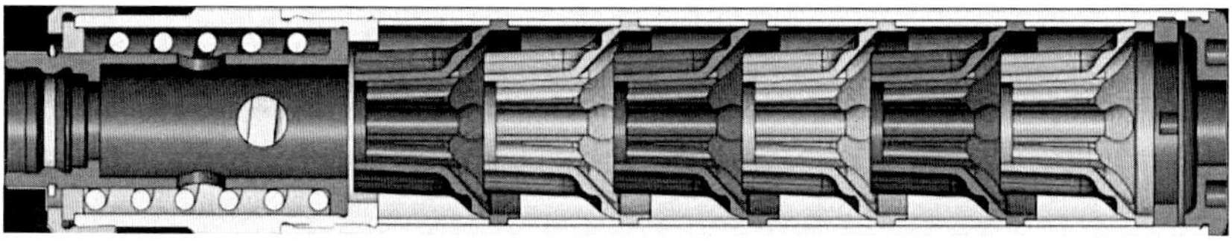

Im Dämpfergehäuse befinden sich mehrere Objekte (ähnlich Trichtern), hier abwechselnd hell und dunkel dargestellt, die in der Mitte der engeren Trichterseite ein Loch im Durchmesser des Geschosskalibers aufweisen. Das Geschoss fliegt nun aus dem Lauf (in der Abbildung von links) in den Dämpfer und durchquert nun die Reihe der Objektöffnungen. Die Mündungsgase verfangen sich im Verlauf dieses „Durchfluges" in den Hohlräumen zwischen den Objekten und der Gehäusewand. Dabei werden sie verwirbelt, so dass eine wahrnehmbare Dämpfung erreicht wird. Beachten Sie, dass mit dem Schalldämpfer allein der Überschallknall der Mündungs**gase** gedämpft wird, nicht des austretenden Geschosses!

Der beste Dämpfer kann darum nur dann wirksam arbeiten, wenn auch die für den Schalldämpfer-Einsatz geeignete Munition verwendet wird. Diese sogenannte „**Subsonic**"-Munition, zu deutsch „Unterschall"-Munition, tritt mit Unterschallgeschwindigkeit aus dem Lauf, so dass der Überschallknall, der vom austretenden Geschoss erzeugt wird (**Geschossknall**) und als ein Gesamtereignis mit dem Mündungsknall der Gase wahrgenommen wird, ausbleibt.

Die **Verwendbarkeit** eines Schalldämpfers im Rahmen der **Jagdausübung** lässt nur den Einsatz von normaler Munition zu, da für den Schuss auf Schalenwild und Seehunde durch das Bundesjagdgesetz bestimmte **Mindestenergiemengen** verbindlich festgelegt werden, die mit Subsonic-Munition in der Regel nicht zu erreichen sind.[195]

Die Zulässigkeit der Verwendung von Subsonic-Munition im Rahmen der Jagd, etwa zum Fangschuss oder bei der Schussabgabe auf Raubwild oder

---

[195] *Siehe auch Seite 305; nach* $\mathbf{m=2*E/v^2}$ *wäre für eine* E_{100} *von 2.000 J bei einer* v_0 *von 320 m/s und* v_{100} *von 288 m/s (10% Geschwindigkeitsverlust auf 100 m) eine Masse m von 48 Gramm erforderlich, schwere Jagdgeschosse erreichen meist weniger als die Hälfte dieses Gewichts.*

Raubzeug, ist allerdings fraglich, da im Rahmen der Diskussion zur Freigabe von Schalldämpfern für Jäger im Vorfeld der WaffG-Novelle 2020 die Verwendung von Subsonic-Munition ausdrücklich abgelehnt wurde,[196] um Menschen, die sich im weiteren Umfeld des Schützen aufhalten (beispielsweise Spaziergänger) frühzeitig durch den Geschossknall auf die stattfindende Jagd aufmerksam zu machen; die aus diesem Grunde in das Gesetz eingeführte Beschränkung auf Zentralfeuerpatronen ist ein Hinweis auf diesen Willen des Gesetzgebers, gleichwohl fehlt es an einem ausdrücklichen Verbot der Verwendung von Subsonic-Munition durch Jäger bei der Verwendung von Schalldämpfern, die aus dem Gesetzestext direkt ableitbar ist. Lediglich bei der Bejagung von Raubzeug und Raubwild, etwa im Rahmen der Tätigkeit eines **Stadtjägers** oder **Friedhofsjägers**, ist die optimale Schalldämpfung durch Verwendung von Unterschall-Munition zulässig, da es sich hier um einen Waffengebrauch in Wohngebieten oder solchen Bereichen handelt, die mit möglichst geringer Geräuschbelästigung verbunden sein sollen.

Doch auch bei der Verwendung mit normal geladener Munition bedeutet ein Schalldämpfer für den Schützen und für Personen in der Nähe der Laufmündung eine deutlich geringere Impulsbelastung für das Gehör. Darum ist die Verwendung von Schalldämpfern bei der Jagd eine durchaus sinnvolle Maßnahme zum Schutz von Mensch und Hund.

---

[196] *BT-Drs. 19/13839, S. 72, zu Nummer 5, Buchst. b*

4.14 Visierung

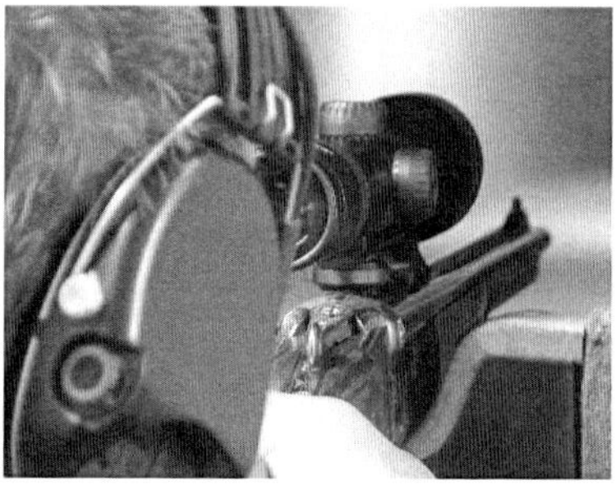

Der Treffer setzt in der Regel ein genaues Zielen voraus. Dabei helfen entweder ein Zielfernrohr, eine Leuchtpunktvisierung oder die klassische Visierhilfe „Kimme und Korn", die **offene Visierung**.

Bei einer Pistole ist die offene Visierung auf dem Schlitten befestigt. Der nahe des Laufes befindliche Teil der Visierung ist das Korn, das Gegenstück am Ende des Schlittens die Kimme. Aufgabe der Visierung ist es, dem Schützen beim Blick über Kimme und Korn das Ziel zu zeigen, das er nach Abgabe des Schusses treffen wird – bei gleicher Laborierung der Patrone und gleicher Distanz zum Ziel sollte jeder Schuss das Ziel im anvisierten Bereich treffen.

Zum Verstellen der Visierung von Gebrauchswaffen bedient man sich eines **Visierschiebers**, der die im Schlitten eingeklemmte Kimme in kleinsten Schritten in ihrer Position verschieben kann (unten links). **Mikrometervisierungen** (unten Mitte und rechts) können dagegen „Klick für Klick" horizontal und vertikal verstellt werden.

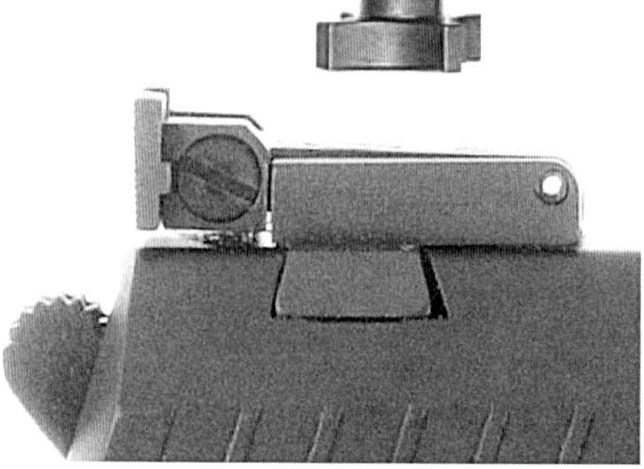

Zum Zielen werden Kimme und Korn in Deckung gebracht, so dass das Korn in der mittleren Aussparung der Kimme zu sehen ist und die Oberkanten beider Objekte bündig abschließen – wie oben dargestellt. Das Ziel muss dabei über dem mittleren Punkt zu sehen sein.

Der Schütze muss nun gleichzeitig die Zielscheibe, die Kimme und das Korn „im Auge behalten". Scharfgestellt wird auf das Korn – Kimme und Zielscheibe sind leicht unscharf zu sehen. Dabei sollte der **Haltepunkt**, also jener Punkt, auf den man zielt, um den Treffer zu erzielen, unterhalb der dunklen Fläche der Scheibe sein, um dem Auge eine Hilfe zu geben. Diese Art des Anvisierens wird „Spiegel aufgesetzt" genannt, im Gegensatz zum „Fleck schießen", womit das Zielen auf die Scheibenmitte bezeichnet wird.

Die für Ihre Bedürfnisse und Voraussetzungen, insbesondere die Sehfähigkeit, geeignete Zieltechnik können Sie nur durch beständiges Ausprobieren und die Unterstützung anderer erfahrener Schützen herausfinden. Die Zahl guter Ratschläge und Faustregeln ist unüberschaubar groß – mit Eigeninitiative und Geduld werden Sie zu Ihrer persönlichen Technik des präzisen Schusses kommen.

4.15 Zieloptik

Bei größeren Entfernungen kommen, insbesondere bei Langwaffen, anstelle von Kimme-Korn-Visierungen Zieloptiken zum Einsatz.

Eine Zieloptik besteht aus einem Objektiv und einem Okular, zwischen denen sich eine komplizierte Abfolge von Linsen oder Spiegeln befindet.

Das **Objektiv** ist die Objektseite der Optik, das **Okular** die Augenseite.

Die **Vergrößerung** einer Zieloptik ist durch ihre Bezeichnung leicht ablesbar. Eine Zieloptik „12 x 56“ beispielsweise liefert eine 12fache Vergrößerung des Objektes. Die zweite Zahl ist der Durchmesser des Objektives in mm – dabei gilt: Je größer der Durchmesser des Objektives, desto mehr Licht kann von der Zieloptik eingefangen werden und desto lichtstärker ist sie. Unter **Lichtstärke** versteht man einen rechnerischen Wert, der die Bildhelligkeit einer Zieloptik angibt.

Um die Lichtstärke zu berechnen, bedarf es zuvor der Ermittlung der **Austrittspupille**. Den Wert der Austrittspupille erhält man durch Teilung der Werte von Objektivdurchmesser durch Vergrößerung, in unserem Beispiel also 56 mm / 12. Die Austrittspupille dieser Zieloptik wäre also 4,66 mm groß. Einen Eindruck davon erhält man, wenn man aus einer größeren Entfernung als gewöhnlich mit der Zieloptik auf eine Lichtquelle schaut. Der dann sichtbare helle Fleck wird Austrittspupille genannt.

Die Lichtstärke einer Zieloptik ist das Quadrat der Austrittspupille. In unserem Fall läge dieser Wert bei etwa 21,8.

Bei **verstellbaren Zieloptiken** wird der Umfang der Vergrößerung als Bereich in der Bezeichnung angegeben, z. B. „4 – 12 x 56“. Berechnen Sie jetzt die Lichtstärke für die kleinste Vergrößerung, werden Sie einen deutlich höheren Wert erhalten (196).

Ein weiterer Wert, der beim Kauf einer Zieloptik entscheidend ist, ist die **Dämmerungszahl**. Sie ist zu berechnen als die Wurzel aus dem Produkt von Vergrößerung und Objektivdurchmesser. In unserem ersten Beispiel wäre die Dämmerungszahl folglich die Wurzel aus 12 x 56, also etwa 26. Unbeachtet bei dieser groben Berechnung bleiben leistungssteigernde Maßnahmen des Herstellers, etwa durch die **Vergütung** der verwendeten Gläser.

In einer Zieloptik, insbesondere bei Modellen für die Jagd, ist meist noch ein **Absehen** als Zielmarkierung vorhanden, in der nachstehenden Abbildung das Absehen 56 in einem Glas von Carl Zeiss. Je nach Art des Zieles und des Schießens werden verschiedene Arten des Absehens (Gestaltung) unterschieden und benannt. Das Absehen kann entweder als Glasplatte mit entsprechender Zeichnung oder als feiner Draht in den Strahlengang der Zieloptik eingebracht werden und ermöglicht dem Schützen, bei auf die entsprechende Distanz eingeschossener Waffe den Treffpunkt des Geschosses im Ziel auszumachen.

Bei Verwendung der Waffe bei schlechten Lichtverhältnissen oder in der Nacht kann der Einsatz eines **Leuchtabsehens** sinnvoll sein. Hier wird das Absehen künstlich beleuchtet. Die Beleuchtung muss dabei allerdings in ihrer Intensität einstellbar sein, um die Helligkeit des Absehens an das Zielbild anpassen zu können. Vom Leuchtabsehen zu unterscheiden ist der **Aimpoint**, bei dem lediglich ein Lichtpunkt in den Strahlengang der Zieloptik eingebracht wird, die meist keine Vergrößerung erzeugt, um ein bewegliches Ziel mit beiden Augen schnell zu erfassen und ohne Zielen (Deutschuss) treffen zu können. Weder Leuchtabsehen noch Aimpoint sind verbotene Waffen wie etwa ein Laser oder ein Scheinwerfer – das

Leuchtabsehen ist lediglich eine Zielhilfe, die nicht das Ziel anstrahlt, sondern nur für den Schützen sichtbar ist.

Der Umgang mit **Nachtsicht-** und **Nachtzielgeräten** im Sinne der Anlage 1 WaffG ist verboten. Beachten Sie, dass auch der Umgang mit **Nachtsichtaufsätzen** und **Nachtsichtvorsätzen** verboten ist, da diese als Nachtzielgeräte gelten. Dabei ist nicht erst die Montage oder Verwendung an der Waffe verboten, sondern bereits der Besitz der zur Montage an einer Waffe bestimmten Vorrichtung. **Ausgenommen** von dem Verbot des Umgangs **mit Nachtsichtvorsatz- und -aufsatzgeräten** sind gemäß § 40 Abs. 3 WaffG **Jäger und Waffenhändler.**

Bei einer Zieloptik mit verstellbarer Vergrößerung unterscheidet man beim Absehen Modelle mit einem Absehen in der **Okularebene** und in der **Objektivebene**. Die einzelnen Bezeichnungen geben schon einen Hinweis auf die jeweilige Eigenschaft der Arten des Absehens. Während ein Absehen in der Okularebene seine Größe für das Auge nicht ändert, sondern sich lediglich die dargestellte Größe des Zieles ändert, verändert sich ein Absehen auf der Objektivebene mit dem Ziel.

Zur **Befestigung** einer Zieloptik werden **Montagen** (Gestecke) verwendet. Zu unterscheiden ist zunächst zwischen Festmontagen und variablen Montagen, die durch Aufschieben, Einhaken oder Schwenken der Zieloptik auf einer dafür bestimmten Halterung fest mit der Waffe verbunden werden. Die Montagen müssen auf die Energie der verwendeten Munition und den Einsatzzweck abgestimmt sein.

5 Munitionskunde

5.1 Grundlagen

Sie werden in der Regel Patronen für Ihre Waffe verwenden – was heute selbstverständlich ist und es dem Schützen ermöglicht, nacheinander aus einem Lauf mehrere Schüsse abzugeben, war in alten Zeiten nicht denkbar. Damals hieß es vor jedem Schuss: Schwarzpulver einfüllen, Geschoss in den Lauf einführen, stopfen, und dann darauf hoffen, dass die Lunte oder der Zündfunken funktionieren – mehr zu diesem Thema finden Sie im Kapitel „Zündungsarten" ab Seite 251.

Die heute üblichen **Patronen** bestehen in der Regel aus **Hülse**, **Zündhütchen**, **Treibladung** und **Geschoss**. Der Hülse kommen mehrere Aufgaben zu. So soll sie alle Bestandteile der Patrone vor äußeren Einflüssen **schützen** sowie das Geschoss festhalten und positionieren, außerdem trägt sie durch das **Lidern** wesentlich zum **Abdichten** des Patronenlagers (siehe dazu auch Informationen ab Seite 217) bei. Auch der **Wärmeabtransport** aus dem Bereich des Patronenlagers ist eine wichtige Aufgabe der metallenen Hülse.

Im Folgenden werden Sie grundsätzliche Informationen zu verschiedenen Munitionssorten erhalten – dabei werde ich Ihnen nur die gängigsten Kaliber und Arten vorstellen. Gleiche Kaliber können unterschiedliche Geschossgewichte und Pulvermengen enthalten, man spricht in diesem Zusammenhang von unterschiedlichen **Laborierungen**. Je nach Einsatzzweck und Patronenart werden als Treibladung Schwarzpulver oder Nitrocellulose- (NC-) Pulver verwendet. Erkennbar sind Patronen mit besonderen Geschossen auch an möglichen Farbkennzeichnungen am Patronenboden von Zentralfeuerpatronen, in der **Ringfuge**, die das Anzündhütchen umgibt.

Schwarzpulver war vor Erfindung des NC-Pulvers über Jahrhunderte die Treibladung von Kanonen und Handfeuerwaffen. Es besteht aus einer Mischung von Kalisalpeter, Schwefel und Holzkohle. Schwarzpulver ist leicht entflammbar, der Umgang sollte darum nur durch Fachkundige erfolgen. Es ist massenexplosionsgefährlich, das bedeutet, dass die gesamte Schwarzpulvermenge sofort umgesetzt wird. Die Brandgeschwindigkeit von Schwarzpulver liegt zwischen 600 m und 800 m pro Sekunde. Es wird heute hauptsächlich zum Böllern oder in Vorderladerwaffen sowie in Kartuschenmunition und in der Pyrotechnik verwendet.

NC- oder Nitro-Pulver dagegen brennt mit 10 cm pro Sekunde extrem langsam ab und ist dadurch im Freien auch nicht so explosionsgefährlich wie Schwarzpulver. Erst in einem begrenzten Raum und mit der Möglichkeit eines Druckaufbaus entwickelt NC-Pulver seine enorme Wirkung. Es wird durch die Behandlung von Cellulose mit Nitriersäure (Mischung aus Schwefel- und Salpetersäure) und anschließendes Auswaschen hergestellt. Man setzt verschiedene Sorten von NC-Pulver je nach dem gewünschten Abbrandverhalten ein: Langsam abbrennende Sorten kommen in Büchsenpatronen zum Einsatz, schnell abbrennende in Kurzwaffen- und Schrotpatronen. Die Abbrenngeschwindigkeit wird durch die Form der einzelnen Pulverkörper bestimmt – zusätzlich wird bei Sorten, die besonders langsam abbrennen sollen, eine Behandlung mit Chemikalien vorgenommen, die die einzelnen Pulverteile umhüllen und so weniger reaktiv werden lassen.

Alle nachfolgend gemachten ballistischen Angaben unterliegen je nach Hersteller teilweise deutlichen Unterschieden. Die hier angegebenen Werte beziehen sich auf Patronen und Geschosse der Marken GECO, RWS, NORMA und HIRTENBERGER sowie ROTTWEIL und auf das angegebene Geschossgewicht.

Informationen zu **pyrotechnischer Munition** finden Sie im Kapitel „**Seenotsignalmittel**" ab Seite 347.

5.2 Munitionsarten

Munition[197] ist zum Verschießen aus Schusswaffen bestimmte

- **Patronenmunition** (auch Geschosse mit Eigenantrieb)
- **Kartuschenmunition** (Hülse mit Ladung, aber ohne Geschoss, „**Platzpatrone**")
- **hülsenlose Munition**
- **pyrotechnische Munition** (siehe dazu Kapitel 7)

Eine waffenrechtliche Besonderheit stellt die **hülsenlose Munition** dar – sie ist nach der Definition der Anlage 1 WaffG eine „Ladung mit oder ohne Geschoss, wobei die Treibladung eine den Innenabmessungen einer Schusswaffe ... angepasste Form hat" – damit sind auch **Presslinge** für Schwarzpulverwaffen, die zwar nur aus Schwarzpulver bestehen, aber zu einem „Kuchen" mit einem Durchmesser in Kalibergröße der Waffe zusammengepresst wurden, Munition und erfordern für den Erwerb eine behördliche Erlaubnis in Form eines Munitionserwerbsscheins o. ä..

---

[197] *Anlage 1 A2 UA3 WaffG*

Die **Ladung** ist der Haupt-Energieträger der Munition, als Treibladung in der Hülse, Pressling oder verdämmt im Lauf einer Waffe und dient zum Antrieb von Geschossen und Wirkstoffen. **Anzündhütchen** gelten nur dann als Ladung, wenn sie direkt dem Antrieb von Geschossen dienen.

5.3 Geschossarten

5.3.1 Geschosse von Patronenmunition

Wenn von Munition die Rede ist, ist damit in der Regel patronierte Munition gemeint – Geschosse sind keine Munition im Sinne des Waffengesetzes und unterliegen nicht den Regeln für Munition bezüglich Erwerb und Besitz (Ausnahmen: unpatronierte pyrotechnische Munition, also Geschosse mit einem pyrotechnischen Satz, verbotene Geschosse der nachfolgend genannten Art).

Anlage 1 A 1 WaffG definiert Geschosse als Waffen oder für Schusswaffen bestimmte feste Körper beziehungsweise gasförmige, flüssige oder feste Stoffe in Umhüllungen.

Verboten ist der Umgang mit

- Geschossen mit **Betäubungsstoffen**, die zu Angriffs- oder Verteidigungszwecken bestimmt sind, und
- Geschossen mit **Reizstoffen**, die zu Angriffs- oder Verteidigungszwecken bestimmt sind, ohne amtliches Prüfzeichen zum Nachweis der gesundheitlichen Unbedenklichkeit.

Geschosse werden nach Aufbau und Form unterschieden. Welches Geschoss für den jeweiligen Einsatzzweck geeignet oder erforderlich ist, ist Gegenstand der Jägerprüfung und auch der Fachkundeprüfung für den Waffenhandel.

Zunächst unterscheiden wir **Vollgeschosse** und **Mantelgeschosse**. Vollgeschosse bestehen aus einem einzigen Material (in der Regel Blei), Mantelgeschosse dagegen aus einem Kern und einem ihn umgebenden Mantel (Kernmaterial meist Blei, Mantel Tombak).

Bei den Mantelgeschossen wird nach Art des Mantels unterschieden zwischen **Vollmantelgeschoss (VM)** und **Teilmantelgeschoss (TM)**. Während bei einem Vollmantelgeschoss das Mantelmaterial den Kern vollständig oder mit Ausnahme des Geschossbodens vollständig umschließt, ist bei einem Teilmantelgeschoss die Geschossspitze nicht vom Mantel umschlossen, so dass hier der Kern sichtbar ist.

Die Teilmantelgeschosse können weiter differenziert werden - bei einem **Lochgeschoss** ist der Mantel lediglich geöffnet und gibt einen Teil des formgebenden Geschosskerns frei, während bei einem **Hohlspitzgeschoss** der Geschosskern eingehöhlt ist.

Die Form der Geschoss**spitze** kann zur Unterscheidung dienen:

- Spitzgeschosse
- Halbspitzgeschosse
- Rundkopfgeschosse
- Kupferhohlspitzgeschosse (HMK)
- Kupfer-Teilmantel-Flachkopfgeschoss (KTM)
- Kegelspitzgeschosse
- Kegelstumpfgeschosse
- Wadcutter-Geschosse

Für die ballistischen Eigenschaften kommt es aufgrund des Einflusses auf das Strömungsverhalten auch auf das sogenannte „Heck", also den Geschoss**boden**, an. Hier sind unterschiedliche Ausformungen am Markt erhältlich. Unterschieden werden beispielsweise **Bootschwanz** („Heck-Konus") und **Torpedoheck**.

Speziell für Jagdwaffen haben sich als Spezialgeschosse bewährt:

- Teilmantel-Spitz-Geschoss (TMS)
- Teilmantel-Rundkopf-Geschoss (TMR)
- Teilmantel-Flachkopf-Geschoss (TMF)
- H-Mantel-Geschoss (mit H-Rille)
- Torpedo-Ideal-Geschoss (TIG)
- Torpedo-Universal-Geschoss (TUG)
- Kegelspitz-Geschoss (KS)
- Doppelkern-Geschoss (DK)

Um die Wirkung eines Geschosses beurteilen zu können, betrachtet man den **Restkörper**. Der Restkörper ist das, was von einem Geschoss nach

Eintritt in das Ziel übrigbleibt. Das können Fragmente des ursprünglichen Geschosses sein, aber auch vollständige Geschosse, die sich beim Eintritt lediglich verformten, um ihre Energie an das Ziel abzugeben.

Unterschiede bei den Formen des Hülsenrandes werden bei der Bezeichnung der Kaliber häufig berücksichtigt. Zu unterscheiden sind Hülsen „**mit Rand**", „**ohne Rand**" und „**mit Gürtel**", hier dargestellt am Beispiel einer RWS-Patrone mit einem Ausschnitt des Hülsenkörpers.

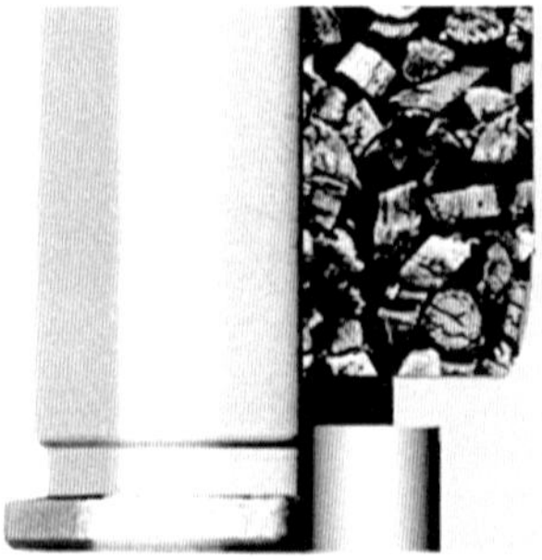

Hülse **mit Rand**

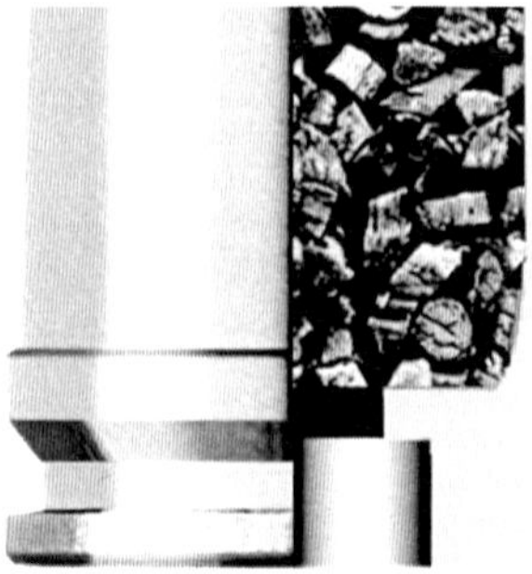

Hülse **mit Gürtel**

Hülse **ohne Rand**

Vollmantelgeschosse (**VM**, hier auch als Teil einer Patrone GECO .38 Special VM) bestehen aus einem Bleikern, der in einen Mantel aus Stahl eingepresst wird. Auf den Stahl wird meist **Tombak** „plattiert", einer Legierung von Kupfer mit Zink und Zinn. Die durch den Tombak glattere Oberfläche verringert den Durchpresswiderstand. Der gesamte Mantel aus Stahl und Tombak passt sich den Zügen im Lauf besser an.

Der Mantel ermöglicht höhere Geschwindigkeiten als reine Bleigeschosse. Zudem erhöht sich die Durchschlagsfähigkeit im Vergleich zu einem reinen Bleigeschoss, da das Geschoss nicht verformt wird (siehe auch unten dargestellter Restkörper, formstabil, aber mit Verfeuerungsspuren) und aufgrund der „Zäpfchenform" einen Körper mit geringer Energieabgabe durchschlägt. Gleichzeitig ist damit aber eine geringe Wirkung verbunden, weshalb die Mannstopwirkung von VM-Munition als eher gering einzustufen ist.

Jagdlich ermöglicht die Verwendung von VM-Geschossen die Jagd auf schweres Wild, weil sie auch Knochen sicher durchdringen. Dazu sind schwerere Geschosse an ihrer Spitze zusätzlich verstärkt. VM-Geschosse kleinerer Kaliber werden mit spitzer, im größeren Kaliber mit runder Kopf-Form verwendet.

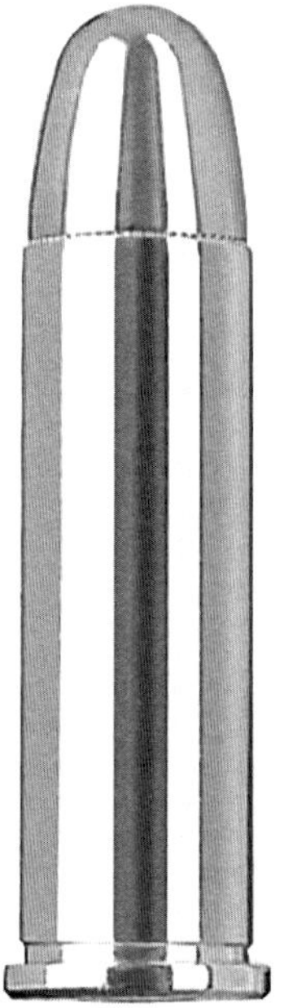

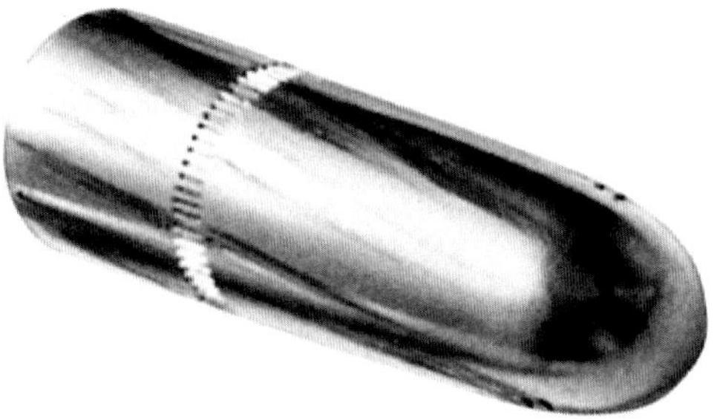

Teilmantelgeschosse (**TM**, hier auch als Teil einer Patrone GECO .357 Magnum TM-Flachkopf und als Restkörper) bestehen wie Vollmantelgeschosse aus einem Bleikern und einem Mantel aus Stahl oder Tombak, das Geschoss gleicht einem stumpfen Kegel. Der Mantel bedeckt nicht die gesamte Bleimasse. Eine „Verbleiung" des Laufes wird mit diesem Geschosstyp ebenso effektiv vermieden wie bei einem Vollmantelgeschoss – allerdings verformt sich ein Teilmantelgeschoss sehr stark beim Auftreffen und kann somit seine Bewegungsenergie in hohem Maße an den getroffenen Körper abgeben.

Die **Mannstopwirkung** von schnellen Teilmantel-Laborierungen ist im Vergleich zur Wirkung von Vollmantel-Laborierungen sehr hoch.

Jagdlich bietet ein TM-Geschoss eine hohe Energieabgabe an den Tierkörper, durch die starke Splitterwirkung ergibt sich meist aber kein sauberer Ausschuss.

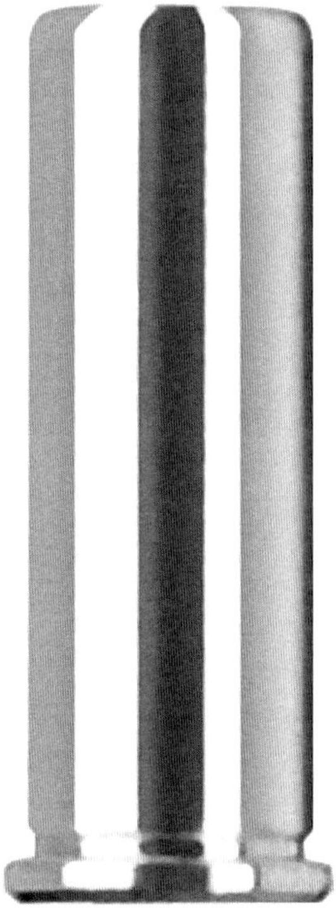

Ein typisches **Bleigeschoss** für sportliche Zwecke ist der sogenannte **Wadcutter (WC)**. Das nebenstehende Bild zeigt eine Patrone GECO .32 S&W long WC. Das 6,5 g schwere Geschoss selbst ist in der Seitenansicht nicht zu sehen – es befindet sich vollständig in der Hülse und wird als zylinderförmiger Bleikörper aus der Hülse in den Lauf getrieben. Wadcutter-Geschosse werden ausschließlich zum Scheibenschießen eingesetzt, weil sie ein kreisrundes und damit gut auswertbares Loch in die Scheibe „stanzen".

Der Begriff „wadcutter" leitet sich von den englischen Begriffen „wad" für „Pappe" und „to cut" für „schneiden" her.

Die hier im Seitenanschnitt abgebildete Patrone (RWS-Büchsenpatrone mit **Gürtel**) zeigt die typische Flaschenform der mittleren bis schweren **Büchsenpatronen**. Im Vergleich zu Kurzwaffen-Kalibern wie 9 mm x 19 sind Geschosse für automatische Büchsen wie die HK SL8 im Kaliber .223 Rem. mit 5,56 mm im Querdurchmesser meist vergleichsweise klein.

Büchsenpatronen (wie 9,3 x 72 R oder Großwildmunition) entstanden zu einer Zeit, als die Patronen noch mit Schwarzpulver geladen wurden – dazu musste eine große Menge an Pulver eingebracht werden. Der Pulverraum wurde durch die Verlängerung der Hülse vergrößert. Moderne Zentralfeuerpatronen sind dagegen „short and fat" – hier ist die Hülse deutlich kürzer, hat aber einen größeren Querdurchmesser. Ein Vorteil liegt darin, dass die Zündflamme die Pulversäule schneller durchschlägt.

Auf den folgenden Seiten werden verschiedene Geschosse für Büchsenpatronen in Aufbau und Wirkung dargestellt. Beachten Sie, dass dies nur eine Übersicht und keine finale Aufzählung ist – Geschosse und Munition allgemein sind ein weites Feld, das sich ständig erweitert.

Das **Doppelkerngeschoss** besteht aus zwei Bleikernen und einem sie vollständig umgebenden Mantel aus Tombak. Die Kerne unterscheiden sich in ihrer Härte - der weichere Bugkern wird vom härteren Heckkern durch einen Tombakmantel getrennt, der den Heckkern weitgehend umschließt. Die Gewichte von Bug- und Heckkern sind dabei identisch. Durch eine Heckrille im hinteren Geschossbereich wird der Heckkern am Außenmantel festgehalten. Eine zweite Rille im vorderen Bereich bildet den sogenannten **Scharfrand** (Schnitthaar) und ist gleichzeitig Sollbruchstelle für den vorderen Geschossmantel. Durch diesen Aufbau entsteht ein gerader Schusskanal für den bei der Jagd teilweise gewünschten sicheren Ausschuss, um ausreichend Schweiß zu erzeugen.

Der nebenstehend abgebildete Restkörper zeigt die Wirkungsweise – das Geschoss wird aufgestaucht und vergrößert dabei deutlich seinen Querschnitt zum Ziel, ohne dabei Splitter abzugeben.

Militärische Doppelkernmunition kann durch eine **grüne Färbung** der Spitze des Geschosses identifiziert werden.

Ein weiteres Beispiel für ein spezielles Geschoss ist das **H-Mantel-Geschoss**. Das „H" leitet sich von der Einschnürung im mittleren Bereich des Geschosses ab – die H-Rille ist die als Sollbruchstelle geformte Einschnürung, die im Ziel die besondere Wirkung dieser Geschossart auslöst.

Die H-Rille unterstützt die Trennung des Geschosses in einen vorderen Teil, der sich nach dem Auftreffen im Ziel sehr schnell mit starker Splitterwirkung und Energieabgabe zerlegt, und den hinteren Teil, der das Ziel auch bei starkem Wild sicher durchschlägt und für Schweiß (jagdlich für „Blut") sorgt. Bugkern (im vorderen Teil) und Heckkern sind getrennt. Die Kupfer-Hohlspitze sorgt für eine sichere „Zerlegung" des Geschosses im Ziel.

Der rechts abgebildete Restkörper zeigt den hinteren Teil des Geschosses – er wird im Durchmesser nur gering gestaucht, was für einen sicheren Ausschuss sorgt.

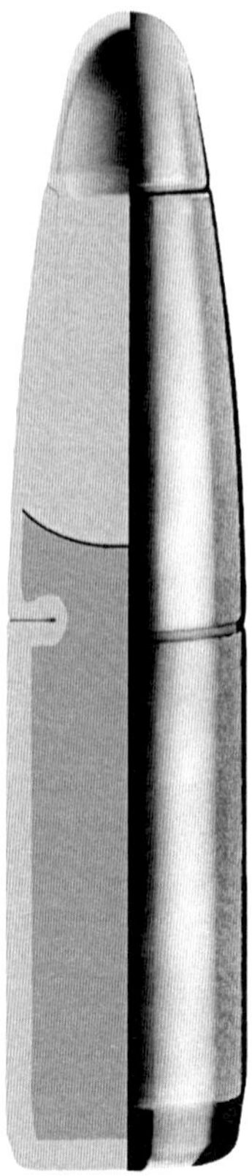

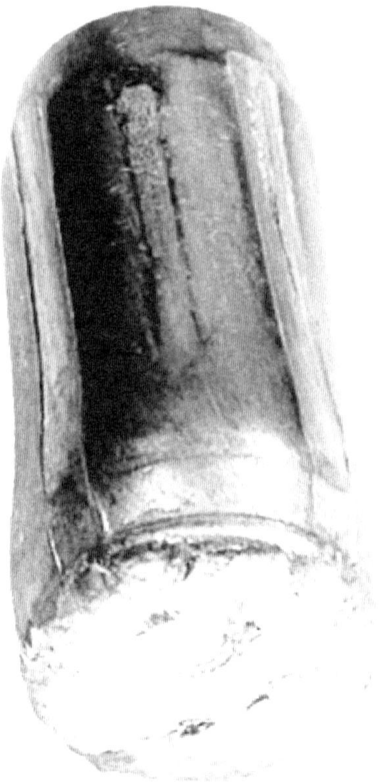

Zu den bekannten **Jagdgeschossen** zählt eine Gruppe, die von der Fa. Brenneke unter den Bezeichnungen TIG, TUG, TAG und TOG angeboten wird. Die Bezeichnung TIG und TUG sind mittlerweile Gattungsbegriffe geworden, so dass bei bestimmten Aufbauten des Geschosses von einem TIG oder TUG gesprochen wird.

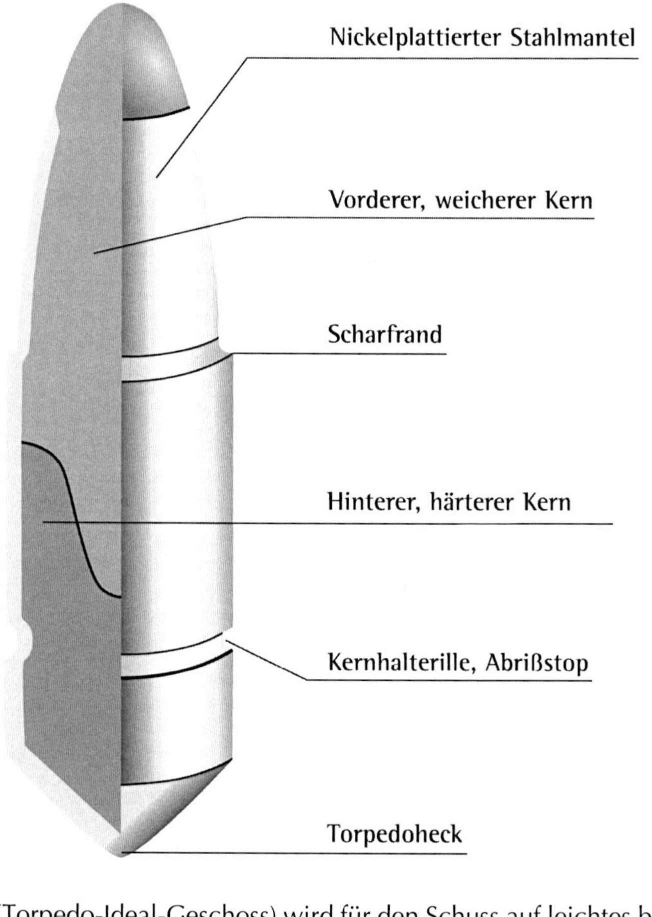

Das **TIG** (Torpedo-Ideal-Geschoss) wird für den Schuss auf leichtes bis mittelschweres Wild eingesetzt. Der Aufbau des Geschosses bewirkt eine Zerlegung des vorderen Kerns (weich) und eine pilzartige Deformation des hinteren Kerns (hart), was zu einer hohen Energieabgabe führt.

Das **TUG** (Torpedo-Universal-Geschoss) kann im entsprechenden Kaliber auch für den Schuss auf schweres / afrikanisches Wild eingesetzt werden.

Durch seinen Aufbau hat das TUG eine geringere Aufpilzbereitschaft und besitzt damit eine höhere Durchschlagskraft.

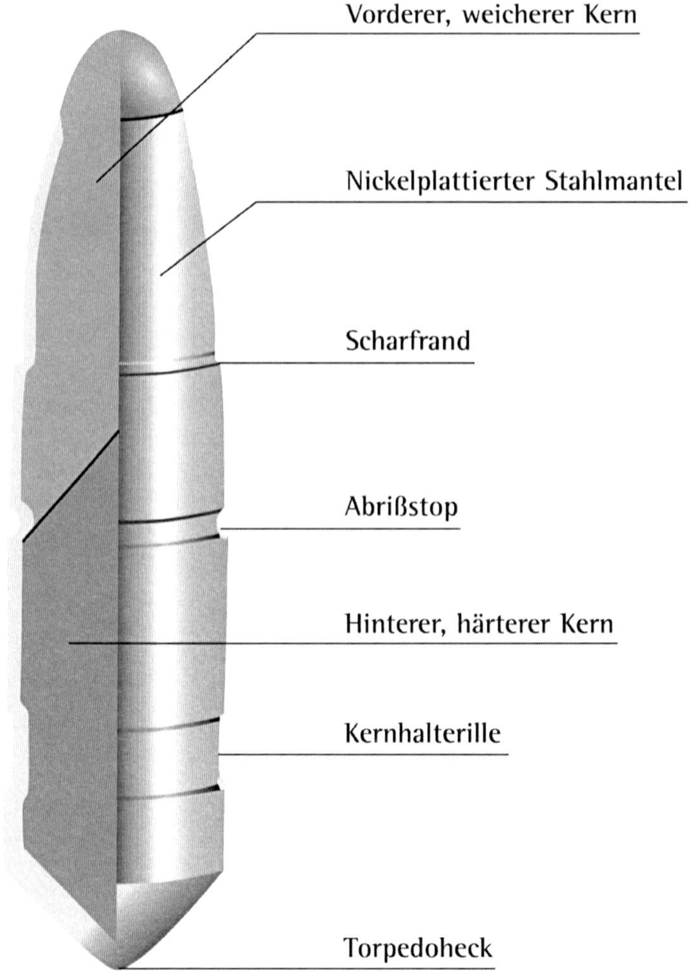

Das **TOG** (Torpedo-Optimal-Geschoss) zeichnet sich durch eine hohe Durchschlagskraft aus und sorgt für eine gute Schweißbildung. Der Restkörper hat nach Herstellerangaben ca. 90 % des Gewichts des Geschosses, womit die Wildbretzerstörung gering bleibt.

Das **TAG** (Torpedo-Alternativ-Geschoss) ist ein schnell wirksames Geschoss – die Spitze und mehr als die Hälfte des Geschosskörpers bleiben unverändert, während sich drei Teile aus dem vorderen Teil des Geschosses lösen.

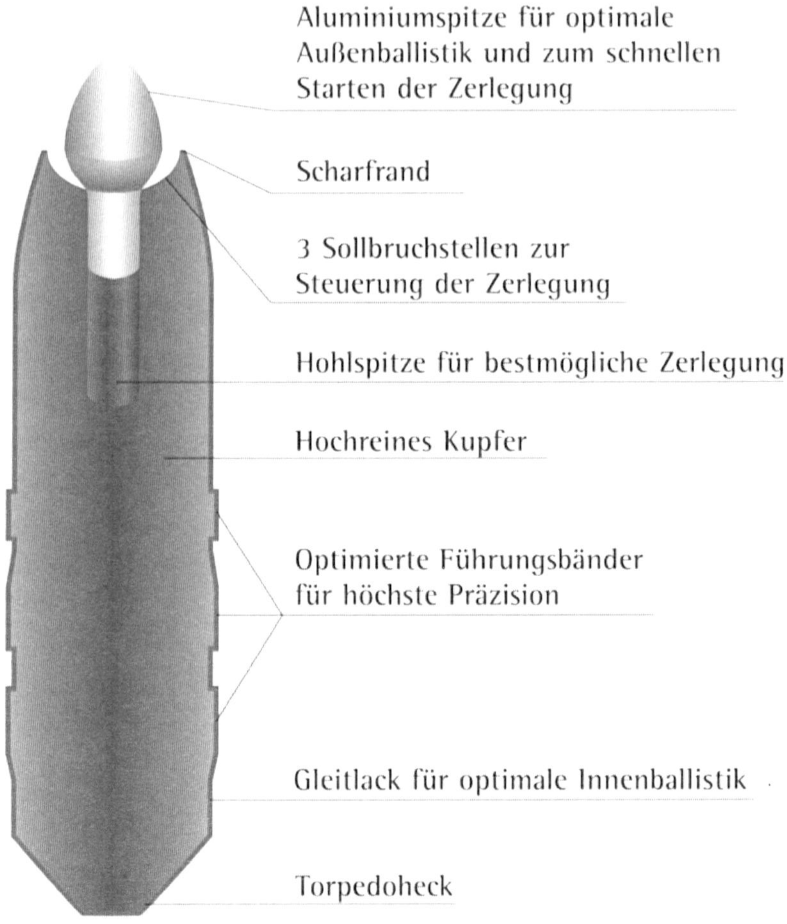

Frangible-Geschosse bestehen zwar aus Metall, doch ist dieses durch Sinterung (eine Art *Backvorgang*) mit einem Kunststoff verbunden – die Geschosse zerfallen bei Kontakt mit einem harten Ziel zu Staub. Sie werden vorwiegend zum Übungsschießen (zur Schonung der Schießanlage) eingesetzt, aber auch zur Bekämpfung von Tätern an Bord von Luftfahrzeugen durch sogenannte „Sky-Marshalls".

Action-Munition wird bei vielen Polizeibehörden eingesetzt. Das Geschoss (aus Kupfer oder Messing) verfügt über eine Hohlspitze, in die ein Kunststoffkörper eingebracht wird. Die äußere Form des Geschosses wird damit zu einem Vollmantel-Geschoss ausgebildet. Action-Munition verfügt gegenüber Vollmantel-Munition über eine stärkere ballistische Trefferwirkung, da ein kontrolliertes „Aufpilzen“ des Geschosses erfolgt (die Abbildungen zeigen den Typ „Action 5“, als Patrone und als Restkörper). Entscheidend für den „taktischen Effekt“ ist allerdings die höhere **Schmerzwirkung**, die ein solches Deformationsgeschoss beim Eindringen in den Körper des Getroffenen entwickelt.

Der Umgang mit Action-Munition ist **nicht verboten**, aufgrund des höheren Gasdrucks ist Action-Munition aber **nicht CIP-konform** und darf darum **nicht gewerbsmäßig an Privatpersonen** überlassen werden.

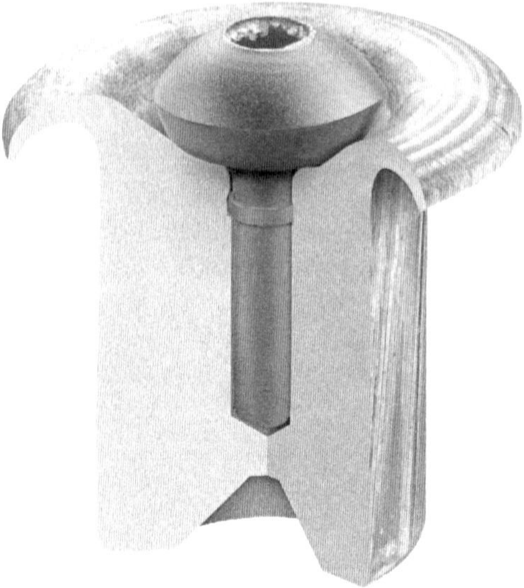

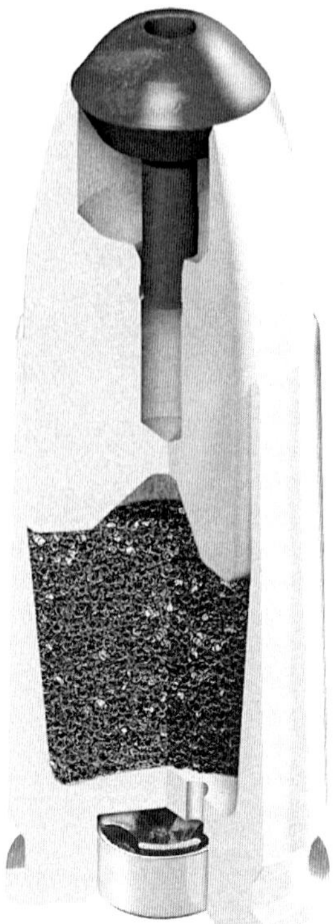

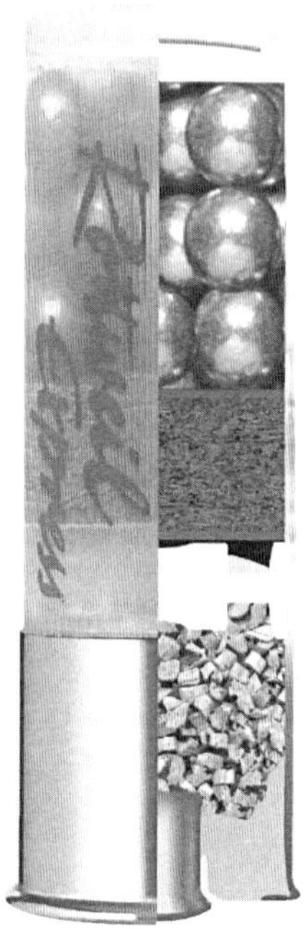

Das Innere einer **Schrotpatrone,** nebenstehend im Viertelschnitt. Über dem Zünder im Bodenpfropfen, dem **Culot**, befindet sich die Treibladung. Die Schrote aus Blei, Weicheisen, Stahl oder Steinsalz im oberen Teil der Patrone, traditionell als „**Vorlage**" bezeichnet, werden vom Pulver durch das sogenannte „Zwischenmittel" getrennt, bestehend aus Filz oder Holzfasern, Kork oder Kunststoff. Das Zwischenmittel gibt den Stoß der Verbrennungsgase als Schub auf die Schrotladung weiter und schützt die Bleischrote vor der Hitze des Pulvergases. Die Oberkante der Hülse ist nach innen umgebördelt und drückt eine Kunststoffscheibe auf die Schrotladung; eine Verdämmung der Ladung durch eine sternförmige Faltung der Hülse ist ebenfalls eine gängige Methode.

Schrote mit einem Durchmesser von mehr als 4 mm werden als **Postenschrot** oder **Posten** bezeichnet.

Beachten Sie, dass Läufe, aus denen **Stahlschrote** verschossen werden sollen, einem besonderen Prüfverfahren unterliegen und mit einem Lilienzeichen gekennzeichnet werden. Für Schrote[198] bis 3,25 mm (Kal. 12/70) ist dies bei normaler Ladung allerdings nicht notwendig. Bei verstärkter Ladung (**Magnum-Schrot**, meist cal. 12/76) ist dagegen immer ein Stahlschrotbeschuss erforderlich – hier ist auch das Zeichen für den „verstärkten Beschuss" auf der Waffe nach erfolgter Prüfung anzubringen.

[198] *Kal. 16/70: bis 3,00 mm; Kal. 20/70: 2,60 mm*

Flintenlaufgeschosse (FLG, „slugs") werden aus dem Flintenlauf verschossen. Die an Züge erinnernde Außenfläche des Bleigeschosses sorgt nur für eine minimale Rotation im Flug, die ohne echten Einfluss auf die Schussbahn bleibt. Der Bleikörper des Brenneke-FLG hat eine Kegelspitze. Die Stabilisierung der Flugbahn erfolgt nach dem „Pfeilprinzip" – eine schwere Spitze und ein leichtes Hinterteil, hier dargestellt durch einen angeschraubten Filzpfropfen. Die schräggestellten Rippen sorgen für eine leichtere Anpassung des Geschosses an den Laufdurchmesser, da sie eine Stauchung des Geschosskörpers erleichtern – Verengungen durch Chokes („Würgebohrung") können mit einem FLG meist problemlos passiert werden (Hinweise des Waffenherstellers beachten).

Ein Spezialfall ist das **Sabot**, ein unterkalibriges FLG, das in einem Kunststoffmantel durch den Lauf gleitet, der sich außerhalb des Laufes durch den Luftwiderstand vom Geschoss trennt. Vorteile dieser Technik: Höhere Reichweite und höhere Geschwindigkeit.

Bei **älteren Patronen** wurde zum Zwecke der Unterscheidung eine Kennzeichnung in Form eines **weißen Streifens** verwendet, der einige Millimeter unterhalb der Bördelung die **Papphülse** umschloss. Um auch „blind" den weißen Streifen zu erkennen, war er oftmals auch als Einkerbung ausgeführt. Bei geschlossener Patrone war sonst kaum zu erkennen, ob es sich um Schrote oder ein FLG handelte. Bei den heute gebräuchlichen Kunststoffhülsen ist das nicht mehr notwendig.

5.3.2 Geschosse für Druckluftwaffe, Armbrust etc.

Geschosse, die zum Verschießen aus Druckluftwaffen, Federdruckwaffen oder ähnlichen Schusswaffen bestimmt sind, unterfallen nicht dem waffenrechtlichen Begriff Munition. Sie unterliegen nicht den Regelungen des Waffengesetzes, es sei denn, es handelt sich um verbotene Geschosse.

Gleiches gilt für Pfeile und Bolzen, die zur Verwendung mit Bögen, Armbrüsten oder Pfeilabschussgeräten bestimmt sind. Verbote, etwa von Geschossen mit Explosivstoffen, Brandsätzen oder Hartkern, sind hier nicht anzuwenden, es sei denn, das Geschoss ist für Munition bestimmt und wird mit Bogen, Armbrust oder Druckluftwaffe zweckentfremdet verwendet.

Geschosse für Druckluftwaffen mit gezogenem Lauf bestehen in der Regel aus Blei, um sich dem Laufprofil anpassen zu können. In glatten Läufen werden dagegen hautsächlich Rundkugeln aus Stahl verwendet. Vor dem Hintergrund der Umweltbelastung durch Bleieintrag sind mittlerweile Geschosse erhältlich, die aus Zink, Zinn und Kunststoff bestehen. Auch Stahl oder Kupfer können bei der Herstellung zum Einsatz kommen. Durch eine Beschichtung der Oberflächen, etwa durch eine galvanische Veredelung, kann eine um ca. 20 Prozent härtere Oberfläche hergestellt werden, was eine erhöhte Durchschlagskraft bei gleichem Gewicht bedeutet. Zudem wird der Bleikern des Geschosses komplett gekapselt, was die Entstehung von Bleistaub oder Bleiablagerungen im Lauf effektiv verhindert.

Die ballistischen Eigenschaften werden durch die Formgebung des Geschosses maßgeblich beeinflusst. So kommen in Weitschuss-Druckluftgewehren speziell geformte Rundkopf-Diabolos (unten links) zum Einsatz, die ein präziseres Schießen erlauben als Diabolos mit der typischen flachen Front (oben). Für die Bekämpfung von Schädlingen oder auch für die Jagd (außerhalb von Deutschland) werden spezielle Geschosse angeboten, etwa mit einer Metall- oder Kunststoffspitze, die die Durchschlagskraft und Wirksamkeit gegen Schädlinge deutlich erhöht.

Abbildungen auf dieser Seite mit freundlicher Genehmigung der Haendler & Natermann Sport GmbH

Die Geschosse werden in der Regel in folgenden Kalibern und für bestimmte Anwendungen bzw. Energieklassen verwendet:

4,5 mm / cal. .177 typische E_0 (Mündungsenergie) von 3,5 bis 40 J

Einsatz im Olympischen Sportschießen, Field Target und Hunter Field Target, Schädlingsbekämpfung, Plinking

5,0 mm / cal. .20 typische E_0 von 16 bis 40 J

Kaliber beliebt in Großbritannien und Südafrika

5,5 mm / cal. .22 typische E_0 von 16 bis 50 J

Hauptsächlich für Jagd auf Kleintiere bis Hasengröße

6,35 mm / cal. .25 typische E_0 von 25 bis 80 J

Hauptsächlich für die Jagd auf Kleintiere bis Fuchsgröße

Der Gefahrenbereich einer Druckluftwaffe darf nicht unterschätzt werden. So hat ein Geschoss von 5,5 mm Durchmesser, verschossen aus einer Testwaffe mit einer E_0 von 40 J und einer Mündungsgeschwindigkeit von 240 m/s noch nach 50 m Flugstrecke eine Geschwindigkeit von rund 200 m/s. Schwere Jagdgeschosse, etwa im Kaliber .35 entsprechend 9,0 mm, werden herstellerseitig für einen Einsatz bis zu 50 m empfohlen.

Um auch aus glatten Läufen ein im Flug stabilisiertes Geschoss verschießen zu können (der glatte Lauf gibt dem Geschoss nicht den dazu erforderlichen Drall), kommen sogenannte „Federbolzen" (auch als *Wollbüschelbolzen* bezeichnet, Abbildung unten erfolgt mit freundlicher Genehmigung der *Fa. Umarex*) zum Einsatz. Am Heck angebrachte Wollfäden sorgen für eine Abdichtung im Lauf und für ein Austarieren des Geschosses, das durch die schwere Laufspitze und das leichte und im Luftstrom korrigierend wirkende Heck stabil fliegen kann. Bei modernen Federbolzen kommen anstelle von Wollfäden auch Büschel von Kunststofffädchen oder feststehende Kunststoff-Leitwerke zum Einsatz. Federbolzen bestehen meist aus Stahl und dürfen darum nicht aus gezogenen Läufen verschossen werden, da sie sich nicht dem Laufinnenprofil anpassen und so das Laufprofil beschädigen.

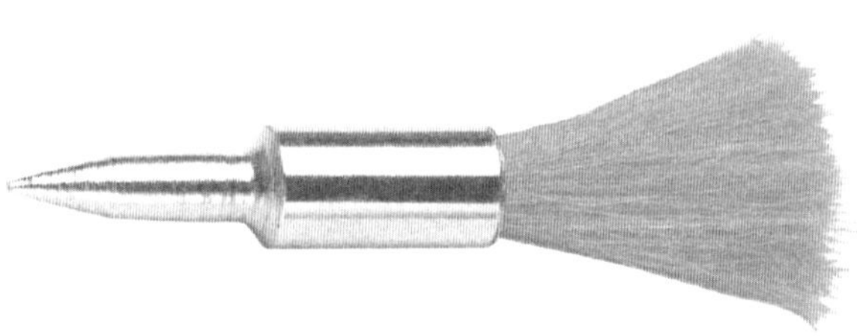

5.4 Zündungsarten moderner Patronenmunition

Zentralfeuerzündung und **Randfeuerzündung** nutzen eine mechanische Energie, die von außen auf die Patrone einwirkt, um durch diesen Stoß eine stoß- bzw. druckempfindliche Zündmasse zur Explosion zu bringen. Die dabei entstehende Flamme entzündet die Ladung.[199]

Das unten gezeigte Schnittmodell zeigt im Detail die Zündung einer **Randfeuerpatrone** im Patronenlager. Der Schlagbolzen quetscht die im Rand der Patrone eingelagerte Zündmasse, worauf die entstehende Flamme das in der Patrone liegende Pulver zur Umsetzung bringt. Der entstehende Gasdruck treibt das Geschoss durch den Lauf, während die Hülse durch ihre Ausdehnung das System nach hinten abdichtet.

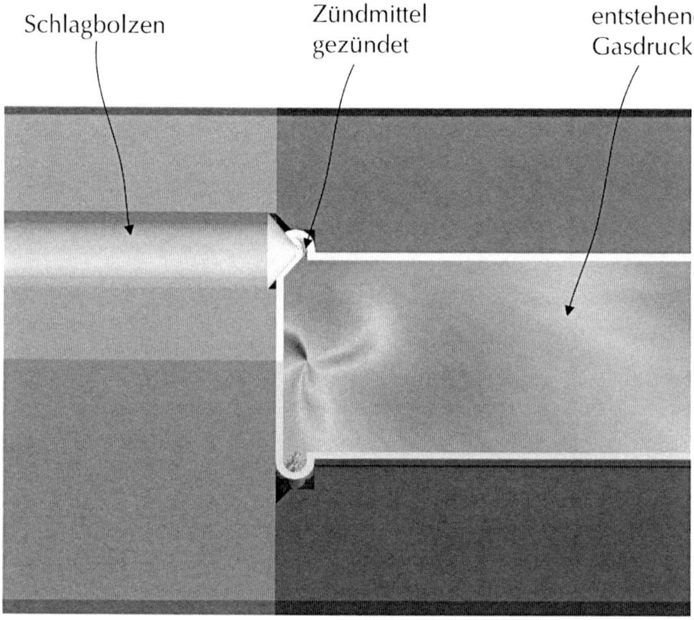

Die Skizzen auf der folgenden Seite zeigen eine Randfeuerpatrone im Patronenlager (rechts) sowie den Aufbau der Patrone im Schnittmodell.

---

[199] Zu beachten sind Patronensorten, bei denen der Antrieb der Geschosse allein durch die Zündung erfolgt, etwa die Patrone 4 mm M20.

Patronen mit Randfeuerzündung wie Kaliber .22 lfB. oder **Zimmerstutzen** (4 mm) haben die Anzündladung im Rand des Hülsenbodens (hell eingefärbt), die direkt auf das Pulver (strukturierte Fläche) wirkt.

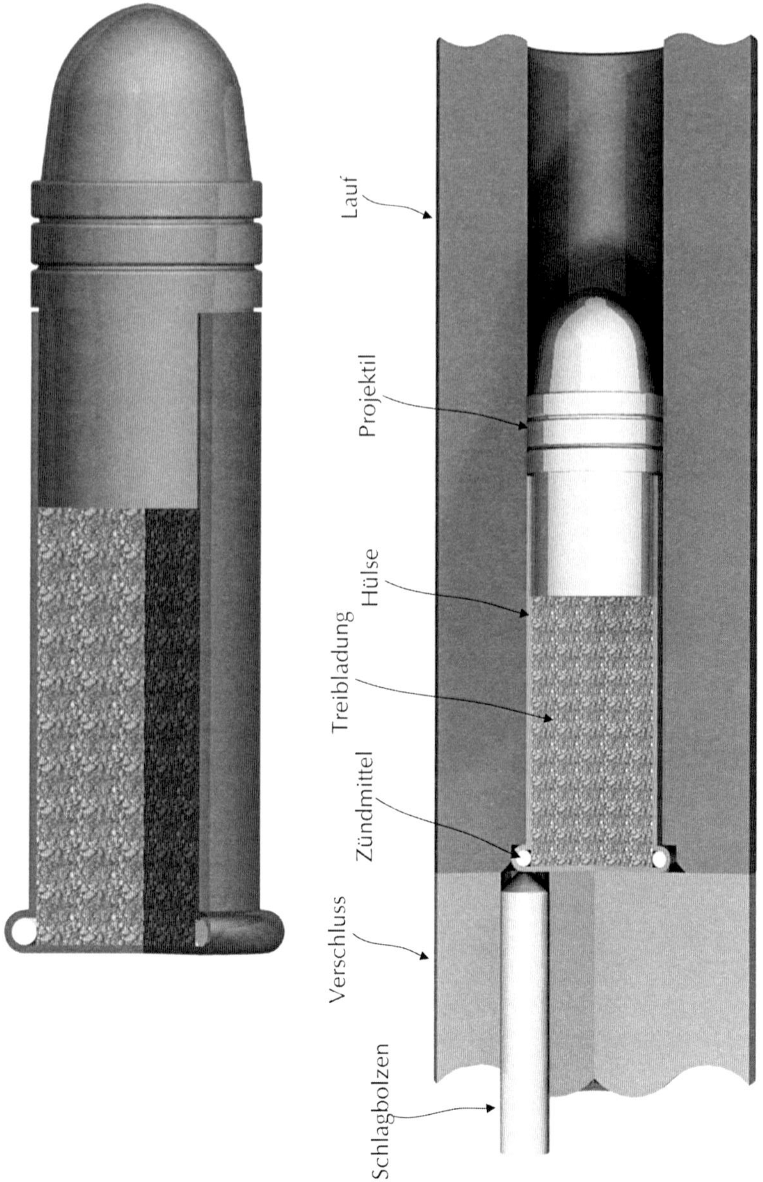

Eine **Patrone mit Zentralfeuerzündung** trägt im Hülsenboden ein **Zündhütchen** als Zündmittel. Schlägt der Schlagbolzen auf das Zündhütchen, entzündet sich der Inhalt des Zündhütchens. Im Zündhütchen befindet sich in der Regel ein Sinoxid- oder ein Sintox-Zündsatz.

Der **Sinoxid-Zündsatz**, auch als „rostfreier Zündsatz" bezeichnet, begegneten einer schlechten Eigenschaft von Nitropulver – im Gegensatz zu Schwarzpulver entstehen bei seiner Umsetzung Stoffe, die im Lauf zu Rostbildung führten, allerdings nur dann, wenn das Pulver durch eine früher gebräuchliche **Kaliumchlorat-Zündung** umgesetzt wurde. Der Sinoxid-Zündsatz, entwickelt 1926 bei RWS, gilt als erster rost- und erosionsfreier Zündsatz.

Der **Sintox-Zündsatz** moderner Patronenmunition, insbesondere für Sportschützen, geht noch einen Schritt weiter – er schützt nicht nur die Waffen, sondern auch die **Gesundheit** der Schützen. Er ist nicht nur rostfrei (siehe Sinoxid), sondern auch frei von Blei und Barium.

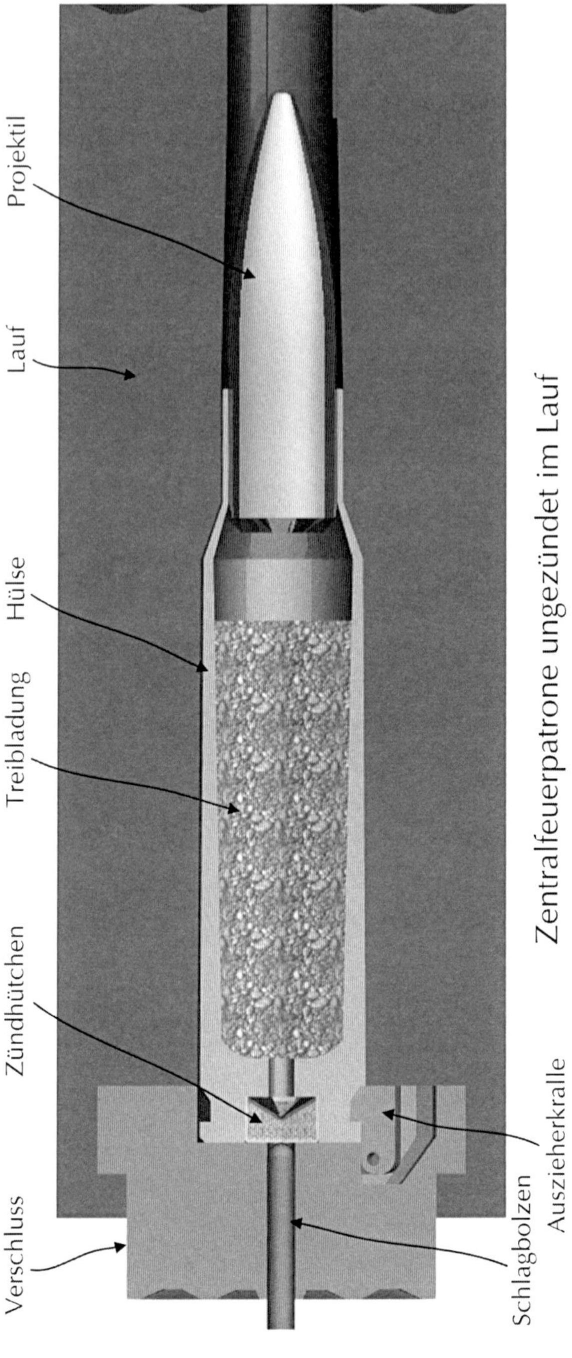

Zentralfeuerpatrone ungezündet im Lauf

Zentralfeuermunition verfügt in der Regel über ein Zündhütchen, das als eigenes Bauelement der Patrone angesehen werden kann. Das Zündhütchen sitzt mittig im Boden der Hülse und schließt bündig mit der umgebenden Fläche des Patronenbodens ab. Hervorstehende Zündhütchen können zu gefährlichen Doppelzündungen führen, weshalb derartig fehlerhafte Patronen nicht verwendet werden dürfen.

Das Zündhütchen ist direkt mit dem Pulverraum verbunden – durch Öffnungen kann die Zündflamme in das Pulver schlagen und die Pulverladung zünden. **Boxer-Anzündhütchen** haben eine Öffnung zum Pulverraum, **Berdan-Anzündhütchen** in der Regel mehrere Öffnungen.

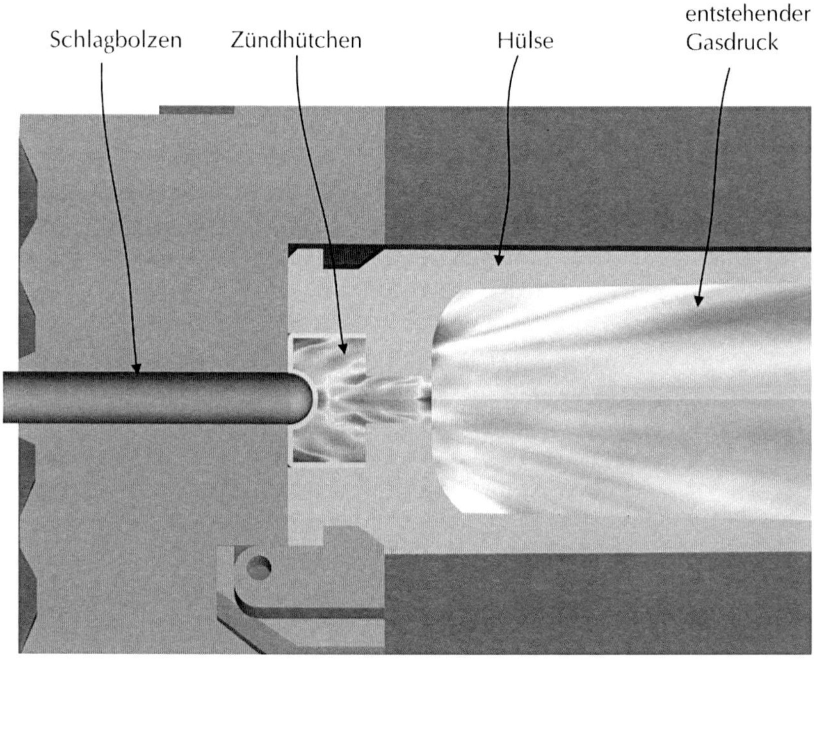

5.5 Munition für Langwaffen

5.5.1 Schrotpatrone

Nur für Flinten gilt: Patronen für kürzere Lager dürfen auch aus längeren Patronenlagern verschossen werden, umgekehrt führt die Schussabgabe zu gefährlich hohen Gasdrücken – beim Laden der Waffe ist das meist nicht zu bemerken. Grund dafür ist das Verhalten der Hülse bei Abgabe des Schusses.

Schnittmodell einer Rottweil-Tribore-Choke-Flinte ohne Laufverengung vor der Patrone mit eingelegter Patrone mit Teilanschnitt

Der vorn umgebördelte Teil rollt sich nach Zünden des Pulvers nach vorn aus und gibt so den Weg frei für die Schrote. Wenn nun das Patronenlager zu kurz ist, ragt die abgeschossene Hülse in den Übergang hinein und verengt den Weg der Schrote – dadurch entsteht unter Umständen ein gefährlich hoher Gasdruck, der zu Laufsprengungen führen kann.

Schrotpatrone	**Flintenlaufgeschoss**
GECO Jagd 30	GECO Competition Slug
Geschoss: Schrote	Geschoss: Solid
36 g / 2,7 mm	28,5 g
$V_{2,5}$ = 380 m/s	$V_{2,5}$ = 435 m/s

Flintenlaufgeschosse erzielen größere Schussweiten als Schrotgarben. Mit einem Gewicht um 30 g haben sie eine „überzeugende Wirkung". Im Polizeibereich werden sie erfolgreich zum „Ausschalten" von Fahrzeugmotoren eingesetzt. Dabei wird der Motor-Block nicht durchschlagen, sondern so stark erschüttert, dass Kolben, Wellen etc. aufgrund der Vibration blockieren – der Motor stirbt ab.

Der Durchmesser der Schrote wird als **Körnung** bezeichnet. Aus Gründen der Vereinheitlichung werden international Nummerierungen verwendet.

Schrot Nr. 1 = 4 mm Schrotkorndurchmesser
Schrot Nr. 2 = 3,7 / 3,75 mm Schrotkorndurchmesser
Schrot Nr. 3 = 3,5 mm Schrotkorndurchmesser
Schrot Nr. 4 = 3,2 / 3,25 mm Schrotkorndurchmesser
Schrot Nr. 5 = 3 mm Schrotkorndurchmesser
Schrot Nr. 6 = 2,7 mm Schrotkorndurchmesser
Schrot Nr. 7 = 2,5 mm Schrotkorndurchmesser
Schrot Nr. 8 = 2,2 mm Schrotkorndurchmesser
Schrot Nr. 9 = 2 mm Schrotkorndurchmesser
Schrot Nr. 10 = 1,7 mm Schrotkorndurchmesser

5.5.2 Büchsenpatronen

Büchsenpatronen bestehen aus der Hülse, dem Geschoss, dem Anzündhütchen und Pulver. Die Herstellung der **Hülse** ist ein aufwendiger Prozess, bei dem strengste Maßstäbe an Material und Passgenauigkeit gestellt werden. In Büchsenpatronen werden regelmäßig Drücke um 4.000 bar erzeugt.

Je nach Einsatzgebiet werden unterschiedliche **Geschosskörper** verwendet. Sport-Munition enthält meist Geschosse mit Bleikern, die mit einem Stahl- oder Tombak-Mantel überzogen sind.

Unterschieden werden bei den heute gebräuchlichen Patronensorten **Zentralfeuerzündung** und **Randfeuerzündung**. Letztgenannte wird hauptsächlich für Waffen im Kaliber .22 lfB sowie für Zimmerstutzen (4 mm) verwendet. Eine **Patrone mit Zentralfeuerzündung** trägt im Hülsenboden ein **Anzündhütchen**. Schlägt der Schlagbolzen auf das Anzündhütchen, entzündet sich der Inhalt des Anzündhütchens. Im Anzündhütchen befindet sich in der Regel ein Sinoxid- oder ein Sintox-Zündsatz.

Der **Sinoxid-Zündsatz**, auch als „rostfreier Zündsatz" bezeichnet, begegneten einer schlechten Eigenschaft von Nitropulver – im Gegensatz zu Schwarzpulver entstehen bei seiner Umsetzung Stoffe, die im Lauf zu Rostbildung führten, allerdings nur dann, wenn das Pulver durch eine **Kaliumchlorat-Zündung** umgesetzt wurde. Der Sinoxid-Zündsatz, entwickelt 1926 bei RWS, gilt als erster rost- und erosionsfreier Zündsatz.

Der **Sintox-Zündsatz** moderner Patronenmunition, insbesondere für Sportschützen, geht noch einen Schritt weiter – er schützt nicht nur die Waffen, sondern auch die **Gesundheit** der Schützen. Er ist nicht nur rostfrei (siehe Sinoxid), sondern auch frei von Blei und Barium.

Das Anzündhütchen ist direkt mit dem Pulverraum verbunden – durch Öffnungen kann die Zündflamme in das Pulver schlagen und die Pulverladung zünden. **Boxer-Anzündhütchen** haben eine einzige Öffnung zum Pulverraum der Patrone, **Berdan-Anzündhütchen** in der Regel mehrere Öffnungen. Bei einer **Patrone mit Randfeuerzündung** sitzt die Anzündladung im Rand des Hülsenbodens und wirkt direkt auf das Pulver.

Werden Patronen mit stärkerer Ladung hergestellt, die in den Außenabmessungen Patronen mit schwächerer Ladung gleichen, wird die Hülse der stärkeren Patronen bei einigen Kalibern mit einem **Gürtel**[200] versehen. Der Gürtel dient dabei vornehmlich der Bildung des Verschlussabstands.

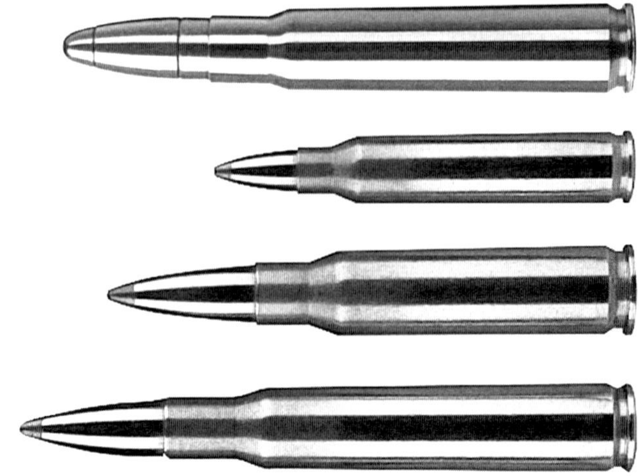

cal. 8 x 57 IS
(7,92 x 57 mm)

cal. .223 Rem.
(5,56 x 45 mm)

cal. .308 Win.
(7,62 x 51 mm)

cal. .30-06 Sprfld.
(7,62 x 63 mm)

[200] Siehe dazu auch Ausführungen ab Seite 219

5.5.2.1 .308 Win. / 7,62 x 51 mm NATO

In Sportschützenkreisen ist diese Patrone sehr beliebt. Munition dieses Kalibers ist aufgrund der großen Verbreitung günstig in der Anschaffung.

Die tiefgestellte Zahl ist der Abstand des Geschosses zur Laufmündung, m/s steht für „Meter pro Sekunde", J steht für die Energie-Einheit „Joule":

v_0 ***Geschwindigkeit*** *bei Verlassen des Laufes,* „Mündungsgeschwindigkeit"

v_{100} *Geschwindigkeit nach 100 m Flugstrecke*

E_0 ***Energie*** *bei Verlassen des Laufes*

E_{100} *Energie nach 100 m Flugstrecke*

Hinweis: Alle Angaben sind beispielhaft.

Geschossgewicht / Lauflänge 10,7 g / 600 mm

V_0 820 m/s

V_{100} 731 m/s

E_0 3.597 J

E_{100} 2.859 J

Ende 1953 wurde diese Patrone als NATO-Standardpatrone eingeführt. Sie löste die bis dahin im amerikanischen Militär verwendete .30-06 Springfield (eingeführt 19**06**, wie auch aus dem Namen hervorgeht) ab. Entwicklungstechnisch wurde die .308 Win. durch Kürzen der Hülse aus der .30-06 Springfield abgeleitet.

Zu beachten sind die minimalen Unterschiede in den Maßen der Patronen aus militärischer und ziviler Fertigung für diesen Patronentyp. Da sich unter anderem die Geometrie der Hülsenschulter von .308 Win. und 7,62 x 51 NATO unterscheidet, kann es bei besonders exakt gearbeiteten Waffen zu Problemen kommen, insbesondere bei halbautomatischen Waffen.

5.5.2.2 .223 Rem. / 5,56 x 45 mm NATO

Die Patrone des M16 und des G36 sowie der HK SL8 – das geringe Gewicht ist ein Vorteil dieser Patrone (im Vergleich zur .308 Win. nur 11 g gegenüber 24 g!).

Geschossgewicht / Lauflänge 3,6 g / 600 mm

v_0 990 m/s

v_{100} 834 m/s

E_0 1.764 J

E_{100} 1.252 J

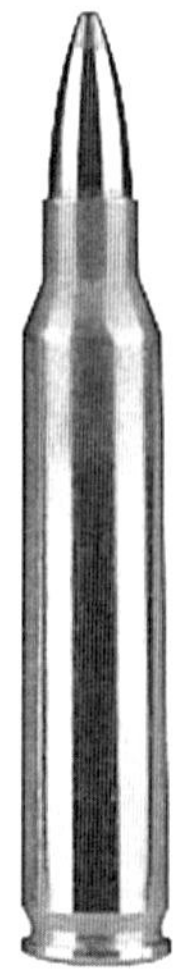

Schon Ende der 50er Jahre entwickelte Remington diese Patrone, die die 7,62 x 51 mm NATO in der US-Armee ablösen sollte. Der Grund lag im taktischen Bereich – das geringere Gewicht. Das AR-15-Gewehr sollte mit dieser Patrone die Überlegenheit der amerikanischen Truppen erhöhen. Spätestens das Versagen der leichten Geschosse im Dschungel Vietnams machte die Überlegenheit der schwereren 7,62 x 51 mm NATO oder der 7,62 x 39 mm Kalashnikov zumindest für diesen Bereich aber deutlich, und auch in der Gegenwart werden in einzelnen Teilen der Bundeswehr wieder Waffen im alten Kaliber 7,62 x 51 mm NATO beschafft und eingesetzt.

Heute ist die Patrone als .223 Rem. im Bereich des Sportschießens weit verbreitet. Die Einführung im Bereich der Bundeswehr durch Umstellung vom Gewehr G3 auf das Gewehr G36 sorgte für eine stärkere Beachtung dieser Patrone.

5.5.2.3 .30-06 Springfield (7,62 x 63 mm)

In der US-Armee eingeführt im Jahre 1906. In Deutschland als Jagdkaliber gebräuchlich, da es auch für größere Wildarten geeignet ist.

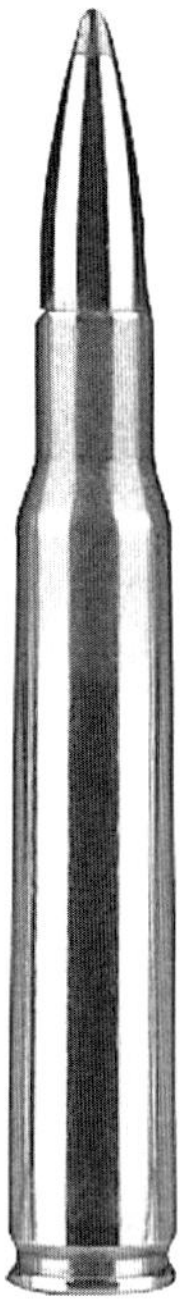

Geschossgewicht / Lauflänge 10,7 g / 600 mm

v_0 870 m/s

v_{100} 767 m/s

E_0 4.049 J

E_{100} 3.147 J

Vor Ablösung durch die Patrone 7,62 x 51 NATO war die .30-06 Springfield die Standardpatrone der US-Armee. Sie war aus der Armeepatrone .30-03 entwickelt worden.

Noch heute schätzen Jäger die Eigenschaften des schlanken, aber energiereichen Geschosses, bei der Jagd auf größeres Wild. Darum werden Neuentwicklungen im Bereich der Jagdwaffen meist auch in diesem Kaliber angeboten.

5.5.2.4 8 x 57 IS / 7,92 x 57 mm

In Deutschland wird diese Patrone vorwiegend von Jägern und Besitzern des Karabiners 98 verwendet.

Geschossgewicht / Lauflänge 11,7 g / 600 mm

v_0 820 m/s

v_{100} 717 m/s

E_0 3.934 J

E_{100} 3.007 J

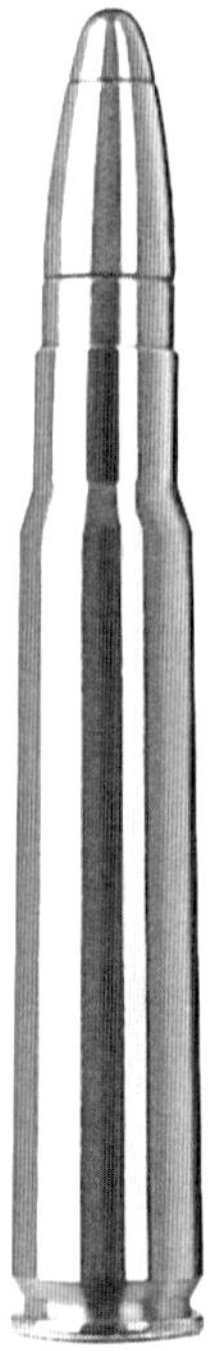

1888 führte das Deutsche Reich diese Patrone als neue Standard-Militärpatrone mit der Bezeichnung 8 x 57 I („I“ für „Infanterie“) ein. 1905 wurde das bis dahin verwendete **Ogival-Geschoss**, das zu den Rundkopfgeschossen gezählt wird, durch ein **Spitzgeschoss** ersetzt – die neue Bezeichnung der Patrone lautete „IS“ für „Infanterie Spitz“, der Geschossdurchmesser wurde vergrößert. Bei der Kaliberbezeichnung wird synonym auch das Kürzel JS anstelle von IS verwendet. Patronen, die einen **Rand** aufweisen (Patronen für Kipplaufbüchsen), werden als 8 x 57 IR bzw. IRS bezeichnet.

5.5.2.5 .22 lfB / .22 lr

Das Kürzel „lfB" steht für „lang für Büchse", engl. „long rifle", „lr". Preiswerte Übungsmunition für Lang- und Kurzwaffen, in Wechselsystemen oder Einsteckläufen. Die Angaben gelten für ein **Bleigeschoss von 2,6 g**, verschossen aus einer Langwaffe (Lauflänge 650 mm) und Kurzwaffe (Lauflänge 150 mm).

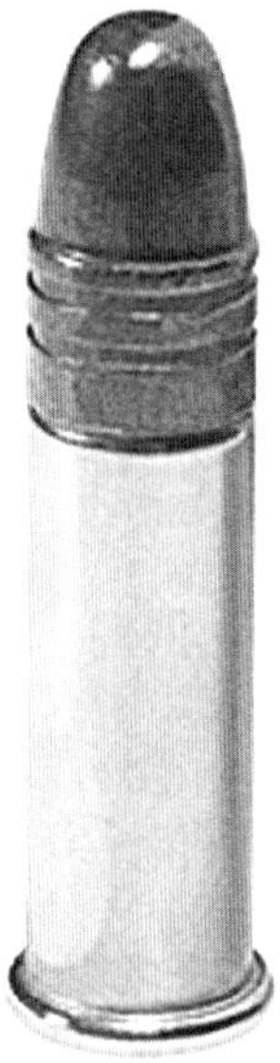

Lauflänge	650 mm	150 mm
v_0	330 m/s	285 m/s
v_{50}	295 m/s	262 m/s
E_0	142 J	106 J
E_{50}	113 J	89 J

Die geringen Abmessungen und der geringe Rückstoß dieser Patrone dürfen nicht über ihre Gefährlichkeit hinwegtäuschen – Kleinkaliber-Waffen stehen in dem Ruf, im Bereich der Geheimdienste durch die Möglichkeit des fast geräuschlosen und unauffälligen Einsatzes für Attentate eingesetzt zu werden.

Als Übungsmunition für Großkaliberschützen ist diese Patrone nur für das Scheibenschießen zu empfehlen. Im Bereich des Verteidigungsschießens fehlt dem Schützen dagegen die Aufgabe, das durch den Rückstoß und das Hochschlagen der Waffe verlorene Ziel schnell wieder anzuvisieren.

5.5.3 Verwendbarkeit zur Jagd

Besonders bei der Jagd ist die Wahl der geeigneten Munition entscheidend für den Erfolg. Dabei sind grundsätzlich die nach § 19 BJagdG in der derzeit gültigen Fassung (1. September 2020) vorgegebenen Energiegrenzen zu beachten.[201] Damit ist die klassische „**Försterpatrone**“ im Kaliber 9,3 x 72 R aufgrund ihrer Auftreffenergie E_{100} von weniger als 2.000 Joule nur für den Schuss auf Rehwild und Seehunde zugelassen. Neuere Varianten im Kaliber 9,3 x 72 R erreichen dagegen mehr als 2.000 Joule und können demnach auch nach geltendem Recht genutzt werden.

Die Vielzahl der „Gewichtsklassen“ im Tierreich auch außerhalb von Afrika und den Rocky Mountains macht eine Klassifizierung notwendig. Zwar hat der Waidmann das erforderliche Wissen im Rahmen seiner Ausbildung erlernt, doch sollte der Waffenhändler in der Lage sein, bei seiner Beratung die Eignung der neuen Büchse für die vom Kaufinteressenten „anvisierten“ Tierarten zu bewerten und somit einen Fehlkauf vermeiden helfen.

Ausgehend von den gebräuchlichsten Kalibern wird nachfolgend[202] für einige „Zielgruppen“ eine Empfehlung gegeben:

- Raubwild *(Fuchs, Marder)* / Raubzeug *(Ratte, Krähe)*
- Rehwild
- Gamswild
- Damwild
- Rotwild *(Rothirsch)*
- Schwarzwild *(Wildschwein)*
- Elch
- Großwild *(Nashorn, Büffel)*

---

[201] *Gefordert für den Schuss auf Rehwild und Seehunde: Auftreffenergie auf 100 m (E_{100}) mindestens 1.000 Joule; für den Schuss auf übriges Schalenwild: Mindestkaliber 6,5 mm (entspricht „Kaliber .256“) mit E_{100} von mindestens 2.000 Joule*

[202] *Herstellerangaben der Fa. Brenneke für Standardpatronen*

Kaliber	E_{100} in Joule	m in g	Raubwild	Rehwild	Gamswild	Damwild	Rotwild	Schwarzw.	Elch	Großwild
.243 Win.	2222	6,2	✓	✓	§	§	§	§	§	§
7 x 57 [203]	2668	11,5	✓	✓	✓	✓	✓	✓	╲	╲
7 x 64	3374	11,5	✓	✓	✓	✓	✓	✓	✓	╲
7 x 65 R	3132	11,5	✓	✓	✓	✓	✓	✓	✓	╲
7 mm Rem. Mag.	3708	11,5	✓	✪	✓	✓	✓	✓	✓	╲
.308 Win.	2548	11,7	✓	✓	✓	✓	✓	✓	✓	╲
.30 R Blaser	3505	11,7	✓	✓	✓	✓	✓	✓	✓	╲
.30-06	3335	11,7	✓	✓	✓	✓	✓	✓	✓	╲
.300 Win. Mag.	4217	11,7	✓	✪	✓	✓	✓	✓	✓	ⓘ
8 x 57 JS	3318	12,8	✓	✓	✓	✓	✓	✓	✓	╲
8 x 57 JRS	2899	12,8	✓	✓	✓	✓	✓	✓	✓	╲
8 x 64 S	3720	12,8	✓	✓	✓	✓	✓	✓	✓	╲
8 x 68 S	4228	12,8	╲	✪	✓	✓	✓	✓	✓	ⓘ
9,3 x 62	4393	19,0	╲	✓	✓	✓	✓	✓	✓	╲
9,3 x 64	4966	19,0	╲	✪	✓	✓	✓	✓	✓	✓
9,3 x 74 R	3535	19,0	╲	✓	✓	✓	✓	✓	✓	╲
.375 H&H Mag.	5113	17,5	╲	✪	✓	✓	✓	✓	✓	✓

Legende: (bei durchstrichenem Feld ist das Kaliber ungeeignet)

✓ *geeignet*

ⓘ *Einschränkungen bzgl. Gewicht*

§ *verboten*

✪ *starke Wildbretentwertung*

---

[203] *Kaliberempfehlung gilt auch für 7 x 57 R*

5.6 Munition für Kurzwaffen

Auf den folgenden Seiten werden Sie, wie schon im Kapitel „Zielballistik“ (ab Seite 343), mehrfach den Begriff „Mannstopwirkung“ finden – er sollte Sie auch immer daran erinnern, dass Schusswaffen stets eine besondere Gefahrenquelle darstellen und eine Waffe immer als geladen zu betrachten und zu behandeln ist.

Neben den nun vorgestellten Kalibern gibt es zahlreiche weitere, teilweise auch unterschiedliche Ausführungen eines Kalibers. Insbesondere die Geschosstypen und verschieden starken Ladungen machen das Ausprobieren einer neuen Munitionssorte immer wieder zu einem Experiment.

Alle hier gemachten Angaben sind Beispiele und beziehen sich auf die angegebenen Geschossarten und –gewichte sowie den verwendeten Lauf.

Zunächst eine Übersicht im direkten **Maßstabsvergleich**:

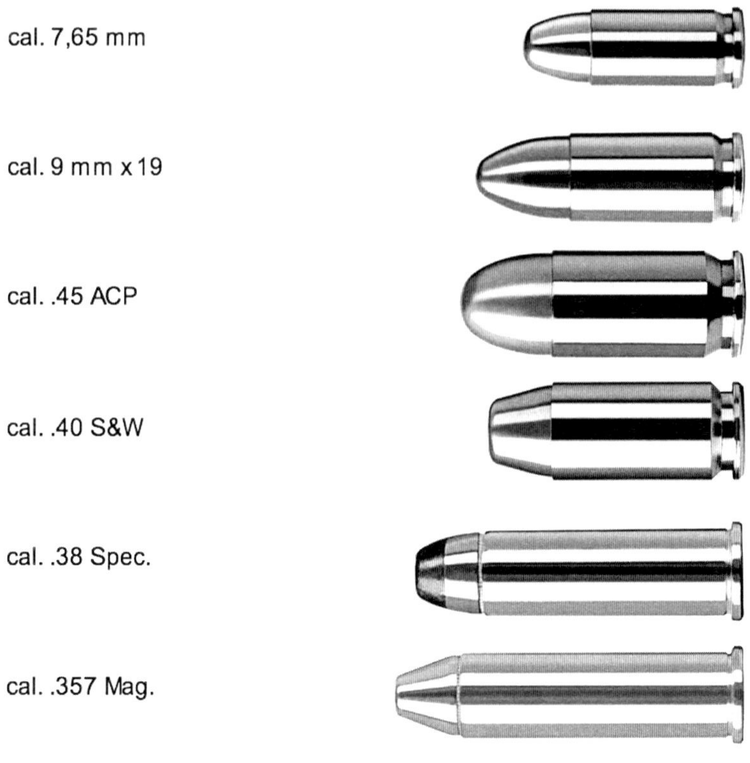

5.6.1 9 mm Luger (9 mm x 19) (auch: 9 mm Parabellum)

Das in Deutschland meistgenutzte Kaliber für Pistolen ist die „9 Millimeter". Aufgrund der unterschiedlichen Laborierungen muss die optimale Patronensorte für ein Pistolenmodell meist im Praxisbetrieb ermittelt werden.

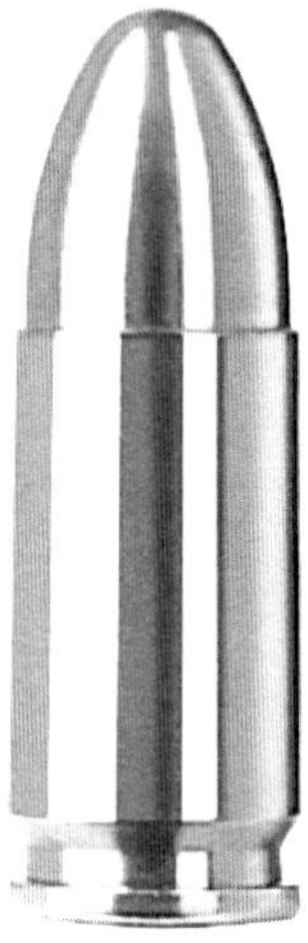

Geschossmasse / Art / Lauflänge

8,0 g / VM / 125 mm

V_0 360 m/s

V_{25} 337 m/s

E_0 518 J

E_{25} 454 J

Die tiefgestellte Zahl ist der Abstand des Geschosses zur Laufmündung, m/s steht für „Meter pro Sekunde", J steht für die Energie-Einheit „Joule":

v_0 ***Geschwindigkeit** am Laufende,* „Mündungsgeschwindigkeit"

v_{100} *Geschwindigkeit nach 100 m Flugstrecke*

E_0 ***Energie** bei Verlassen des Laufes*

E_{100} *Energie nach 100 m Flugstrecke*

Hinweis: Alle Angaben sind beispielhaft.

Diese Patrone wurde 1902 entwickelt. Namensgeber war der österreichische Erfinder Georg von Luger (1849-1923), der nach Abschluss seiner Militärzeit und einer Anstellung bei einer Bank in Wien als Handelsvertreter in die Dienste der DWM Loewe („**D**eutsche **W**affen- und **M**unitionsfabrik Loewe") in Berlin eintrat. Die von Luger weiterentwickelte „Pistole 08" mit dem berühmten „Kniegelenkverschluss" war für diese Patrone eingerichtet.

Die 9 mm Luger ist weltweit die am weitesten verbreitete Patrone für Pistolen und ältere Maschinenpistolen, insbesondere im militärischen Bereich. Der Maximaldruck in der Patrone liegt bei 2.600 bar.

5.6.2 .38 Special

Seit Anfang des 20. Jahrhunderts gebräuchliche Patrone für Revolver, die auch aus Waffen des Kalibers .357 Magnum verschossen werden kann.

Geschossmasse / Art / Lauflänge

10,2 g / VM / 150 mm

v_0 320 m/s

v_{25} 309 m/s

E_0 522 J

E_{25} 487 J

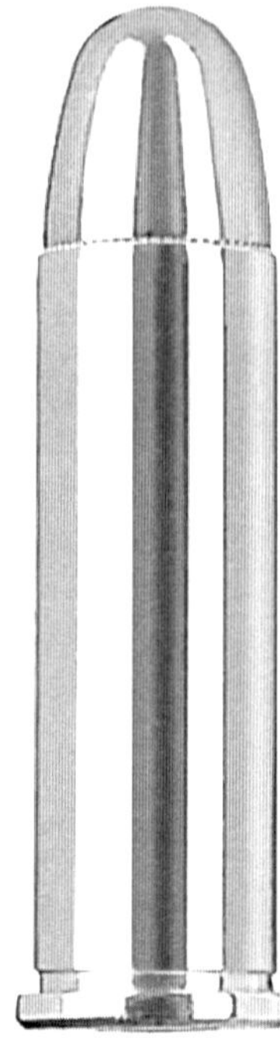

Ursprünglich für das US-Militär entwickelt, wurde diese Patrone 1902 von „Smith & Wesson" in den zivilen und polizeilichen Markt eingeführt. Die nach Aussage von Fachleuten „beliebteste Revolverpatrone der Welt" lässt sich auch aus Waffen des Kalibers .357 Magnum verschießen, erzeugt aber im Vergleich zu diesem Kaliber einen deutlich geringeren Rückstoß.

5.6.3 .357 Magnum

Weiterentwicklung der Patrone .38 Special und mit Teilmantelgeschoss (gute Mannstopwirkung) besonders im Sicherheitsbereich verbreitet.

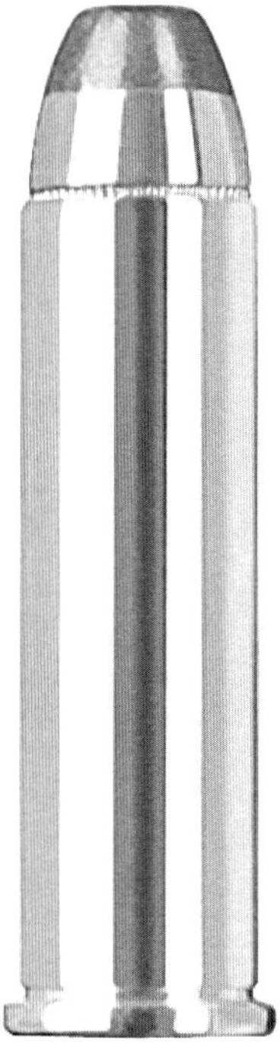

Geschossmasse / Art / Lauflänge

10,2 g / TM / 210 mm

V_0 422 m/s

V_{25} 394 m/s

E_0 908 J

E_{25} 792 J

Anders als die Patrone .38 Special gibt die Patrone .357 Magnum in ihrem Namen das genaue Maß des Geschossdurchmessers wieder. 1935 kam diese Patrone, entwickelt von Elmer Keith (1899-1984), auf den Markt und bediente den Wunsch nach mehr Energie und Durchschlagskraft, insbesondere im Bereich der Sicherheitskräfte.

Die Hülse der im Außendurchmesser mit der .38 Special identischen Patrone wurde um ca. 0,1 Zoll verlängert, um zu verhindern, dass diese starke Patrone in einem .38-Special-Revolver geladen wird – dessen Trommel kann nicht eingeschwenkt werden, da die längere .357-Magnum-Patrone nicht vollständig in der Trommel „verschwindet".

5.6.4 .44 (Remington-) Magnum

Eines der schwersten Kaliber für Kurzwaffen mit sehr hoher Mannstopwirkung (als Teilmantel).

Beachten Sie: Die Angaben für Distanzen 0 und 50 m basieren auf Daten der Fa. MagTech!

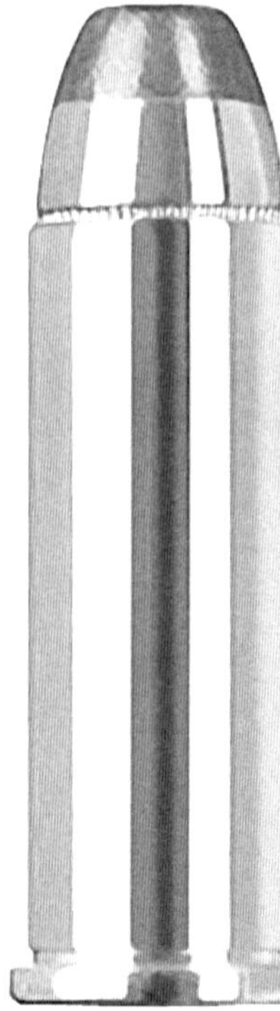

Geschossmasse / Art / Lauflänge

15,5 g / TM / 125 mm

v_0 360 m/s

v_{50} 326 m/s

E_0 1010 J

E_{50} 828 J

Diese Patrone, eine der stärksten Kurzwaffenpatronen, kam 1955 zusammen mit dem Revolvermodell „Smith & Wesson Modell 29" auf den Markt. S&W hatte die neue Patrone gemeinsam mit Remington und Elmer Keith entwickelt.

Wie die .357-Magnum-Patrone ist auch die .44-Magnum-Patrone 0,1 Zoll länger als die kalibergleiche, aber schwächere Patrone .44 Special, die seit 1907 auf dem Markt war.

5.6.5 .40 S&W

Seit Anfang der 1990er Jahre setzt sich dieses Kaliber immer mehr durch. Gefühlt eine deutlich stärkere Patrone als die 9 mm Luger, aber trotzdem noch gut beherrschbar – durch den höheren Preis konnte sie bislang der Patrone 9 mm Luger nicht den Rang ablaufen.

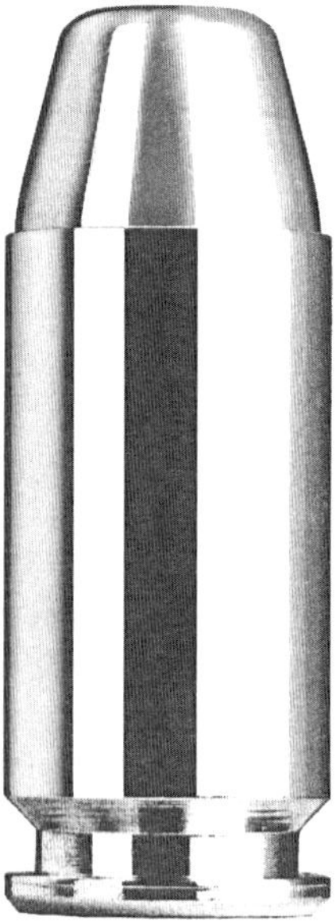

Geschossmasse / Art / Lauflänge

11,0 g / VM-Kegelstumpf / 125 mm

v_0 355 m/s

v_{25} 330 m/s

E_0 693 J

E_{25} 599 J

Die Einführung dieser Patrone fand insbesondere in Kreisen der amerikanischen Polizei große Beachtung. Die im Vergleich zur 9 mm Luger stärkere Patrone bietet eine gute „Mannstopwirkung", ohne dabei den Schützen durch einen übermäßigen Rückstoß zu belasten.

In Deutschland setzen insbesondere IPSC-Schützen gern diese Patrone ein. Aufgrund des höheren Preises nutzen viele Anwender dabei die Möglichkeit, mittels eines Wechsellaufs die günstigere Patrone 9 mm Luger im Übungsbetrieb zu verwenden, die sich bezüglich der Daten nicht wesentlich unterscheidet (siehe Daten).

5.6.6 .45 ACP

ACP steht für **A**utomatic **C**olt **P**istol. Die wohl bekannteste Waffe dieses Kalibers ist der Colt Government 1911.

Geschossmasse / Art / Lauflänge

14,9 g / VM / 125 mm

v_0 262 m/s

v_{25} 256 m/s

E_0 511 J

E_{25} 488 J

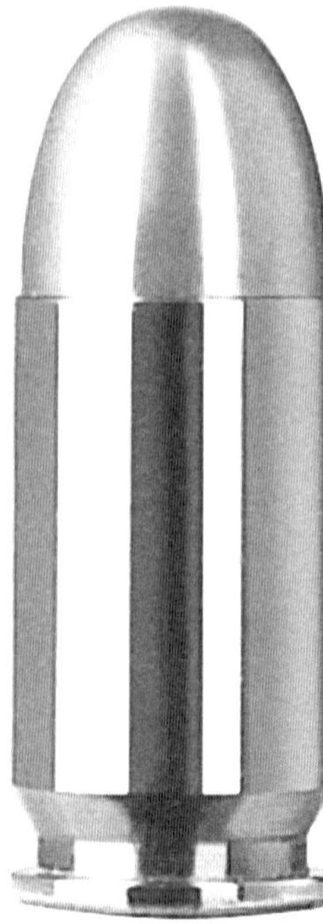

John Moses Browning (1855-1926), der Ende des 19. Jahrhunderts die Patrone .32 ACP (7,65 Browning, nicht zu verwechseln mit 7,65 Para) entwickelt hatte, stellte 1905 mit der .45 ACP eine überaus beeindrucke Patrone aus Sicht des Zieles vor – die Mündung einer Kurzwaffe in diesem Kaliber ist nachgewiesenermaßen ein überzeugendes Argument zur Aufgabe (Stichwort: Drohwirkung).

Seit 1911 setzt die US-Armee diese Patrone ein, insbesondere durch den Colt Government wurde sie in der ganzen Welt bekannt. Die große Masse des Geschosses gleicht seine geringe Geschwindigkeit (subsonic, Unterschall) aus, durch die der Einsatz eines Schalldämpfers mit einer Waffe in diesem Kaliber besonders einfach ist – schließlich kann der Schütze die gleiche Munition sowohl im Normal- wie auch im Schalldämpferbetrieb verwenden, ohne die Ladung und damit die Mündungsgeschwindigkeit der Munition anpassen zu müssen.

5.7 Kaliberangabe

Für die **Kaliberangabe von Flinten** wird aus historischen Gründen eine Art „Gewichtsverfahren“ benutzt, die sich auf ein englisches Pfund Blei (454 g) bezieht. Ähnliches findet sich bei Kaliberangaben von Kanonen („X-Pfünder“).

Die Berechnung anhand des Kalibers 12: Gießen Sie aus einem englischen Pfund Blei 12 gleich große Bleikugeln. Der Durchmesser einer dieser Kugeln ist der Durchmesser des Laufes im Kaliber 12.

Folgende Laufdurchmesser ergeben sich für die Kaliberbezeichnungen:

10 = 19,7 mm 12 = 18,5 mm 16 = 16,8 mm usw.

Je kleiner also die erste Zahl der Kaliberangabe (etwa **12**/70), desto weiter ist also die Lauföffnung. Die zweite Zahl der Kaliberangabe (12/**70**) beschreibt die **Hülsenlänge nach Abschuss** der Schrote. Die Kaliberangabe enthält keine Hinweise auf die Schrotgröße („Körnung“) oder das Gesamtgewicht der Schrotladung.

Kaliberangaben für Kugelpatronen beziehen sich auf den Durchmesser des Geschosses. Die Bezeichnung „9mm x 19“ etwa nennt erst den Durchmesser des Geschosses (9 mm) und dann die Länge der Hülse (19 mm). Im englischsprachigen Raum wird das Kaliber in Zoll (1 Zoll = 25,4 mm) angegeben. Zur Umrechnung muss lediglich die Kaliberangabe mit 25,4 multipliziert werden. So ergibt sich für eine Patrone im Kaliber .40 S&W eine Kaliberangabe von 10,16 mm (0,4 multipliziert mit 25,4).

Während **Schrotpatronen** problemlos aus längeren Patronenlagern verschossen werden können (siehe vorstehende Erklärung), darf bei **Kugelpatronen** grundsätzlich nur die Patrone in das Patronenlager eingeführt werden, deren Kaliberangaben mit denen des Lagers übereinstimmt – Ausnahmen gelten lediglich für einige Patronen mit Rand (z. B. Patrone .38 Spec. aus Revolver im Kaliber .357 Mag.). Bei nicht passender Hülsenlänge kann es bei Hülsenmundanliegern und Schulteranliegern aufgrund von Spiel und mangelnder Abdichtung zu schwersten Verletzungen des Schützen kommen.

5.8 Einteilung Kurzwaffen- und Langwaffenkaliber

Die gesetzlich begründete Zuordnung eines Munitionstyps erfolgt auf Grundlage der sogenannten **Maßtafeln**[204]. Dies ist beispielsweise bedeutsam bei der Frage, welche Munition von einem Jäger mit einem gültigen Tages- oder Jahresjagdschein erworben werden kann – Langwaffenmunition ist für diesen Personenkreis nach § 13 WaffG von der Erlaubnis zum Erwerb freigestellt, Kurzwaffenmunition dagegen nicht.[205]

Nach der Ausschlussmethode gilt, dass die Munitionstypen, die nicht in Tabelle 3 der Maßtafeln verzeichnet sind, Langwaffenmunition sind. **Neuere Entwicklungen**, die nicht in den Maßtafeln aufgeführt sind, sind analog einzuordnen, zum Beispiel unter Zugrundelegung der Patrone, aus welcher der neue Typ entwickelt wurde.

Zu beachten ist allerdings, dass die WaffVwV den Erwerb und Besitz von Munition, die für Langwaffen geeignet ist, für Inhaber eines gültigen Jagdscheines als erlaubnisfrei ansieht– damit ist die Zuordnung eines Kalibers durch die Maßtafeln in der Praxis nicht mehr maßgeblich, sondern lediglich die mögliche Verwendbarkeit mit einer Langwaffe.[206]

Tabelle 3 „Zentralfeuermunition für Kurzwaffen" (10.1.2000)

5,45 x 18	5,75 Velodog
6,35 Browning	6,35 x 19 Fiocchi
7,62 Nagant	7,62 x 25 Tokarev
7,62 x 26,5 W.C.	7,5 Ord. Suisse
7,63 Mauser	7,65 Browning
7,65 Long	7,65 Parabellum
8 mm Lebel	8 mm Gasser
8 mm Steyr	9 x 18
9 mm Browning court	9 mm Bergmann Bayard
9 mm Makarov	9 mm Browning long
9 mm Luger	9 mm Mauser

---

[204] *gemäß den Vorgaben der Beschussverordnung*

[205] *so auch VG Berlin 1 A 388.08, Urteil vom 2. Dezember 2009*

[206] *WaffVwV zu § 13 WaffG 13.5*

9 mm Federal	9 mm Steyr
9 x 21	9 x 22 MJR
9 x 25 Super Auto G	9 mm FX & CQT
10,4 Ord. It.	10 mm Auto
.221 Rem. Fireball	.22 Rem. Jet CF Mag.
.32 Short Colt	.32 Long Colt
.32 S&W Long Wad Cut.	.32 S&W
.32 H&R Mag.	.32 S&W Long N.P.
.320 Short	.320 Long
.357 Auto Mag.	.356 TSW
.38 Special A.M.U.	.357 Mag.
.357 SIG	.357 Maximum
.38/.357 FX	.38-45 ACP
.38 Long Colt	.38 Super Auto
.38 S&W Colt N.P.	.38 Short Colt
.38 Special WC	.38 Special
.40 S&W	.41 Rem. Mag.
.41 ACT EXP	.41 Long Colt
.44 S&W Russ.	.44 Rem. Mag.
.44-.357 Bain Davis	.44 S&W Special
.44 Auto Mag.	.442 Webley
.45 HP	.45 Auto.
.45 Colt	.45 Auto Rim
.45 Win. Mag.	.454 Casull
.455 Webley	.455 MK II
.450 Short	.455 Colt Eley Enfield
.50 AE	

Beachten Sie auch die zuvor in diesem Kapitel gegebenen Hinweise zu alternativen Bezeichnungen für bestimmte Munitionsarten!

5.9 Vergleichsliste Munitionsbezeichnungen

Die folgenden Informationen sind als Hilfen bei der Identifikation von Munition nutzbar; oftmals sind auf der Umverpackung lediglich die vom Hersteller bevorzugten Kaliberangaben abgedruckt. Doch auch Unterschiede bei den Angaben in der Erwerbserlaubnis und auf dem Kaufbeleg können aufgrund von abweichenden Bezeichnungen für ein und dasselbe Kaliber zu vermeidbaren Irrtümern führen.

5.9.1 Kurzwaffenkaliber

6,35 Browning

6,35 mm ACP, 6,35 mm Browning Pistole, 6,35 mm Browning Beretta, 6,35 x 15.5, DWM 508 A, .25 ACP, .25 Colt Automatic, .25 Auto, .25 ASP, .25 -, 6,35 mm Auto, .25 Auto(matic),

7,62 Nagant

7,5 mm Russisch Nagant, 7,62 mm Polnisch Nagant, 7,62 x 38 (G.R.684), 7,62 mm Griechisch N. 95, 7,62 mm Griechisch N. 1912, 7,62 mm Russisch Nagant, 8 mm Russisch Nagant, GR 684, 7,62 mm Rev. Patr. 2602 (r)

7,62 Tokarev

7,62 mm Pist.Patr.2601 (r), 7,62 mm Typ P, 7,62 Tokarev M 34/38, 7,62 mm Tokarev M 40, 7,62 x 24,6, 7,62 mm Typ 50, 7,62 mm Tokarev M.30, 7,62 mm P. (Tokarev), 7,62 mm Russ. Tokarev A.P.

7,62 x 26 S.W.C.

7,62 x 26 R Russian Targ., 7,62 x 26 R Target, 7,62 x 26 R

7,63 mm Mauser

7,63 mm Mauser Pistole, 7,63 mm Mauser M. 1896, 7,63 mm (30) Maus. Pistol, 7,63 x 24.6, GR 829, .30 Automatic (M & B), .30 Mauser Automatic, .30 (7,63) Mauser, DWM 403

7,65 mm Browning

7,65 mm ACP, 7,65 mm Browning M 1897, 7,65 mm Holland P.S. No19, 7,8 x 17.5, DWM 479 A, .32 Automatic Pistole, .32 Colt Automatic, .32 - 7,65 mm Auto, .30 Browning, GR 619, .32 Auto(matic), .32 ACP

7,65 mm long

7,65 long, 7,65 Frankreich Pistole, 7,65 mm long Auto Pistol, 7,65 x 19,7, 7,65 Frankreich long, 7,65 mm French long, 7,65 L pour Pistolet

7,65 Parabellum

7,65 Luger, DWM 471, .30 Luger, 7,65 Para

8 mm Steyr

8 Roth-Steyr, 8 mm Roth M7 Steyr, 8 mm Steyr M 7, 8 mm M7 Schf.R.P., 8 mm Roth Steyr Mod. 1907, 8,2 x 20,7 mm autom.Pist., GR 592, GR 696, 8,2 x 18,8 Roth

9 mm Bergmann-Bayard

9 mm Bayard, 9 mm Bergmann 1910/21, 9 mm Largo, DWM 456 B, 9 mm Campo Giro, 9 mm Largo, 9 mm dänische Pistolenp., 9 mm Star Auto-Pistol, DWM 456 C, 9 mm Astra M. 1921

9 mm Browning court

9 mm Browning kurz, 9 mm Pist. Patrone 400(h), 9 mm M.34, 9 mm kurz, DWM 540, .380 ACP, .380 Auto Webley, .38 Colt Auto.-Hammerless, .380 (9 mm) Auto, .380 C.A.P.H.

9 mm Browning long

DWM 538, 9 mm lang, 9 mm Long Remington, 9 mm Armee – Browning, 9 mm schwedisch m/07, 9 mm lang Browning, 9 mm Selbstlade-Pistole

9 mm Federal

9 x 19 R

9 mm Luger

9 mm Parabellum, 9 mm M 38, 9 mm Nato (Parabellum), 9 mm sk ptr m/39 B, 9 mm schwedisch m/34, 9 x 19, DWM 480 C-D-487 C, 9 mm Pistolenpatrone 08, 9 mm Beretta (1915), 9 mm lang

9 mm Mauser

9 mm Mauser Export, 9 mm Mauser Export Modell, 9 mm Mauser Selbstladedep., DWM 487

9 mm Steyr

9 mm Mannlicher, 9 mm Steyr-Hahn, 9 mm Steyr Selbstladep., 9 x 23, GR 892, 9 M 12, 9 mm Steyr M. 1911, 9 mm Steyr Modell 12, DWM 577

9 x 18

9 mm Police, 9 x 18 Ultra, 9 mm Ultra, 9 mm Super

9 x 21

9 mm IMI, 9 mm IMI/Jaeger, 9 x 21 mm IMI, 9 mm x 21

.22 Rem Jet CF Mag.

.22 Center Fire Magnum, .22 Rem. Jet, .22 Jet, .22 Rem. Centerfire Mag.

.221 Rem. Fireball

.221 Fireball, .221 Remington

.32 H & R Mag.

.32 Magnum, 8 x 27 HR

.32 Long Colt

.32 Colt, .32 L.C.F, .32 L.C, Revolver Kal. .32 lg., .32 Long Centerfire, .32 Long, .32 Long Colt (Outs.Lubr.)

.32 S & W Long N.P.

.32 Colt Police Positive, .32 S & WL, .32.Long, S. & W., .32 Police,

.32 Colt New Police, .32 S & W Long (C.N.P.), .32, S & W Long, Revolver S. & W. Cal. .32 lang, .32 Colt N.P.

.32 S & W

.32 S&W Revolver, .32-6-85 Smith & Wesson, 8,15 x 15,30 S&W, S.&W. Cal. .32 kurz, DWM 202, GR 930, GR 971, .32 S&W Short, 7,9 x 15,0 - S&W .32, 8,15 x 15,8 S&W, .32 S.& W. SA, DWM 260

.32 Short Colt

.32 Short C.F., .32 S.C.F., .32 Webley, .32.short

.320 Long

.320 Long C.F., .320 Rook, 7 x 19 - .320 Lang, 8 x 19.5 mm English Kal. .320, GR 101, .320 Long Revolver, .320-8-80 Long, 7,55 x 20 - .320 lang, DWM 219, DWM 219 A

.320 Short

.320 C.F., .320-6-80 REVOLVER, 7 x 16 - .320 kurz, 8 x 16.5 mm – English, GR 97, .320 REVOLVER, .320 (7 mm) REVOLVER, 7,5 x 16 - .320 kurz, DWM 194, DWM 233

.357 Auto Mag.

.357 A.M.P., .357 Auto Mag. Pistole, .357 Mag. US, .357 S.& W. Magnum, .357 S & W, Super .38 SPL, .356 Magnum

.357 Maximum

.357 Rem. Max., .357 Super Maximum, .357 Super Magnum, 9 x 40,5 R

.38 Long Colt

.38 L.C.F, .38 Long Colt D.A., .38 Long Colt Double Act., .38 Colt Army

.38 Special W.C.

.38 Wadcutter, 38 Special

.38 Special A.M.U.

.38 Spl. AMU, 38 Special Semi-rim

.38 Special

.38 Special (38-44), .38 SPL, 9 x 29.5 mm Revolver, GR 682, GR 974, .38 S.&W. Special, .38-44 Special, .38-44 S.W. Special, GR 933, S.&W. Cal. .38 Special

.38 Super Auto

.38 ACP (Super), .38 Automatik Super-X, .38 Automatic Super Speed, .38 Colt Super Automatic

.380 Long

.380 Long. C.F., .380 Rook Rifle, .380 Long (Rifle), .380 Long Rifle (L.Colt)

.41 ACT EXP

.41 Express, 10.4 x 22 mm

.41 Long Colt

.41 L.D.A., .41 long D.A

.41 Rem.Mag.

.41 Magnum, .41 S & W Magnum, .41 Remington

.44 Auto Mag.

.44 AMP, .44 Auto Mag. Pistole

.44 Rem.Mag.

.44 S.&W. Magnum, .44 Magnum

.44 S&W Russian

.44 No.3 Russian, .44 R.-23-225, S.&W. Cal. .44 russisch, GR 960

.44 S & W R, 19,9 x 23,7 -S.&W. .44, DWM 242

.442 Webley

.44 Webley, .442 Revolver C.F., Revolver Cal. .442, 10,9 x 17,5 - R.N. .442 k, GR 909, .442 British Tranter, .442 Tranter Revolver, 10,5 x 17 - .442 kurz, DWM 221

.45 Auto Rim

.45 A.R., .45 Automatic Rim

.45 Auto

.45 Auto A.C.P., .450 Automatic, .45 Ball M 1911, .45 A.C. Government Model, .45 Auto. Colt M. 11, US-Caliber .45,

.45 A.C.P., .45 Colt Automatic, .45 M 1911, DWM 513 A

.45 Colt

.45 Colt Long, „.45 Colt, Army & Double A.“, .45 Colt USA, .45 Long Colt

.450 Short

.450 C.F., .450 English Revolver, .450 short Revolver, Cal. .450 - 12 mm, DWM 192, .450 Colt, 11 x 18 - .450 kurz, .450 (12 mm) Revolver C.F., .450 - 13 - 200 Revolver, GR 78

.455 Colt Eley Enfield

.455 Colt, .455 Enfield MK II, .455 Revolver MK I, 11,7 x 22.0 - R.N. .455, .455 Eley, .455 MK II, .455 Revolver MK II

.455 Webley MK II

.455 Webley Rev. MK. I

.22 Claybirding

.22 L.R. Shot Claybirding, .22 Skeet-Ball

.22 long rifle

.22 lfb, .22 l.r., .22 lfB, .22 L.R.

.22 short

.22 Court, .22 kurz

5.9.2 Langwaffenkaliber

5,6 x 39

5,6 mm Russisch, 5,6 mm Vostock, 5,6 mm Sportivnyj, 5,6 x 39 Russian, .220 Russian

5,6 x 61 SE v.H.

5,6 mm SE v.H., 5,6 x 61 mm vom Hofe Super, Express, DWM 431 P

6 mm Rem.

6 x 57, .244 Rem.

6,5 x 52 Carcano

6,5 mm Italien, 6,5 x 52 mm Mannl. Carcano (M1891), 6,5 x 52,5 M.C. M 1910, 6,5 Mle 91, DWM 473, 6,5 mm ital. Ordonanz, 6,5 mm Paravicino Carc., 6,5 Termi, 6,5 Stato

6,5 x 54 M.Sch.

6,5 mm Griechisch-Mannl., 6,5 x 53 M.-Sch., .256 Mannlicher Schönauer, DWM 477 Mannlicher Schönauer 6,5 mm, 6,5 Mannlicher Schönauer, 6,7 x 54 M.S., GRG 32

6,5 x 55 S.E.

6,5 mm Norwegen Krag, 6,5 mm Norwegen M 1910, 6,5 mm Luxemburg, 6,5 mm Krag-Jörgensen, .256 Krag-Jörgensen, 6,5 Swedish, 6,5 Norwegian, GR 502, DWM 431 C

6,5 x 58 Mauser

6,5 mm Mauser Vergueiro, 6,5 mm Portug. Mauser, 6,5 x 58 Portuguese Vergueiro, DWM 457, 6,5 mm Mauser Portugal, 6,5 x 58 Mauser V.P.M 1904, GR 203? (758?)

7 x 57

7 mm Mauser, 7 x 57 M 9,3 7 x 57 DWM, 7 mm Chile Mauser, DWM 380 M 527 A, 380 L , 511, 7 mm Spanish Mauser, 7 x 57 Mauser M/06, 7 mm Mexican Mauser, .275 Rigby Mauser, .276 Mauser, .275 HV Rigby, „GR 574, 649, 664“, 7 mm Beretta, 7 mm Bresèl, .275 Rimless, .275 HV Rigby, .275 Rigby

7 x 64

7 x 64 Brenneke, 7,2 x 64, DWM 557, .276 Brenneke

7,62 x 39; 7,62 x 39 Kalashnikov

7,62 Kalashnikov, 7,62 mm M 43, sowj. Patrone 43, 7,62 mm Typ 56, 7,62 x 39/M 43/Russian, 7,62 x 39 Court Mle. 43 R, 7,62 russ. Kurz, 7,62 mm russ. Kurz, 7,62 mm M 57, 7,62 x 38, 7,62 Russian short, 7,62 mm Modell 60

7,65 x 53 Arg.

7,65 x 53 Belgien Mauser, 7,65 mm Patr.260 (b), 7,8 x 53-301, .301 Mauser, 7,65 mm Argentinien Mauser, DWM 367, GR 412

7,7 Japanese Arisaka

7,7 mm prooved Japanese, 7,7 mm Jap. T-99, .31 Jap., 7,7 x 58 Arisaka Rimless

7,92 x 33 kurz

7,92 mm Pistolen Patrone, 7,9 mm Mkb Patrone S, 7,92 MP 44

7 mm SE v.H.

7 mm vom Hofe Express, 7,6 x 66 mm vom Hofe Super,

7 x 73 Super Express v. Hofe (vor 1945)

8 x 51 (Mauser K)

8 x 51 kurz, Modell 88/8 mm kurz, DWM 366 L M 88 H, GR 681

8 x 56 M-Sch

DWM 528, 8,2 x 56 M-Sch, GR 787

8 x 57 J

M 88/8 mm, DWM 560, 8 x 57 (I) Mauser, 8 mm (7.92) Mauser, GR 392/GR 362?

8 x 57 JS

DWM 366, DWM 561, Gr 362?

8 x 60 S

8 x 60 (S), 8 x 60 S Magnum, Schweizer Nr. 282 a, DWM 542 MB, 8 x 60 S Magnum Bombe

8 x 60

DWM 542, 8 x 60 Magnum, Schweizer Nr. 282, DWM 542 MB

8 x 64 S

DWM 558, 8,2 x 64 Brenneke

8 x 64

8 x 64 Brenneke

8 x 68 S

8 x 68 (S) Magnum

9 x 56 Mannlicher-Schoenauer

Roth Nr. 700, .355-9x56 MS, DWM 491 (E), DWM 491 E

9 x 57

DWM 491-A, 57/9 mm, M/88/9 mm, 9,2 x 57 Mauser

9,3 x 53 (Schweiz)

Patr. Nr. 160, 9,3 Rubin Schmitt, 9,3 x 53 - Mod. 25

9,3 x 57

9,2 mm Mauser, 9,3/8 x 57 Mauser, 9,2 x 57 Mauser

9,3 x 62

9,3 / 474 C, 9,3 Mauser 366

9,3 x 64 Brenneke

9,3 x 64

10,75 x 68

10,75 x 68 Mauser, 10,75 (10,5) mm Mauser, DWM 575 A, Kynoch 10,75 mm M, 10,75 mm Mauser, .423 Mauser, M 68/10,75 mm

11,2 x 60

11,2 x 60 Schueler, 11,15 x 59,8 Schueler, 11,15 x 59,8 Roth, GR 728, DWM 41.A

11,2 x 72 Schueler

11 x 71,5 Roth, 11,2 x 72 GR 780

12,5 x 70 Schueler

.500 Schueler, .500 Rimless Schueler, .500 Jeffery Rimmless, 12,7 x 70 Schueler, .500 Schueler Jumbo

.17 Rem.

4,53 x 45,5, .17 USA, .17 AMA, .17 T 216

.22-250 Rem.

5,6 x 48,5, .22 Varminter, .220 WOS

.220 Swift

5,6 x 56 HV

.222 Rem.Mag.

5,6 x 47, .22 Experimental

.222 Rem.

5,56 x 43, 5,6 x 43

.223 Rem.

5,6 x 45, .223 Rem.Special, .223 Armalite, .222 Rem. Special, 5,56 x 45, 5,56 Mle F, 5,6 mm Nato M 193, 5,5 mm Gew. Pat. 90, 5,56 mm Patrone/StG 77

.243 Win.

6 x 52, 6 mm / .308 Winch.

.244 Rem.

6 x 57, 6 mm Remington

.25 Rem.

6,5 x 52, DWM 519 A

.25-06 Rem.

.25-06 (.25 Niedner), .25 Niedner, 6,5 x 63, .25/30-06 Springfield

.250 Savage

6,5 x 48,5, .250-Hi Power, .250-3000, .250-3000 Savage

.30 Carbine

.30 Carbine M1, .30 M1 Carbine, 7,62 x 33, 7,62 Schrot, 7,62 K

.30 Rem.

7,62 x 52

.30-06 Springfield

.30-06 USA Springfield, 30 Springfield, .30-200-06, .30 Browning,

7,62 mm long, .30/06 Springfield, 7,62 x 63, 7,62 largo, DWM 379 E, GR 984

.300 Savage

7,67 x 48, .30 Light Rifle, 7,62 x 47,5

.308 Win.

7,62 mm Nato, 7,62 Nato, 7,62 mm-S-Patrone/StG 58, 7,62 x 51, .30 Cal. T 65, .30 Nato, 7,62 mm Mle 54

.32 Rem.

7,65 x 52, 8 x 52 32 Rimless

.35 Remington

8,5 x 48,5, .35 Remington Auto.

.350 Mag.Rigby

.350 Rimless Magnum, 8,5 x 69,5, 9 x 70, .350 Rigby, .350 Rigby Magnum

.358 Win.

9 x 51, 8,8 x 51, 8,8 Win.

.404 Riml. N.E.

10,75 x 7,3, .404 Jeffery, .404 Riml. N.E. 27/8", .404 x 73, DWM 555, .404 Magn., .404 Eley, .404 Riml. Nitro Express, .404 Jeffery Nitro Express, .404 Jeffery Rimless

.416 Rigby

10,5 x 74

.505 Mag. Gibbs

.505 Rimless Magnum Gibbs, .505 Gibbs Magnum

5,6 x 35 R

Vierling 5,6 mm, DWM 539

5,6 x 50 R Mag.

5,6 mm Magnum DWM

5,6 x 61 R SE v.H.

5,6 x 61 R vom Hofe Super Express, DWM 431 M

6,5 x 27 R

6,5 mm Einzelladerbüchse, P 27/6,5 mm, DWM 463 A, 6,5 x 27 P,

DWM 476, GR 746

6,5 x 51 R (Arisaka)

6,5 x 51 (Arisaka), 6,5 x 50 Arisaka, 6,5 Japanese, 6,5 x 50 Japanese Arisaka, .256 Jap. Arisaka, .256 Ball, DWM 481

6,5 x 53 R .

.256 Mannlicher Rim., 6,5 x 53 Dutch Mannlicher, 6,5 x 53 R Mannlicher M 1895, .256 Mannlicher, GR 393, 394, DWM 394, 395 C

6,5 x 58 R Krag. Jörgensen

6,5 x 58,5 R, 6,6 x 58,5 R, „SS 58 1/2/6,6“, 6,5 x 58 R Sauer, 6,6 x 58,5 R Sauer, DWM 463, 6,6 x 58 1/2 R S & S, 6,6 x 58,5 R S & S

7 x 65 R

7,2 x 65 R Brenneke, DWM 557 A

7 x 72 R

DWM 573

7 x 75 R SE. v. H.

7 x 75 R vom Hofe Super Express, 7 mm SE. vom Hofe, 7 x 75 R vom Hofe Rimmed

7,62 x 53 R

7,62 x 54 R Mosin-Nagant, Patrone S 262 (r), 7,62 x 54 R Russian, DWM 378, GR 683, 7,62 mm Russisch lang, 7,62 Moisin Nagant M 91

8 mm Lebel (M/93) (Mle 86)

8 x 50 R Lebel, 8 mm French M 86, Patrone S 304 (f), 8 mm Mle 1886 M, 8 x 51 R, DWM 472

8 x 48 R

DWM 462 A, 8 x 48 R Sauer, SS 48/8 mm

8 x 50 R

8 mm Bulgarian Mannlicher, 8 x 50 R Austrian Mannlicher M 93, DWM 358 C, GR 460/474?, 8 mm Steyr, 8 mm Grec., 8 mm Hongrois

8 x 56 R M 30

8 mm M 30, Austrian 8 mm M 31, Hungarian Mle 35, 8 mm Ungarn Modell 31, 8 mm Hungarian Mannlicher, 8,2 x 56 P, 8 mm Österreich Modell 30 S, DWM 587-588-589

8 x 57 JR Mle 88 A

DWM 366 B

8 x 57 JR Mle 88 B

DWM 366 D 1

8 x 57 JRS

7,92 mm Holland, 7,92 x 57 R, 7,9 x 57 R Nederland (Mitrailleur) ,7,92 mm Holland Rand, 8 x 57 IRS

8 x 58 R

8 mm Krag M 1908, 8 mm Krag Dänemark, 8 mm Krag-Jörgensen, 8 mm Norwegian Remington, 8 mm Swedish Remington, DWM 385

8 x 58 R

8 x 58 R Sauer & Sohn, DWM 462, DWM 562

8 x 65 RS

8 x 65 RS Brenneke, DWM 558 A

8 x 65 R

8 x 65 R Brenneke

8 x 72 R

8 x 72 R Brenneke, 8,1 x 72 R, DWM 574, GR 755, .360 x 72,

8 x 72 R/360, 8 x 72 R Sauer & Sohn, 8 x 72 R S & S, 8 x 72 R Sauer

8,15 x 46 R

8,15 x 46,5 Normal, 8,2 x 46 R Normal, 8,2 x 46 R Österreich?, DWM 455, GR 553, 8,15 x 46 mm, 8,15 x 46 R Normal, Hirtenberg 581 H

8,15 x 52 R

8,15 mm Frohn lang

9 x 57 R

9 x 57 R Mauser (M88/9R), DWM 491 B

9,3 x 53 R (Schweiz)

9,3 mm R Schweiz M 26, 9,3 x 53 R Swiss M 26

9,3 x 65 R

9,3 x 65 R Brenneke, 9,3 x 65 R Collath (nicht identisch mit 9,3 x 65 R), 9,3 x 65 R.Teschner-Collath, DWM 72 D, DWB 294 B, DWM 504

9,3 x 72 R

9,3/72 Normal, 9,3 x 72 R Sauer & Sohn, GR 635, DWM 77 D

10,3 x 60 R

10,3 x 60 R Schweiz M 30 10,3 x 60 R Schw., Schweiz 3 Patronentypen No.102, 170 und 270 (Modell 30) nicht austauschbar, 10,3 mm M 30, Schweiz 10,3 x 60 R Swiss

11,15 x 60 R

11,15 x 60 R Mauser Mle 1871, .43 Mauser, Roth-Nr. 56, M 60 x 11,15, .433 Mauser, 11,15 mm Mauser, DWM 41

11,15 x 65 R Express

11,15 x 65 R Lancaster, LK 65/11,15

.22 Hornet

.22 W.C.F. Hornet, .22 W.R.A. Hornet, 5,6 x 35 Hornet Vierling rasant, .22 Winchester Hornet, .22 x 36 HO, DWM 578

.22 Savage

.22 High Power, 5,6 x 52 R, .22 Savage HP

.225 Win.

5,6 x 49 R

.25-20 Win.

.25-20 W.C.F., .25/32-20 W.C.F., 6,5 x 33 R

.256 Win. Mag.

.256 Winchester

.297/230 Morris long

GR 400, .297/230-5-38 Morris, 5,6 x 20 mm Revolver, 5,7 mm Long Morris, .297/20 Long, 5,6 x 20 Morris, 5,6 x 21,0-R.N., .297/230 1a, .297/230 Morris lg

.297/230 Morris sh

.297/230 Short, 5,6 x 14,7-R.N., .297/230 ku, .297/230-3-38 Morris ,5,7 mm Short Morris, .297/230 Morris Short

.30-30 Win.

.30 W.C.F., 7,62 x 51 R, 7,62 x 52 R, 7,62 x 51 R M 94, .30-30,

DWM 543, .30-30 - 165

.30-40 Krag

7,62 x 59 R, 30 Krag-Jörgensen, .30 US Gov't, .30 US-Army, DWM 379

.300/295 Rook Rifle

.300 Long C.F., .300 Long Revolver, .300-10-80, 7,5 x 30.30 Revolver, .300 C.F. Long, .300 Rook, 295-10-80, 7,55 x 29,25 - R.N. .300 1a

.303 British

.303 Lee Enfield M1892, .303 Lee Metford, 7,9 x 56 R, .303 Vickers,

.303 Bren, 7,7 mm Breda, 7,7 mm Patrone S 272, 7,7 x 56 R, DWM 453, 7,7 mm Japan Typ 92, 7,7 x 56 mm Enfield, .303 MK II, 7,62 x 56 R

.303 Savage

.301 british, 7,62 x 51 R, .301 Savage England

.32 Win.Spec.

.32 Spl., 7,65 x 52 R

.32-20 Win.

.32 Winchester C.F., 32 C.L.M.R., .32 Winchester, .32-20 Marlin,

8 x 33 Winchester, .32 Marlin, .32 W.C.F., .32-20 Hi-Power, .32-20 W.C.F., 32-20-100 Marlin Safety, .32 W.C.F.

.32-40 Win.

.32-40 Ballard, 7,65 x 54 R, .32.40-165, 8 x 52 R, .32-40 Marlin

.33 Win.

8 x 53,5 R, .33 W.C.F.

.348 Win.

8,5 x 58 R, .34 Winchester, .34 W.C.F., .348 W.C.F.

.35 Win. SL (Self Loading)

8,5 x 29, 9 x 29

.35 Win.

8,5 x 61 R, 9 x 62 R, .35 Win. Model 1895

.351 Win. SL (Self Loading)

8,5 x 35 HR, .351 SL, 8,8 x 35, GR 785, .351 WSL, 9 x 35

.375 Super Mag.

.375 SM, 9,5 x 42 R

.38-40 Win.

.38 W.C.F., .38 Win. HV, 9,65 x 46 R

.38-55 Win.

.38-55 Ballard, .38-55 Marlin, .38-55 Marlin Et Ballard

.400 N.E.B.P. 3 Purdey

.400 N.E. Black Powder 3"P, 10,2 x 76 R, .400 Nitro For Black Powder (3"), .400 Jeffery

.401 Win. SL (Self Loading)

10 x 38, 10,3 x 38, .401 Win., .401 WSL

.405 Win.

10,5 x 65 R, .405 W.C.F, .405 Win. CFM 1895, 10 x 65,5

.44-40 Win.

.44 W.C.F, .44 C.L.M.R, .44 Winchester M. 1873, .44-40 Marlin, GR 191, .44-40-200, Mle Colt, DWM 329 (Colt), .44 L.M. Rifle, .44-40 Center Fire, DWM 149 (Winchester), 10,75 x 33,3 USA Win. Rep., 11 x 33 R

.45-70 Government

.45 US Militärgewehr, .45-70-405, .45 US Army M 73, .45 Springfield, .45-70-500, .45-70-405 Winchester et Marlin, 11,4 x 53,5 R, .45 Trap Door

.450 N.E. 3" 1/4

11,6 x 82,4, Roth-Nr. 77 82,5/11,5 mm

.470 N.E.

11,9 x 82 R, .470 Nato Bochness Rigby, 12 x 82,5 R

.475 No 2 N.E. 3" 1/2

.475 Nitro Express No. 2, 12 x 89 R

.500 N.E. 3"

12,7 x 76 R, .500 Nitro 3", 76/12,9 mm, DWM 72, GR 139

.500/465 N.E.

11,4 x 82 R, .500/450

.577 N.E. 3"

12,7 x 76 R

.577 Sld. Snider

.577 Solid Snider, .577 Snider, .57 Snider, .577 Solid Snider 2", 14,5 x 51 R, .577 MK I DWM 298

.577/450 Sld. Mart. H.

11,4 x 59 R, 11,43 x 60 R (61 R), M. 1871, DWM 167, GR 259

.600 N.E.

15,2 x 76 R, .600 N.E. 3 ", 15,5 x 76 R

6 Ballistik

6.1 Grundlagen

Der Begriff „**Ballistik**“ leitet sich vom griechischen Wort für „werfen“ ab und steht für die ***Lehre von den geworfenen Körpern***.

Somit lassen sich alle physikalischen Gesetze, die wir im Schulunterricht lernen mussten, auch auf die Ballistik der Schusswaffen anwenden. Denn auch hier erhalten Körper Bewegungsenergie, sind während des Fluges dem Luftwiderstand ausgesetzt und unterliegen der Erdanziehungskraft.

Ein Beispiel: Wenn Sie einen Minigolfball in die Luft werfen, und zwar möglichst senkrecht nach oben, wird er nach kurzer Zeit wieder herunterfallen. Je nachdem, wie stark Sie den Ball nach oben geworfen haben, verlässt er ihre Hand mit einer gewissen Geschwindigkeit (**Mündungsgeschwindigkeit** v_0, gesprochen: „V-Null“) und steigt bis zu einer maximalen Höhe, von wo aus er wieder herabfällt. Der Abstand zwischen dem Abwurfpunkt und dem höchsten Punkt des senkrechten Aufstiegs wird als **maximale Steighöhe** bezeichnet.

Wenn Sie den Ball jetzt nicht senkrecht nach oben werfen, sondern damit eine Dose umwerfen wollen, die in einigen Metern Entfernung steht, ändern Sie die Richtung des Wurfes. Wieder verlässt der Minigolfball Ihre Hand mit einer v_0 und er wird nicht auf einer Geraden sein Ziel erreichen, sondern Sie werden die Dose aus Erfahrung etwas höher anvisieren.

Der Grund: Sie wissen, dass auf den Minigolfball (den Luftwiderstand können wir hier vernachlässigen) immer die Schwerkraft der Erde einwirkt und dadurch von der theoretisch geraden Flugbahn abgelenkt wird.

Gleiches gilt in anderem Maßstab auch für ein Geschoss, das den Lauf der Waffe mit einer bestimmten v_0 verlassen hat und nun der natürlichen Schwerkraft ausgesetzt ist. Je länger die Flugbahn des Geschosses ist, desto deutlicher ist der Höhenverlust. Darum müssen Sie bei einem Schuss auf ein Ziel auch immer die ungefähre Entfernung ermitteln, um Ihre Visiereinrichtung entsprechend zu justieren.

Die Ballistik gliedert sich in die Bereiche Innenballistik, Abgangsballistik, Außenballistik und Zielballistik.

Gegenstand der **Innenballistik** sind die **Vorgänge im Lauf** einer Waffe nach Betätigung des Abzugs, zum Beispiel der Gasdruckverlauf.

Die **Abgangsballistik** oder **Mündungsballistik** befasst sich mit den **Vorgängen im Bereich der Laufmündung** – ein interessantes Gebiet, das im Rahmen der grundlegenden Ausbildung allerdings meist nicht behandelt wird und darum auch hier übergangen wird.

Die **Außenballistik** beschreibt die Vorgänge **während des Fluges** am Projektil.

Die **Zielballistik** beschreibt die **Wirkung des Geschosses im Ziel** sowie die Vorgänge am Projektil selbst.

Für Ihre Sachkundeprüfung müssen Sie Grundkenntnisse der Innen- und Außenballistik nachweisen, ebenso der Zielballistik – Stichwort Trefferwirkung. **Insbesondere die Gefahrenbereiche der gängigsten Waffen- und Munitionstypen müssen Sie sich einprägen!**

Bei den nun folgenden Beschreibungen sollen Sie verstehen, welche grundsätzlichen Vorgänge ablaufen werden, wenn Sie die Waffe auf ein Ziel richten und den Abzug Ihrer Waffe betätigen. Dieses Verstehen dient auch Ihrer Sicherheit – schließlich kann man mit einer Maschine sicherer umgehen, wenn man ihre Arbeitsweise kennt. Und letztendlich ist auch eine Schusswaffe nur eine Maschine.

6.2 Innenballistik

Das Geschoss, das Sie aus Ihrer Waffe verschießen wollen, muss dem Kaliber der Waffe entsprechen. So simpel dies klingt, so grundlegend ist diese Aussage. Denn alle Vorgänge rund um die Abgabe des scharfen Schusses beruhen auf dem exakten Zusammenwirken verschiedener, sehr genau gearbeiteter Bauteile.

Das Geschoss ist heute meist Teil der Patrone und steckt fest in der Hülse. Die Kraft, die man benötigt, um das Geschoss aus der Hülse zu ziehen, ist je nach Patronensorte verschieden, aber sollte pro Sorte immer annähernd gleich sein. Sie wird **Ausziehkraft** genannt.

Wenn das Pulver in der Hülse gezündet wird, baut sich in der Hülse ein enormer Gasdruck auf. Das aus dem Pulver entstandene Gas will sich auszudehnen und wählt, wie immer in der Natur, den einfachsten Weg – es breitet sich dorthin aus, wo das einengende Material nachgibt. Und das ist in diesem Fall der Boden des Geschosses. Von dem sich ausdehnenden Gas angetrieben, wird das Geschoss aus der Hülse in den **Lauf** gedrückt.

Vier Bedingungen sind also Voraussetzung für die Abgabe eines Schusses:

1. Der **Lauf**, der aus einem **ausreichend festen Material** besteht.

2. Der **Verschluss**, der dem Druck im Patronenlager widersteht.

3. Das **Geschoss** – ein Körper, der groß genug ist, um den Lauf nach vorn abzudichten, aber gleichzeitig klein genug, um noch durch den Lauf getrieben werden zu können.

4. Der **Gasdruck** – erzeugt durch Umsetzung der Treibladung.

Die Punkte 1 bis 3 sind unabdingbar für die Funktionsfähigkeit einer Schusswaffe. Gäbe das Material von Lauf oder Verschluss nach, wäre eine Waffensprengung mit erheblichen Verletzungen für die Umstehenden die Folge. Wäre das Geschoss zu klein oder auch zu weich, könnte der Druck ungehindert und nutzlos nach vorn durch den Lauf entweichen.

Der **Gasdruck** im Lauf ist **nicht konstant**. Zwei Faktoren beeinflussen ihn – zum einen der **zeitliche Verlauf**, da das Pulver erst allmählich umgesetzt wird („Umsetzung“ könnte auch als „Verbrennung“ beschrieben werden), zum anderen der sich **vergrößernde Raum**, der sich aus der Vorwärtsbewegung des Geschossbodens durch den Lauf ergibt.

Maximale Gasdrücke gängiger Kaliber für Kurz- und Langwaffen

.22 lfB.	2.050 bar	.223 Rem.	4.300 bar
9 mm x 19	2.350 bar	.308 Win.	4.150 bar
.357 Mag.	3.000 bar	8 x 57 IS	3.900 bar
.357 SIG	3.050 bar	9,3 x 72 R	2.000 bar
.38 Spec.	1.500 bar	9,3 x 64	4.400 bar
.44 Rem. Mag.	2.800 bar	8 mm Rem. Mag.	4.600 bar
.45 ACP	1.300 bar	.300 Lapua Mag.	4.700 bar
.454 Casull	3.900 bar	cal. 12/70 (Schrot)	740 bar
.40 S&W	2.250 bar	cal. 20/70 (Schrot)	830 bar

Das Ideal des geschlossenen Raumes zwischen Geschoss und Hülsenboden wird beim Revolver konstruktionsbedingt nicht erreicht. Um die Drehung der Trommel zu ermöglichen, befindet sich zwischen Lauf und Trommel der meisten Revolver ein schmaler Spalt, der „**Trommelspalt**“. Die Spaltbreite liegt bei hochwertigen, in engen Toleranzen hergestellten Waffen zwischen 0,1 und 0,25 mm. Hält man einen Revolver gegen das Licht, ist die Spalt mit bloßem Auge oft nicht zu sehen. Mit der Zeit kann sich die Spaltbreite allerdings vergrößern und damit der Druckverlust, der bei Abgabe eines Schusses auftritt. Denn hat das Geschoss die Trommel verlassen und den Trommelspalt überwunden, kann der Gasdruck den „bequemeren Weg" wählen und, statt das Geschoss anzutreiben, durch den Trommelspalt entweichen. Der Energieverlust beläuft sich auf bis zu 20 Prozent im Vergleich zu Pistolenläufen. Dieser Wert steigt mit zunehmender Spaltbreite – eine regelmäßige Überprüfung durch einen Büchsenmacher ist daher bei Waffen mit hohen Schussleistungen angeraten.

Grundsätzlich unterscheiden wir **glatte** und **nicht-glatte Läufe**, letztere unterteilen sich in **gezogene Läufe** und **Polygonläufe**. Den Unterschied zwischen den nicht-glatten Läufen zeigen die folgenden Beispiele (links gezogen, rechts polygonal) einer HK USP.

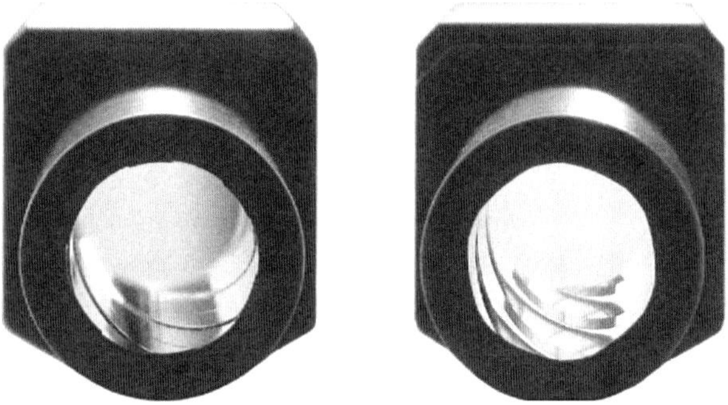

Wenn es sich um einen **gezogenen Lauf** handelt, ist die Laufinnenseite nicht glatt, sondern enthält **Felder** und **Züge** (daher der Begriff „gezogen"). Sie werden durch Hämmern, Drücken oder Ziehen (spanabhebend) hergestellt. Die Felder sind gegenüber den Zügen erhaben und so bemessen, dass das Geschoss nicht ohne weiteres durch den Lauf gleiten kann – es muss hindurchgepresst werden, weil der **Feld-Durchmesser** des Laufes geringer ist als der Querdurchmesser des Geschosses. Den Zusammenhang verdeutlicht nachstehende Grafik mit der dazugehörenden Erläuterung auf der folgenden Seite.

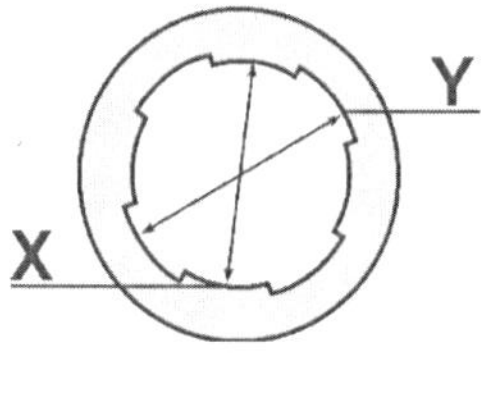

Die Grafik zeigt den Querschnitt eines gezogenen Laufes mit **vier Zügen**. Der Abstand zwischen zwei gegenüberliegenden Zügen wird **Zugdurchmesser (Y)** genannt, jener zwischen gegenüberliegenden Feldern **Felddurchmesser (X)**. Die Dimensionen der Züge und Felder sind hier nicht maßstabsgetreu wiedergegeben, um das Prinzip zu verdeutlichen. Der Unterschied liegt zwischen 0,05 und 0,25 mm.

Ein gezogener Lauf im Kal. 9 mm x 19 kann diese Daten aufweisen:

Zugdurchmesser: 9,02 mm

Felddurchmesser: 8,82 mm

Der **Geschossquerdurchmesser** liegt zwischen diesen beiden Werten, in diesem Falle sind es 9,0 mm. Um zu erfassen, was nun geschehen muss, um das Geschoss durch den eigentlich zu engen Lauf zu bringen (schließlich ist der Felddurchmesser kleiner als der Geschossquerdurchmesser), müssen wir unsere Phantasie bemühen.

Stellen Sie sich vor, Sie haben einen Klumpen Knetmasse in der Hand. Sie formen ihn zu einer Kugel, die einen Durchmesser von 50 mm hat. Wenn Sie jetzt versuchen, diese Knetkugel in ein Metallrohr mit nur 45 mm Durchmesser zu schieben, müssen Sie die Knetkugel mit dem Daumen hineindrücken, also Druck auf die Kugel ausüben, um die Kugel zu verformen.

Im Prinzip geschieht mit dem Geschoss das Gleiche. Der Gasdruck presst das Geschoss in den etwas zu engen Lauf. Der Außendurchmesser des Geschosses ist etwas größer als der Felddurchmesser des Laufes, aber diese kleine Differenz reicht aus, um das Geschoss an die Züge und Felder im Lauf anzupassen. Der Gasdruck treibt nun das Geschoss durch den Lauf, und die Felder, die sich in einer gestreckten Spiralform durch den Lauf ziehen, zwingen das Geschoss in eine Drehbewegung um seine eigene Achse, was **Drall** genannt wird. Als **Drall-Länge** wird die Strecke bezeichnet, die das Geschoss während einer vollständigen Drehung um seine Bewegungsachse zurücklegt. Dabei ist insbesondere bei Kurzwaffen die Drall-Länge deutlich größer als die Lauflänge.

Die Bewegung des Geschosses beginnt mit der Zündung der Patrone. Durch den schlagartig ansteigenden Gasdruck wird das Geschoss aus der Patronenhülse herausgetrieben und bewegt sich in den Lauf hinein, allerdings noch ohne Rotation. Erst durch den Kontakt mit den Zügen des Laufes erhält das Geschoss die für den Drall notwendige Energie.

Vor der Hülsenöffnung befindet sich der **Übergangskonus** (ÜK).

Das Geschoss ist in dieser schematischen Darstellung in den Hülsenmund eingesetzt. Die **Einsetztiefe** (ET) ist die Strecke, auf der sich das Geschoss nach Zündung der Patrone mit Kontakt zur Hülse nach vorn bewegt.

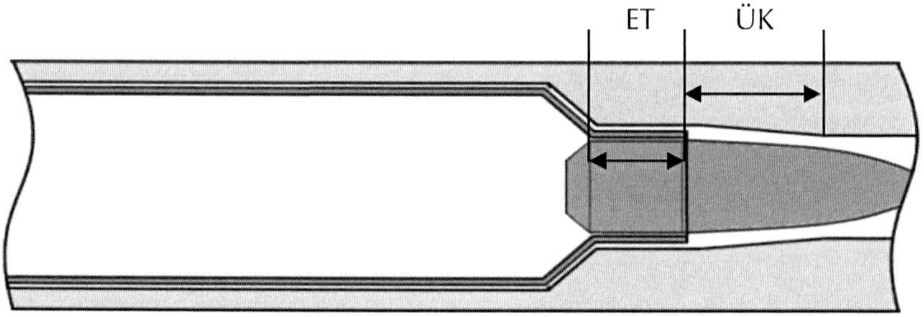

Die Strecke, die das Geschoss bis zum ersten Kontakt mit den Zügen zurücklegt, der das Geschoss zu einer Drehung um die Achse seiner Bewegungsrichtung zwingt, ist der **rotationslose Geschossweg**. Der **Freiflug** beginnt, sobald das Geschoss nicht mehr durch die Patronenhülse geführt wird. Sobald das Geschoss die Züge berührt, ist der Freiflug beendet.

Wenn das Geschoss schließlich den Lauf verlassen hat, hat es nicht nur Bewegungsenergie gespeichert, die es geradeaus fliegen lässt, sondern rotiert auch um die eigene Achse. Denken Sie nun wieder an die Ballistik – neben der eigenen Bewegungsenergie und der Eigenrotation wirkt auch die Schwerkraft auf das Geschoss.

Die **Rotation** stabilisiert die Flugbahn des Geschosses und verhindert ein Überschlagen, wenn das Geschoss ausreichend lang ist. Ohne Rotation wäre kein präziser Schuss über weite Entfernungen möglich.

Eine andere Art des nicht-glatten Laufes ist der **Polygonlauf**. Für Drall und Drall-Länge gelten die Aussagen für den gezogenen Lauf. Das Geschoss wird allerdings nicht durch Feldkanten, sondern Führungsbänder zur Drehung gezwungen, wobei weniger Gasdruck nach vorn entweicht. Dadurch steigt aber auch der Gasdruck bei einigen Kalibern im Vergleich zum konventionellen Zug-Feld-Profil, ebenso die Mündungsgeschwindigkeit.

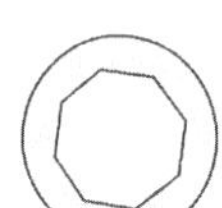

Polygonläufe sind haltbarer, ihre Sprengsicherheit ist größer und sie sind leichter zu reinigen. Geschosse, die aus einem Polygonlauf verschossen wurden, weisen keine Riefen auf (Hinweis auf Lauf mit Zügen und Feldern), sondern regelmäßige Abflachungen. **Waffenrechtlich** zählen Polygonläufe zu den **gezogenen Läufen**.

Der **glatte Lauf** ist im Prinzip nur ein Rohr, das einem Geschoss oder, im Falle einer Schrotgarbe, mehreren Geschossen zugleich eine gewisse Führung gibt. Da **keine Züge oder Felder** vorhanden sind und es sich meist um ein kreisrundes Rohr handelt, erhält ein sich im Lauf nach vorn bewegendes Geschoss keinen Drall – es wird aus dem Lauf herausgestoßen und verfügt nur über eine Bewegungsenergie in Richtung des Laufes.

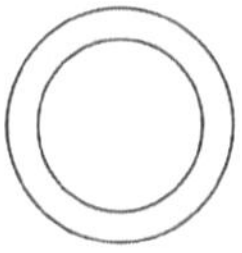

Glatte Läufe werden zum Verschießen von Schrotladungen oder Flintenlaufgeschossen verwendet. Um die Streuung der Schrotgarbe einzuschränken, können sogenannte **Chokes** (Würgebohrungen) in den Lauf eingeführt werden – sie engen den Lauf ein und verändern so das Trefferbild.

Auch das Auslösen des Schusses zählt zur Innenballistik. Hier ist der Begriff der **Kadenz** bei vollautomatischen Waffen zu nennen – er gibt die Feuergeschwindigkeit in Schuss pro Minute an.

6.3 Außenballistik

Die Außenballistik beschreibt die Vorgänge am Projektil während des freien Fluges. Die Grenze zur Innenballistik bildet dabei, vereinfacht ausgedrückt, der Moment, in dem das Geschoss den Lauf verlässt. Das Geschoss hat eine Masse m, aus der sich in Verbindung mit der Geschwindigkeit v die Energie E des Geschosses errechnen lässt. Vielleicht erinnern Sie sich an folgende Formel aus dem Physikunterricht – die **kinetische Energie** E ist das Produkt aus der halben Masse und dem Quadrat der Geschwindigkeit, mathematisch ausgedrückt:

$$E = \frac{1}{2} \cdot m \cdot v^2$$

Die Energie nimmt mit dem Quadrat der Geschwindigkeit zu. Verdoppelt sich die Geschwindigkeit, vervierfacht sich die Energie.

Während des Fluges wirkt die Erdanziehungskraft auf das Geschoss. Das Geschoss beschreibt auf seiner Flugbahn eine **ungleichförmige Kurve**, die mit zunehmender Entfernung von der Mündung immer steiler abfällt.

Auch Wind und Regen, unter Umständen auch Fluginsekten, können die Flugbahn des Geschosses beeinflussen. Wie stark sich eine Berührung auf die Flugbahn auswirkt, ist dabei abhängig von der Masse des Geschosses.

Wie die **Mündungsgeschwindigkeit** v_0 wird die **Mündungsenergie** als E_0 bezeichnet. Die nachgesetzte Zahl gibt an, in welcher Entfernung (in Metern) die Messung erfolgt (beispielsweise E_{100} für Energie nach 100 m Flug).

Als (Höchst-) **Reichweite** bezeichnet man die Distanz von der Laufmündung bis zum weitest erreichbaren Punkt, dem Auftreffpunkt bei perfektem Abschusswinkel.

Der Begriff **Rasanz** beschreibt die Krümmung der Schussbahn. Je geringer die Flugbahn gekrümmt ist, desto besser ist die Rasanz eines Geschosses.

Im Flug taumelt die Spitze des rotierenden Geschosses um dessen Schwerpunkt, genauer um die theoretische Flugbahn. Das Ausmaß dieses Taumelns beschreibt die **Präzession**.

Da die Flugbahn des Geschosses wegen der Erdanziehung niemals eine perfekte Gerade ist, muss bei einer erheblichen Änderung der Entfernung zum Ziel auch die Visierung neu eingestellt werden. Bei einem Wechsel von 25 auf 50 Meter ist das meist nicht nötig - es ist allerdings zu beachten, dass sich, bei Waffen mit einem großen Abstand zwischen Kornspitze und Laufseele, die **Visierlinie** der Waffe und die **Fluglinie** des Geschosses, die bei kurzen Distanzen und hohen Geschwindigkeiten nahezu gerade ist, zwischen Mündung und Ziel zweimal kreuzen können. Die Grafik überzeichnet den Effekt – der Kreuzungspunkt der Linien ist die ideale Entfernung zum Ziel, somit die **Einschussentfernung**; liegt das Ziel weiter entfernt, kann ein Hochschuss die Folge sein.

Ist eine Waffe auf 25 m „Fleck eingeschossen“ (Fleckschussweite), etwa bei Benutzung eines Leuchtpunktvisiers, würde bei 50 m der rote Punkt deutlich unter dem tatsächlichen Treffpunkt leuchten. Hier müsste entweder bei längerfristiger Änderung der Schussdistanz die Waffe neu eingeschossen werden oder durch Probeschüsse ein neuer Haltepunkt ermittelt werden.

6.4 Zielballistik

Wenn das Geschoss auf das Ziel trifft, wandelt sich die Bewegungsenergie in die sogenannte „**Auftreffenergie**“ um – allerdings nur rechnerisch. Auf dem Flug hat das Geschoss Bewegungsenergie verloren, und zwar durch den Luftwiderstand. Wie viel Energie an den getroffenen Körper abgegeben wird, hängt von der Deformation des Geschosses ab. Vollmantelgeschosse geben kaum Energie an den Körper ab, sie gehen oftmals unverändert und nur leicht abgebremst durch ihn hindurch, können sich aber nach einer kurzen Strecke innerhalb des Zielkörpers überschlagen. Anders Deformations- oder Ganzbleigeschosse – sie verformen sich (wofür auch ein Teil der Energie verbraucht wird) und geben durch die größere Oberfläche oder Splitter mehr Energie an den Zielkörper ab. Machen Sie doch einfach in Gedanken folgenden Versuch: Sie springen vom 3-Meter-Brett ins Schwimmbecken – mit den Händen nach vorn und „stromlinienförmig gestreckt“ tauchen sie schmerzfrei und ohne größere Fontäne ins Becken. Bei einem „Bauchklatscher“ haben Sie mehr Oberfläche, es wird sicherlich kein Vergnügen und die Fontäne wird kolossal sein.

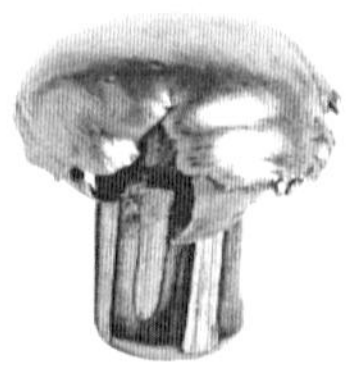

Je nach Verformung des Geschosses beim Aufprall wird ein bestimmtes Maß an Wirkung erzielt – in diesem Zusammenhang wird von der sogenannten **Aufhaltekraft** oder „**Mannstopwirkung**“ gesprochen. Nach der **Hatcher-Formel**, entwickelt von US-General Hatcher 1934, kann die Mannstopwirkung berechnet werden.

Grundsätzlich gilt: Je mehr Energie ein Geschoss hat und je mehr Energie es an das Ziel abgeben kann, desto größer ist die Aufhaltekraft. Unterschieden werden Mantelgeschosse (Vollmantel, Teilmantel) und Vollgeschosse (Solids, Ganzbleigeschosse, auch Geschosse, die vollständig aus einem Material hergestellt wurden).

Die Stufen des sogenannten „**Aufpilzens**“ im getroffenen Körper zeigt diese Bildfolge.

Deformationsstadien eines Projektils (Jagdgeschoss „RWS Evolution“)

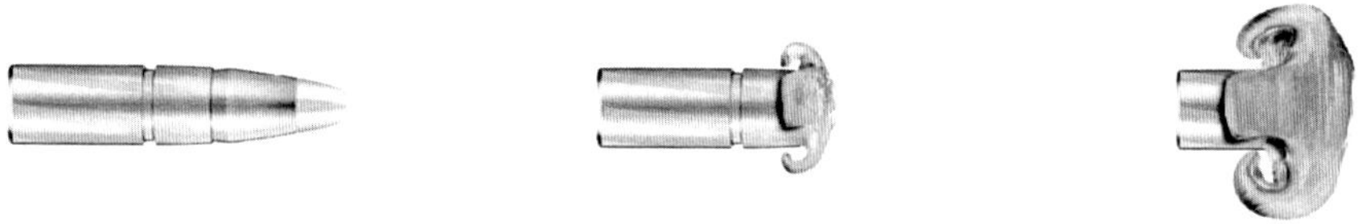

Für die Berechnung der Auftreffenergie gilt die Formel aus dem vorigen Kapitel zur Außenballistik auf Seite 341.

Hier sehen Sie in der direkten Gegenüberstellung zwei Geschosse gleichen Kalibers, die ein Ziel getroffen haben, sogenannte „**Restkörper**“, links Teilmantel, rechts Vollmantel – gleiches Kaliber, aber deutlich unterschiedliche Deformation und Energieabgabe.

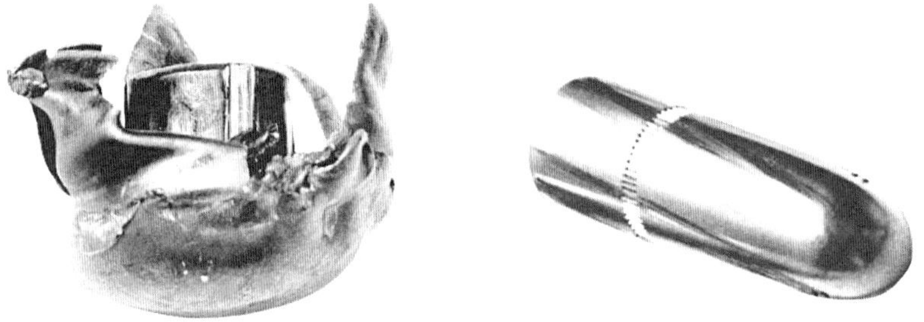

6.5 Gefahrenbereich

Geschosse in Bewegung sind gefährlich. Daraus leitet sich die Grundregel für den **Gefahrenbereich** ab, die Sie immer beherzigen sollten: Die höchste Reichweite einer Waffe oder die Flugweite eines Geschosses ist immer der Gefahrenbereich.

Die größten Schussweiten (**Maximalschussweiten**) werden bei einem Abschusswinkel um 30 Grad erzielt. In der Praxis wird man diese Distanz selten erreichen, doch um jede Gefährdung auszuschließen, müssen Sie immer von der maximal möglichen **Reichweite** ausgehen. Aus Gründen der Vereinfachung sind in der Tabelle die Maximalschussweiten auf volle 500-m-Schritte (Langwaffen: 1000-m-Schritte) aufgerundet worden!

Hinweis: Die im Fragenkatalog 2018 des BVA angegebenen Daten (Fragen 66 ff. im Kapitel II), die Gegenstand der schriftlichen Sachkundeprüfung sein können, sind in der zweiten Spalte angegeben.

Kaliber	***BVA-Katalog***	**Maximalschussweite und Gefahrenbereich**			
„Luftgewehr“ 7,5 J		175 m			
4 mm M20	300 m	500 m			
.22 kurz		1.000 m			
.32 S&W long NP	1.200 m		1.500 m		
.22 lfB/lr	1.500 m		1.500 m		
7,65 mm			1.500 m		
.38 Spec.	1.500 m		1.500 m		
9 mm Luger	2.000 m			2.000 m	
.357 Mag.				2.000 m	
.44 Rem. Mag.	2.000 m			2.000 m	
.45 ACP				2.000 m	
.223 Rem.	4.300 m				5.000 m
.308 Win.	5.000 m				5.000 m

Als Gefahrenbereich von **Schrotpatronen** gilt **in Schussrichtung** das Hundertfache des Millimeter-Durchmessers der Einzelschrotkugeln in Metern – für 4-mm-Jagdschrote beispielsweise ergibt sich ein Gefahrenbereich von 400 m.

Zu beachten ist auch die **Breitenstreuung** der Schrote:

Distanz	**Schrotgröße 2,5 mm**	**Schrotgröße 3,5 mm**
40 m	4 m	3 m
80 m	11 m	8 m
150 m	46 m	35 m

Davon zu unterscheiden ist die **Streuung**, die durch den Schützen selbst erzeugt wird – der Begriff beschreibt die **Abweichung einer Reihe von Treffern zueinander bei gleichem Haltepunkt**, was auch als **Schützenstreuung** bezeichnet wird.

Flintenlaufgeschosse, die aus glatten Läufen verschossen werden, haben durch ein anderes Verhältnis von Masse und Oberfläche eine deutlich höhere Maximalschussweite als Schrote - sie liegt bei 1.200 m. Aus gezogenen Läufen verschossen steigt dieser Wert aufgrund der Stabilisierung durch die wirksame Eigenrotation, was als Drall bezeichnet wird.

7 Seenotsignalmittel

Dieses Kapitel befasst sich mit der Technik und Hinweisen zur sicheren Handhabung von Seenotsignalmitteln. **Ausführungen zu rechtlichen Grundlagen** enthält Band 1 der Reihe „Waffenrecht: Praxiswissen“.

7.1 Technische Grundlagen

An Bord von Booten und Schiffen werden in der Regel **Signalraketen**, **Fallschirmsignalraketen**, **Handfackeln** oder **Leuchtsignale** verwendet. Dabei kommen Rauchsignale nur am Tag zum Einsatz und in der Regel erst dann, wenn Hilfe gesichtet worden ist.

Leucht- oder Rauchsignale in der **Farbe Rot** sind der Verwendung als **Notsignal** vorbehalten. Die aus sogenannten „Leuchtpistolen“ verschossenen pyrotechnischen Sätze („**Leuchtkugeln**“) im Kaliber 4, dem gängigsten Kaliber (ca. 26,5 mm), steigen auf Höhen um 100 m, die Leuchtdauer liegt bei 7 s (Sekunden). Zur Verlängerung der Schwebezeit können die Leuchtsätze mit **Fallschirmen** ausgerüstet sein, die Leuchtzeit liegt bei bis zu 20 s, die Sinkgeschwindigkeit bei 5 m/s. Je nach Ausrüstung der Patrone sind größere Steighöhen ebenso möglich wie längere Leuchtzeiten. **Signalraketen** steigen bis auf 300 m bei einer Brenndauer bis zu 30 s.

Die **Sichtweite** von Fallschirmsignalpatronen und –raketen bei Tag wird mit 4 sm (Seemeilen) angegeben, bei Nacht sind es 20 sm.

In der Patrone wird nach dem Zünden der Ausstoßladung das Zünden des Leuchtsatzes zeitlich verzögert – so kann der Leuchtkörper den Lauf der Pistole verlassen und aufsteigen, bevor der Leuchtsatz zündet.

Handfackeln zünden erst mit Verzögerung – das dient der Sicherheit des Anwenders. Sie haben eine Sichtweite von 2,5 sm am Tage und 12,5 sm bei Nacht, die Leuchtdauer liegt bei 60 s.

7.2 Lagerung der Munition

Pyrotechnische Munition hat auch bei sachgemäßer Lagerung nur eine **begrenzte Verbrauchsdauer** (in der Regel drei Jahre). Vorgeschrieben sind die Angabe des Verbrauchszeitraums auf dem Signalmittel sowie Hinweise zur Handhabung.

Die angegebene Verbrauchsdauer kann bei **unsachgemäßer Lagerung** deutlich unterschritten werden – Feuchtigkeit, Korrosion oder auch hohe Temperaturen sowie mechanische Beschädigungen können die Munition beschädigen oder unbrauchbar machen. In diesem Falle ist die Munition über eine fachkundige Stelle zu entsorgen. Gleiches gilt für überlagerte Munition.

7.3 Handhabung der Signalpistole

Die **Schussabgabe** muss über Kopfhöhe senkrecht in die Luft erfolgen. Dabei sind die Windverhältnisse ebenso zu beachten wie Personen oder brandgefährdete Objekte im Gefahrenbereich. Das Schussfeld muss dabei frei sein.

Öffnen Sie die Signalpistole mit **abwärtsgerichtetem** Lauf (1) – Lauf **auf Hindernis prüfen**. Der **Finger** liegt **nicht am Abzug**! Nach dem Einführen der Patrone (2) die Waffe schließen (3) und **über Kopfhöhe** heben (4). Schlaghebel (Hahn) mit dem Daumen der zweiten Hand spannen (5). Die Schussabgabe erfolgt über Kopf (6).

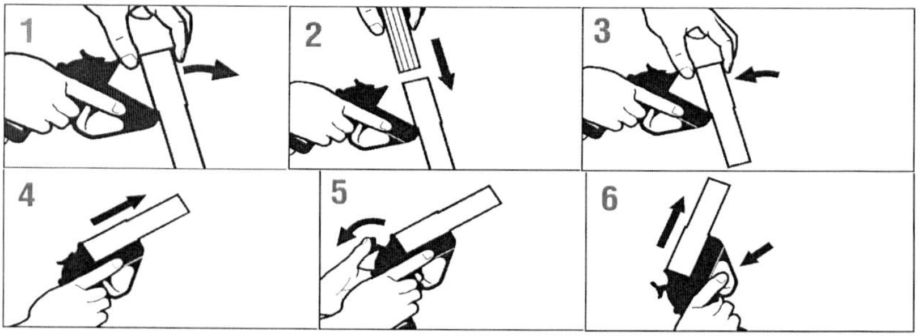

Im Falle eines wiederholten **Zündversagers** muss die Waffe in eine Richtung gehalten werden, in die ein Schuss gefahrlos möglich wäre. Die Abzugshand betätigt den Öffnungsmechanismus der Pistole, während die freie Hand den Lauf umfasst, ohne die Mündung zu verschließen. Nun wird mit der Abzugshand die Pistole geöffnet – oft sorgt ein Ejektor für den Auswurf der Patrone.

Signalpatronen im Kaliber 4 *sind, damit eine sichere Auswahl der benötigten Signalart auch bei Dunkelheit erfolgen kann, am Patronenboden mit einer* ***Rändelung*** *versehen.* ***Rote Signalpatronen*** *(links) haben eine* ***volle Rändelung*** *am Patronenboden.* ***Weiße und gelbe Signalpatronen*** *(rechts) haben eine* ***halbe Rändelung*** *(Hälfte des Patronenbodens gerändelt),* ***grüne*** *und* ***Knallpatronen (braun) <u>keine</u> Rändelung****.*

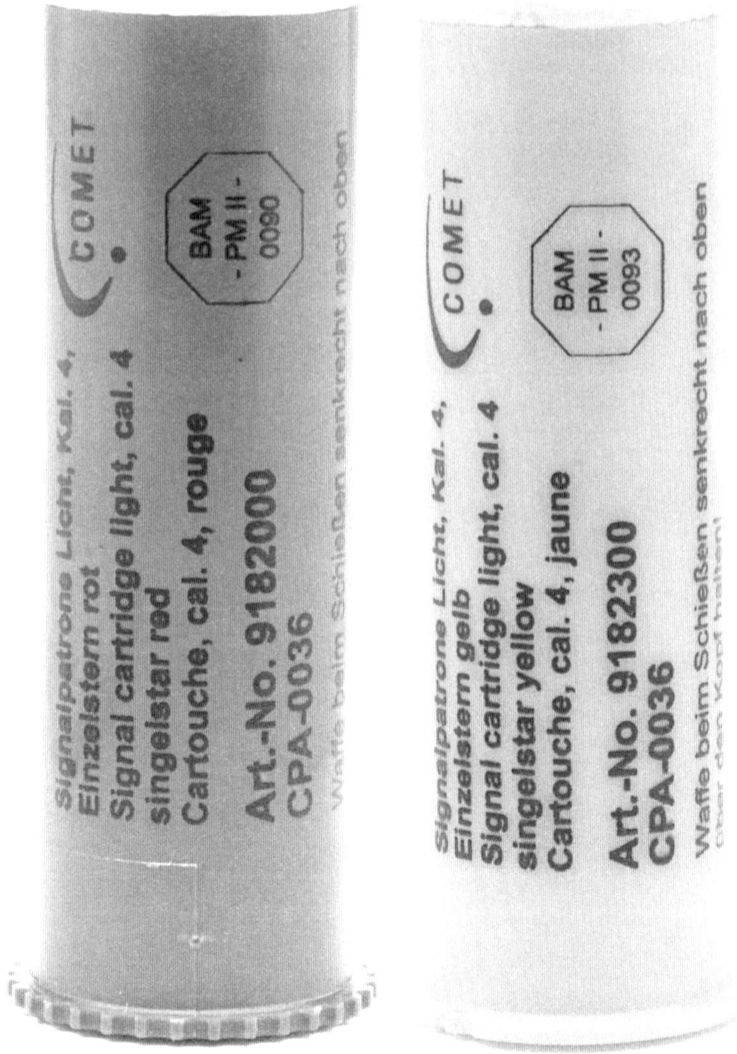

7.4 Handhabung der Fallschirmsignalrakete

Die **Schussabgabe** muss über Kopfhöhe senkrecht in die Luft erfolgen. Dabei sind die Windverhältnisse ebenso zu beachten wie Personen oder brandgefährdete Objekte im Gefahrenbereich. Das Schussfeld muss dabei frei sein.

Zunächst wird die Kappe der Fallschirmsignalrakete abgeschraubt (1). Dadurch wird der Reißzünder frei (2). Rakete mit festem Griff senkrecht über dem Kopf halten, dann Reißschnur mit einem kräftigen Ruck nach unten ziehen (3).

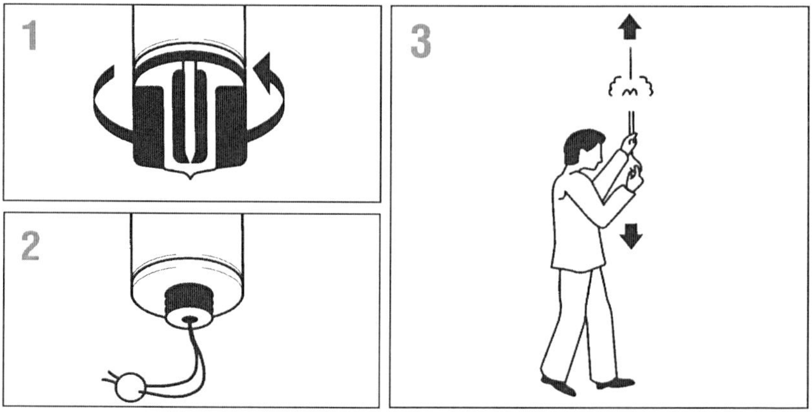

Abbildungen in diesem Kapitel mit freundlicher Unterstützung der Chemring Defence Germany GmbH, Bremerhaven (www.chemringdefence.com)

8 Sicherer Umgang mit Schusswaffen

8.1 Sicherheitsregeln

Beim Umgang mit Waffen und Munition dürfen Sie nie die Gefahren vergessen, die für Sie und andere entstehen, wenn allgemeine Regeln der Sicherheit missachtet werden. Diese allgemeinen Regeln „sind mit Blut geschrieben", beruhen also auf bereits gemachten Fehlern anderer.

Lesen Sie die nachfolgenden Hinweise aufmerksam – Sie werden bemerken, dass diese nachvollziehbaren Regeln leicht befolgt werden können.

1. Zielen Sie niemals mit einer Waffe auf einen Menschen, nur in Notwehr.

2. Gehen Sie immer davon aus, dass die Waffe geladen ist. Überzeugen Sie sich selbst vom Ladezustand, vertrauen Sie nicht auf Worte.

3. Waffen sind kein Spielzeug – sie gehören darum nicht in Kinderhände und dürfen auch nicht zum Spiel unter Erwachsenen verwendet werden.

4. Der Lauf der Waffe muss immer in eine sichere Richtung zeigen.

5. Der Finger gehört erst unmittelbar vor dem Schuss in den Abzugsbügel.

6. Beherrschen Sie Ihre Waffe – machen Sie sich mit Sicherung, Entspannvorrichtung und Möglichkeiten zum sicheren Entladen vertraut.

7. Waffen dürfen nie unbeaufsichtigt sein – treffen Sie auch auf dem Schießstand Vorkehrungen für eine sichere Aufbewahrung.

8. Waffen dürfen nur in technisch einwandfreiem Zustand benutzt werden – eine regelmäßige Pflege der vielen beweglichen Teile mit hochwertigen Ölen beugt Ladehemmungen und Waffenstörungen vor. Prüfen Sie den Zustand mindestens durch eine Sichtprüfung vor dem Schießen, dazu gehört auch die Kontrolle, ob der Lauf frei ist.

9. Waffen und Alkohol passen nicht zusammen!

10. Beachten Sie immer die Anweisungen der Schießaufsicht.

Auf der Internetseite **www.busche-lernsystem.de** sind verschiedene Videos verfügbar, die den sicheren Umgang mit den unterschiedlichen Arten von Schusswaffen leicht nachvollziehbar vermitteln. Schriftliche Darstellungen des sicheren Umgangs und viele Lernhilfen enthält auch das „Ergänzungsheft Waffensachkunde" des Autors, das im Buchhandel erhältlich ist.

8.2 Sicherheit herstellen – Waffe entladen

Überzeugen Sie sich bei Übernahme **sofort selbst** vom Zustand nach dem folgenden Schema, das allgemein für den Umgang mit Schusswaffen gilt.

Sind Sie mit der Waffe nicht vertraut, lassen Sie sich die Waffe erklären und insbesondere die Sicherung und die Magazinlösung vorführen. Auch für einen „alten Hasen" ist es dabei keine Schande nachzufragen.

1. Der Lauf einer Schusswaffe darf **niemals auf einen Menschen** gerichtet sein, außer in einer Notwehrsituation – der Lauf ist insbesondere beim **Entladen** immer in **Richtung eines sicheren Geschossfanges** zu halten.

2. Der Abzugsfinger, in der Regel der Zeigefinger der Hand, die die Waffe hält, wird bewusst gestreckt und darf auf keinen Fall den Abzug berühren.

3. Aktivieren Sie die **Sicherung**, dann **entladen** Sie die Waffe! Ist mit aktivierter Sicherung kein Öffnen möglich (zB Colt 1911), erfolgt das Entladen ohne Sicherung.

Das sichere Entladen bei den verschiedenen Waffenarten und Abzugszuständen ist nachfolgend beschrieben.

3.1. Bei einer **halbautomatischen Pistole** oder **Langwaffe mit Wechselmagazin** wird zunächst das **Magazin entnommen** und danach der **Verschluss mehrfach zurückgezogen**, um eine eventuell im Patronenlager befindliche Patrone herauszuziehen. Danach ist durch einen **Blick in das Patronenlager und in den Verschlussweg** zu prüfen, dass sich keine Munition mehr in der Waffe befindet. Anschließend kann der Schlagbolzen entspannt werden, es sei denn, die Waffe soll mit offenem Verschluss abgelegt werden.

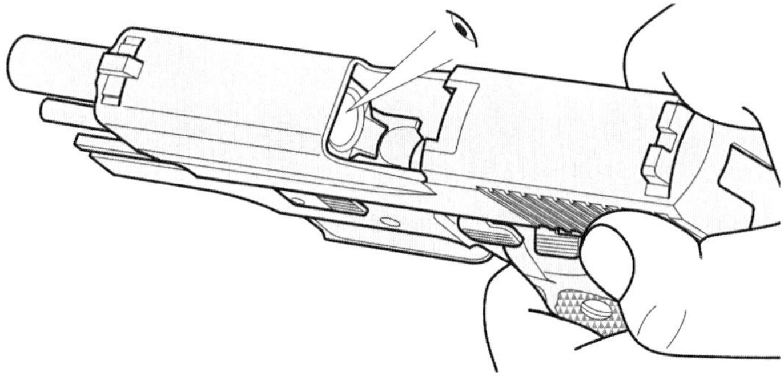

Eine Videosequenz mit der Darstellung der sicheren Überprüfung einer halbautomatischen Pistole bietet ein Lehrvideo, abrufbar durch Scan des QR-Codes oder unter https://www.e-busy.de/34501pis.mp4

3.2. Bei einem **Revolver mit entspanntem Hahn** ist die Trommel auszuschwenken, dann werden Patronen und Hülsen entnommen. Ist der **Hahn gespannt**, wird er mit einem, wenn erforderlich auch mit beiden Daumen gehalten und erst dann der Abzug betätigt. Sobald sich der Hahn bewegt, wird der Finger sofort vom Abzug entfernt und der Hahn langsam nach vorn geführt, die Trommel ausgeschwenkt und geleert.

3.3. Bei **Waffen mit fest eingebautem Magazin** ist der Patronenvorrat nach Aktivierung einer vorhandenen Sicherung durch Repetieren zu entfernen. Danach ist durch einen Blick in das Patronenlager und in den Verschlussweg zu prüfen, dass sich keine Munition mehr in der Waffe befindet. Anschließend kann der Schlagbolzen entspannt werden. Insbesondere in dunklen Umgebungen sollte dabei auch das Magazin durch leichtes Eindrücken und Fühlen mit dem Finger geprüft werden.

3.4. **Einzellader-Langwaffen** wie Jagdbüchsen, Doppelflinten oder Drillinge sind vor dem Öffnen der Waffe oder des Verschlusses zu **sichern**.

3.5. Hat die Waffe einen **Stecherabzug**, etwa einen **Deutschen Stecher** (erkennbar am Doppelzüngel bei einläufigen Jagdbüchsen) oder **Französischen Stecher** (Rückstecher, ein Abzug), und ist der Abzug eingestochen, wird die Waffe zunächst geöffnet, erst danach erfolgt das Entstechen. Das Öffnen einer Kipplaufwaffe wird als „brechen" bezeichnet, darum lautet der eingängige Merksatz: „**Erst brechen, dann entstechen!**" Um die Folgen einer ungewollten Schussauslösung zu mindern, ist bei einem Drilling mit eingestochenem Abzug vor dem Brechen auf Schrot umzustellen.

Wollen Sie die Waffe **auf dem Schießstand ablegen** oder der Schießaufsicht den Zustand der Waffe anzeigen, sollte der **Verschluss geöffnet** sein (bei Revolver die **Trommel ausgeschwenkt**). Je nach Wettkampf- oder Standordnung wird auch das Einlegen eines **Sicherheitsfähnchens** gefordert, um den sicheren Zustand der Waffe deutlich sichtbar zu machen.

Beim Umgang mit **Flinten** auf dem Schießstand, insbesondere auf Wurftaubenständen, ist die Waffe in geöffnetem Zustand („**gebrochen**") in der dafür vorgesehenen Ablagevorrichtung aufzubewahren. **Repetierflinten** und **Halbautomaten** sind mit geöffnetem Verschluss abzustellen.

Die wichtigste Regel beim Umgang mit Schusswaffen: Bei Übernahme und Übergabe gilt die Waffe **immer** als geladen, entsichert und gespannt, bis Sie es **selbst überprüft** haben. Und Sie können nur solange davon ausgehen, dass Ihnen der Ladezustand bekannt ist, bis Sie die Waffe ablegen oder abgeben – danach müssen Sie die Zustandskontrolle wiederholen!

8.3 Ladehemmung

Wird bei einer Schusswaffe die Patrone durch den Lademechanismus nicht ordnungsgemäß in das Patronenlager eingeführt, spricht man von einer „Ladehemmung". Dabei ist es unerheblich, ob es sich um eine zunächst manuelle Zuführung nach Freigabe des Verschlusses bei einer Pistole, eine automatische Zuführung nach dem Schuss oder den manuellen Repetiervorgang handelt. Auch das etwaige Blockieren der Revolvertrommel kann als Ladehemmung bezeichnet werden.

Optisch ist die Ladehemmung daran zu erkennen, dass bei einer Pistole oder einer automatischen Waffe der **Verschluss** nach Zuführung der Patrone nicht normal geschlossen ist. In diesem Falle sollte auf keinen Fall versucht werden, durch Nachdrücken den Verschluss doch noch zu schließen. Ursache einer Ladehemmung kann nicht-maßhaltige Munition sein, in der Regel ist aber eine Verschmutzung des Patronenlagers oder ein Defekt des Magazins der Auslöser der Ladehemmung. Ebenfalls ein häufiger Grund für Zuführungsprobleme ist die zu vorsichtige Bedienung des Verschlusses durch den Schützen – der Verschluss sollte darum durch Betätigung des Schlittenfanghebels freigegeben werden oder in hinterster Rückzugsstellung losgelassen werden, niemals aber „vorsichtig" vorgeschoben werden.

Bevor Sie die Ursache der Ladehemmung beseitigen oder untersuchen, müssen Sie die Waffe **entladen**. Beachten Sie dazu die Hinweise zu dem **Verfahren bei den verschiedenen Waffenarten** im vorigen Kapitel.

8.4 Versager

Zündet eine Patrone trotz ordnungsgemäßer Position im Patronenlager nicht, spricht man von einem „Versager". Die Ursache kann sowohl im **Auslösemechanismus** der Waffe liegen als auch in der **Patrone** selbst.

Bricht der Schuss nach Betätigen des Abzuges nicht, muss die Waffe auf der Schießstätte auf das Ziel gerichtet bleiben, da es sich auch nur um eine Verzögerung des Zündsatzes handeln könnte. Bis zu einer Minute danach besteht noch die Möglichkeit des Zündens, darum sollte die Waffe zuvor auf keinen Fall geöffnet werden.

Im Falle der **Verteidigung mit der Pistole** wird bei einem Versager umgehend manuell repetiert, um erneut schießen zu können. Hier muss das **Risiko der verzögerten Auslösung** aufgrund der Situation akzeptiert werden.

Hier wird ein **Nachteil der Pistole** im Falle der Selbstverteidigung deutlich - bei **Revolvern mit DA- oder DAO-Abzug** ist **lediglich ein erneutes**

Betätigen des Abzuges notwendig, um die nächste Patrone zu verschießen, womit solche Waffen in Sachen Selbstschutz meist die bessere Wahl sind. Die geringere Ladekapazität des Revolvers ist dabei unerheblich, wie diese Weisheit aus der polizeilichen Schießausbildung verdeutlicht: „Ein Problem, das Du mit sechs Schuss nicht löst, löst Du auch nicht mit 20 Schuss."

8.5 DGUV Vorschrift 23 für das Bewachungsgewerbe

Die Unfallverhütungsvorschrift (UVV) „Wach- und Sicherungsdienste", kurz DGUV Vorschrift 23, enthält die einschlägigen, besonderen Vorschriften der Verwaltungs-Berufsgenossenschaft (BG) für Unternehmer und Versicherte. Sie ergänzen die Bestimmungen der DGUV Vorschrift 1.

Eine wesentliche Bestimmung findet sich in § 3 DGUV Vorschrift 23, „Eignung". Nur solche Versicherte, die die zur Erfüllung der Aufgabe notwendige **Eignung** haben, dürfen von einem Unternehmer mit dieser Aufgabe betraut werden. Damit soll sichergestellt werden, dass ein Unfall nicht aufgrund von Überforderung oder mangels Erfahrung geschieht. So können für bestimmte Aufgaben wie etwa als Sicherungsposten im Bereich von Gleisen besondere Ausbildungen vorausgesetzt werden, ohne die ein Versicherter diese Aufgabe nicht übernehmen darf und auch nicht vom Unternehmer eingesetzt werden darf – insofern sind beide Parteien, Arbeitgeber wie Arbeitnehmer, verantwortlich.

Dienstanweisungen sind durch den Unternehmer zu erlassen, die das Verhalten des Personals regeln sollen – die Norm (§ 4) hebt besonders standardisierte Verfahren zur Meldung von Mängeln und Gefahrenquellen hervor; hier zeigt sich die primäre Aufgabe der Vorschrift als Handreichung zur Unfallverhütung. Der Unternehmer ist dazu verpflichtet, seine Mitarbeiter regelmäßig unterweisen zu lassen und das Üben von sicherheitsgerechtem Verhalten zu ermöglichen; der Versicherte (Mitarbeiter) ist zur Befolgung der Dienstanweisung verpflichtet und soll die Maßnahmen, die der Steigerung der Arbeitssicherheit dienen, aktiv unterstützen – auch hier sind wieder beide Parteien an der Unfallverhütung beteiligt.

Berauschende Mittel (§ 5) wie Alkohol, Drogen o. ä. zu sich zu nehmen ist während des Dienstes verboten. Gleiches gilt für die Zeit vor Dienstantritt, denn zu Dienstbeginn hat der Versicherte nüchtern zu sein. Diese Unfallverhütungsregel hat noch einen weiteren und nicht unwichtigen Aspekt – der Mitarbeiter eines Unternehmens ist auch immer seine Visitenkarte. Wie muss es auch einen Auftraggeber wirken, wenn ein „offen-schnüffelbar" Alkoholisierter für seinen Schutz und den seines Wohnobjektes zuständig ist?

Die DGUV Vorschrift 23 enthält einschlägige Vorschriften zur **Ausrüstung mit Schusswaffen** (§ 18 ff.). Dabei ersetzt sie nicht das Waffengesetz, sondern ergänzt die dort festgelegten Bestimmungen, um Unfälle von Versicherten beim Umgang mit Schusswaffen zu verhindern. Begriffe des Waffengesetzes wie Zuverlässigkeit, Eignung oder Sachkunde sind auf die DGUV Vorschrift 23 analog anzuwenden.

Der Unternehmer muss sicherstellen, dass seine Mitarbeiter nur auf seine ausdrückliche Anordnung hin mit Schusswaffen ausgerüstet werden. Diese Anordnung darf nur bei solchen Mitarbeitern erfolgen, die zuverlässig, persönlich geeignet und sachkundig im Sinne des Waffengesetzes sind. Eine weitere Voraussetzung ist, dass eine Einweisung in die Handhabung der entsprechenden Waffe stattgefunden hat. Um eine sichere Handhabung sicherzustellen, müssen Waffenträger regelmäßig (in der Regel vierteljährlich) an Schießübungen teilnehmen. Darüber hinaus sind auch Kenntnisse über Waffenrecht und Waffentechnik regelmäßig nachzuweisen. Teilnahme und Nachweise sind zu protokollieren. Entfallen die Voraussetzungen für den Umgang mit Schusswaffen (z. B. Wegfall der persönlichen Eignung aufgrund gesundheitlicher Mängel), muss der Unternehmer dem Mitarbeiter unverzüglich die Schusswaffe entziehen.

Welche Schusswaffen zum Einsatz kommen, liegt in der Entscheidung des Unternehmers. Dabei werden wirtschaftliche, aber auch praktische Überlegungen und Anforderungen des Auftrages eine Rolle spielen. Verboten ist der Einsatz von Schreckschuss- oder Gas-Pistolen (sog. SRS-Waffen) – die Gefahren sind für den Mitarbeiter kaum einschätzbar.

Zulässig ist nur der Einsatz solcher Schusswaffen, die ein in Deutschland anerkanntes **Beschusszeichen** tragen – damit wird sichergestellt, dass die Waffe handhabungssicher ist und bei Abgabe eines Schusses keine Gefahr für den Schützen darstellt.

Schusswaffen sind **einmal jährlich** durch einen Sachkundigen (Büchsenmacher, Sachverständiger oder eine andere qualifizierte Person) **auf Handhabungssicherheit** zu **überprüfen**. Werden Schäden festgestellt, sind die Waffen an eine Büchsenmacherei zur Reparatur abzugeben – gleiches gilt, wenn der Versicherte bei Übernahme der Waffe einen Schaden feststellt.

Sollen Schusswaffen **geführt** werden (§ 20), sind **Tragevorrichtungen** mit Sicherungen gegen ein unbeabsichtigtes Herausfallen der Waffe zu benutzen. Am Mann getragene Munition ist entweder in Taschen aufzubewahren, die speziell für Munition eingerichtet sind, oder, im Falle von Pistolen, in Ersatzmagazinen. Schusswaffen sind, wenn dies technisch möglich ist, zu sichern. Wenn sich bei entspanntem Hahn kein Schuss lösen kann (z. B. Schlagbolzensicherung, DAO-Abzug), darf die Waffe fertig geladen (d. h. mit Patrone im Patronenlager) geführt werden. Ansonsten ist die Waffe „unterladen" oder „teilgeladen" zu führen – es befindet sich dann keine Patrone „vor dem Lauf".

Bei der **Übergabe und Übernahme von Schusswaffen** (§ 21) passieren besonders häufig Unfälle, da hier auch meist die Waffe geladen oder entladen wird. Die DGUV Vorschrift 23 schreibt daher zwingend vor, dass Schusswaffen nur an einem sicheren Ort unter Nutzung einer geeigneten Kugelfangeinrichtung geladen und entladen werden dürfen. Die Waffe ist dabei immer so zu handhaben, dass sich kein Schuss lösen kann.

Die Übergabe einer Schusswaffe darf nur im entladenen Zustand erfolgen. Der Übernehmende darf sich niemals auf die Aussage des Übergebenden verlassen (die lauteste Waffe ist immer die, die nicht geladen war...) – er muss sofort den Ladezustand überprüfen. Dabei hat er die Waffe auch auf äußerlich erkennbare Mängel zu untersuchen. Typische Mängel sind Risse im Verschluss, beschädigte bzw. mangelhaft befestigte Griffschalen oder auch starke Schmutzansammlungen. Wenn möglich, ist eine Sichtprüfung des Laufinnern vorzunehmen.

Die **Aufbewahrung von Schusswaffen und Munition** (§ 22) ist durch das Waffengesetz geregelt. Die DGUV Vorschrift 23 weicht hier bezüglich der gesetzlich geforderten Sicherheitsstufen ab – als verbindlich ist nur die getrennte Aufbewahrung von Schusswaffe und Munition anzusehen, ansonsten gelten für Sicherheitsbehältnisse die waffenrechtlichen Vorschriften. Die Schusswaffe darf dabei nur entladen aufbewahrt werden.

8.6 Sicherheitsmaßnahmen

Schusswaffen können sowohl durch ballistische wie auch durch akustische Wirkung die Gesundheit schädigen. Gleiches gilt für die beim Schießen entstehenden Gase und Dämpfe. Und nicht allein das Geschoss, sondern auch kleine Splitter aus der Wand des Standes oder vom Geschossmantel bzw. der Waffe können im Auge des Schützen oder von Dritten schwere Verletzungen verursachen.

In diesem Kapitel des Buches werden grundlegende Maßnahmen zum Schutz vor Verletzungen dargestellt. Die Grundregel lautet: Die Benutzung einer zugelassenen und von einem Sachverständigen regelmäßig überprüften Schießstätte ist die Grundlage für alle Maßnahmen zum persönlichen Schutz.

Beachten Sie daher:

- **Energiegrenzen** gemäß Standzulassung beachten
- **Lüftungsanlage** verwenden
- **Schäden** an der Anlage dem Betreiber **melden**
- **Gehörschutz** verwenden
- **Schutzbrillen** verwenden
- Waffen vor dem Schießen **auf Schäden prüfen** (auf Sicht)
- Waffen nur **nach Anweisung** aufnehmen
- Lauf immer in Richtung des Geschoss**fanges** halten

Bei Schießübungen von **Berufswaffenträgern** ist besondere Vorsicht geboten – die Aufsicht kann hier nicht voraussetzen, dass sich jeder Teilnehmer intensiv mit dem Thema „Sicherer Umgang mit der Schusswaffe" befasst, anders als etwa ein Sportschütze, der Woche für Woche trainiert. Hier kommt einer disziplinierten Führung der Aufsicht und einer einleitenden Einweisung aller Teilnehmer durch die Standaufsicht eine grundlegende Bedeutung zu. Das gilt sowohl für statisches Schießen auf 25 m wie auch für komplexere Übungen im Verteidigungsschießen mit aktiver Bewegung des Schützen.

8.6.1 Gehörschutz

Die Gefahr für Schützen durch Lärm wird oftmals unterschätzt – noch immer sieht man auf Schießständen Menschen, die auf professionellen Gehörschutz verzichten. Die Wahl des richtigen Gehörschutzes ist abhängig von der Art des Schießens und zudem die Voraussetzung dafür, das Gehör dauerhaft zu erhalten.

Der Schussknall wird beschrieben als Impulslärm mit einer Lautstärke bis zu 160 dB. Die Frequenz liegt bei 4000 Hz. Wer sich ungeschützt einem Schussknall aussetzt, kann schon bei einem einzelnen Schuss sein Gehör nachhaltig massiv schädigen – man spricht von einem **Knalltrauma**.

Um diese Verletzung zu verstehen, ist es notwendig zu verstehen, wie wir hören, also Umgebungsgeräusche wahrnehmen. Die Ohrmuschel fängt Schallwellen wie ein Trichter ein und leitet sie durch den Gehörgang zum Trommelfell. Das Trommelfell schützt das Mittelohr vor dem Eindringen von Bakterien, in gesundem Zustand schließt es den Gehörgang vollständig vom Mittelohr ab. Das Trommelfell überträgt die winzigen

Druckunterschiede, die die Schallwellen bedeuten, auf die Gehörknöchelchen – das sind Hammer, Amboss und Steigbügel, der kleinste Knochen des menschlichen Körpers, der nur halb so groß wie ein Reiskorn ist. In der mit Flüssigkeit gefüllten Ohrschnecke wandeln nun Haarzellen die mechanische Bewegung in Nervenimpulse um, die vom Hörnerv zur Hirnrinde geleitet werden und so unser Hören ermöglichen.

Die Symptome eines Knalltraumas sind vielfältig. So kann neben einem fast vollständigen Verlust des Gehörs auch das Gefühl eines verstopften Ohres entstehen. Auch ein Tinnitus (Ohrensausen) oder eine Überempfindlichkeit des Gehörs können Symptome eines Knalltraumas sein. Der Grad der Verletzung sollte immer durch einen HNO-Arzt umgehend abgeklärt werden. Durch rechtzeitige Gabe von Präparaten können Langzeitschäden abgemildert werden.

Während die längere Belastung mit Lärm das Trommelfell und die Gehörknöchelchen schädigt, zerstört der Impuls des Schussknalls (nur wenige Millisekunden) die Haarzellen in der Ohrschnecke. Schon ein solches Impulsereignis kann das Gehör schwer schädigen und so die Lebensqualität deutlich beeinträchtigen.

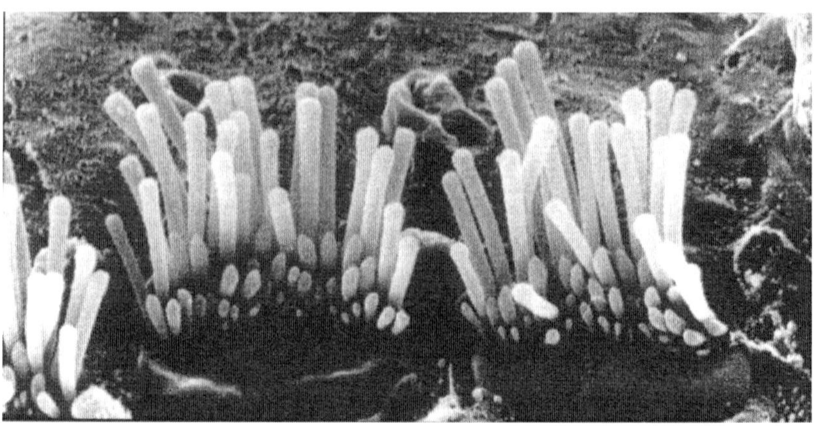

Diese elektronenmikroskopische Aufnahme des Innenohres zeigt intakte Haarzellen. Sie sitzen auf kleinen Hügeln in der Ohrschnecke.

Die Folgen eines Knalltraumas (auch die Folgen länger andauernder Lärmbelastungen über 85 dB) zeigt die folgende Aufnahme. Die Haarzellen sind geschädigt, teilweise völlig zerstört (man spricht auch vom „Untergang der Haarzellen"). Der Verlust der Hörfähigkeit betrifft bei fortschreitender Schädigung des Hörorgans zunächst den Frequenzbereich um 4000 Hz, später auch tiefere Frequenzen, insbesondere Sprachfrequenzen (unter 3000 Hz).

Nicht nur in geschlossenen Schießständen ist der Einsatz von Gehörschutz unverzichtbar. Der Zutritt des Schallimpulses in den Gehörgang muss wirksam unterbunden werden. Dies kann im einfachsten Falle dadurch geschehen, dass man den Gehörgang verstopft. Es wurden schon Schützen beobachtet, die sich Patronen in den Gehörgang schoben – diese recht rustikale Art des Gehörschutzes sollte allerdings keine Nachahmung finden.

Zu unterscheiden sind heute passive und aktive Gehörschützer. Je nach Einsatzart sind unterschiedlich starke Dämpfungen erforderlich, dazu kommen unterschiedliche Anforderungen an die Größe des Gehörschutzes oder seine Ausstattung mit elektronischen Hilfen.
Die hier vorgestellten **passiven** Kapselgehörschützer unterscheiden sich hinsichtlich ihrer Konstruktion und damit verbundenen Dämpfung. Ein flach gestalteter Gehörschutz (Abbildung links) bietet Langwaffenschützen eine ausreichende Dämpfung beim Einsatz im Außenbereich, da sich hier der Schall ungehindert ausbreiten kann.

Während beim dynamischen Anschlag mit der Flinte ein stark auftragender Gehörschutz vom Gewehrkolben angestoßen werden und verrutschen könnte, ist das mit einem flach konstruierten Modell in der Regel kein Problem. Das geringe Gewicht eines flach konstruierten Gehörschutzes wirkt sich ebenfalls positiv auf die Akzeptanz durch den Schützen aus.

Peltor Bull's Eye I

Prinzip: passiv

SNR: 27 dB

Peltor Bull's Eye II

Prinzip: passiv

SNR: 31 dB

Peltor Bull's Eye III

Prinzip: passiv

SNR: 35 dB

In geschlossenen Räumen wirkt der Schussknall dagegen wesentlich stärker auf das Ohr ein – ein Gehörschutz mit höherem Dämpfungswert ist für diesen Einsatz unabdingbar. Gleiches gilt für das Schießen im Freien, wenn die Schussabgabe in der Nähe von Wänden erfolgt, die den Schussknall reflektieren – hier ist ein flach konstruierter Schützer meist nicht ausreichend.

Für den Ausbildungsbetrieb sowie Situationen, in denen man sich mit anderen Schützen auch im Lärmbereich unterhalten will, sind **aktive Gehörschützer** unverzichtbar. Eine in den Kapselkörper integrierte Elektronik nimmt über Mikrofone die Außengeräusche auf und gibt sie im Innern des Gehörschutzes über Lautsprecher wieder. Übersteigt die Lautstärke einen bestimmten Wert, regelt die Elektronik die Lautstärke vorübergehend auf einen ungefährlichen Wert ab. Auf diese Weise können beispielsweise Anweisungen von Schießaufsichten oder Ausbildern sicher verstanden werden.

Insbesondere bei der **Beaufsichtigung mehrerer Schützen** kommt dem Gehör der Standaufsicht besondere Bedeutung zu – nicht jeder Schütze, der eine Waffenstörung melden will, macht durch Handzeichen auf sich aufmerksam, insbesondere dann nicht, wenn zu Beginn des Schießens keine umfassende Einweisung für die Beteiligten durchgeführt wurde. Die Standaufsicht sollte also schon aus Sicherheitsgründen nicht nur genau hinsehen (was allerdings auf eine bestimmte Blickrichtung beschränkt ist, sondern auch hinhören – und das ist nur durch den Einsatz elektronisch gesteuerter Kapselgehörschützer möglich.

Die bereits geschilderten Einschränkungen bezüglich des Einsatzes flacher oder stark auftragender Gehörschützer gelten auch hier. Gerade für Jäger wird der Einsatz aktiver Gehörschützer empfohlen – geringes Gewicht und ungehinderte Anschlagsmöglichkeit mit der Langwaffe sprechen für diese Modelle. Für die Ausbildungssituation im Schießen mit der Kurzwaffe ist ein Gehörschutz mit starker Dämpfung zu empfehlen. Wenn der Schutz länger getragen werden soll, ist auf eine gute Polsterung zu achten. Aus hygienischen Gründen sollten die Innenseiten des Schutzes regelmäßig gereinigt werden, im Bedarfsfall können diese Teile ausgetauscht werden.

Peltor SportTac

Prinzip: aktiv

Dämpfung (4 kHz) 38,3 dB, SNR 26 dB

Peltor ProTac II

Prinzip: aktiv

Dämpfung (4 kHz) 38,7 dB, SNR 32 dB

Der Abdruck der Abbildungen in diesem Kapitel erfolgt mit freundlicher Genehmigung der 3M Deutschland GmbH.

Sie wurden zur Verfügung gestellt von TELCOM electronics trade GmbH, Hamburg (www.telcom-germany.de).

8.6.2 Schutzbrille

Die Verwendung einer Schutzbrille dient in erster Linie dem Schutz der Augen vor Splittern, die sich von dem Geschossmantel, von der Waffe oder aus der Wand der Schießstätte lösen können. Sie muss daher das Auge vollständig umschließen – eine einfache Sehbrille schützt dagegen nur bei Splittereinwirkung von vorn, die aber eher selten ist.

Eine **Schießbrille als Sehhilfe** muss, wenn sie ohne eine Schutzbrille getragen werden soll, über einen seitlichen Eintrittsschutz verfügen. Meist sind Schutzbrillen groß genug, um das gleichzeitige Tragen einer Sehhilfe darunter zu ermöglichen. Beachten Sie, dass die Tragebügel des Augenschutzes nicht die Funktion des Gehörschutzes stören dürfen.

8.6.3 Sichere Überprüfung von Fundwaffen

Wird eine Fund- oder Erbwaffe bei der zuständigen Behörde abgegeben, ist zunächst immer davon auszugehen, dass diese Waffe geladen und somit gefährlich ist. Jede Waffe ist darum unverzüglich auf ihren Ladezustand zu untersuchen, indem sie entladen wird. Das sollte nur durch Mitarbeiter erfolgen, die sachkundig sind und mit der Bedienung der vorgelegten Waffe vertraut sind. Zudem ist zu beachten, dass im Falle einer stark korrodierten oder offensichtlich beschädigten Waffe keinesfalls gewaltsam versucht werden sollte, die Waffe zum Entladen zu öffnen, da im Falle einer Schussauslösung Teile von der Waffe abgesprengt und umstehende Personen schwer verletzen können. In Zweifelsfällen ist eine Fachdienststelle der Polizei zu kontaktieren und das weitere Vorgehen abzustimmen.

Um die Gefährdung Dritter und des Bedieners zu minimieren, ist dabei auf ein bewährtes Verfahren zurückzugreifen – die **Ladeecke**. Eine Ladeecke besteht in der einfachsten Form aus einem Geschossfangkasten in Würfelform (Kantenlänge ca. 50 cm) aus Holz, der mit einer Mischung aus feinem Sand und Gummigranulat gefüllt und mit einem Tuch oder einer Folie überspannt ist. Beim Entladevorgang wird der Lauf der Waffe schräg abwärts auf die Ladeecke gerichtet, so dass ein etwaiger Schuss im Sand aufgefangen wird. **Ein bewusstes Abfeuern der Waffe darf auf keinen Fall außerhalb einer Schießstätte erfolgen und darf auch dort nur dann erfolgen, wenn sichergestellt ist, dass die Waffe funktionssicher und mit einer zugelassenen Munition oder Ladung verwendet wird!**[207]

Neben der Einwirkung von Geschoss oder Geschossteilen darf die Gefahr durch den Gas- und Geschossknall, insbesondere in geschlossenen Räumen oder in der Nähe von Gebäuden, nicht unterschätzt werden. Darum sollte die Ladeecke nach Möglichkeit in einem separaten und bei Verwendung allein betretenen Raum aufgestellt werden. Steht ein solcher Raum nicht zur Verfügung und wird die Ladeecke in einem Büro aufgestellt, haben Personen ohne Schutzausrüstung den Raum zu verlassen. Der Bediener der Waffe sollte immer eine **Schutzbrille** und einen leistungsfähigen **Gehörschutz** verwenden. Zudem ist für gute Belüftung zu sorgen.

---

[207] *Im Zweifel ist stets davon auszugehen, dass der Ladezustand, insbesondere Art der Ladung und Zustand der Waffe ein Abfeuern nicht zulassen; die Kontaktaufnahme mit der Fachdienststelle der Polizei wird empfohlen.*

8.6.4 Holster

Moderne Holster haben mit den einfachen Tragevorrichtungen, die man in alten Krimis sieht oder am Gürtel der Westernhelden, nicht mehr viel zu tun. Ein Holster dient zum zugriffsbreiten Führen der Waffe – im engsten waffenrechtlichen Sinne, denn die Waffe soll unmittelbar in Anschlag gebracht werden können. Zugleich soll verhindert werden, dass die Waffe aus der Tragevorrichtung fällt oder von einem Dritten aus dem Holster gezogen werden kann.

Zu unterscheiden sind hier Holster für eine verdeckte Trageweise und Dienstholster für die offene Trageweise. Bei der **verdeckten Trageweise** ist der Aspekt der Entwendungssicherheit nachrangig, denn es soll durch die Trageweise unter der Oberbekleidung gar nicht sichtbar sein, dass eine Waffe geführt wird. Hier steht die sichere Aufbewahrung mehr im Vordergrund, außerdem ein Design, dass die Waffe so an den Körper ihres Trägers anpasst, dass sie verborgen wird. Bei der **offenen Trageweise** muss die Möglichkeit des Fremdzugriffs oder Verlusts ausgeschlossen werden, während der Waffenträger ohne Verzögerung seine Waffe in Anschlag bringen kann.

Das abgebildete Holster der Firma Bianchi ist ein **Paddleholster**. Es wird durch einfaches Einstecken in den Hosenbund oder Gürtel sicher befestigt und verhindert durch seine Form ein Abzeichnen der Waffe unter der Jacke („Auftragen"). Die Riemen früherer Modelle, die zum Schutz gegen den Verlust der Waffe um den Griff gelegt werden mussten und ein schnelles Ziehen behinderten, werden hier durch einen Hebel ersetzt, der die Waffe im Holster sichert und beim Ziehen einfach zur Seite gedrückt wird.

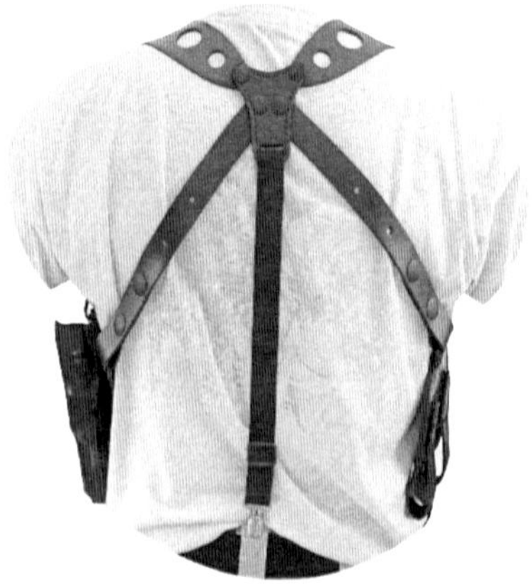

Für die verdeckte Trageweise sind **Schulterholster** die erste Wahl. Durch die Verteilung des Gewichts von Waffe und Munition (im Ersatzmagazin) auf beide Körperseiten und den Einsatz weicher Leder- oder Kunststoff-Riemen nimmt der Träger keine Belastung wahr. Dagegen ist ein Gürtelholster, das die Hose herabzieht, nach längerer Zeit mehr als nur ein Ärgernis. Abgesehen von diesem erhöhten Komfort tragen Schulterholster deutlich weniger auf als Gürtelholster.

Offen getragene **Dienstholster** wecken Begehrlichkeiten beim Gegenüber – darum muss beim Design der Holster neben der Ergonomie die Entwendungssicherheit beachtet werden. Praktiker bringen es mit einiger Übung auf eine erstaunliche Schnelligkeit beim Ziehen der Waffe – darum sollten Waffenbesitzer, die die Erlaubnis zum Führen der Waffe haben, Zeit und Ehrgeiz auf das perfekte Ziehen der Waffe verwenden. Nur so kann im Ernstfall die Waffe zum wirksamen Mittel der Verteidigung werden.

Abbildung der Holster mit freundlicher Unterstützung der COP Vertriebs-GmbH, Oberweilenbach (www.cop-shop.de)

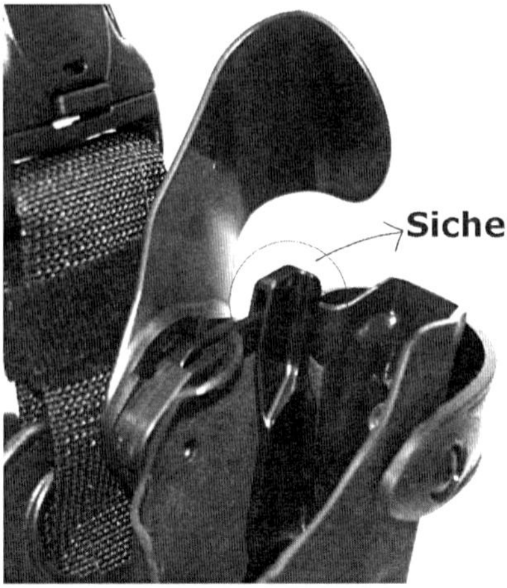

8.6.5 Videos zur sicheren Handhabung

Zur Vorbereitung des praktischen Unterrichts stehen Ihnen verschiedene Videos zur Verfügung, mit denen Sie die Inhalte Ihrer Waffensachkundeausbildung noch intensiver erlernen werden, insbesondere die sichere Handhabung der verschiedenen Arten von Schusswaffen. Die Zahl dieser Videos wird kontinuierlich erhöht, um möglichst alle Bereiche der Ausbildung, die im Buch behandelt werden, in Ton und Bild zu vertiefen.

Ein Beispielvideo können Sie durch Scannen des QR-Codes in diesem Bild gleich jetzt sehen – probieren Sie es doch einfach mal aus.

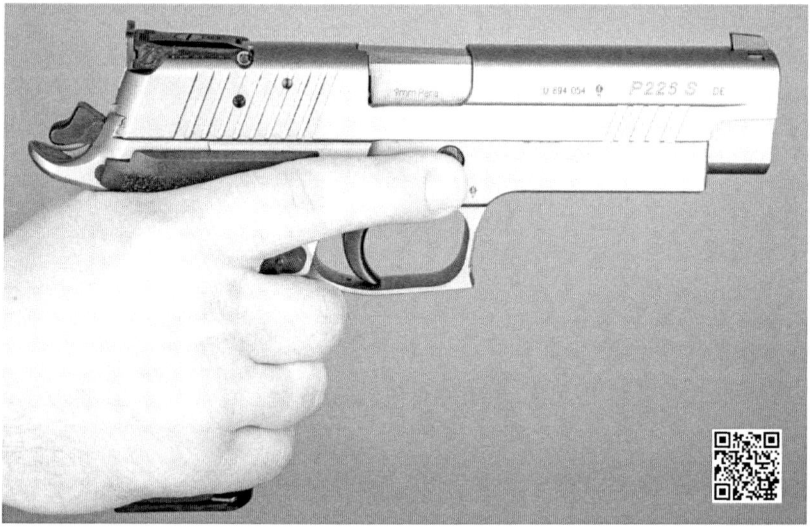

Diese Videos beziehen sich dabei immer auf die Inhalte des von Ihnen genutzten Lehrbuches und stehen Ihnen auf der Website

www.busche-lernsystem.de

zur Verfügung.

9 Anhang Einbruchmeldetechnik

9.1 Arten der Überwachung

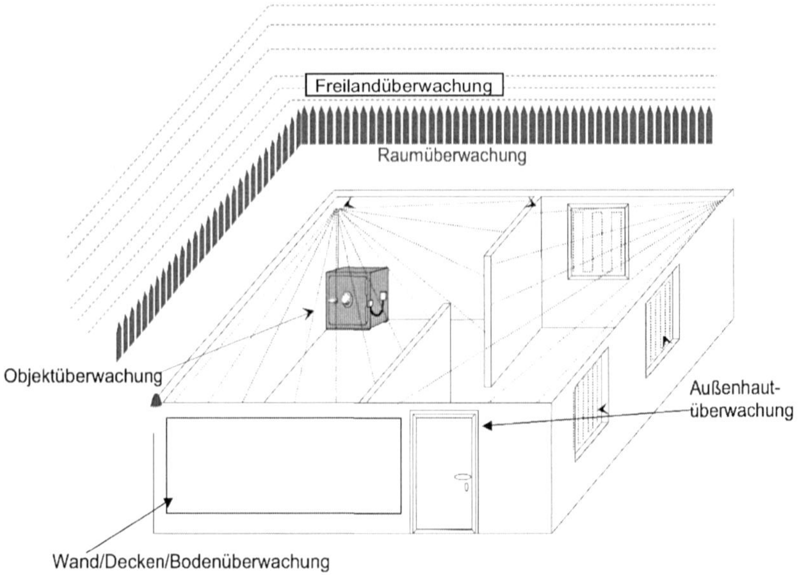

Bildnachweis: Honeywell Security Group

- **Freilandüberwachung**
  - Überwachung von **Flächen außerhalb** des Gebäudes (Rasen, Vorplatz) mit Hilfe von Lichtschranken, Kapazitätsmeldern, Druckschaltern (Auslösung bei Gewichtsbelastung), Stolper-/Signaldraht oder Radar
  - Überwachung von **Zäunen** (Zustand, Berührung) mit Hilfe von elektronischen Sensoren oder Signaldraht
  - Überwachung mit <u>**automatisierten**</u> **Kamerasystemen**, bei denen eine Auswertesoftware die empfangenen Bilder auf Veränderungen (Bewegung) überprüft

- **Außenhautüberwachung**
  - Als Außenhaut gelten Fenster, Türen, Luken etc., aber auch Wände, Boden und Dach eines Gebäudes

- Überwachung auf **Öffnung, Verschluss und Durchgriff / Durchstieg / Angriff**

- **Wand-/Decken-/Bodenüberwachung**
  - Überwachung auf **Durchgriff** / **Durchstieg** (Alarmtapete, Sicherungsdraht) oder **Angriff** (Körperschallmelder)

- **Raumüberwachung**
  - Überwachung von Räumen **auf Aufenthalt oder Eindringen** von Personen
  - Einsetzbar sind **Bewegungsmelder** (Infrarot, Ultraschall, Radar), **Kontaktmatten** (Reaktion auf Gewichtsbelastung), bei Überwachung durch Durchgriff / Durchstieg auch **Alarmtapeten** oder **Körperschallmelder**
  - Überwachung mit <u>**automatisierten**</u> **Kamerasystemen**

- **Objektüberwachung**
  - Überwachung auf **Wegnahme** durch Druckkontakt, Abrisssicherung
  - Überwachung auf **Annährung** durch Bewegungsmelder
  - Überwachung auf **Angriff** durch Körperschallmelder oder Alarmfolie / Alarmtapete

9.2 Arten von Meldern

9.2.1 Automatische Melder

- **Öffnungskontakte**
  - Überwachung von Fenstern, Türen, Luken auf **Öffnung**
  - Reaktion auf **Entfernung** eines Magneten (Reed-Kontakt) oder **Betätigen** eines Schalters

- **Riegelkontakt**
  - Überwachung von Türen auf **Verschluss**
  - Kontakt prüft, ob der **Riegel** zwei-tourig (zweifache Drehung des Schlüssels im Schloss) **ausgefahren** wurde

- Meist **in Verbindung mit Öffnungskontakt**, um Zustand der Tür (ge̲schlossen und ve̲r̲schlossen) zu prüfen

- **Glasbruchmelder**
  - **Passiver Glasbruchmelder** reagiert auf Geräusch im Glas, Einsatz nur bei Doppelverglasung
  - **Aktiver Glasbruchmelder** erzeugt ein elektrisches Feld und kann so jede Veränderung des Glases feststellen (störsicher bei Klopfgeräusch)

- **Bewegungsmelder**
  - Überwachung von Räumen auf **Bewegung**
  - **Passiv-Infrarot-Melder** (PIR) prüft auf **Veränderung von Wärmewerten** in verschiedenen Messbereichen
  - **Ultraschallmelder** prüft auf **Veränderung von Abständen** zwischen Melder und Objekten

- **Körperschallmelder**
  - Überwachung auf **Angriffe mit Werkzeugen oder Flammen auf feste Körper**
  - Mikrofon wird am oder im Körper befestigt und „lauscht" auf **typische Frequenzen beim Bruch von Material** im Körper (Tresor, Wand)

- **Erschütterungsmelder**
  - Überwachung auf **Vibrationen** im Objekt durch eine Feder mit Schwingungsmasse im Melder
  - Bei **Bewegung der Masse an der Federspitze** wird ein Kontakt geöffnet.
  - Einstellmöglichkeiten für **Ansprechschwelle**
- **Lichtschranken**
  - Lichtstrahl wird ausgesandt und von einer Optik empfangen
  - Überwachung großer Flächen und Strecken
  - Bei **Unterbrechung** des Lichtstrahls Alarmauslösung
- **Kapazitätsmelder**
  - **Erzeugung eines elektrischen Feldes** (durch ungeschirmte Leitungen oder Anlegen einer elektrischen Spannung) zwischen zwei Metallplatten oder Objekten
  - Jede Berührung oder Annährung eines Körpers ändert den Zustand des elektrischen Feldes und löst Alarm aus
- **Abrisskontakt / Druckkontakt**
  - Objekt wird fest (per Draht oder Schnur) mit Abrisskontakt verbunden oder auf eine druckempfindliche Platte gestellt
  - Bei **Wegnahme** des Objektes wird der Kontakt betätigt und ein Alarm ausgelöst

9.2.2 Manuelle Melder

Bei einem Einbruch kann die Alarmierung auch durch den Bewohner erfolgen, durch speziell gekennzeichnete und gegen unbeabsichtigte Betätigung geschützte **Druckknopf-Melder**. Diese sind „dauerscharf" zu schalten, um auch bei nicht aktivierter Alarmanlage Hilfe herbeirufen zu können.

9.3 Alarmierung

Aufgabe der EMA ist die Alarmierung von Interventionskräften. Damit reicht eine lokale Alarmierung durch Sirene und Blinklicht in der Regel nicht aus, um sicherzustellen, dass der Alarm der Polizei gemeldet wird.

Der Alarm sollte direkt bei einer Stelle auflaufen, die die Intervention unverzüglich veranlassen kann. In der Regel ist das die Notruf- und Service-Leitstelle eines Bewachungsunternehmens. Auch eine direkte Aufschaltung bei der Leitstelle der Polizei ist möglich, meist aber kostenintensiver. Bei bestimmten Risiken ist die direkte Alarmierung der Polizei zwingend erforderlich.

9.4 Schalteinrichtung

Um die EMA scharf oder unscharf zu schalten, muss sich der Bediener mittels eines **Identifikationsmerkmals** als Berechtigter ausweisen.

Die gebräuchlichen Merkmale sind

- **Materielles** Identifikationsmerkmal
    - Nachweis durch einen körperlichen Gegenstand, der eine Information enthält, die von der Prüfeinrichtung ausgelesen und ausgewertet werden kann
    - Schlüssel, Code-Karte mit Magnetstreifen oder Chip
- **Geistiges** Identifikationsmerkmal
    - Nachweis durch Kenntnis und Eingabe eines „Geheimnisses“, dass sich nur im Hirn des Benutzers befindet
    - Zahlenkombination (Eingabe in Zahlenschloss)
- **Biometrisches** Identifikationsmerkmal
    - Nachweis durch bestimmte körperliche Merkmale, die bei (fast) jedem Menschen unterschiedlich sind
    - Gesichtsformerkennung, Iriserkennung (Augen), Fingerabdruckscanner, Stimmenerkennung

Je nach Sicherheitsstufe der verwendeten EMA kann es erforderlich sein, dass sich der Bediener durch zwei Identifikationsmerkmale ausweisen muss.

9.5 Steuereinrichtungen

Die EMA kann, sofern vorhanden und als Reaktion programmiert, eine **Nebelanlage** aktivieren. Dabei ist zu beachten, dass der Nebel den Täter nicht schädigen soll (der Einsatz von Reizgas etc. ist nach den Richtlinien des VdS untersagt), sondern vielmehr seine Orientierung einschränken und damit den Zugriff auf Wertgegenstände verhindern soll.

9.6 Elemente und Verfahren der Überwachung

Auf den nachfolgenden Seiten werden Elemente und Verfahren zur Überwachung von Räumen und Objekten beispielhaft vorgestellt. Planer wie auch behördliche Entscheider sollen dadurch in die Lage versetzt werden, Vorschläge zu Absicherungskonzepten gedanklich zu durchdringen und eigene Überlegungen für eine erforderliche Überwachung in Worte fassen zu können.

Allen vorgestellten Elementen gemein ist die Unabhängigkeit von einer gegenwärtigen menschlichen Überwachung. Die Sensorik ist stets darauf ausgelegt, im Falle eines erkannten Angriffs oder eines Aufenthalts von Personen in einem Bereich einen Alarm auszulösen, der daraufhin zuverlässig einer zuständigen Stelle zu übermitteln ist.

Insbesondere die Videoüberwachung, die ebenfalls nachfolgend dargestellt wird, hat durch die Entwicklung intelligenter Systeme, die eine Bildauswertung vornehmen können, die auch Eigenschaften sich bewegender Personen oder Objekte umfasst, enorme Fortschritte gemacht. Es bleibt abzuwarten, ob die fortschreitende Entwicklung der Auswertungssoftware den Blick eines Wachschutzmitarbeiters zur Entscheidung über eine erforderliche Intervention vor Ort zeitnah überflüssig machen wird.

Jede Gefahrenmeldeanlage ist abhängig von drei Faktoren, nämlich

- angemessener Planung,
- fachmännischer Errichtung und
- regelmäßiger Wartung.

Den jeweils vorangestellten Attributen angemessen, fachmännisch und regelmäßig kommt dabei mindestens die Bedeutung der nachfolgenden Begriffe zu, denn nur eine regelmäßig gewartete Anlage, bei deren Planung die möglichen Szenarien bedacht wurden und die durch einen Fachbetrieb errichtet wurde, bietet den erforderlichen Schutz auf Dauer.

9.6.1 Funktionsweise von Körperschallmeldern

Versucht ein Täter, eine feste Wand (Stein, Beton, Metall) mit einem Meißel oder einer Bohrmaschine zu durchbrechen, kommt es im Material der Wand zu Rissen. Die Geräusche der Rissbildung haben bestimmte Frequenzen und sind das Muster, das bei einem Körperschallmelder zur Auslösung führt.

Bildnachweis: Honeywell Security Group

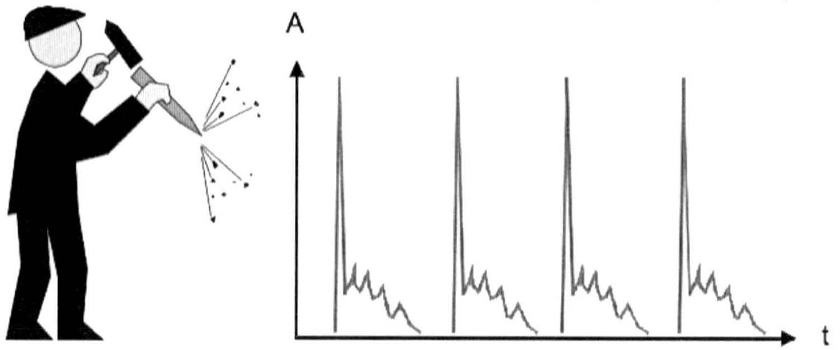

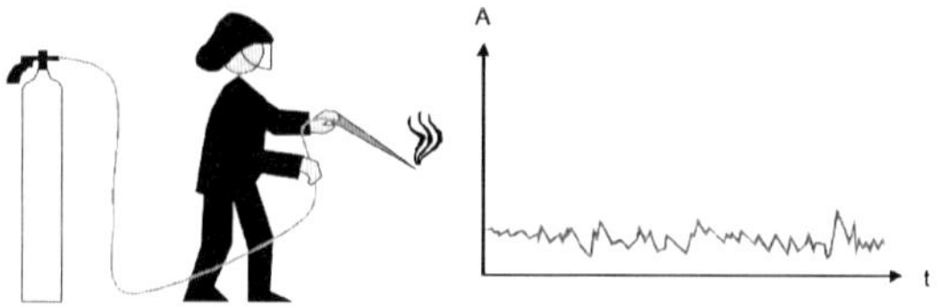

Auch **Flammen** (Schweißbrenner) oder **Detonationen** erzeugen typische Frequenzmuster.

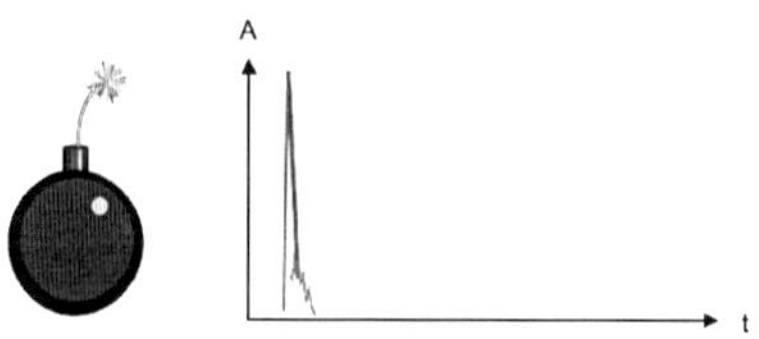

9.6.2 Einfluss der Raumtemperatur auf das Ansprechverhalten von PIR-Bewegungsmeldern

Bei der Überwachung mit PIR-Bewegungsmeldern sollte immer sichergestellt sein, dass die Raumtemperatur nicht zu hoch ist. Der PIR-Melder reagiert auf Temperaturunterschiede – wenn nun der Täter den gleichen Wärmewert hat wie die Gegenstände im Raum, wird der PIR nicht verlässlich arbeiten können. Nachfolgende Grafik verdeutlicht die Problematik:

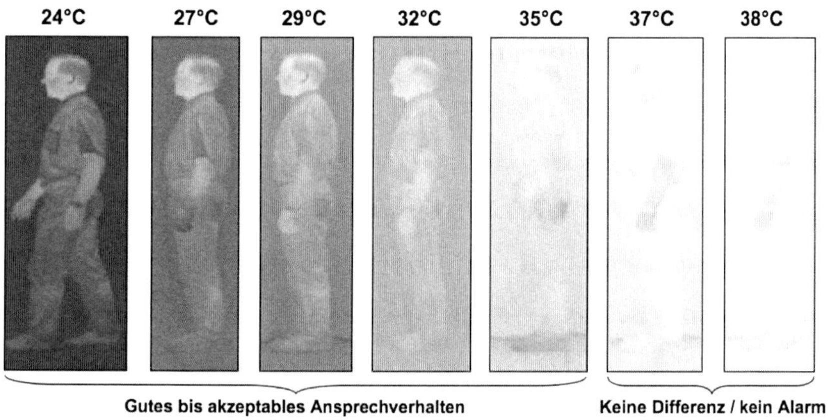

Nur wenn der Unterschied zwischen den Flächen groß genug ist (man spricht vom Überschreiten eines Schwellenwertes), darf der Melder auslösen. Sonst könnten schon kalte Luftzüge oder durch Sonnenlicht erwärmte Flächen einen Fehlalarm auslösen (in der Regel typische Ursachen für Fehlalarme).

Bildnachweis: Honeywell Security Group

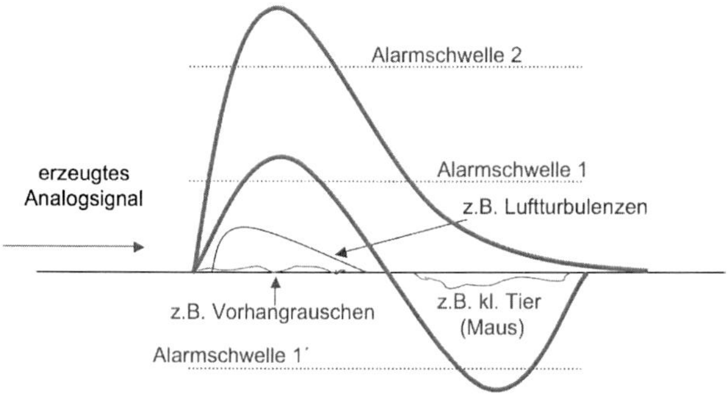

9.6.3 Objektüberwachung

Bei Objektüberwachung eines Behälters mit **Körperschallmeldern** können die Sensoren sowohl im Innern montiert sein als auch auf der Außenhaut. Insbesondere bei der Nachrüstung von Sensoren ist meist nur die Außenmontage möglich. Die Auswerteeinheit ist in diesem Fall nicht Teil des Melders – sie empfängt die Signale und löst bei Erkennen eines Musters aus. Beachten Sie den Hinweis in der Grafik – jede Fläche, die nicht mit einer anderen Fläche stofflich verbunden (verschweißt) ist, muss mit einem eigenen Melder überwacht werden.

Bildnachweis: Honeywell Security Group

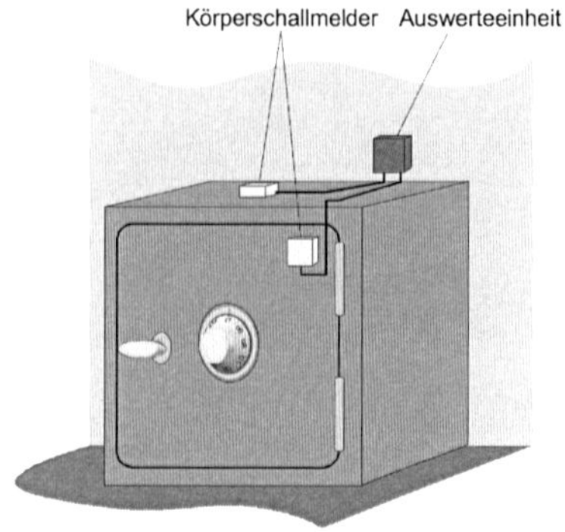

9.6.4 Alarmtapete

Eine Alarmtapete dient der **Überwachung einer Wand auf Durchbruch** (für Fenster: Alarmglas, siehe S. 377). Sie wird wie eine normale Tapete auf der Wand verklebt und trägt in ihrem Innern einen dünnen Draht. Dieser Draht wird durch die EMA darauf überwacht, ob sich der elektrische Widerstand ändert. Wird die Wand mit einem Werkzeug durchbrochen, reißt der Draht, der elektrische Widerstand wird unendlich hoch. Um möglichst engmaschig zu sein, wird der Draht in der Tapete oftmals in Form sog. „Mäander" (siehe unten) verlegt. Die Alarmtapete kann insbesondere auf Kalksandsteinwänden eine günstige Alternative zu einer Überwachung mit Körperschallmeldern sein, spricht aber nicht wie diese bereits beim Ansetzen eines Werkzeuges an, sondern erst bei einem Durchbruch.

9.6.5 Glasbruchmelder

Während ein **passiver Glasbruchmelder** nur in die Glasscheibe hineinhorcht, ob das typische Geräusch brechenden Glases entsteht, erzeugt ein aktiver Glasbruchmelder ein elektrisches Feld, das die Glasfläche weitestgehend überwacht – und zwar nicht auf Geräusch oder Bruch (Scheibe mit Sicherheitsfaden, siehe unten), sondern auf jegliche Veränderung wie Schmelzen, Durchbruch oder Entfernung des Sensors (Schwachstelle eines passiven Glasbruchmelders).

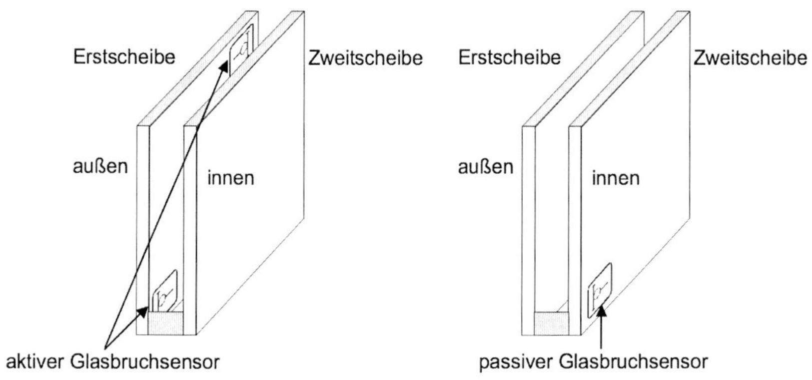

Bildnachweis: Honeywell Security Group

Diese Grafik zeigt die Montage bei Doppelverglasungen. Der passive Glasbruchsensor muss auf der Innenscheibe montiert werden, wenn sich die Scheibe weniger als 3 Meter über dem Boden befindet (man spricht vom „**Handbereich**").

Der **aktive Glasbruchmelder** ist unempfindlich gegen einen typischen „Scherz", der auch zur Prüfung der Funktionsfähigkeit des passiven Glasbruchmelders genutzt wird – dazu wird ein Geldstück gegen die Scheibe „geschnippt", was ein Geräuschmuster ähnlich einem Bruch des Glases erzeugt. Aber auch andere Außengeräusche können einen passiven Glasbruchmelder auslösen – so führte etwa Hundegebell in einem bestimmten Frequenzbereich ebenfalls zu einer Reihe von vorläufig unerklärlichen Fehlalarmen, die erst durch Zufall nach mehreren Ortsterminen aufgeklärt werden konnten.

Die nachfolgende Grafik zeigt die Funktionsweise eines aktiven Glasbruchmelders sowie wichtige Informationen zur Montage.

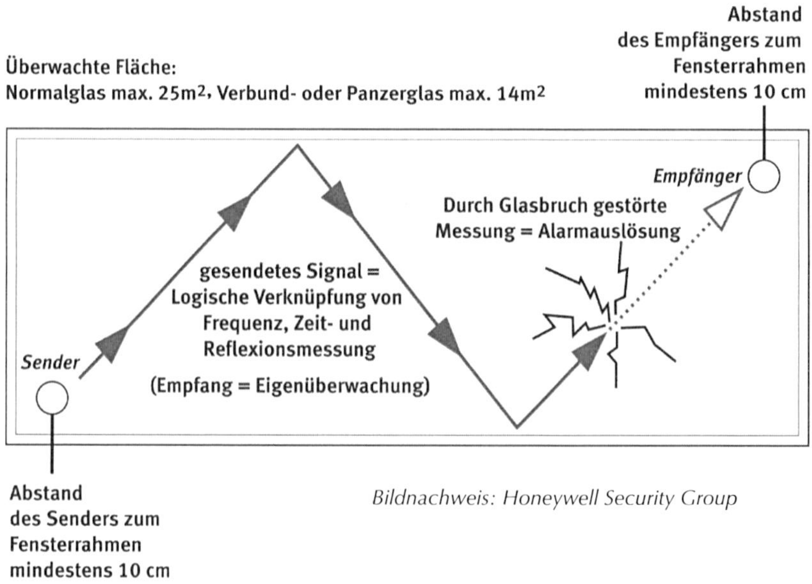

Bildnachweis: Honeywell Security Group

Bei einem **Alarmglas** ist die Überwachungseinrichtung entweder ab Werk in Form eines sehr dünnen Drahtes in die mehrfachverglaste Scheibe eingelassen oder wird mittels einer Folie aufgeklebt, die einen solchen Draht trägt. Die EMA überwacht den elektrischen Widerstand des Drahtes, der bei einem Bruch der Scheibe zerrissen wird (wie bei der Alarmtapete, siehe Seite 375), wodurch die EMA einen Durchbruch feststellt und Alarm auslösen kann. Die Drahtkonstruktion wird auch Alarmspinne genannt, da sie zur engmaschigen Überwachung oftmals einem Spinnennetz ähnelt. Da die Drähte sehr dünn sind, können auch Schaufenster und Vitrinenfenster aus Alarmglas bestehen, weil das feine Drahtgeflecht nicht sofort ins Auge fällt.

9.6.6 Zwangsläufigkeit durch Riegelkontakt

Um sicherzustellen, dass eine Zugangstür auch wirklich verschlossen wurde (und nicht bloß angelehnt), bedient man sich bei der EMA der sogenannten Zwangsläufigkeit. Zwangsläufigkeit bedeutet, dass eine EMA erst in den Zustand „scharf" geschaltet werden kann, wenn kein Melder einen Fehler (Sabotage) oder eine Auslösung meldet. Bei dem unten dargestellten Riegelkontakt meldet der Sensor eine Auslösung, bis der Riegel der Tür zwei-tourig (mind. 20 mm) in die Aufnahme der Zarge ausgefahren wurde. Der Riegelkontakt ist in der Zarge so verbaut, dass der Riegel zur Auslösung mindestens 20 mm in die Zarge eingeführt werden muss – hier liegt allerdings ein praktisches Problem, insbesondere bei Türen im Außenbereich. Durch eine Änderung der Temperaturen können sich Türen verziehen, so dass der Riegel unter Umständen den Riegelkontakt nicht mehr auslöst.

Bildnachweis: Honeywell Security Group

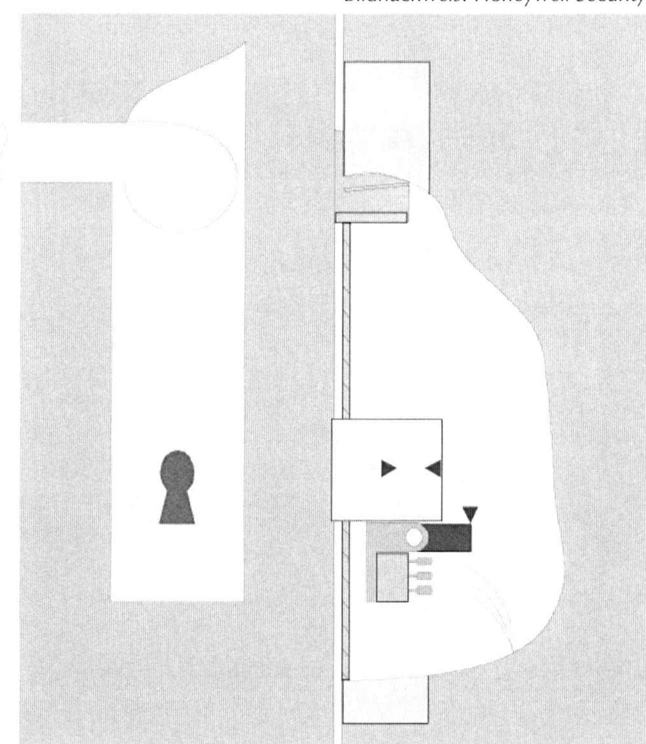

9.6.8 Fachbegriffe Türschloss

Zur Vereinfachung des Verständnisses bei Gesprächen über Schließtechnik sehen Sie in der nachstehenden Grafik die Bezeichnungen der wesentlichen Elemente eines Türschlosses.

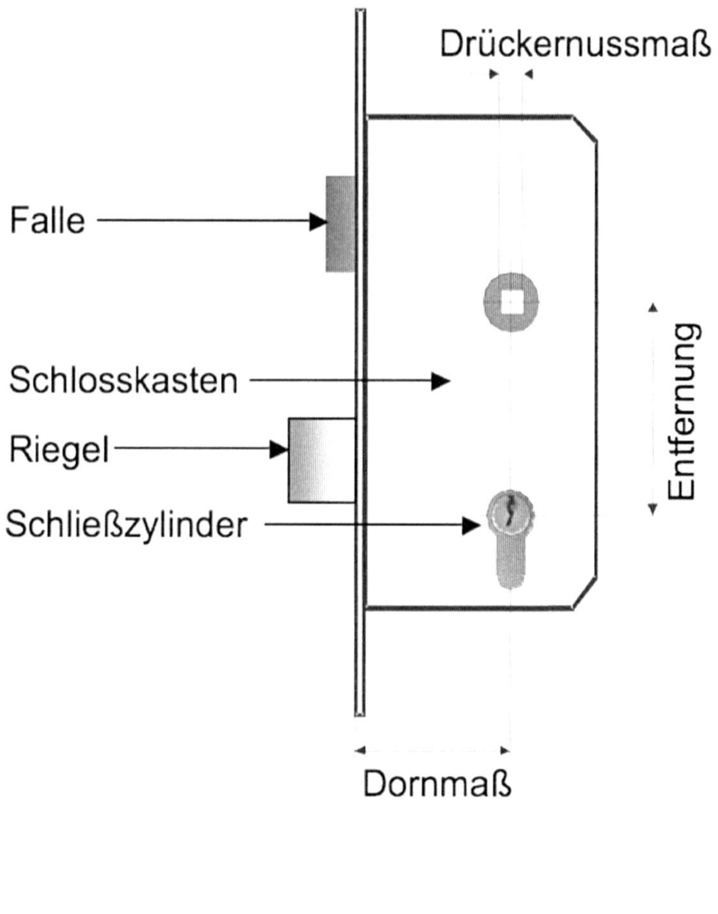

9.6.9 Interner Alarm

Ein interner Alarm dient nicht der Heranführung von Interventionskräften. Er soll vielmehr das Personal aufmerksam machen auf ein Ereignis – das kann im einfachsten Fall ein Kunde sein, der das Gebäude betritt und einen Summer auslöst. Aber auch in einem Museum kann während der Publikumszeiten ein interner Alarm ausgelöst werden, um bei Annährung an Ausstellungsstücke einen Wächter zu alarmieren, der die Besucher auf die Einhaltung von Mindestabständen hinweist.

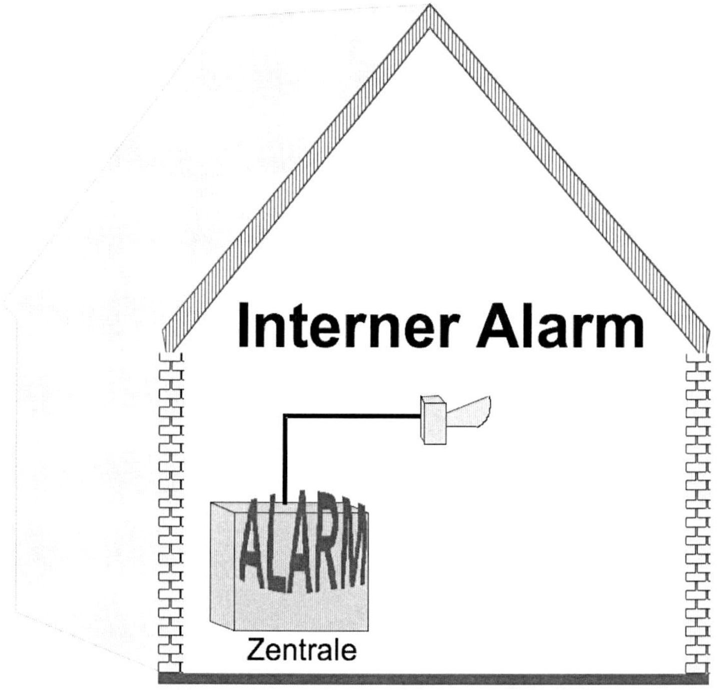

Bildnachweis: Honeywell Security Group

9.6.10 Externer Alarm

Bei einem externen Alarm sollten neben einer Signalisierung über Sirene und Blinklicht auch verantwortliche Personen von dem Alarm in Kenntnis gesetzt werden, die sich nicht in Hör- oder Sichtweite des Objekts befinden. Das gilt in besonderem Maße für unbewohnte Objekte oder Ladengeschäfte sowie Industriegebäude, die nur zu bestimmten Tageszeiten besetzt sind.

Man unterscheidet als Alarmierungsarten AWAG (Sprachmeldung) und AWUG (Datenübertragung). Die Alarmierung kann drahtlos über das GSM-Netz („Handynetz") oder per TCP/IP-Verfahren (Internet) erfolgen. Zu beachten ist, dass bei wirksamem Schutz gegen Sabotage oder Ausfall der Anlage immer ein zweiter Übertragungsweg zur Verfügung stehen muss.

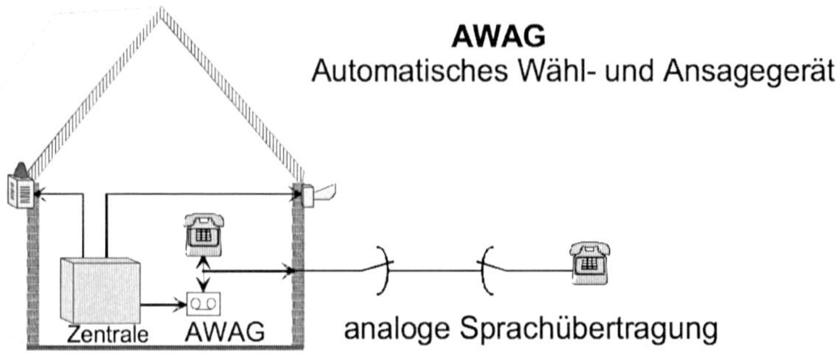

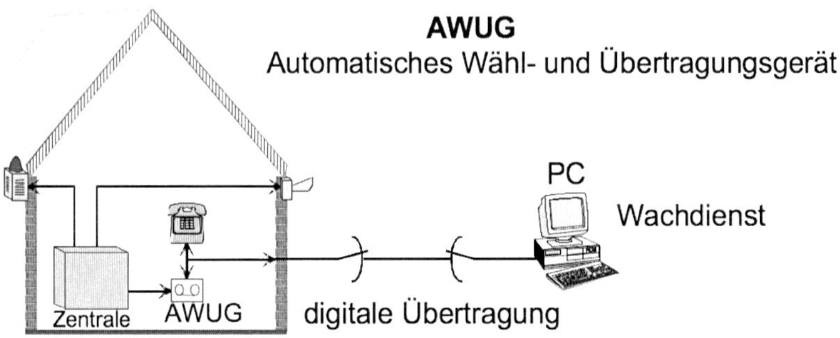

Bildnachweis: Honeywell Security Group

9.7 Fingerabdruckscanner

Ein Fingerabdruckscanner speichert nicht das Bild eines Fingers – die Vielzahl der Variationen (durch Haltung des Fingers) wäre zu groß, um mit diesem Verfahren effektiv arbeiten zu können. Das mit der optischen Scan-Einheit (im Bild rechts) gewonnene Bild wird von einem Computer ausgewertet. Dazu wird das gewonnene Bild so aufbereitet, dass die Papillarlinien klar dargestellt werden.

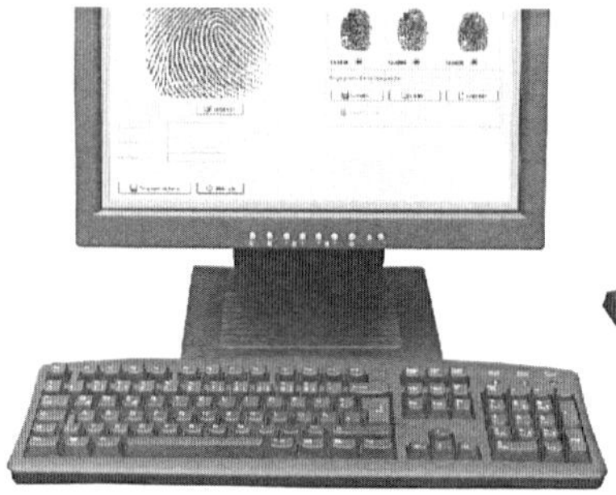

Nun werden die sogenannten **Minutien** identifiziert und im Bild markiert. Minutien sind bestimmte, unveränderliche Merkmale eines Fingerabdrucks und werden nach Position und Verlauf (Richtung, Form) bestimmt. Die Minutien werden gespeichert und dienen bei der Überprüfung einer Person als Datenbasis und Vergleichswert. *(Bildnachweis: Honeywell Sec. Group)*

10 Spezielle Gesetzes- und Verordnungstexte

In diesem Kapitel werden Fassungen des WaffG und der AWaffV abgedruckt, auf die sich aktuelle Vorschriften zur Aufbewahrung (§ 36 WaffG) und zur Buchpflicht für Händler und Hersteller (§ 60a WaffG) beziehen.

Auszug aus dem WaffG, ältere Fassungen

§ 23 Waffenbücher

(alte Fassung, gültig vor dem 01.09.2020, aufgrund Übergangsregeln nach § 60a WaffG anzuwenden bis 31.12.2021)

(1) Wer gewerbsmäßig Schusswaffen herstellt, hat ein Waffenherstellungsbuch zu führen, aus dem die Art und Menge der Schusswaffen sowie ihr Verbleib hervorgehen. Satz 1 ist nicht anzuwenden auf Schusswaffen, deren Bauart nach den §§ 7 und 8 des Beschussgesetzes zugelassen ist oder die der Anzeigepflicht nach § 9 des Beschussgesetzes unterliegen, sowie auf wesentliche Teile von erlaubnisfreien Schusswaffen.

(2) Wer gewerbsmäßig Schusswaffen erwirbt, vertreibt oder anderen überlässt, hat ein Waffenhandelsbuch zu führen, aus dem die Art und Menge der Schusswaffen, ihre Herkunft und ihr Verbleib hervorgehen. Satz 1 ist nicht anzuwenden auf

1. Schusswaffen im Sinne des Absatzes 1 Satz 2, die vom Hersteller oder demjenigen, der die Schusswaffen in den Geltungsbereich dieses Gesetzes verbracht hat, mit dem auf Grund einer Rechtsverordnung nach § 25 Abs. 1 Nr. 1 Buchstabe c bestimmten Kennzeichen versehen sind,

2. Schusswaffen, über die in demselben Betrieb ein Waffenherstellungsbuch nach Absatz 1 zu führen ist.

Für Verwahr-, Reparatur- und Kommissionswaffen kann ein gesondertes Buch geführt werden.

§ 36 Aufbewahrung von Waffen oder Munition

(alte Fassung, gültig vor dem 6.7.2017)

(1) Wer Waffen oder Munition besitzt, hat die erforderlichen Vorkehrungen zu treffen, um zu verhindern, dass diese Gegenstände abhanden kommen oder Dritte sie unbefugt an sich nehmen. Schusswaffen dürfen nur getrennt von Munition aufbewahrt werden, sofern nicht die Aufbewahrung in einem Sicherheitsbehältnis erfolgt, das mindestens der Norm DIN EN 1143-1 Widerstandsgrad 0 (Stand Mai 1997) oder einer Norm mit gleichem Schutzniveau eines anderen

Mitgliedstaates des Übereinkommens über den Europäischen Wirtschaftsraum (EWR-Mitgliedstaat) entspricht.

(2) Schusswaffen, deren Erwerb nicht von der Erlaubnispflicht freigestellt ist, und verbotene Waffen sind mindestens in einem der Norm DIN EN 1143-1 Widerstandsgrad 0 (Stand Mai 1997) entsprechenden oder gleichwertigen Behältnis aufzubewahren; als gleichwertig gilt insbesondere ein Behältnis der Sicherheitsstufe B nach VDMA 24992 (Stand Mai 1995). Für bis zu zehn Langwaffen gilt die sichere Aufbewahrung auch in einem Behältnis als gewährleistet, das der Sicherheitsstufe A nach VDMA 24992 (Stand Mai 1995) oder einer Norm mit gleichem Schutzniveau eines anderen EWR-Mitgliedstaates entspricht. Vergleichbar gesicherte Räume sind als gleichwertig anzusehen.

(3) Wer erlaubnispflichtige Schusswaffen, Munition oder verbotene Waffen besitzt oder die Erteilung einer Erlaubnis zum Besitz beantragt hat, hat der zuständigen Behörde die zur sicheren Aufbewahrung getroffenen oder vorgesehenen Maßnahmen nachzuweisen. Besitzer von erlaubnispflichtigen Schusswaffen, Munition oder verbotenen Waffen haben außerdem der Behörde zur Überprüfung der Pflichten aus Absatz 1 und Absatz 2 Zutritt zu den Räumen zu gestatten, in denen die Waffen und die Munition aufbewahrt werden. Wohnräume dürfen gegen den Willen des Inhabers nur zur Verhütung dringender Gefahren für die öffentliche Sicherheit betreten werden; das Grundrecht der Unverletzlichkeit der Wohnung (Artikel 13 des Grundgesetzes) wird insoweit eingeschränkt.

(4) Entspricht die bisherige Aufbewahrung von Waffen oder Munition, deren Erwerb und Besitz ihrer Art nach der Erlaubnis bedarf, nicht den in diesem Gesetz oder in einer Rechtsverordnung nach Absatz 5 festgelegten Anforderungen, so hat der Besitzer bis zum 31. August 2003 die ergänzenden Vorkehrungen zur Gewährleistung einer diesen Anforderungen entsprechenden Aufbewahrung vorzunehmen. Dies ist gegenüber der zuständigen Behörde innerhalb der Frist des Satzes 1 anzuzeigen und nachzuweisen.

(5) Das Bundesministerium des Innern wird ermächtigt, nach Anhörung der beteiligten Kreise durch Rechtsverordnung mit Zustimmung des Bundesrates unter Berücksichtigung des Standes der Technik, der Art und Zahl der Waffen oder Munition und der Örtlichkeit von den Anforderungen an die Aufbewahrung abzusehen oder zusätzliche Anforderungen festzulegen. Dabei können

1. Anforderungen an technische Sicherungssysteme zur Verhinderung einer unberechtigten Wegnahme oder Nutzung von Schusswaffen,

2. die Nachrüstung oder der Austausch vorhandener Sicherungssysteme,

3. die Ausstattung der Schusswaffe mit mechanischen, elektronischen oder biometrischen Sicherungssystemen festgelegt werden.

(6) Ist im Einzelfall, insbesondere wegen der Art und Zahl der aufzubewahrenden Waffen oder Munition oder wegen des Ortes der Aufbewahrung, ein höherer Sicherheitsstandard erforderlich, hat die zuständige Behörde die notwendigen Ergänzungen anzuordnen und zu deren Umsetzung eine angemessene Frist zu setzen.

§ 52a Strafvorschriften

(alte Fassung, gültig vor dem 6.7.2017)

Mit Freiheitsstrafe bis zu drei Jahren oder mit Geldstrafe wird bestraft, wer eine in § 53 Absatz 1 Nummer 19 bezeichnete Handlung vorsätzlich begeht und dadurch die Gefahr verursacht, dass eine Schusswaffe oder Munition abhanden kommt oder darauf unbefugt zugegriffen wird.

§ 53 Bußgeldvorschriften

(alte Fassung, gültig vor dem 6.7.2017)

(1) Ordnungswidrig handelt, wer vorsätzlich oder fahrlässig

(...)

19. entgegen § 36 Abs. 1 Satz 2 oder Abs. 2 eine Schusswaffe aufbewahrt,

(...)

Auszug aus der AWaffV, ältere Fassungen

§ 13 Aufbewahrung von Waffen oder Munition

(alte Fassung, gültig vor dem 6.7.2017)

(1) In einem Sicherheitsbehältnis, das der Norm DIN EN 1143-1 Widerstandsgrad 0 (Stand: Mai 1997) oder einer Norm mit gleichem Schutzniveau eines anderen Mitgliedstaates des Übereinkommens über den Europäischen Wirtschaftsraum (EWR-Mitgliedstaat) oder der Sicherheitsstufe B nach VDMA 24992 (Stand: Mai 1995) entspricht, dürfen nicht mehr als zehn Kurzwaffen (Anlage 1 Abschnitt 1 Unterabschnitt 1 Nr. 2.6, dritter Halbsatz zum Waffengesetz), zu deren Erwerb und Besitz es einer Erlaubnis bedarf, oder zehn nach Anlage 2 Abschnitt 1 Nr. 1.1 bis 1.2.3 zum Waffengesetz verbotene Waffen aufbewahrt werden; unterschreitet das Gewicht des Behältnisses 200 Kilogramm oder liegt die Verankerung gegen Abriss unter einem vergleichbaren Gewicht, so verringert sich die Höchstzahl der aufzubewahrenden Waffen auf fünf. Wird die in Satz 1 genannte Anzahl überschritten, so darf die Aufbewahrung nur in einem Sicherheitsbehältnis, das mindestens der Norm DIN EN 1143-1 Widerstandsgrad I (Stand: Mai 1997) oder einer Norm mit gleichem Schutzniveau eines anderen EWR-Mitgliedstaates entspricht, oder in einer entsprechenden Mehrzahl von Sicherheitsbehältnissen nach Satz 1 erfolgen.

(2) Werden mehr als zehn Langwaffen (Anlage 1 Abschnitt 1 Unterabschnitt 1 Nr. 2.6, erster und zweiter Halbsatz zum Waffengesetz), zu deren Erwerb und Besitz es einer Erlaubnis bedarf, aufbewahrt, so darf die Aufbewahrung nur in einem Sicherheitsbehältnis, das mindestens einer der in Absatz 1 Satz 1 genannten Normen entspricht, oder in einer entsprechenden Mehrzahl von Sicherheitsbehältnissen nach § 36 Abs. 2 Satz 2 des Waffengesetzes erfolgen.

(3) Munition, deren Erwerb nicht von der Erlaubnispflicht freigestellt ist, darf nur in einem Stahlblechbehältnis ohne Klassifizierung mit Schwenkriegelschloss oder einer gleichwertigen Verschlussvorrichtung oder in einem gleichwertigen Behältnis aufbewahrt werden.

(4) Werden Langwaffen, zu deren Erwerb und Besitz es einer Erlaubnis bedarf, in einem Sicherheitsbehältnis, das der Sicherheitsstufe A nach VDMA 24992 (Stand: Mai 1995) entspricht, aufbewahrt, so ist es für die Aufbewahrung von bis zu fünf Kurzwaffen, zu deren Erwerb und Besitz es einer Erlaubnis bedarf, und der Munition für die Lang- und Kurzwaffen ausreichend, wenn sie in einem Innenfach erfolgt, das den Sicherheitsanforderungen nach Absatz 1 Satz 1 entspricht; in diesem Fall dürfen die Kurzwaffen und die Munition innerhalb des Innenfaches zusammen aufbewahrt werden. Im Falle der Aufbewahrung von Schusswaffen in einem Sicherheitsbehältnis der Sicherheitsstufe A oder B nach VDMA 24992 ist es für die Aufbewahrung der dazugehörigen Munition

ausreichend, wenn sie in einem Innenfach aus Stahlblech ohne Klassifizierung mit Schwenkriegelschloss oder einer gleichwertigen Verschlussvorrichtung erfolgt; nicht zu den dort aufbewahrten Waffen gehörige Munition darf zusammen aufbewahrt werden.

(5) Die zuständige Behörde kann eine andere gleichwertige Aufbewahrung der Waffen zulassen. Insbesondere kann von Sicherheitsbehältnissen im Sinne des § 36 Abs. 1 und 2 des Waffengesetzes oder im Sinne der Absätze 1 bis 3 abgesehen werden, wenn die Waffen und die Munition in einem Waffenraum aufbewahrt werden, der dem Stand der Technik entspricht.

(6) In einem nicht dauernd bewohnten Gebäude dürfen nur bis zu drei Langwaffen, zu deren Erwerb und Besitz es einer Erlaubnis bedarf, aufbewahrt werden. Die Aufbewahrung darf nur in einem mindestens der Norm DIN EN 1143-1 Widerstandsgrad I entsprechenden Sicherheitsbehältnis erfolgen. Die zuständige Behörde kann Abweichungen in Bezug auf die Art oder Anzahl der aufbewahrten Waffen oder das Sicherheitsbehältnis auf Antrag zulassen.

(7) Die zuständige Behörde kann auf Antrag bei einer Waffen- oder Munitionssammlung unter Berücksichtigung der Art und der Anzahl der Waffen oder der Munition und ihrer Gefährlichkeit für die öffentliche Sicherheit und Ordnung von den Vorgaben der Absätze 1 bis 6 insbesondere unter dem Gesichtspunkt der Sichtbarkeit zu Ausstellungszwecken abweichen und dabei geringere oder höhere Anforderungen an die Aufbewahrung stellen; bei Sammlungen von Waffen, deren Modell vor dem 1. Januar 1871 entwickelt worden ist, und bei Munitionssammlungen soll sie geringere Anforderungen stellen. Dem Antrag ist ein Aufbewahrungskonzept beizugeben.

(8) Die zuständige Behörde kann auf Antrag von Anforderungen an die Sicherheitsbehältnisse nach § 36 Abs. 1 und 2 des Waffengesetzes oder nach den Absätzen 1 bis 3 oder an einen Waffenraum nach Absatz 5 Satz 2 absehen, wenn ihre Einhaltung unter Berücksichtigung der Art und der Anzahl der Waffen und der Munition und ihrer Gefährlichkeit für die öffentliche Sicherheit und Ordnung eine besondere Härte darstellen würde. In diesem Fall hat sie die niedrigeren Anforderungen festzusetzen.

(9) Bestehen begründete Zweifel, dass Normen anderer EWR-Mitgliedstaaten im Schutzniveau den in § 36 Abs. 1 und 2 des Waffengesetzes oder in den Absätzen 1 bis 4 genannten Normen gleichwertig sind, kann die Behörde vom Verpflichteten die Vorlage einer Stellungnahme insbesondere des Deutschen Instituts für Normung verlangen.

(10) Die gemeinschaftliche Aufbewahrung von Waffen oder Munition durch berechtigte Personen, die in einer häuslichen Gemeinschaft leben, ist zulässig.

(11) Bei der vorübergehenden Aufbewahrung von Waffen im Sinne des Absatzes 1 Satz 1 oder des Absatzes 2 oder von Munition außerhalb der Wohnung, insbesondere im Zusammenhang mit der Jagd oder dem sportlichen Schießen, hat der Verpflichtete die Waffen oder Munition unter angemessener Aufsicht aufzubewahren oder durch sonstige erforderliche Vorkehrungen gegen Abhandenkommen oder unbefugte Ansichnahme zu sichern, wenn die Aufbewahrung gemäß den Anforderungen der Absätze 1 bis 8 nicht möglich ist.

§ 14 Aufbewahrung von Waffen oder Munition in Schützenhäusern, auf Schießstätten oder im gewerblichen Bereich

(alte Fassung, gültig vor dem 6.7.2017)

Die zuständige Behörde kann auf Antrag eines Betreibers eines Schützenhauses, einer Schießstätte oder eines Waffengewerbes Abweichungen von den Anforderungen des § 13 Abs. 1 bis 5 und 6 Satz 1 und 2 zulassen, wenn ihr ein geeignetes Aufbewahrungskonzept vorgelegt wird. Sie hat bei ihrer Entscheidung neben der für die Aufbewahrung vorgesehenen Art und der Anzahl der Waffen oder der Munition und des Grades der von ihnen ausgehenden Gefahr für die öffentliche Sicherheit und Ordnung die Belegenheit und Frequentiertheit der Aufbewahrungsstätte besonders zu berücksichtigen.

§ 17 Grundsätze der Buchführungspflicht

(alte Fassung, gültig vor dem 01.09.2020, aufgrund Übergangsregeln nach § 60a WaffG anzuwenden bis 31.12.2021)

(1) Das Waffenherstellungs- und das Waffenhandelsbuch sind in gebundener Form oder in Karteiform oder mit Hilfe der elektronischen Datenverarbeitung im Betrieb oder in dem Betriebsteil, in dem die Schusswaffen hergestellt oder vertrieben werden, zu führen und, gegen Abhandenkommen, Datenverlust und unberechtigten Zugriff gesichert, aufzubewahren.

(2) Wird das Buch in gebundener Form geführt, so sind die Seiten laufend zu nummerieren; die Zahl der Seiten ist auf dem Titelblatt anzugeben. Wird das Buch in Karteiform geführt, so sind die Karteiblätter der zuständigen Behörde zur Abstempelung der Blätter und zur Bestätigung ihrer Gesamtzahl vorzulegen.

(3) Alle Eintragungen in das Buch sind unverzüglich in dauerhafter Form und in deutscher Sprache vorzunehmen; § 239 Abs. 3 des Handelsgesetzbuches gilt entsprechend. Sofern eine Eintragung nicht gemacht werden kann, ist dies unter Angabe der Gründe zu vermerken.

(4) Die Bücher sind zum 31. Dezember jeden zweiten Jahres sowie beim Wechsel des Betriebsinhabers oder bei der Einstellung des Betriebs mit Datum und

Unterschrift so abzuschließen, dass nachträglich Eintragungen nicht mehr vorgenommen werden können. Der beim Abschluss der Bücher verbliebene Bestand ist vorzutragen, bevor neue Eintragungen vorgenommen werden. Ein Buch, das nicht mehr verwendet wird, ist unter Angabe des Datums abzuschließen.

(5) Die Bücher mit den Belegen sind auf Verlangen der zuständigen Behörde auch in deren Diensträumen oder den Beauftragten der Behörde vorzulegen.

(6) Der zur Buchführung Verpflichtete hat das Buch mit den Belegen im Betrieb oder in dem Betriebsteil, in dem die Schusswaffen hergestellt oder vertrieben werden, bis zum Ablauf von zehn Jahren, von dem Tage der letzten Eintragung an gerechnet, aufzubewahren. Will er das Buch nach Ablauf der in Satz 1 genannten Frist nicht weiter aufbewahren, so hat er es der zuständigen Behörde zur Aufbewahrung zu übergeben. Gibt der zur Buchführung Verpflichtete das Gewerbe auf, so hat er das Buch seinem Nachfolger zu übergeben oder der zuständigen Behörde zur Aufbewahrung auszuhändigen.

§ 18 Führung der Waffenbücher in gebundener Form

(alte Fassung, gültig vor dem 01.09.2020, aufgrund Übergangsregeln nach § 60a WaffG anzuwenden bis 31.12.2021)

(1) Wird das Waffenherstellungsbuch in gebundener Form geführt, so ist es nach folgendem Muster zu führen:

Linke Seite:

1. Laufende Nummer der Eintragung

2. Datum der Fertigstellung

3. Herstellungsnummer

Rechte Seite:

4. Datum des Abgangs oder der Kenntnis des Verlustes

5. Name und Anschrift des Empfängers oder Art des Verlustes

6. Sofern die Schusswaffe nicht einem Erwerber nach § 21 Abs. 1 des Waffengesetzes überlassen wird, die Bezeichnung der Erwerbsberechtigung unter Angabe der ausstellenden Behörde und des Ausstellungsdatums

7. Sofern die Schusswaffe einem Erwerber nach § 34 Abs. 5 Satz 1 des Waffengesetzes überlassen oder an ihn versandt wird, Bezeichnung und Datum der Bestätigung der Anzeige.

Für jeden Waffentyp ist ein besonderes Blatt anzulegen, auf dem der Waffentyp und der Name, die Firma oder die Marke, die auf den Waffen angebracht sind, zu vermerken sind.

(2) Wird das Waffenhandelsbuch in gebundener Form geführt, so ist es nach folgendem Muster zu führen:

Linke Seite:

1. Laufende Nummer der Eintragung

2. Datum des Eingangs

3. Waffentyp

4. Name, Firma oder Marke, die auf der Waffe angebracht sind

5. Herstellungsnummer

6. Name und Anschrift des Überlassers

Rechte Seite:

7. Datum des Abgangs oder der Kenntnis des Verlustes

8. Name und Anschrift des Empfängers oder Art des Verlustes

9. Sofern die Schusswaffe nicht einem Erwerber nach § 21 Abs. 1 des Waffengesetzes überlassen wird, die Bezeichnung der Erwerbsberechtigung unter Angabe der ausstellenden Behörde und des Ausstellungsdatums

10. Sofern die Schusswaffe einem Erwerber nach § 34 Abs. 5 Satz 1 des Waffengesetzes überlassen oder an ihn versandt wird, Bezeichnung und Datum der Bestätigung der Anzeige durch das Bundeskriminalamt.

(3) Die Eintragungen nach den Absätzen 1 und 2 sind für jede Waffe gesondert vorzunehmen. Eine Waffe gilt im Sinne des Absatzes 1 Satz 1 Nr. 2 als fertiggestellt,

1. sobald sie nach § 3 des Beschussgesetzes geprüft worden ist,

2. wenn die Waffe nicht der amtlichen Beschussprüfung unterliegt, sobald sie zum Verkauf vorrätig gehalten wird.

(4) Von der Eintragung des Namens und der Anschrift des Überlassers nach Absatz 2 Nr. 6 kann abgesehen werden bei Schusswaffen, deren Modell vor dem 1. Januar 1871 entwickelt worden ist,

1. mit Zündnadelzündung,

2. mit Zündhütchenzündung (Perkussionswaffen), soweit es sich um einläufige Einzelladerwaffen handelt,

3. mit Lunten- oder Funkenzündung.

§ 19 Führung der Waffenbücher in Karteiform

(alte Fassung, gültig vor dem 01.09.2020, aufgrund Übergangsregeln nach § 60a WaffG anzuwenden bis 31.12.2021)

(1) Wird das Waffenherstellungsbuch oder das Waffenhandelsbuch in Karteiform geführt, so können die Eintragungen für mehrere Waffen desselben Typs (Waffenposten) nach Absatz 2 oder 3 zusammengefasst werden. Auf einer Karteikarte darf nur ein Waffenposten nach Absatz 2 Nr. 1 oder Absatz 3 Nr. 1 eingetragen werden. Neueingänge dürfen auf demselben Karteiblatt erst eingetragen werden, wenn der eingetragene Waffenposten vollständig abgebucht ist. Abgänge sind mit den Angaben nach Absatz 2 Nr. 2 oder Absatz 3 Nr. 2 gesondert einzutragen. Für jeden Waffentyp ist ein besonderes Blatt anzulegen, auf dem der Waffentyp und der Name, die Firma oder die Marke, die auf der Waffe angebracht sind, zu vermerken sind.

(2) Das Waffenherstellungsbuch ist nach folgendem Muster zu führen:

1. bei der Eintragung der Fertigstellung:

a) Datum der Fertigstellung

b) Stückzahl

c) Herstellungsnummern

2. bei der Eintragung von Abgängen:

a) laufende Nummer der Eintragung

b) Datum des Abgangs oder der Kenntnis des Verlustes

c) Stückzahl

d) Herstellungsnummern

e) Name und Anschrift des Empfängers oder Art des Verlustes

f) sofern die Schusswaffe nicht einem Erwerber nach § 21 Abs. 1 des Waffengesetzes überlassen wird, die Bezeichnung der Erwerbsberechtigung unter Angabe der ausstellenden Behörde und des Ausstellungsdatums

g) sofern die Schusswaffe einem Erwerber nach § 34 Abs. 5 Satz 1 des Waffengesetzes überlassen oder an ihn versandt wird, Bezeichnung und Datum der Bestätigung der Anzeige durch das Bundeskriminalamt.

(3) Das Waffenhandelsbuch ist nach folgendem Muster zu führen:

1. bei der Eintragung des ***Eingangs****:*

a) Datum des Eingangs

b) Stückzahl

c) Herstellungsnummern

d) Name und Anschrift des Überlassers

2. bei der Eintragung von ***Abgängen****:*

a) laufende Nummer der Eintragung

b) Datum des Abgangs oder der Kenntnis des Verlustes

c) Stückzahl

d) Herstellungsnummern

e) Name und Anschrift des Empfängers oder Art des Verlustes

f) sofern die Schusswaffe nicht einem Erwerber nach § 21 Abs. 1 des Waffengesetzes überlassen wird, die Bezeichnung der Erwerbsberechtigung unter Angabe der ausstellenden Behörde und des Ausstellungsdatums

g) sofern die Schusswaffe einem Erwerber nach § 34 Abs. 5 Satz 1 des Waffengesetzes überlassen oder an ihn versandt wird, Bezeichnung und Datum der Bestätigung der Anzeige durch das Bundeskriminalamt.

(4) Von der Eintragung des Namens und der Anschrift des Überlassers nach Absatz 3 Nr. 1 Buchstabe d kann abgesehen werden bei Schusswaffen, deren Modell vor dem 1. Januar 1871 entwickelt worden ist,

1. mit Zündnadelzündung,

2. mit Zündhütchenzündung (Perkussionswaffen), soweit es sich um ***einläufige Einzelladerwaffen*** *handelt,*

3. mit Lunten- oder Funkenzündung.

(5) § 17 Abs. 3, 5 und 6 ist auf die Eintragungen in den Karteiblättern sowie auf die Vorlage und Aufbewahrung der Karteiblätter und der Belege entsprechend anzuwenden.

§ 20 Führung der Waffenbücher in elektronischer Form

(alte Fassung, gültig vor dem 01.09.2020, aufgrund Übergangsregeln nach § 60a WaffG anzuwenden bis 31.12.2021)

(1) Wird das Waffenherstellungs- oder das Waffenhandelsbuch in elektronischer Form geführt, so müssen die gespeicherten Datensätze (aufzeichnungspflichtigen Vorgänge) die nach § 19 geforderten Angaben enthalten. Die

Datensätze sind unverzüglich zu speichern; sie sind fortlaufend zu nummerieren. Die Bestimmungen des Bundesdatenschutzgesetzes sind zu beachten.

(2) Die gespeicherten Datensätze sind nach Ablauf eines jeden Monats in Klarschrift auszudrucken. Der Ausdruck ist nach Maßgabe des § 19 in Karteiform vorzunehmen. Der Name des Überlassers, des Erwerbers und die Erwerbsberechtigung können auch in verschlüsselter Form ausgedruckt werden. In diesem Fall ist dem Ausdruck ein Verzeichnis beizugeben, das eine unmittelbare Entschlüsselung der bezeichneten Daten ermöglicht. Die Bestände sind auf den nächsten Monat vorzutragen.

(3) § 17 Abs. 3, 5 und 6 ist auf die Eintragungen in den Karteiblättern sowie auf die Vorlage und Aufbewahrung der Karteiblätter und der Belege entsprechend anzuwenden. Der Ausdruck der nach dem letzten Monatsabschluss gespeicherten Datensätze ist auf Verlangen der zuständigen Behörde auch in deren Diensträumen oder den Beauftragten der Behörde auch während des laufenden Monats jederzeit vorzulegen.

(4) Die zuständige Behörde kann Ausnahmen von Absatz 2 Satz 1 und 5 zulassen, wenn der Gesamtbestand an Waffen zu Beginn eines jeden Jahres und die Zu- und Abgänge monatlich in Klarschrift ausgedruckt werden und sichergestellt ist, dass die während des Jahres gespeicherten Daten auf Verlangen der zuständigen Behörde jederzeit in Klarschrift ausgedruckt werden können.

Sach- und Stichwortverzeichnis